Geld machen in jedem Marktumfeld

JIM CRAMER

GELD MACHEN IN JEDEM MARKT-UMFELD

Börsenbuchverlag

NEW YORK TIMES-BESTSELLERAUTOR

JIM CRAMER

Die Originalausgabe erschien unter dem Titel
HOW TO MAKE MONEY IN ANY MARKET
ISBN 978-1-6680-8864-7

Übersetzung: Börsenmedien AG, Egbert Neumüller
Coverbild: IMAGO / Aurora Photos
Gestaltung, Satz und Herstellung: Karla Sachs
Lektorat: Sebastian Politz
Druck: GGP Media GmbH, Pößneck

ISBN 978-3-68932-085-0

Bibliografische Information der Deutschen Nationalbibliothek:
Die Deutsche Nationalbibliothek verzeichnet diese Publikation in der Deutschen Nationalbibliografie; detaillierte bibliografische Daten sind im Internet über <http://dnb.d-nb.de> abrufbar.

BÖRSEN MEDIEN
AKTIENGESELLSCHAFT

Postfach 1449 • 95305 Kulmbach
Tel: +49 9221 9051-0 • Fax: +49 9221 9051-4444
E-Mail: info@plassen-buchverlage.de
www.boersenbuchverlag.de
www.facebook.com/plassenverlag
www.instagram.com/plassen_buchverlage

Für Ken und Louise Cramer, meine Eltern,
die mir das Sparen beigebracht haben.

Diese Veröffentlichung enthält die Ansichten und Überlegungen ihres Autors. Sie wird unter der Voraussetzung verkauft, dass weder der Autor noch der Verlag Rechts-, Steuer-, Investment-, Versicherungs-, Finanz-, Buchhaltungs- oder sonstige professionelle Beratung oder Dienstleistungen erbringen. Wenn Sie eine solche Beratung oder entsprechende Dienstleistungen benötigen, wenden Sie sich bitte an eine qualifizierte Fachkraft. Die einschlägigen gesetzlichen Regelungen unterscheiden sich je nach Rechtsraum, etwa von US-Bundesstaat zu US-Bundesstaat. Die in diesem Buch dargestellten Strategien sind möglicherweise nicht für jede Person geeignet; es wird nicht garantiert oder zugesichert, dass sie bestimmte Ergebnisse erzielen.

Es wird keine Gewähr für die Richtigkeit oder Vollständigkeit der hierin enthaltenen Informationen übernommen; sowohl der Autor als auch der Verlag lehnen ausdrücklich jede Haftung für Verluste oder Risiken – gleich ob persönlicher oder sonstiger Art – ab, die unmittelbar oder mittelbar aus der Nutzung und Anwendung der Inhalte dieses Buches entstehen.

INHALT

Vorwort

Herzlichen Glückwunsch! Sie halten gerade das radikalste Buch über das Investieren in den Händen, das jemals geschrieben wurde. Vielleicht kennen Sie mich schon seit Jahren aus dem Fernsehen und aus meinen Texten. Und Sie haben es schon immer geahnt: „Der ist ein bisschen verrückt." Gut so – denn nur wer bereit ist, Gewissheiten zu überprüfen, kann dazulernen. In diesem Buch hinterfrage ich schonungslos die gängigen Lehren darüber, wie man an der Börse wirklich Geld verdient.

Ich habe dieses Buch geschrieben, weil ich es leid bin, wie die Wall Street Sie von oben herab behandelt. Eine ganze Branche traut Ihnen nicht zu, dass Sie Ihr Geld selbst verwalten können. Ich weiß das, denn ich komme aus dieser Branche. Und ich spreche diese unbequeme Wahrheit jetzt aus, damit Sie Ihr Geld selbst in die Hand nehmen und Vermögen aufbauen können. Ich zertrümmere die finanzielle Orthodoxie, der so viele blind vertrauen. Weg damit. Diese sogenannten Profis haben keine Ahnung, wie gut Sie sind. Hinter einem Teil dieser Blindheit steckt blankes Eigeninteresse: Um ihre eigene Bedeutung zu wahren, sollen Sie in Geldfragen nicht klüger werden, als Sie es heute sind. Wenn dieses Buch Sie stärkt und dazu befähigt, Ihr Geld selbst in die Hand zu nehmen, brauchen Sie diese Profis womöglich überhaupt nicht mehr.

Im Gegensatz zu so vielen anderen in dieser Branche habe ich mit Tausenden ganz normalen Menschen gesprochen, die ihr Geld selbst anlegen, und ihnen zu großen Erfolgen verholfen – deshalb weiß ich, dass auch Sie das können. Halten Sie sich von den Profis fern, die vor allem an den saftigen Gebühren interessiert sind, die sie mit Ihrem Depot verdienen, und die sich, sobald das Geld einmal bei ihnen ist, nicht mehr sonderlich um Ihr Vermögen kümmern. Die meisten meinen es nicht einmal böse. Aber würden sie erfahren, dass Sie dieses Buch lesen, würden sie – glauben Sie mir – ganz schön nervös werden.

Dieses Buch handelt davon, wie Sie in jedem Marktumfeld Geld verdienen können. Es handelt von der Demokratisierung des Investierens – davon, dass Sie Ihr Geld selbst in die Hand nehmen und es eigenständig vermehren. Warum? Weil Sie klug genug sind – und weil sich niemand so sehr um Ihr Geld kümmern wird wie Sie selbst. Es ist Zeit, sich ans Steuer zu setzen und die Kontrolle zu übernehmen.

Mit diesem Buch lernen Sie, Ihre Beobachtungsgabe zu nutzen und sie mit Wissen zu verknüpfen, das heute per Knopfdruck sofort verfügbar ist. Ich weiß, dass die Wall Street auf Standardlösungen setzt: Ihr Geld landet in einem breit gestreuten Fonds – einem Aktienkorb, der viele Unternehmen enthält, die Sie einzeln gar nicht kaufen würden. Ich habe nichts gegen Indexfonds – die breite Streuung ist sinnvoll. Aber mit meinem Plan kombinieren Sie diesen Fonds mit fünf einzelnen Aktien Ihrer Wahl; ich nenne sie Heldenaktien. Das sind die Zugpferde in Ihrem Depot: Aktien, die robust und widerstandsfähig sind und sich auch bei Marktturbulenzen gegen den allgemeinen Trend behaupten können. Ein Indexfonds kann Ihnen Geld einbringen; einzelne Aktien können Sie hingegen reich machen. Die besten Anlageideen dieses Jahrtausends waren – und sind – für jeden erkennbar, der genau hinschaut. Und ich bin zuversichtlich: Auch in Zukunft lassen sich Heldenaktien genauso finden wie in der Vergangenheit.

Klar, sagen Sie vielleicht, klingt super. Aber ich weiß nicht, wie Aktien funktionieren, und damit fange ich jetzt ganz sicher nicht mehr an.

Unsinn.

Zunächst werde ich Ihnen aufzeigen, warum sich Investieren lohnt und warum die Börse etwas ist, das man nutzen und nicht fürchten sollte. In den vergangenen 40 Jahren, in denen ich an der Wall Street gearbeitet habe, hat sich rückblickend fast jede Kursschwäche als lohnende Kaufgelegenheit erwiesen. Aber bislang hat Ihnen niemand gezeigt, wie und warum man so vorgeht. Genau das hole ich nach – Schritt für Schritt. Und dann gehe ich einen Schritt weiter: Ich fordere Sie auf, sich selbst ein Portfolio aufzubauen. Sie fragen sich vielleicht: Okay, jetzt soll ich also auch noch einzelne Aktien auswählen? Aber wie verwalte ich sie? Und was soll ich tun, wenn etwas schiefgeht? Wie schaffe ich es, meine Aktien im Blick zu behalten? Ich kriege nicht einmal eine Watchlist zusammen – geschweige denn, dass ich eine Analystenkonferenz verstehen oder eine Bilanz richtig einordnen kann! Schluss damit! Wenn Sie dieses Buch durchgelesen haben, werden Sie merken: Mit alledem zu beginnen war gar nicht so schwer.

Haben Sie einen Garten? Stellen Sie sich den Aktienmarkt als fruchtbare Erde vor, in die Sie Samen setzen. Haben Sie Angst vor dem Regen? Nein – Sie freuen sich darüber. Genauso verhält es sich mit Kursrückgängen: Sie wirken wie Regen und nähren Ihre Investments. Dieses Buch hilft Ihnen, Ihr Portfolio vor dem Verwelken zu bewahren. Und es bringt Ihnen bei, dem Markt zu vertrauen – bei jedem Wetter.

Auch wenn Sie sich nach dem Erlernen dieser Prinzipien noch unsicher fühlen: Ich bin fest entschlossen, Sie zum Investieren zu motivieren – deshalb enthält dieses Buch auch konkrete Anlageideen für Jüngere wie Ältere. Ich hole Sie von der Seitenlinie aufs Spielfeld. Und diese Anlageideen sind für jedes Wetter gemacht – selbst wenn es stürmt.

Jetzt fragen Sie sich wahrscheinlich, warum ich Ihnen so großes Vertrauen entgegenbringe. Vielleicht denken Sie sogar, Sie wüssten über Aktien vor allem eines: dass man damit Geld verliert, sobald man sie kauft. Möglicherweise sind Sie erstaunt, dass ich Sie trotz Ihrer Selbstzweifel nicht aufgebe. Der Grund ist einfach: Ich hätte mich, als ich eine Zeit lang im Auto lebte, selbst aufgeben können – ich hatte allen Grund dazu, denn ich besaß nichts. (Die ganze Geschichte erzähle ich in Kapitel 1.) Aber ich entschied mich bewusst für einen anderen Weg: Ich investierte hier zehn Dollar und dort 20 Dollar – und machte damit immer so weiter, bis mein

Portfolio mehr wert war, als ich je zu träumen gewagt hätte. Genau das können auch Sie schaffen – und es ist nicht zu spät, ganz gleich wie alt Sie sind.

Was Sie in diesem Buch lernen: Zum ersten Mal werden Sie wirklich verstehen, was eine Aktie ist – und wie sie mit dem Unternehmen dahinter verbunden ist. Sie werden die Börse lieben lernen – mit all ihren Ecken und Kanten. Fallende Kurse? Nach der Lektüre nehmen Sie sie gelassen hin und nutzen sie zu Ihrem Vorteil.

Dank Künstlicher Intelligenz und zahlreicher Onlinedienste können Sie sich heute in kürzester Zeit über jedes Unternehmen informieren, das Sie interessiert. Ich habe bei null angefangen – damals ließ sich über ein Unternehmen oder eine Aktie kaum etwas herausfinden, selbst wenn man es wollte. Heute finden Sie alles Nötige, um eine einzelne Aktie beurteilen zu können, auf Knopfdruck. Und wenn Sie sich zum Kauf entschließen, heißt es kaufen, halten und Hausaufgaben machen – damit nichts aus dem Ruder läuft. Aber keine Sorge: Ich zeige Ihnen, was genau zu diesen Hausaufgaben zählt. Das ist zwar kein Kinderspiel, aber auch keine höhere Mathematik. Es ist nicht so kompliziert, wie es viele Profis gern erscheinen lassen, nur damit sie Ihr Geld leichter einsammeln können. Sie müssen das selbst in die Hand nehmen – und ich weiß, dass Sie das können.

Ich mache mir keine Illusionen. Ich verkaufe Ihnen keinen Dyson-Staubsauger mit Geld-zurück-Garantie. Wenn Ihre Aktie einbricht, bekommen Sie Ihr Geld nicht zurück. Es gibt keine Garantien. Aber wir können zumindest versuchen, das, was bei dieser Aktie schiefgelaufen ist, zu korrigieren – und wenn das nicht möglich ist, wenden wir uns der nächsten Aktie zu.

Aufgeregt? Unsicher? Keine Sorge. Kommen Sie mit – ich, ein radikaler alter Börsenhase, der nichts lieber möchte, als dass Sie Ihr Geld selbst in die Hand nehmen und Vermögen aufbauen, zeige Ihnen Schritt für Schritt, wie das geht. Werden Sie Ihr eigener Manager. Es ist so weit. Keine Ausreden mehr. Legen wir los!

Einleitung

Ich hatte immer ein grundlegendes, unerschütterliches Vertrauen darin, dass mir der Aktienmarkt deutlich mehr Geld einbringen würde, als ich hineingesteckt habe. Kein Hochstapler-Syndrom, kein „Ich werde nie reicher als meine Eltern – warum sich also anstrengen?", eine Denkweise, die so viele von uns lähmt. Warum? Das hat mit meiner Kindheit in Philadelphia zu tun. Mein Vater, „Pop", nahm mich jeden Samstag mit zur Arbeit. Er war Verkäufer und schuftete sechs Tage die Woche – er belieferte den Einzelhandel mit Schachteln, Tüten und Geschenkpapier, von Princeton in New Jersey bis Wilmington in Delaware und jeden Ort dazwischen. Er war der Zwischenhändler zwischen großen Papierfabriken und kleinen Einzelhändlern, deren Bestellungen zu gering waren, um direkt beim Werk zu kaufen.

Diese Samstage mit Pop liebte ich. Auf dem Weg in die Innenstadt von Philadelphia sagte er kaum ein Wort: Im Radio liefen Sendungen mit Hörerbeteiligung, meist über Geldanlage; danach die Liveübertragungen der samstäglichen Opernmatineen aus der Metropolitan Opera, präsentiert vom Mineralölunternehmen Texaco. In Old City, dem historischen Altstadtviertel von Philadelphia, fuhren wir zu seinem kleinen Warenlager – er nannte es einfach „the Place". Kaum angekommen, zählte Pop den Warenbestand und nahm pausenlos Anrufe entgegen. Vom Geschäft verstand ich wenig, schon gar nicht, wie schlecht es tatsächlich lief. Seine Kundschaft, meist kleine Läden, kämpfte sich durch die scheinbar endlosen Rezessionen und Flauten von Philadelphia, der gebeutelten „City of Brotherly Love".

Ich liebte es, mit Pop unterwegs zu sein, wenn er mich „Jamesy“ nannte und meine Hand hielt – und ganz besonders unsere Mittagessen im Automatenrestaurant Horn & Hardart, einem Vorläufer der heutigen Schnellrestaurantketten. Ich weiß noch genau, wie glücklich es mich machte, wenn ich Stücke meiner Buttersemmel auf den Gehweg warf und augenblicklich die Tauben herbeigeflattert kamen. Pops Firma, National Gift Wrap & Box Company, später in International Packaging Products umbenannt (weil es größer klang), war in keinem Jahr wirklich profitabel. Aber Pop gab sein Bestes: drei Tage pro Woche zur Kaltakquise unterwegs, drei Tage pro Woche im Lager, wo Geschenkboxen, Sasheen-Geschenkbänder und Papierrollen sich bis unter die Decke stapelten.

Am meisten mochte ich die Momente, wenn jemand aus der Kundschaft wegen eines „Notfalls“ anrief – also wegen etwas, das in der Papierbranche als Notfall gilt. Die Kunden brauchten Tüten mit Namen und Adresse ihres Ladens für ihre Kundschaft. Wenn sie keine mehr hatten, riefen sie Pop an. Und wenn Pop keine Tüten mehr hatte – dann wurde es erst richtig spannend. Er sprintete zu seinem Kombi, ich hinterher, und wir fuhren ein paar Blocks weiter zu einem riesigen Lagerhaus, gegen das Pops Lager winzig wirkte. Es war bis unter die Decke voll mit magischen Dingen – dekorativen Papptellern, rot gestreiften Trinkhalmen, Packpapierbündeln, die doppelt so hoch waren wie ich. Dieses Lager führte ein Hüne mit Lockenmähne namens Mr. Hank, ein Bär von einem Mann. Und so sehr ich Pop auch vergötterte, merkte ich zugleich, dass Mr. Hank etwas Besonderes war – einer, der's wirklich draufhatte. Er war immer freundlich zu mir und hatte stets Zeit für Pop. Für mich war Pop der mutigste Mensch der Welt – doch Pop sagte mir, Mr. Hank sei noch mutiger, denn während Pop ein hochdekorierter Sergeant der Army gewesen war, war Mr. Hank Colonel des Marine Corps im Ruhestand. „Die richtig harten Sachen erledigen immer zuerst die Marines“, pflegte Pop zu sagen.

Ich fragte Pop, ob Mr. Hank ein gut gehendes Geschäft habe – er wirkte immer so beschäftigt, erteilte seine Anweisungen und ließ Pappteller aus dem dritten Stock oder Plastikgabeln aus dem vierten holen. Und Pop erklärte mir leise etwas Wunderbares, das ich bis heute – mehr als sechs Jahrzehnte später – nicht vergessen habe.

„Mr. Hank hat nicht nur ein großartiges Geschäft", sagte Pop. „Mr. Hank hat genug Geld, um etwas zurückzulegen – und reich zu werden." Wie wurde er reich? Na wie denn? Durch die Börse! Pop hatte mir die Börse bereits erklärt. Er brachte mir bei, die Wirtschaftsseiten des *Evening Bulletin* zu lesen, den damals – so der Slogan der Tageszeitung – fast ganz Philadelphia las. (Das Blatt stellte Jahre später den Betrieb ein – nachdem sie meine Bewerbung direkt nach dem College abgelehnt hatten. Die Absage bewahre ich bis heute auf, wie auch die anderen.) Pop zeigte mir, wie man die abgekürzten Firmennamen nachschlug und wie man – wie bei den klein gedruckten Baseball-Spielstatistiken, denen mein eigentliches Interesse galt – sehen konnte, wie diese Unternehmen an dem jeweiligen Tag bewertet wurden. Pluszeichen, Minuszeichen, Pfeile nach unten, lauter kleine Zahlen.

Pop sagte mir, Mr. Hank kaufe immer Anteile derselben Aktie: Merck Sharp & Dohme, ein Pharmaunternehmen in der Nähe von Philadelphia. Also begann ich, diese Aktie regelmäßig zu beobachten. Anfangs war sie mir ein Rätsel. Es schien sich bei ihr nicht viel zu tun. Keine dieser Überflieger, die mal um vier Punkte stiegen und dann um fünf fielen. Manche Aktien waren in ihrem täglichen Auf und Ab richtig aufregend. In der Börsenspalte der Zeitung stand bei der Aktie einfach „Merck". Der Kurs schien dagegen Woche für Woche, Monat für Monat ein wenig häufiger zu steigen als zu fallen. Langweilig in ihrer Vorhersehbarkeit, dachte ich.

An einem Samstag forderte mich Pop auf, meinen Mut zusammenzunehmen und Mr. Hank zu bitten, mir das schwarze ledergebundene Depot-Notizbuch in seiner Schreibtischschublade zu zeigen. Wenn ich fragte, sagte Pop, würde er mir auch so ein Buch kaufen, damit ich so tun könne, als würde ich Aktien kaufen, und sehen könne, wie ich damit abgeschnitten hätte. Mr. Hank zögerte nicht: Er schlug sein staubiges schwarzes Notizbuch auf, das Seite um Seite dünne blaue Linien aufwies – und die Zahl der gekauften Aktien, den Preis je Stück und den aktuellen Bestand offenbarte.

Ich war ziemlich gut im Rechnen, aber man musste kein Genie sein, um zu sehen, dass Mr. Hank eine gewaltige Anzahl von Merck-Aktien zu ganz unterschiedlichen Kursen gekauft hatte – und dass sein Bestand Monat für Monat und Seite um Seite anwuchs. Kurz: Mr. Hank war offensichtlich Millionär – zu einer Zeit, als es in unserem Land noch nicht viele Millionäre gab. Am nächsten Tag multiplizierte ich die Zahl der Aktien, an die ich mich erinnerte, mit dem Merck-Kurs aus der Zeitung. Mr. Hanks Merck-Bestand war 3,6 Millionen Dollar wert. Kein Scherz. Und wie ich später begriff, waren darin nicht einmal reinvestierte Dividenden enthalten. (Und ich bin sicher, dass Mr. Hank seine Dividenden reinvestierte – dazu später mehr.)

Mr. Hank war kein Pharmaforscher und – soweit ich wusste – auch niemand, von dem bei Merck je jemand gehört hätte. Er wurde mit Merck reich, weil er sein Geld zurücklegte, eine gute Aktie auswählte und sie konsequent nachkaufte. Pop träumte davon, genau dasselbe zu tun; nur hatte er nicht genug Geld dafür, und wenn er es versuchte, ging es irgendwie immer schief. Ich erinnere mich, dass Pop irgendwann von seinem Bruder erfuhr, ein Mann aus dessen Tennisrunde – eine ganz große Nummer, jemand, der angeblich Bescheid wusste – habe ihm geraten, Aktien einer Firma namens National Video zu kaufen; die stellten Bildröhren für Farbfernseher her, genau in der Phase, als die Welt von Schwarz-Weiß auf Farbe umstellte. Pop hörte auf den Rat, und während ich den Kurs verfolgte, stieg er und stieg und stieg – in einem Tempo, das Merck nie erreichte. Es war ungeheuer aufregend: Die Aktie schoss von etwa 40 bis 50 Dollar auf 140 Dollar im Jahr 1968 hoch. Bei jedem neuen Hoch jubelten wir.

Bis zu dem Tag, an dem die Aktie abstürzte und sich nie wieder erholte. Pop steckte weiterhin regelmäßig Geld hinein, im Glauben, sie müsse sich doch irgendwann wieder fangen. Aber Vakuumröhren wie die von National Video wurden durch Transistoren verdrängt – eine neue Technik, die weder National Video noch Pop kommen sehen hatten. Das Unternehmen war im Handumdrehen bankrott und Pops Ersparnisse waren dahin. Vielleicht hätte mich das für immer von der Börse abschrecken sollen – und Pop ebenso. Aber das tat es nicht. Es machte mir nur eines klar: Man muss die „richtigen" Aktien kaufen, die sogenannten Blue Chips, die im Laufe der Zeit steigen – wie Merck. Wenn Mr. Hank – ein Colonel des Marine Corps, der Papiertüten verkaufte – das schaffen konnte, warum nicht auch ich?

Und warum nicht auch Sie?

Vor Kurzem erwähnte ich in der *CNBC*-Sendung „Squawk on the Street", die auf dem Parkett der New Yorker Börse aufgezeichnet wird, gegenüber meinem langjährigen (und sehr geschätzten) Co-Moderator David Faber, dass man durch den Kauf einzelner Aktien Millionär werden könne. Daraufhin schnaubte er nur verächtlich auf seine ganz eigene Art und mit seinem mir vertrauten Funkeln in den Augen – eine wortlose Abfuhr mit einem stummen Boxhieb ganz im Stil von Muhammad Ali. Er sagte, wir wüssten doch alle, dass es sehr schwierig sei, den Markt zu schlagen. Nur Profis könnten das, und selbst die hätten ihre Probleme damit.

Ich hielt dagegen: Wenn man fleißig, ausdauernd und konsequent sei; wenn man ein Unternehmen kenne und möge und von seinen Zukunftsaussichten überzeugt sei; wenn man es studiere und verstehe – dann könne man das. Und genau das gelang mir bei Goldman Sachs, wo ich vermögenden Kunden half, ihr Geld zu vermehren, indem sie die Aktien kauften, die ich für sie analysiert hatte – Unternehmen wie (das hochverehrte) Merck, Squibb oder Warner-Lambert. Kimberly-Clark und Procter & Gamble. H. J. Heinz. Allseits bekannte Marken, von denen ich überzeugt war, dass ausländische Unternehmen sie nicht verdrängen würden. Wir griffen nie zur damaligen Variante von National Video – ich wollte schließlich meinen Job behalten. Wir kauften langsam und stetig, mit Betonung auf stetig.

Was ich bei Goldman gelernt habe, während ich sehr vermögenden Menschen dabei half, zu äußerst vermögenden aufzusteigen: Wir machen viel zu viel Aufhebens darum, wie schwer dieses Geschäft ist. Und viel zu selten sprechen wir über diejenigen, die still ihr Geld in gute Aktien stecken und zu Multimillionären werden – wie Mr. Hank. Sie stellen sich nicht zur Schau, sie prahlen nicht, sie reden nicht darüber. Außer wenn sie in ihrem Lager voller Wunderdinge freundlich zu einem kleinen Jungen und dessen Vater sind.

Wir sollten diejenigen feiern, die Aktien kaufen, die Dividenden reinvestieren, regelmäßig nachkaufen und so – ungeachtet kurzfristiger Schwankungen, Gefahren und Risiken – zu Millionären und Multimillionären werden. Stattdessen reden wir vor allem über Risiken und klammern uns an die Vorstellung, es sei unmöglich, jemals so reich zu werden wie unsere Eltern – oder reicher. Wir lassen uns von denen einschüchtern, die es geschafft haben, und glauben deshalb, für uns sei es zu spät.

Aus Ihrer Perspektive – ob Babyboomer, Generation X, Y oder Z – ist die Welt da draußen beängstigend, das weiß ich. Wo ich Wohlstand und Chancen sehe, sehen viele von Ihnen Verzweiflung oder sogar Hoffnungslosigkeit. Diese Angst höre ich in fast jedem Gespräch. Viele Menschen glauben, meine Generation sei die letzte gewesen, die ein besseres und sichereres Leben hatte als ihre Eltern.

Als ich jung war, nahmen wir alle an, dass wir bessere Zukunftsaussichten hätten und deutlich mehr Vermögen aufbauen würden, als wir es aus unserer Kindheit kannten – und vielen aus meiner Generation gelang das auch. Heute ist für viel zu viele hart arbeitende Menschen die Hoffnung verblasst; sie glauben, die Tür, durch die meine Generation gegangen ist, sei längst zugenagelt. Und die Babyboomer sind derzeit 10-mal so vermögend wie die Millennials – ein Teil dieser Angst ist also nachvollziehbar.[1]

Auf meiner Tour durch Colleges, auf der ich mittlerweile 21 Schulen besucht habe, in den Unternehmen, die ich besuche, und in meiner Fernsehsendung spreche ich mit Menschen jeden Alters. Überall begegne ich Menschen, die finanziell unter enormem Druck stehen. Ihr Geld reicht heute kaum noch aus; sie fürchten, dass zum Investieren zu wenig übrig bleibt. Andere sparen – und sind überzeugt, vernünftig zu investieren.

Einige machen es richtig, aber die meisten legen ihr Geld falsch an: Sie zocken auf wertlose Unternehmen, ohne es zu merken, oder lassen ihr

Geld auf dem Sparkonto brachliegen – weil sie, anders als Mr. Hank, die Kraft der richtigen Anlagen nicht verstehen. Manche glauben, sie hätten ihre Chance verpasst, an der Börse einzusteigen. Andere haben nicht genug Vertrauen in den Markt, um es für lohnend zu halten. Sie haben zu viele Crashs erlebt, zu viele Verluste gesehen – da behalten sie ihr Geld lieber bar in greifbarer Nähe (oder geben es gleich aus!).

Im Sommer 2024 führte das *Wall Street Journal* unter der Überschrift „Generation X vor dem Ruhestand – die Realität ist ernüchternd" aus, dass die 65 Millionen Amerikanerinnen und Amerikaner der Jahrgänge 1965 bis 1980 zu wenig fürs Alter zurückgelegt hätten, weil Unternehmen von verlässlichen Betriebsrenten auf 401(k)-Pläne umgestellt hätten, die das Anlagerisiko auf die Beschäftigten verlagerten – und dies oft mit schlechten Ergebnissen.[2] Zudem sparen laut Umfragen mehr als 60 Prozent der 18- bis 34-Jährigen nicht monatlich für den Ruhestand.[3] Diesem Fehler will ich abhelfen. Schließlich werden in den nächsten rund 20 Jahren schätzungsweise 100 Billionen Dollar von den Babyboomern auf jüngere Generationen übertragen – vom „großen Vermögenstransfer" ist die Rede.[4] Ein Geldregen von gewaltigen Ausmaßen kommt auf Sie zu. Aber Sie müssen wissen, was Sie damit anfangen.

Ich kann Ihnen nicht viel garantieren, aber ein paar Dinge kann ich Ihnen sagen. Erstens: Wenn Sie in den Vereinigten Staaten leben und darauf bauen, dass die Social Security – die staatliche Rentenversicherung in den USA – im Alter für Sie sorgt, ist dieses Vertrauen angesichts der Richtung, in die sich die Staatsfinanzen der USA zu bewegen scheinen, womöglich fehl am Platz. Und die USA sind mit diesem Problem nicht allein – viele staatliche Rentensysteme weltweit stehen unter Druck. Zweitens: Ein Konto bei DraftKings, einer US-Onlineplattform für Sportwetten, zu eröffnen und zu glauben, Wetten auf die Philadelphia Eagles oder die Boston Celtics seien ein guter Plan für Ihre Absicherung im Ruhestand – nun, das sind sie nicht. Drittens – und vielleicht am schlimmsten: Im Internet nach „Meme-Aktien" wie GameStop zu suchen und in der Hoffnung auf langfristige finanzielle Stabilität auf kurzfristige

Gewinne zu setzen ist ein Rezept für ein finanzielles Desaster. Dasselbe gilt für Kryptowährungen zweifelhafter Herkunft und gar nicht zu sparen ist erst recht keine Lösung.

Andererseits können wir uns alle ein Beispiel an Mr. Hank nehmen – und dieses Buch zeigt Ihnen, wie das geht.

Ich präsentiere: Der „Geld machen in jedem Marktumfeld"-Plan

Ich zeige Ihnen in diesem Buch, wie Sie reich werden können. Damit meine ich nicht, weniger zu konsumieren und den Rest in sicheren, aber langweiligen Einlagenzertifikaten zu parken. Ich meine auch nicht, dass Sie Ihre Kreditkarten zerschneiden oder der „Jetzt kaufen, später zahlen"-Verlockung trotz Zinsen und Gebühren entsagen sollen. Und gemeint ist ebenfalls nicht Ihr 401(k)-Plan – also Ihr betrieblicher Altersvorsorgeplan in den USA, falls Sie dort leben und arbeiten. Gemeint ist: Lassen Sie Ihr Geld rechtzeitig für sich arbeiten, damit Sie am Ende weit mehr besitzen, als Sie je für möglich hielten – und genießen Sie den Weg dorthin.

Gemeinsam erstellen wir ein Portfolio, mit dem Sie langfristig Vermögen aufbauen und Marktschwankungen gelassen aushalten. Ein Teil davon sind Indexfonds – nützlich, aber allein nicht genug, erst recht nicht in Zeiten anhaltender Inflation und eines aberwitzig hohen Haushaltsdefizits (dazu gleich mehr). Zusätzlich brauchen Sie neben der passiven Indexanlage ein Paket ausgewählter Einzelaktien – jedenfalls, wenn Sie wirklich wohlhabend werden wollen. In diesem Buch wählen wir fünf einzelne Aktien aus – die Heldenaktien, die Sie reich machen sollen. Sie lernen, mit Ihrer Beobachtungsgabe ein werthaltiges, belastbares Portfolio aufzubauen. Wir gehen das gemeinsam an – so, wie ich es seit Jahrzehnten mit meinen Lesern, Abonnenten, Zuschauern und Klubmitgliedern tue.

Weder bin ich ein wohlhabender Scharlatan noch ein Fernsehprediger in Sachen Börse. Meine Methode beruht auf jahrelanger professioneller

Vermögensverwaltung und wurde geprägt durch meine Zeit bei Goldman Sachs, dem wohl renommiertesten Investmenthaus der USA, wo ich in der Analyse von Aktien geschult wurde – darin, wie sie funktionieren und wie man die besten auswählt. Praxis aus erster Hand sammelte ich anschließend als Manager eines Hedgefonds, in dem ich das Vermögen sehr wohlhabender Menschen verwaltete und die sakrosankten Indizes deutlich übertraf: durchschnittlich 24 Prozent Rendite pro Jahr nach allen Gebühren über 14 Jahre, gegenüber acht Prozent beim Standard & Poor's 500 (S&P 500), der maßgeblichen Benchmark. Für den CNBC Investing Club führe ich außerdem einen multimillionenschweren, gemeinnützigen Treuhandfonds offen und transparent – an der Wall Street nahezu beispiellos – und habe Millionen an Gewinnen und Dividenden gespendet, um zu zeigen, wie man mit den eigenen Fähigkeiten sein Geld für sich arbeiten lässt.

Jeden Monat legen Sie idealerweise 50 oder 100 Dollar in Aktien an. Sie kaufen und halten die Aktien nur so lange, wie Ihre Hausaufgaben ergeben, dass alles in Ordnung ist. Nennen wir es „Kaufen und Hausaufgaben machen" statt „Kaufen und Halten". Und diese Hausaufgaben sind heute nicht mehr mühsam (danke, ChatGPT); sie lassen sich viel leichter abarbeiten als damals, als ich mich als Junge durch das Kleingedruckte der Zeitung kämpfen musste.

Eine wichtige Regel: Kurzfristige Käufe und Verkäufe sind die Ausnahme. Wenn Sie kein Profi sind – mit einem Team aus Analysten und einer Kundschaft, der steuerpflichtige Gewinne gleichgültig sind –, werden Sie mit Trading allein die Durchschnittsindizes nicht schlagen. Taktisches Trading ist ein Vollzeitjob. Das lässt sich neben einem regulären Job nicht stemmen. Und selbst wenn Sie dafür Ihren Job kündigen, gelingt es den wenigsten dauerhaft. Day-Trading ist hart und selten lukrativ – es sei denn, Sie spielen auf absolutem Profiniveau. Wie im Sport schaffen das nur wenige. Aber Sie müssen weder ein Michael Jordan noch eine Serena Williams oder ein Tom Brady sein, um mit meinem Ansatz erfolgreich zu sein und durch Investieren richtig gutes Geld zu verdienen.

Betrachten Sie sich für den Kaufpreis dieses Buches einfach als meinen Kunden. Ich will kein weiteres Geld von Ihnen. Und ich werde Ihnen ganz sicher keine Tipps zu einer angeblich „fantastischen" Firma für Farbfernseher-Bildröhren geben, die Sie am Ende in den Bankrott treibt. Ihnen zu schaden ist das Letzte, was ich will.

Stattdessen möchte ich Ihnen all das über Aktien beibringen, was Sie nie gelernt haben – und von dem Sie nicht einmal wussten, wie Sie danach fragen sollten. Darum geht es im ersten Teil dieses Buches: „Vertrauen Sie dem Markt". Wie funktionieren Aktien? Was haben sie mit den Unternehmen zu tun, die sie repräsentieren? Warum steigen Aktien? Warum fallen sie? Warum laufen manche schlecht, während andere gut performen? All das klären wir hier. Ich zeige Ihnen, warum Ihre Angst vor unvermeidlichen Kursrückgängen irrational ist – so wie die Ängste bei jedem größeren Abverkauf der vergangenen 40 Jahre so gut wie nichts mit den langfristigen Erfolgsaussichten der Unternehmen zu tun hatten, in die Sie investieren könnten.

Danach folgt der zweite Teil: „Bauen Sie Ihr Portfolio auf". Wie recherchieren Sie und woran erkennen Sie, welchen Aktien Sie vertrauen können? Wie finden Sie frei zugängliche Informationen und wie nutzen sie diese zu Ihrem Vorteil? Sie lernen, eine Bilanz zu lesen – keine Sorge: Ich erkläre es Ihnen so verständlich, dass Sie sich hinterher fragen werden, warum Sie jemals Angst davor hatten. Ich erkläre Ihnen auch die wichtige Analystenkonferenz, damit Sie die Leistung des Unternehmens bewerten können. Ohne es zu merken, kennen Sie womöglich schon die richtigen Aktien – allein aus Ihren Alltagsbeobachtungen. Sie werden sie erkennen, sobald Ihnen klar ist, worauf es ankommt. Ich erläutere, was Wachstumsdenken bedeutet und wie Sie Ihre Haltung je nach den Ihnen verbleibenden Jahren bis zum Ruhestand anpassen. Am Ende werden Sie die Aktien, die Ihr Geld wert sind, von denen unterscheiden können, die es vernichten. Ich kann Ihnen allerdings nicht versprechen, dass Sie so enden wie ich – als jemand, der alles durch die Börsenbrille sieht. Aber glauben Sie mir: Dahin wollen Sie auch gar nicht.

Und schließlich kommt der dritte Teil: „Was macht eine Heldenaktie aus?" Mit Ihrem neuen Marktverständnis und den erlernten Recherchefähigkeiten gehe ich mit Ihnen meine eigenen Überlegungen durch – meine Erfolge und Fehlgriffe im Lauf der Jahre und die Art, wie ich heute auf die Welt blicke –, um Ihnen zu zeigen, wie Sie mit den in diesem Buch beschriebenen Methoden Wohlstand aufbauen können. Ich zeige Ihnen die Aktien, die für mich aktuell Heldenaktien sind – die Zugpferde im Depot. Wichtiger noch: Ich erläutere die Prinzipien hinter deren Auswahl, damit Sie nach denselben Grundsätzen Ihre eigenen Favoriten identifizieren können – heute oder in zehn Jahren, wenn die Namen andere sein werden, die Ideen hinter ihrem Erfolg aber dieselben bleiben.

Lassen Sie dieses Buch Ihre verlässliche Referenz in allen Geldfragen sein. Wenn Sie es zu Ende gelesen haben, werden Sie den Markt nicht mehr fürchten. Sie werden weder das Investieren scheuen noch sich von Schreckensgeschichten über den Aktienmarkt verunsichern lassen. Dann wissen Sie: Wer es richtig angeht, kann in jedem Marktumfeld Geld verdienen.

TEIL 1

VERTRAUEN SIE DEM MARKT

KAPITEL 1

Warum überhaupt investieren?

Aktien sind die Gewinner – selbst wenn der Markt fällt

Die meisten Menschen haben für Aktien wenig übrig – oder sie bringen Aktien mit Stress in Verbindung. Das ist nachvollziehbar. Denn Aktien sind selbst in guten Zeiten schwer zu durchschauen. Während der zahllosen Bärenmärkte (Phasen mit Kursrückgängen von mindestens 20 Prozent), die einen im Grunde 40-jährigen Bullenmarkt (Phasen stetiger Höchststände) immer wieder unterbrochen haben, können sie zum Albtraum werden.

Sie mögen den Aktienmarkt als Achterbahnfahrt wahrnehmen, die Sie entweder aus der Bahn wirft oder die am Ende wieder genau dort endet, wo Sie gestartet sind. Doch ein Blick auf die langfristigen Trends zeigt etwas anderes. Der Standard & Poor's 500 (S&P 500) – ein Index, der die Wertentwicklung der 500 größten börsennotierten US-Unternehmen abbildet und die Benchmark, von der ich sprach – hat auf lange Sicht außerordentlich gut abgeschnitten: Er erzielte in den vergangenen 40 Jahren eine durchschnittliche Jahresrendite von rund zehn Prozent. Das liegt deutlich über der Inflation und weit über dem, was ein Sparkonto je erreichen wird.

Als ich 1982 während meines Jurastudiums begann, mich ernsthaft mit dem Investieren zu beschäftigen, lag der Dow Jones Industrial Average – ein enger gefasster Index aus 30 US-Blue-Chip-Aktien – unter 1.000 Punkten. Heute, während ich dies schreibe, notiert er über 40.000. Dieser Anstieg – von kaum jemandem aus Publizistik, Wirtschaft oder Wissenschaft je wirklich gewürdigt – ist atemberaubend. Diese Aufwärtsbewegung stand allen offen, doch kaum jemand nahm davon Notiz. Kaum jemand spricht darüber, wie viel Vermögen dadurch entstanden ist. Viele übersehen die Chance, mit Aktien zur ersten Million zu kommen – obwohl der Aktienmarkt das beste Instrument zum Vermögensaufbau ist, das es je gab.

Warum erklimmen nicht mehr Menschen diese Höhen des Wohlstands? Ich glaube, aus Angst vor dem Absturz – obwohl die Erfahrung aus Jahrzehnten zeigt, dass ein Ausrutscher dem Ersparten auf Dauer kaum schadet, solange man Kurs hält. Dennoch deuten wir jeden Stolperer als Katastrophe. Man hat uns eingeredet, nur eine Handvoll schaffe es bis zum Gipfel. Welch ein Unsinn.

Die Börse hat keine Freunde. Politiker verunglimpfen sie als Tummelplatz der Reichen. Der frühere Präsident Joe Biden hat sein ganzes Leben versucht, Abstand zur Börse zu halten. Als er noch Senator war, prahlte er mir gegenüber einmal auf einer gemeinsamen Fahrt mit einem Antrak-Zug nach Washington: Er sei der Ärmste im Senat – und die Börse interessiere ihn kaum. Er wirkte fast stolz darauf. Ich will Präsident Biden damit nicht angreifen. Präsident Trump war von Immobilien besessen, nicht von Aktien. Ich habe jahrelang versucht, ihm Aktien nahezubringen, lange bevor er in die Politik ging. Er war mehrfach in meiner Sendung und behauptete, nach meinen Empfehlungen viele der genannten Aktien gekauft zu haben. Ich glaube, er sagte das nur, damit ich ihn endlich in Ruhe ließ. Mit einem Bekenntnis zu Aktien gewinnt man keine Stimmen. Es gibt schlicht nicht genug Menschen, die welche besitzen.

Eine ganze Kohorte von Milliardären tritt bei *CNBC* und anderswo auf und verkündet lautstark, mit Aktien sei es aus und vorbei, man könne den Deckel draufmachen. Die Zukunft, sagen sie, werde weit trüber sein als die Vergangenheit. Es ist verblüffend, wie schnell Milliardäre vergessen, dass sie nicht immer Milliardäre waren, und sich einbilden, nach ihnen könne es keine neuen Milliardäre mehr geben. In meiner *CNBC*-Sendung „Mad Money" nenne ich diese amerikanischen Oligarchen von heute die „Milliardärista"-Klasse. Sie sind längst oben – und ziehen jetzt die Leiter hoch, während Sie noch unten stehen.

In diesem unglaublichen Börsenaufschwung, der nun seit über 40 Jahren anhält, habe ich nie jemanden sagen hören oder irgendwo gelesen: „Jetzt ist ein guter Zeitpunkt zum Investieren." Ich kann mich nicht erinnern, dass selbst während der zahllosen Abverkäufe jemand gesagt hätte: „Das ist Ihre Einstiegsmöglichkeit, wenn Sie die letzten 500, 1.000 oder 10.000 Indexpunkte nicht mitgenommen haben." Erst recht sagt Ihnen kaum jemand offen: „Hier ist Ihre Chance – Anteile an einem aufstrebenden Unternehmen gibt es gerade mit Abschlag, nicht wegen eines Fehlers des Unternehmens, sondern weil der Markt kurzzeitig nachgibt und selbst die Besten mit nach unten zieht." Stattdessen höre ich immer nur halbherzige, lauwarme Empfehlungen wie: „Ich weiß, da draußen weht ein rauer Wind, aber vielleicht möchten Sie dennoch ganz vorsichtig einsteigen." Vielen Dank auch, das hilft niemandem.

Und trotzdem war jeder Abverkauf eine Chance, erstklassige Unternehmen mit Abschlag zu kaufen – besonders der gewaltige Abverkauf während der Großen Rezession zwischen 2007 und 2009, so schrecklich diese Zeit auch war. Am Ende ist der Markt immer wieder gestärkt daraus hervorgegangen – selbst wenn viele behaupten, er werde nie wieder so gut sein wie früher.

Keiner sagt die Wahrheit. Hört man auf die anderen, gab es nie einen wirklich guten Zeitpunkt, um in den Markt einzusteigen. Angeblich ist jeder Zeitpunkt gefährlich und Furcht einflößend.

Ich verstehe diese Angst. In den frühen 2000er-Jahren wurden Tausende Aktien regelrecht zerlegt. Nach einer kurzen Erholung traf zwischen 2007 und 2009 die Große Rezession die Märkte erneut – und von 2020 bis 2022 gerieten sie während der Coronapandemie noch einmal heftig unter Druck. Ganz zu schweigen von den kurzen Einbrüchen zwischendurch, etwa beim „Flash Crash“ am 6. Mai 2010, als der Markt an einem einzigen Tag scheinbar ohne jeden ersichtlichen Grund um fast zehn Prozent einbrach. Eine Billion Dollar lösten sich für eine halbe Stunde in Luft auf – wegen einer Computerpanne, deren Ursachen wir bis heute nicht wirklich verstehen.

Wenn wir weiter zurückblicken, stoßen wir auf den Großen Crash von 1987: Am 19. Oktober 1987, in die Geschichte als Schwarzer Montag eingegangen, erlebten die Aktienkurse den schlimmsten prozentualen Tagesverlust ihrer Geschichte – 508 Punkte beziehungsweise 22,6 Prozent. Rückblickend ist das kaum zu fassen. Der Einbruch hatte nichts mit der Wirtschaftslage zu tun, sondern damit, dass die Börse von New York (NYSE) die plötzliche Welle an Verkaufsaufträgen aus dem S&P-500-Futures-Handel an der Chicago Mercantile Exchange (CME) nicht mehr verarbeiten konnte. Danach warteten wir auf die Rezession – wenn nicht gar Depression –, die einem solchen Absturz folgen müsste. Sie blieb aus. Der Große Crash erwies sich als Vorbote von … nichts. Den einzelnen Unternehmen ging es gut; aus irgendeinem Grund versagten die Börsen- und Handelssysteme – und als sie wieder funktionierten, waren Billionen Dollar verschwunden. Wer soll schon einer Sache vertrauen, die Ihr Geld ohne jeden ersichtlichen Grund schneller verschwinden lassen kann als ein Zaubertrick? Es ist nicht nur die Wahrnehmung, dass Aktien nicht vertrauenswürdig sind, für Uninformierte ist es scheinbar die Realität.

Doch das stimmt nicht.

Natürlich gab es viele Abverkäufe – einige davon führten zu regelrechten Kursabstürzen. Aber schauen Sie, wo wir am Ende gelandet sind und wie viel Vermögen durch dieselbe, nur vorübergehend entgleiste Marktmechanik entstanden ist. Aktien haben sich seit mehr als einem halben Jahrhundert als die beste Anlage erwiesen – und das wird aus meiner Sicht auch auf lange Sicht so bleiben, selbst wenn der Weg dorthin durchaus holprig ist. Ein Dollar, der Anfang 1980 in den S&P 500 investiert wurde, wäre heute weit über 150 Dollar wert. Oder konkreter: 10.000 Dollar, zu Beginn des Jahres 1980 investiert, lägen heute bei deutlich über 1,5 Millionen Dollar. Und nein, das ist keine Rosinenpickerei – wählen Sie nach Belieben ein anderes Startjahr: Bunkern Sie Ihr Geld unter der Matratze, kommen Sie niemals auf solche Renditen.

Der wahre Schatz liegt, wenn man so will, im Potenzial der Aktien einzelner Spitzenunternehmen – Namen, die den meisten von uns geläufig sind.

Was damit gemeint ist, zeige ich ausführlich in Kapitel 3 – hier greife ich kurz vor: Zwischen Februar 2013 – damals habe ich in meiner Sendung „Mad Money" den Begriff FANG (Facebook, Amazon, Netflix, Google) geprägt und populär gemacht – und Ende 2024 wäre eine Anlage von 1.000 Dollar in den S&P 500 bei Wiederanlage der Dividenden auf fast 5.000 Dollar angewachsen. Hätten Sie dieselben 1.000 Dollar stattdessen in einzelne, weithin bekannte Qualitätsaktien gesteckt, ergäbe sich Folgendes: Google (heute Alphabet): rund 10.000 Dollar. Amazon: rund 16.000 Dollar. Facebook (heute Meta): rund 21.000 Dollar. Netflix: rund 36.000 Dollar. Diese Unternehmen waren damals bereits Alltagsmarken, und viele von uns nutzten deren Dienste täglich. Um solche Kursgewinne mitzunehmen, musste man nichts Exotisches tun: Man musste die Aktie mit dem dahinterstehenden Unternehmen verknüpfen – also verstehen, wie stark das Geschäft wächst, welche Produkte wir alle verwenden und wie sich das in den Zahlen niederschlägt. Über die Suche nach den nächsten großen Start-ups sprechen wir später; hier geht es zunächst um herausragende Unternehmen, deren Aktien als naheliegende Investments jahrelang vor aller Augen lagen.

Ich kann Ihre Skepsis verstehen. Mit dem Auf und Ab an der Börse umzugehen kostet Nerven, und die Angst vor Rückschlägen ist real. Nicht jedes Unternehmen entwickelt sich so wie die der FANG-Gruppe – und vergangene Wertentwicklungen sind keine Garantie für künftige Ergebnisse. Aber was ist die Alternative? Bargeld vermehrt sich nicht. Anleihen lassen Ihr Geld auf der Stelle treten. Meine Arbeit zeigt immer wieder:

Wirklich vermögend wird man nur mit Einzelaktien – ergänzt um die relative Sicherheit von Indexfonds. Und am besten gewöhnt man sich an die Schwankungen des Marktes, indem man ihre Mechanik versteht.

Schluss mit der Angst!

Ich weiß, das ist nicht leicht. Was mich am meisten wundert, ist, warum so viele Menschen dem Aktienmarkt zutiefst misstrauen – oder glauben, dass die Börse unfair sei und sie benachteilige –, obwohl offenkundig ist, dass gerade diejenigen erfolgreich sind, die langfristig investieren, ganz gleich mit wie wenig Geld sie starten.

Gehen wir also der eigentlichen Ursache nach – oder, wie manche sagen würden, der logischen Ausrede –, die Menschen davon abhält, in den Aktienmarkt zu investieren. Sprechen wir über die Angst vor dem Totalverlust.

So stellen sich viele einen Börsencrash vor: Heute stehen 100 Dollar im Depot; der Markt halbiert sich; es bleiben 50 Dollar; man verkauft – und die anderen 50 Dollar sind für immer weg. Das passiert aber nur, wenn man den Verlust realisiert – sprich: mit Verlust verkauft –, das Geld vom Markt holt und später nicht wieder einsteigt. Langfristige Anleger wissen: Nach einigen Wochen, Monaten oder spätestens ein, zwei Jahren stehen die Kurse meist wieder dort, wo sie zuvor waren. Historisch betrachtet ist das der Regelfall. Und sobald der Markt seinen alten Stand wieder erreicht, setzt er den Anstieg fort – höher, viel höher, unvorstellbar höher. Der „Verlust" war ein Buchverlust; solange Sie die Aktie halten und den Verlust nicht realisieren, bleibt er eine Momentaufnahme.

Natürlich gibt es Börsencrashs. Und es gibt Bärenmärkte – jene unangenehmen Einbrüche von mindestens 20 Prozent. Davon habe ich seit meinem Einstieg ins Investieren einige erlebt. Der Beginn meines ernsthaften Interesses an Aktien – zu Beginn meines zweiten Jahres im Jurastudium – fiel jedoch in eine Glücksphase an der Wall Street. Im August

1982 startete nach Jahren des Stillstands die erste Aufwärtsbewegung – fast genau zu dem Zeitpunkt, als ich zwischen den Vorlesungen Geld für Marty Peretz, einen wohlhabenden, bekannten Dozenten am Harvard College, zu verwalten begann. In den folgenden Jahren legte der Markt phasenweise kräftig zu: Der Dow stieg von 776 Punkten auf über 2.700 in nur fünf Jahren – nahezu eine Vervierfachung. Zwei Monate später, nach dieser bemerkenswerten Rally, traf uns im Oktober 1987 der Schwarze Montag mit seinem schockierenden 1-Tages-Sturz – und zeigte, wie fragil scheinbar felsenfeste Gewinne sein können.

Dieses beängstigende Börsenbeben trieb einen großen Teil der Anleger wieder aus dem Markt – gerade jene, die die Börse eben erst als sicheren Ort für ihr Erspartes anerkannt hatten. Aber so lässt sich selbst der schlimmste Tag der Wall Street richtig einordnen: Stellen Sie sich vor, Sie hätten am Freitag vor dem Schwarzen Montag – auf dem Höhepunkt des Marktes direkt vor dem Einbruch – einen Aktienkorb mit den beliebtesten Unternehmen jener Zeit gekauft, also mit den meistgehandelten Aktien an der New Yorker Börse. Wissen Sie, wie lange es gedauert hätte, Ihre Ersparnisse wieder auf den ursprünglichen Stand zu bringen?

Weniger als ein Jahr.

Ja, Sie lesen richtig: Ihr Aktienkorb wäre nicht nur wieder auf dem Ausgangsstand – sein Wert läge sogar darüber. Alles, was Sie dafür tun mussten, war, ruhig zu bleiben und den Crash auszusitzen. Was fast unmöglich schien – die Rückkehr zu den Höchstständen vor dem Einbruch –, erwies sich als normaler Verlauf: nicht nur damals, sondern in allen folgenden Marktzyklen.

Die Angst lässt sich mit folgenden Fakten entkräften: Crash um Crash, Bärenmarkt um Bärenmarkt und Korrektur um Korrektur (als Korrektur gelten Kursrückgänge von zehn bis 20 Prozent) zeigt sich, dass die Erholung nie weit entfernt war. Sehen wir uns die Entwicklung nach dem großen Börsencrash von 1987 an: Der Dow Jones legte zunächst um rund 66 Prozent zu – bis er im Sommer 1990 in einen Bärenmarkt rutschte und etwa 20 Prozent verlor, in einer Phase, die mit Saddam Husseins Einmarsch in

Kuwait am 2. August 1990 und dem darauffolgenden Golfkrieg zusammenfiel. Ein schockierender Einbruch, der viele der Mutigen abschreckte, die nach dem Schwarzen Montag dabeigeblieben waren. Doch wie schon beim Börsenkrach von 1987 erwies sich auch dieser Verlust als hervorragender Zeitpunkt, um nicht alles zu verkaufen und an der Seitenlinie zu warten, sondern im Gegenteil die besten Aktien aus der Zeit vor Saddam Husseins Invasion nachzukaufen. Wer den 1990er-Einbruch um 20 Prozent durchhielt, erlebte anschließend die nächste denkwürdige Phase – einen Anstieg um rund 400 Prozent bis ins neue Jahrtausend. Ja, zwischen 2000 und 2002 kam es zu einem kräftigen Kurssturz von mehr als 50 Prozent durch das Platzen der Tech-Blase. Doch danach machte der Markt alles wieder wett und legte bis hinein in die Große Rezession 2007 bis 2009 um 105 Prozent zu. Und rückblickend wirkt selbst diese gefährliche Phase wie ein Akkuladevorgang auf dem Weg zu noch höheren Kursniveaus.

Ich will die Große Rezession nicht kleinreden. Sie war damals beängstigend, und der Einbruch um 57 Prozent vom Höchststand bis zum Tiefpunkt, der mit dem beispiellosen Zusammenbruch des US-Finanzsystems einherging, trieb erneut viele Anleger aus dem Markt. Auch mich erschreckte diese Phase. Im Herbst 2007, als der Dow bei rund 14.000 Punkten stand, fürchtete ich einen Börsencrash – es gab zu viele ausfallende Hypothekenkredite und das Bankensystem erwies sich als zutiefst marode. Die Lage war – damals noch unbemerkt von den Aufsichtsbehörden äußerst prekär. Die US-Notenbank Federal Reserve (Fed), die uns eigentlich vor finanzieller Not bewahren soll, sah es nicht kommen. Allzu oft ist die Fed zu weit vom Tagesgeschäft entfernt und hat die Sorgen der Unternehmen und Verbraucher zu wenig im Blick. Hier zeigte sie sich von ihrer schlechtesten Seite: blind für das, was bevorstand. Ich hingegen sah das ökonomische Gebäude bereits einstürzen. Auf allen mir zur Verfügung stehenden Kanälen wurde ich zum „Jungen, der ‚Wolf!' rief" und warnte vor dem heraufziehenden Crash. Ich machte allen Angst – auch mit einem Ausraster bei *CNBC* am 3. August 2007, der als „They know nothing!"-Tirade bekannt wurde, als ich die Fed dafür geißelte, ahnungslos zu sein und die Wirtschaft zu ruinieren, wenn sie den Kurs nicht korrigiere. Meine Warnung wurde nicht ignoriert – es wurde über sie gelacht, wie das Protokoll der anschließenden Fed-Sitzung später zeigte.

Der Höhepunkt meiner Warnungen? Ein Auftritt in der *NBC*-Morgensendung „Today“ am 6. Oktober 2008, bei dem ich – in einer später berüchtigten Formulierung – sagte: „Ziehen Sie alles Geld, das Sie in den nächsten fünf Jahren brauchen könnten, jetzt sofort vom Aktienmarkt ab.“[5] Anschließend gab man mir die Schuld dafür, dass der Markt um rund 1.000 Punkte fiel, und meine Vorgesetzten bei *NBC News* baten mich, diese harten Worte abzumildern. Am nächsten Tag ging ich wieder auf Sendung, um genau das zu tun. Auf die Frage jedoch, ob ich nicht „Feuer!“ in einem vollen Theater gerufen hätte, sagte ich: „Ja, habe ich – aber wenn das Theater brennt, sollte ich dann nicht wenigstens versuchen, ein paar Leute hinauszubekommen?“

Damals wurde ich verspottet, dabei wollte ich nur das noch Abwendbare verhindern. Dann setzte der Dow Jones Industrial Average zu seinem Sturzflug an. Da war es für die Federal Reserve zu spät, einzugreifen und jene Institute zu retten, die solide wirkten, hinter ihren Granit- und Stahlfassaden aber bereits zerbröselten. Der Kurs der Fed – zusammen mit der verantwortungslosen Kreditvergabe der Banken – trug maßgeblich zur Großen Rezession bei. Hunderte börsennotierte Unternehmen meldeten Insolvenz an, darunter so traditionsreiche Namen wie der Versicherer AIG, General Motors und Washington Mutual. Andere altehrwürdige Banken wie Bear Stearns und Wachovia verschwanden, als sie von JPMorgan Chase beziehungsweise Wells Fargo übernommen wurden, während die US-Regierung die Hypotheken-Riesen Freddie Mac und Fannie Mae unter staatliche Zwangsverwaltung stellte. Der wirtschaftliche Einbruch verschonte nichts. Er erschütterte die Indizes; der Dow fiel vom Höchststand bis zum Tiefpunkt um 54,4 Prozent. Im März 2009 wachte die Fed auf und gab den verbleibenden Banken Rückendeckung – und bewahrte damit das System vor der sicheren Zerstörung.

Ich werde nicht behaupten, dass ich während der Großen Rezession viele Aktien gefunden hätte, die gut liefen. Die Kombination aus einem massiven Abverkauf der S&P-500-Aktien und einer Flucht im großen Stil in den Anleihemarkt – aus Angst, Aktien zu halten – drückte nahezu alle Kurse weit nach unten.

Ich mache niemandem einen Vorwurf, der damals von Bord ging. Im Rückblick erwies es sich jedoch als krasse Fehlentscheidung; denn selbst in diesem schlimmsten Markt unserer Lebenszeit waren Aktien prädestiniert, ihre Verluste über die Zeit wieder wettzumachen. Als ich acht Monate später wieder in der *NBC*-Morgensendung „Today" auftreten durfte, war der Markt um 40 Prozent gefallen. In diesem Moment riet ich, wieder einzusteigen – und die Indizes begannen erneut zu steigen. Wer Kurs hielt, war nach dem schwersten wirtschaftlichen Schock seit der Weltwirtschaftskrise der 1930er-Jahre in weniger als vier Jahren wieder auf dem Ausgangsniveau; viele bekannte Wachstumsaktien erreichten dieses Niveau schon deutlich früher. Noch besser: Wer weiter regelmäßig Geld in den Markt und in einige robuste Einzelaktien steckte, die ich empfahl, nutzte eine legendäre Kaufgelegenheit, während sich das System erholte. Wenige Jahre nach den schlimmsten Verlusten, die wir je gesehen hatten, waren wieder alle auf der Gewinnerseite.

Dieselbe Geschichte vollzog sich während der Coronapandemie – im Grunde ist es immer dieselbe Geschichte. In jedem Fall war es schwer zu erkennen, wann ein Einbruch seinen Tiefpunkt erreicht hatte. Ein Hinweis war jedoch die mediale Dauerbeschallung, der Aktienmarkt werde sich nie erholen – genau die Botschaft, die Menschen aus Aktien treibt, just in dem Moment, in dem die beste Entscheidung ist, investiert zu bleiben. Langfristig gilt immer wieder: drinbleiben – und, wenn möglich, nachkaufen.

Wenn Sie bereit sind, geduldig zu sein und durchgehend zu investieren – als wären die Rückgänge nur Regenschauer –, dann holen Sie Verluste wieder auf. In der Realität haben Kursrückgänge meist so gut wie nichts mit einer echten wirtschaftlichen Gefahr zu tun. Abgesehen von der Großen Rezession waren die starken Einbrüche meist Reaktionen auf äußere Ereignisse, Zuckungen in Teilbereichen der Wirtschaft – Krieg am Golf, Internet-Exzesse oder Reaktionen auf die Pandemie, die nie die dauerhaften wirtschaftlichen Horrorszenarien brachten, die wir uns ausmalten –, und die Erholung folgte meist rasch.

Darum rate ich: Werfen Sie Ihre Angst über Bord und machen Sie sich klar, dass Rücksetzer oft die besten Gelegenheiten sind, um zusätzlich zu investieren. Die Chancen, den perfekten Zeitpunkt zu erwischen – nahe am Höchststand zu verkaufen und nach einem deutlichen Rückgang rechtzeitig wieder einzusteigen –, sind so gering, dass sich der Versuch nicht lohnt. Bleiben Sie investiert – und nutzen Sie Rückgänge, wenn möglich, zum Nachkaufen. Selbst wenn Sie meinem Verkaufsaufruf aus dem Jahr 2008 gefolgt wären – eine gut getimte Warnung –, wären Sie meinem Kaufaufruf nach einem Rückgang um 40 Prozent auch wirklich gefolgt? Schaffen Sie es, rechtzeitig auszusteigen und wieder einzusteigen, bevor der anschließende Aufschwung an Ihnen vorbeizieht? Ich habe einige wenige Personen getroffen, die das geschafft haben, die meisten aber nicht. Für sie wäre es weitaus besser gewesen, die große Lektion zu beherzigen: Kurs halten.

Wir müssen unsere Sicht auf Aktien grundlegend verändern. Ich habe hier fünf krasse Einbrüche genannt – 1987, 1990, 2000–2002, die Große Rezession und die Coronakrise. Im Rückblick waren das fünf großartige Chancen. Der Markt ist so widerstandsfähig, dass man ihn sich zunutze machen sollte – statt ihn zu verteufeln. Wie kann es sein, dass zig Millionen Menschen Einlagenzertifikate bevorzugen, statt auf etwas zu setzen, das – wie der Dow Jones Industrial Average – bei rund 700 Punkten starten und mit ein paar Boxenstopps unterwegs auf 45.000 Punkte steigen kann? Langfristig lag man mit einem Investment in den Markt noch nie falsch. Das ist kein Glücksspiel. Das eigentliche Glücksspiel ist, den Markt zu verlassen und sich zu verstecken. Wenn Sie keine Aktien besitzen, kann die Kombination aus Inflation und langer Lebenserwartung für Sie und Ihre Familie zur finanziellen Katastrophe werden.

Die Fallstudie bin ich

Daten sprechen eine eindeutige Sprache – doch nach all den Jahren, in denen ich mit fast missionarischem Eifer für den Markt geworben habe, weiß ich: Daten allein überzeugen nicht jeden. Deshalb erzähle ich Ihnen eine Geschichte der Hoffnung. Es ist meine Geschichte. Als Harvard-Student hatte ich das Glück, Chefredakteur der legendären Studentenzeitung *The Harvard Crimson* (gegründet 1873) zu werden. Weniger Glück hatte ich danach: 52 Zeitungen lehnten meine Bewerbungen ab, bevor ich schließlich als Nachrichten- und Sportreporter beim *Tallahassee Democrat* unterkam. Ich berichtete über die grausamen Morde von Ted Bundy, weil ich mich damals in unmittelbarer Nähe des Tatorts an der Florida State University befand. Diese Berichterstattung verschaffte mir einen Job beim inzwischen eingestellten *Los Angeles Herald Examiner*, mit dem Schwerpunkt Mordfälle – für 179 Dollar pro Woche, 20 Dollar mehr als in Tallahassee, allerdings in einer Stadt, die nach meiner damaligen Schätzung 4-mal so teuer war.

Nach drei Umzügen, immer auf der Suche nach einer Wohnung, die nicht mein ganzes Nettogehalt verschlang, landete ich in einem Bungalow in einem deutlich weniger gefragten Viertel. Eines Abends kam ich fix und fertig nach Hause – ich hatte gerade an einer Story über einen besonders grausamen Mehrfachmord gearbeitet. Da merkte ich: Irgendetwas stimmte nicht. Ich bin kein Ordnungsfanatiker, aber offenbar hatte ich vor der Arbeit nicht die Toilettenspülung getätigt. Und das Essbesteck lag noch herum. Gar nicht meine Art. Ich schrieb es dem Arbeitsstress zu – oder einem Drink zu viel am Vorabend.

Am nächsten Tag, nachdem ich über eine Messerstecherei in der Innenstadt berichtet hatte, fand ich das Badezimmer in einem einzigen Chaos vor, den Kühlschrank leer geräumt. Und offenbar hatte jemand in meinem Topf ein Huhn gekocht – die Hühnerreste lagen noch auf der soßenverschmierten Arbeitsplatte. Eines war klar: Ich hatte kein Huhn gekocht. Empört und verwirrt rief ich die Polizei an. Sie traf erst nach ein paar Stunden ein und schien sich zu fragen, warum ich sie überhaupt herbemüht hatte. Man riet mir, die Schlösser austauschen zu lassen. Als wenn ich das Geld für einen Schlüsseldienst gehabt hätte!

Am folgenden Tag, nachdem ich über eine weitere nächtliche Tragödie berichtet hatte, die den Großraum Los Angeles erschütterte, kam ich nach Hause und musste feststellen: Mein Fernseher, der Plattenspieler, meine geliebten Schallplatten und ein Großteil meines Küchengeschirrs von Mikasa waren verschwunden. Erneut rief ich die Polizei. Dieselben zwei Beamten erschienen und meinten, viel sei nicht zu machen. Ich räumte ein, dass es keine Einbruchsspuren gab – aber sollten sie nicht nach Fingerabdrücken suchen?

Die beiden abgebrühten Cops sahen einander an und brachen in Gelächter aus, als hätte ich soeben den besten Witz der Welt erzählt. Der größere von beiden sah mich an und sagte: „Hör zu, mein Junge, hier mein Rat: Wir sind hier nicht im Kino. Und ich bin nicht Kojak. Verschwinde aus dieser Gegend – du gehörst nicht hierher. Und kauf dir, um Himmels willen, eine Waffe; wir sind nicht deine Leibwächter."

Ein paar Tage später fuhr ich nach San Diego, um über ein Massaker zu berichten, das ein Scharfschütze auf einem Schulgelände angerichtet hatte. Eine furchtbare Sache. Ich übernachtete in meinem Auto – einem Ford Fairmont, Baujahr 1978 –, einer Schrottkiste, die ich mir von einem Preisgeld gekauft hatte: In Philadelphia hatte ich bei einem Gewinnspiel des Baseballteams Philadelphia Phillies 1.000 Dollar eingestrichen und von diesem Geld den billigsten Ford gekauft, den ich finden konnte. Damals ahnte ich nicht, dass diese Nacht im Auto nur ein Vorgeschmack auf das war, was noch kommen sollte.

Als ich nach Hause kam, war mein Bungalow komplett leer geräumt, regelrecht besenrein. Der Einbrecher hatte auch mein Scheckbuch mitgenommen – sehr clever von mir, es in der Schlafzimmerkommode liegen zu lassen! Mir blieben nur mein schäbiges Auto und meine noch schäbigeren Klamotten am Leib; zum Glück gab es die Modekette Gap und die inzwischen verschwundene Warenhauskette Mervyn's. Mir wurde ohnehin bald die Wohnung gekündigt und ich musste ausziehen. Dem Rat meiner beiden „Nicht-Kojaks“ folgend, verließ ich das Viertel, zog in meine silber-rot gestreifte Schrottkiste – und besorgte mir eine kleinkalibrige Pistole.

Worum geht es in dieser Geschichte? Trotz meines mickrigen Gehalts und obwohl ich im Auto lebte, wollte ich Geld zurücklegen – ich wollte dem Beispiel von Mr. Hank, dem Freund meines Vaters, folgen. Das Sparen sollte mein Ausweg werden, mein Weg zu einem besseren Leben. Aber ich wollte das Geld nicht einfach im Handschuhfach neben der Pistole bunkern, sondern an der Börse anlegen. Ich war felsenfest davon überzeugt, irgendwann reich zu werden. Warum das so war, weiß ich rückblickend nicht – aber diese Überzeugung trieb mich an. Mein Vater riet mir, in den Fidelity Magellan Fund zu investieren. Ohne meine tatsächliche Lage zu kennen, meinte er, das sei der beste Fonds für mich. Also schickte ich jeden Monat einen Scheck an Fidelity, die Fondsgesellschaft – oft waren es nur 50 Dollar, manchmal weniger –, und ließ dafür Anteile am Fidelity Magellan Fund kaufen. Dieser Fonds wurde von Peter Lynch verwaltet, dem damals einzigen Fondsmanager, dessen Namen fast jeder kannte. Und er war nicht nur bekannt, sondern auch außergewöhnlich gut. Mit seinem Rat lag mein Vater goldrichtig.

Sechs Monate lang schlief ich in der Nähe von Tatorten grausamer Morde, neben Felsbrocken, die auf den Pacific Coast Highway zu stürzen drohten, oder unweit immer wieder aufflammender Buschbrände, die sich über die Interstate 5 fraßen. Und dann erkrankte ich auch noch an Gelbsucht – was sich an einem gelben Fleck auf meinem Bauch zeigte, dessen Umrisse stark an Grönland erinnerten. Mein hervorragender Arzt – ein Absolvent der Yale Medical School, der in einer Klinik für Landarbeiter ohne Krankenversicherung Gemeindedienst leistete (kostenlose ärztliche Behandlungen nahm ich überall in Anspruch, wo es möglich war) – fragte mich, ob ich viel trank. Volltreffer. Beschämt über die Unmengen Jack Daniel’s, die ich neben meiner Arbeit in mich hineinschüttete, und in Sorge, mich zu Tode zu trinken, beschloss ich: sechs Monate im Auto waren genug. Ich fuhr zurück an die Ostküste und schlief fortan auf dem Boden im 1-Zimmer-Apartment meiner Schwester Nan in Manhattans Greenwich Village. Ich nahm mir vor, so lange keinen Alkohol zu trinken, bis der gelbe Fleck verschwunden war.

Vier lange Jahre dauerte es, bis ich wieder auf die Beine kam.

Während all dieser Zeit gab es eine Konstante: Ich hörte keinen einzigen Monat damit auf, Schecks an Fidelity zu schicken – mal kleine, mal größere Beträge; später, als ich in Boston Jura studierte, brachte ich sie manchmal persönlich vorbei, meist schickte ich sie jedoch mit der Post. Mich trieb vor allem ein hartnäckiger Wunsch an: nicht arm zu sein. Jahre später, als ich meinen eigenen Hedgefonds gründete und Hunderte Millionen Dollar fremden Geldes verwaltete, stellte ich die Einzahlungen auf das Fidelity-Konto ein und ließ die Gewinne für mich arbeiten. Diese kleinen Schecks – meist weniger als 50 Dollar im Monat – summierten sich zu einem Vermögen, das heute deutlich über einer Million Dollar liegt, obwohl ich unter Bedingungen investierte, die – da bin ich sicher – schlechter waren als bei den meisten, die dieses Buch in die Hand nehmen.

Und das können Sie auch schaffen – egal wer Sie sind oder wo Sie leben. Am Ende der Woche bleiben uns allen fünf oder zehn Dollar übrig. Verschwenden Sie das Geld nicht für einen Wodka-Martini für zehn Dollar oder einen überflüssigen Triple-Venti-Cappuccino. Hören Sie auf zu klagen, Sie könnten nicht sparen. Es ist heute kinderleicht, diese kleinen Beträge zu investieren – Sie müssen keine Schecks mehr per Post schicken oder persönlich vorbeibringen – und sie wachsen zu lassen. Es sei denn, Sie haben gar kein Verlangen, Millionär zu werden. Dann tun Sie, was Sie wollen – und geben dieses Buch am besten zurück. Für alle anderen gilt: Lesen Sie weiter.

KAPITEL 2

Die Wahrheit über Indexfonds

Mit schlechten Aktien werden Sie nicht reich

Investieren soll keinen Spaß machen – so sagen es heutzutage die Fachleute. Die Profis raten fast einhellig: Investieren Sie Ihr Geld in einen Indexfonds, lassen Sie es dort liegen und schauen Sie zu, wie es wächst. Langweilig gewinnt. Natürlich wollen wir mehr als bloße Langeweile – aber zuerst kommen die Grundlagen. Ich will die gängige Empfehlung, Geld in Indexfonds zu stecken, nicht schlechtreden: Diese Fonds bilden ihrem Wesen nach einen Index ab, etwa den S&P 500 oder den Nasdaq 100 – einen jüngeren, wilderen Index mit einem starken Schwerpunkt auf Technologiewerten und insgesamt 100 Titeln.

Ich sage nur: Sie brauchen mehr. Damit meine ich nicht, Indexfonds völlig zu ignorieren – die können Sie als klassische Investmentfonds oder als börsengehandelte Fonds (ETFs) kaufen. Sie sind ein sehr nützliches Mittel, um die Gesamtentwicklung einer ausgewählten Aktiengruppe abzubilden. Der bekannteste Index ist der S&P 500, der von S&P (S&P Dow Jones Indices) berechnet wird. Dieses Börsenbarometer bündelt große Unternehmen – viele gute, viele ordentliche und einige schlechte.

Es sorgt für Diversifikation. Keine einzelne Aktie – und auch nicht zwei, zehn oder 20 – kann Sie damit zu Fall bringen, und auf diese Weise partizipieren Sie an einem Teil des historischen Aufwärtspotenzials von Aktien. Es gibt viele Wege, in diesen Index zu investieren. Mein Rat: Kaufen Sie einfach den ETF (Ticker: SPY); den finden Sie bei jedem Anbieter, bei dem Sie ein Depot eröffnen können. Die Wall Street hat unzählige Indizes aufgelegt – gefühlt für jeden Anlass einen. Ich halte es einfach. Der S&P 500 ist der Basisindex für alle; eine Ausnahme bilden Jüngere, die ihr Geld in den Nasdaq 100 stecken möchten – einen Index, der randvoll mit jüngeren, weniger erprobten Wachstumsunternehmen ist und deutlich mehr Ertrag, aber auch mehr Risiko mit sich bringt. Für die Generation Z ist das in Ordnung: Sie haben Ihr ganzes Berufsleben vor sich und viele Jahre, um mögliche Verluste wieder aufzuholen. Diese Indizes können und sollten das Fundament Ihres Portfolios sein. Warum? Weil einzelne Aktien, die Sie außerhalb des Index auswählen, sich als Fehlgriff erweisen können – und dann brauchen Sie die Kraft und die Sicherheit der Diversifikation, die Indexfonds bieten. Ein Index verschafft Ihnen Anteile an vielen Unternehmen, die Unterschiedliches in verschiedenen Branchen tun. So kann keine einzelne Problemaktie und kein Verlustsektor Sie aus dem Markt drängen.

Viele halten einen Index für statisch – als änderte sich an der Zusammensetzung der darin enthaltenen Aktien nichts. In Wahrheit wird der S&P 500 von einem Indexkomitee laufend gepflegt und regelmäßig angepasst: Pro Jahr werden mit bemerkenswerter Regelmäßigkeit 15 bis 20 Titel ausgetauscht. Zwischen 2015 und 2023 wurde rund ein Drittel des S&P 500 ersetzt – und in zehn Jahren wird er voraussichtlich erneut deutlich anders aussehen.[6] Die Aktien, die den Index verlassen, sind meist handfeste Verlierer, weil sie einen erheblichen Teil ihrer Marktkapitalisierung eingebüßt haben, oder es sind Gewinner, die nach Übernahmen aus dem Index herausfallen. An ihre Stelle treten jüngere, frischere, dynamischere Unternehmen, die Geld verdienen. Darin liegt ein wesentlicher Teil des Erfolgsgeheimnisses des S&P 500.

Deshalb ist er so verdammt schwer zu schlagen. Und genau deshalb mag ich ihn.

Aber wenn er so schwer zu schlagen ist …

Angesichts dessen, wie aktiv der S&P 500 laufend gepflegt wird – ständig scheiden schwache Titel aus, bessere rücken nach –, fragen Sie sich vielleicht: Wie sollten Sie ihn mit eigenen Einzeltiteln jemals schlagen können? Warum also nicht einfach auf die sogenannten Experten hören und konsequent beim Index bleiben?

Die Antwort ist einfach: Es gibt da draußen nicht wirklich 500 gute Aktien. Leider ist das so. Wer den S&P 500 kauft, erwirbt neben den guten auch viele mittelmäßige Aktien. Die nüchterne Wahrheit lautet: Mit Indexfonds allein werden Sie nicht reich. Ich nutze diese Fonds als Absicherung gegen Fehler, die bei der Zusammenstellung eines Portfolios unvermeidlich auftreten. Aber letztlich sind Indexfonds nur eine Mischung aus einigen wenigen starken Aktien – die man besser einzeln kaufen würde – und einer Menge Mittelmaß oder Schlechterem. Neue Börsenlieblinge werden zwar in den Index aufgenommen, doch sobald sie darin sind, können die Kräfte des Marktes ihnen erheblich zusetzen – und das geschieht häufig.

Hier liegt der springende Punkt: Wenn Sie mit offenen Augen und Ohren – und dem richtigen Riecher – nach den richtigen Aktien suchen und dabei die Leitlinien in diesem Buch nutzen, können Sie die Indizes deutlich schlagen. Leider bringt man es Ihnen nicht bei, das selbst zu tun. Stattdessen sollen Sie die Verantwortung abgeben und sich jemanden suchen, der das für Sie übernimmt. Na dann, viel Glück dabei.

Verstehen Sie: Unser Finanzsystem ähnelt dem Gesundheitssystem der USA. Es ist undurchschaubar und auf Wohlhabende zugeschnitten; alle anderen müssen hoffen, dass ihr Anbieter wenigstens Sachverstand und Empathie mitbringt – und beides vermitteln kann. Vorausgesetzt, man wird überhaupt behandelt. Aber es gibt einen entscheidenden Unterschied zwischen beiden Systemen: Arzt kann man nicht selbst sein, sein eigener Portfoliomanager hingegen sehr wohl.

Es ist nicht so, dass die Profis es auf Sie abgesehen hätten. Das haben sie wirklich nicht. Viele kümmern sich schlicht nicht um Sie, weil Sie nicht reich genug sind. In meinen Jahren als Vermögensberater bei Goldman Sachs verbrachte ich weitaus mehr Zeit damit, Milliardäre als Kundschaft zu gewinnen, als normalen Menschen bei ihrem Geld zu helfen. Wir nannten das „Elefantenjagd". Gesucht waren nicht Familien mit Hunderttausenden Dollar oder sogar Millionen Dollar, sondern mit Hunderten Millionen Dollar – denn es kostet genauso viel Zeit, ein kleines Vermögen zu betreuen, wie es kostet, Oligarchen zu bedienen. Für die Gebühreneinnahmen sind sehr vermögende Familien schlicht viel effizienter. Mitarbeitende in Finanzfirmen können wegen mangelnder Produktivität tatsächlich entlassen werden, wenn sie ihre Zeit mit durchschnittlichen Amerikanern verbringen.

Tatsächlich wurde meine Frau – sie führte ihren Geburtsnamen – von ihrem langjährigen Vermögensberater vor die Tür gesetzt, weil sich auf ihrem Konto nicht genug Geld befand. Sie hatte sich durch Immobilienverkäufe 100.000 Dollar erarbeitet und gespart. Für die großen Vermögensverwalter war das zu wenig. Ihr Berater erklärte ihr, sie sei nicht vermögend genug, um von ihm weiterbetreut zu werden; er könne sie aber an einen anonymen Sachbearbeiter im Backoffice verweisen. Beschämt war sie versucht, das Geld einfach abzuziehen und auf ihr Girokonto zu überweisen. Andere machen es ein wenig besser und parken ihr anlagefähiges Geld in Geldmarktfonds, die den jeweils geltenden Marktzins bringen. Das reicht gerade so, um nicht weiter zurückzufallen, liegt aber weit unter dem, was der Aktienmarkt abwirft. Wie Millionen andere wurde meine Frau von einem System abgewiesen, das offenbar nur den Superreichen dient. Selbst der schlechteste Berater weiß, dass es keine gute Entscheidung ist, Geld auf dem Girokonto oder in einem Geldmarktfonds liegen zu lassen. Die einfachste „Lösung" – und der bequemste Weg für einen wohlmeinenden Finanzberater, dem Durchschnittsanleger ohne großen Aufwand zu „helfen" – besteht darin, Sie davon zu überzeugen, dass Indexfonds die klügste Wahl für Ihr Geld sind. Dann müssen Sie sich nie wieder bei Ihrem Vermögensberater melden.

Zum Glück hat sich in den vergangenen Jahrzehnten Entscheidendes verändert: Heute können Sie Einzelaktien handeln, ohne auf klassische Finanzdienstleister angewiesen zu sein. Jüngere Leser wissen es vielleicht nicht, doch früher brauchte man einen persönlichen Börsenmakler – und erhebliche Geldmittel –, um überhaupt Aktien zu kaufen. Die Provisionen waren hoch; Online-Handelsplattformen gab es nicht.

Ich schätze die Sicherheit von Indexfonds – verstehen Sie mich nicht falsch. Wichtiger ist mir jedoch, selbst Einfluss darauf zu nehmen, wie mein Geld wächst. Ja, meine kleinen monatlichen Schecks an Fidelity haben mir geholfen, Millionär zu werden – aber hätte ich neben dem Magellan-Fonds auch Einzelaktien mit Weitblick und Durchhaltevermögen gekauft, hätte ich heute noch mehr Geld, deutlich mehr. Ich habe mir schlicht nicht die Zeit genommen – und mir fehlten damals Wissen und Selbstvertrauen.

Indexfonds sind völlig in Ordnung. Sie sind aber nichts Besonderes – und sollen es auch nicht sein –, auch wenn man uns ständig einredet, wir seien zu dumm für alles andere. Ich respektiere den Zweck von Indexfonds, sie liefern jedoch nicht genug Schubkraft, um Sie dorthin zu bringen, wo Sie hinwollen. Betrachten Sie Indexfonds als Absicherung, falls einige Ihrer besten Ideen scheitern. Ihre übrigen Ideen – fünf Aktien plus eine Absicherung, das erkläre ich gleich – werden das in der Regel mehr als wettmachen, vorausgesetzt, es handelt sich um Wachstumsunternehmen; wie man solche Aktien erkennt, erläutere ich später in diesem Buch. Trotzdem sollten wir mit unserem gesamten Geld klug umgehen: Indexfonds bieten einen Puffer, auf den Sie sich stützen können, während Sie nach höheren Erträgen suchen.

Ihr Indexfonds ist Ihr Kernbaustein. Doch ganz auf Wachstumsaktien zu verzichten – unabhängig vom Alter – halte ich für falsch. Ich mag

Durchschnitt nicht, auch wenn ich ihn als notwendiges Übel in einem diversifizierten Portfolio akzeptiere. Sind Sie in irgendeinem Lebensbereich stolz darauf, „durchschnittlich" zu sein? Würden Sie ein Buch mit dem Titel „Geldverdienen auf durchschnittliche Art" von Max Mittelmaß kaufen? Der S&P ist Durchschnitt. Die Aktien werden nicht wegen ihrer Exzellenz ausgewählt, sondern weil sie die amerikanische Wirtschaft repräsentieren. Das Indexkomitee legt keinen Schwerpunkt auf Wachstum, obwohl Wachstumsaktien historisch die besten Ergebnisse erzielt haben. Es gibt zwar Wachstumsindizes, aber ich möchte, dass Sie die besten Wachstumsaktien der besten Wachstumsunternehmen besitzen. Diese können Sie reich machen. Wer strikt beim Index bleibt, bleibt durchschnittlich.

Anders als die meisten Profis unterscheide ich zwei Arten von Risiko: das sehr reale Risiko, mit einer schlechten Aktie Geld zu verlieren, und das ebenso reale Risiko, eine Aktie zu übersehen, die Ihnen im Laufe der Zeit 1.000 Prozent Rendite bringen und die Ihr Leben und das Ihrer Familie spürbar verändern könnte. „Radikal" bin ich, weil ich – anders als die Verfechter der Indexfonds, die Ihnen jede Eigenleistung ausreden – überzeugt bin, dass Sie beides zugleich können: Indexfonds als Kernbaustein halten und gezielt Einzelaktien wählen. Tun Sie das, liegen außergewöhnliche Chancen zum Greifen nah.

KAPITEL 3

Der Glanz der Einzelaktien

Große Namen, große Renditen

Einzelaktien zu besitzen war nicht immer so verpönt. Als ich im Sommer 1982 zu meinem Vorstellungsgespräch bei Goldman Sachs ging, hatte es in den vorangegangenen zehn Jahren genauso viele schlechte wie gute Börsenjahre gegeben. Trotzdem war das Interesse an Einzelaktien deutlich größer als heute – selbst wenn man für den Handel auf einen Börsenmakler angewiesen war, der für den Kauf saftige Provisionen verlangte. Ich erinnere mich, wie ich freitagabends zusammen mit Millionen anderen, Jung und Alt, die von Louis Rukeyser moderierte Finanzsendung „Wall $treet Week" auf *PBS* verfolgte, um herauszufinden, ob es sich lohnte, eine bestimmte Aktie am Montagmorgen zur Börseneröffnung zu kaufen.

Gegenwärtig versteht fast niemand – abgesehen von ein paar Hardcore-„Cramerikanern", also eingefleischten Fans meiner Sendung –, welches atemberaubende Potenzial der Besitz von Einzelaktien birgt. Gegen dieses Nur-Index-Denken rebelliere ich seit Langem mit Leib und Seele. Es wurmt mich so sehr, dass ich es nicht mehr ertragen kann. Es wäre reine Hybris, zu behaupten, ich allein könne das Comeback der Stock-Picker zurückbringen. Aber versuchen werde ich es ganz sicher. Wo fangen wir an? Wir starten mit den FANGs.

FANG, FAANG und die „Glorreichen Sieben"

In jedem Markt gibt es Spitzenreiter – Heldenaktien, auf die es ankommt. Und ich sage Ihnen: Das Offensichtliche zu finden ist oft gar nicht so schwer. Hatte ich auch ein paar echte Flops? Natürlich! Aber ich habe ebenso große Gewinner gefunden – allein mit wachem Blick und der schlichten Neugier, ob ein Unternehmen im Sinne seiner Aktionäre gut geführt wird.

Am 5. Februar 2013 habe ich in meiner Sendung „Mad Money" zum ersten Mal den Begriff FANG verwendet – ein Akronym aus den Anfangsbuchstaben der Unternehmen Facebook, Amazon, Netflix und Google – und die Leute aufgefordert, diese vier Aktien sofort zu kaufen. Das Akronym war das Ergebnis einer Idee, die ich zusammen mit dem Analysten Bob Lang entwickelt hatte, der damals mit mir bei TheStreet.com arbeitete, dem Online-Finanzportal, das ich 1995 gegründet habe. Wir suchten nach einer griffigen Form, diejenigen Aktien hervorzuheben, die wir für die besten Wachstumswerte unserer Zeit hielten. FANG zündete auf Anhieb. Später nahm ich Apple dazu – das weniger gut aussprechbare, aber verlässliche Kürzel FAANG war geboren. Im Nachhinein wünschte ich, ich hätte beide Begriffe schützen lassen; sie gehören zu meinem Vermächtnis, das zeigt, wie Einzelaktien die Mittelmäßigkeit eines Index schlagen können. Ein Jahrzehnt später prägte der Bank-of-America-Stratege Michael Hartnett den Begriff die „Glorreichen Sieben" – für die leicht erweiterte, angepasste Gruppe der Unternehmen Alphabet (Google), Amazon, Apple, Meta Platforms (Facebook), Microsoft, dem Chip-Spezialisten Nvidia und Tesla als Auto- und Tech-Gigant. Ich war sofort dabei, denn mein gemeinnütziger Treuhandfonds hielt damals ohnehin sechs dieser sieben Titel – nur Tesla fehlte. Darum lag es nahe, den Begriff zu übernehmen.

Wie habe ich nun aber die Gruppe der FANG/FAANG identifiziert – und warum habe ich bereits Jahre vor der Erfindung des Begriffs „Glorreiche Sieben“ frühzeitig auf sechs von ihnen gesetzt? Ganz einfach: Ich habe mit offenen Augen und Ohren ihre Klasse wahrgenommen. Der Großteil dieses Buches handelt genau davon, Aktien zu finden, die Ihr Leben verändern können – auf eine Weise, die Indexfonds nie leisten können. Betrachten wir es als Jagd: nicht die Jagd auf Ihr Vermögen, wie es in der Finanzbranche üblich ist, sondern die Jagd nach Aktien, die Ihr Geld wirklich verdienen. Ich bin immer auf der Jagd – nicht nur nach Amazon, sondern nach der nächsten Amazon, der nächsten Netflix, der nächsten Nvidia. Sollten die „Glorreichen Sieben“ ihre Strahlkraft irgendwann verlieren – wie sich das bei einigen zeitweise andeutete –, dann gibt es da draußen sieben andere, die nur darauf warten, entdeckt zu werden. Andernfalls bleibe ich bei diesen bewährten Gewinnern, wenn ich überzeugt bin, dass sie stark bleiben und abliefern. Und ich bin sicher: Es gibt noch viele weitere herausragende Wachstumsunternehmen mit exzellenten Aktien. Ich stoße auf sie jeden Tag – und jede Nacht in der Rubrik „Lightning Round“ bei „Mad Money“, dem Schnellcheck am Ende der Sendung, in dem ich in kurzer Abfolge Zuschauerfragen zu Aktien beantworte.

Die „Glorreichen Sieben“ stehen für das, worum es an der Börse wirklich gehen sollte: die Aktien mittelmäßiger Unternehmen zu schlagen, fade Indizes mit echten Ausnahmetiteln aufzuwerten und den Zinseszinseffekt zu nutzen, der entsteht, wenn man auf Kaufen und Halten setzt und Dividenden wieder anlegt. Was ist eine Dividende? Eine Ausschüttung eines Unternehmens an seine Aktionäre – also ein Anteil am Gewinn. So belohnt ein Unternehmen Ihre Beteiligung. Wieder angelegte Dividenden tragen erheblich zur Gesamtrendite bei, besonders bei langsamer wachsenden Unternehmen; über die Zeit steigen sie durch den Zinseszinseffekt überproportional. Den größten Unterschied macht jedoch die richtige Titelauswahl von Anfang an. Bringen Sie sich nicht in die Lage, später zu sagen: „Ich wusste, dass das eine großartige Aktie wird – warum habe ich sie nicht gekauft?“ Verpassen Sie nicht das Offensichtliche, nur weil Sie bereits einen S&P-500-Indexfonds besitzen.

Später werde ich darauf eingehen, wie sich prüfen lässt, ob die „Glorreichen Sieben“ auch künftig starke Haltekandidaten sind – und, noch besser, wie man die nächsten „Glorreichen Sieben“ findet, bevor der Rest der Welt ihre Strahlkraft erkennt. Jetzt aber nutze ich sie als Beispiel dafür, wie viel besser Sie im Vergleich zu einem S&P-500-Indexfonds dagestanden hätten, wenn Sie bereits vor einiger Zeit in diese Titel investiert hätten. Sie sind das beste Anschauungsmaterial dafür, welcher Reichtum aus dem Halten von Einzelaktien entstehen kann.

Angenommen, Sie hätten am Tag des Jahres 2013, an dem ich das Akronym FANG in meiner Sendung verwendete – wohlgemerkt: Diese Unternehmen waren längst etabliert, große Namen, die jeder kannte; es war keine geniale Entdeckung nötig –, jeweils 1.000 Dollar in jeden der vier Titel investiert. Zudem hätten Sie den gleichen Gesamtbetrag, also 4.000 Dollar, in einen S&P-500-Indexfonds gesteckt. Diese Rechnung können wir bis Ende 2024 durchrechnen:

- Mit dem S&P-500-Indexfonds wären aus Ihren 4.000 Dollar 19.400 Dollar geworden (annualisierte Rendite: 14,18 Prozent). Gar nicht schlecht.

Nehmen wir nun dieselben 4.000 Dollar und investieren jeweils 1.000 Dollar in jede der vier Heldenaktien.

- Meta (Facebook): Aus 1.000 Dollar wären 20.522 Dollar geworden (annualisierte Rendite: 28,88 Prozent).
- Amazon: Aus 1.000 Dollar wären 16.441 Dollar geworden (annualisierte Rendite: 26,50 Prozent).
- Netflix: Aus 1.000 Dollar wären 35.778 Dollar geworden (annualisierte Rendite: 35,04 Prozent).

- Google: Aus 1.000 Dollar wären 9.915 Dollar geworden (annualisierte Rendite: 21,24 Prozent).

Unterm Strich hätte FANG aus 4.000 Dollar 82.655 Dollar gemacht. Hätten Sie lieber über 82.000 oder unter 20.000? Ihre Entscheidung. Denn am Ende war es Ihre Entscheidung.

Ach ja: Apple, das zu diesem Zeitpunkt noch nicht zu FANG gehörte, hätte aus 1.000 Dollar 17.994 Dollar gemacht.

Erlauben Sie mir noch ein Rechenbeispiel. Angenommen, Sie hätten keine 4.000 Dollar auf einmal investieren können. Wie wäre es mit 50 Dollar pro Monat – so wie ich damals, als ich im Auto lebte? Bis Ende 2024 hätte Ihnen Meta 45.772 Dollar, Amazon 39.089 Dollar, Netflix 68.770 Dollar und Google 27.584 Dollar eingebracht. Apple? 41.659 Dollar. Und dieselben 50 Dollar pro Monat im S&P-500-Indexfonds? 17.351 Dollar.

Beweist das irgendetwas? Sie könnten darauf bestehen, dass es das nicht tut. „Das sind fünf der besten Aktien aller Zeiten", würden Sie mir vielleicht entgegnen. Und doch stand ich bei „Mad Money" da und sagte Ihnen: Kaufen. Diese Aktien lagen offen vor aller Augen. Es waren vermutlich genau die Unternehmen, die auch Sie gewählt hätten, wenn Sie sich gefragt hätten, was Ihnen am vertrautesten ist und welche Firmen die besten Zukunftschancen haben. Sie kannten sie! Sie waren für jeden, der hinschaute, sichtbar. Bevor ich in meiner Sendung den Begriff FANG verwendete, habe ich tatsächlich gezögert, ob diese Auswahl doch vielleicht zu naheliegend sei. Im Rückblick hat es sich ausgezahlt, genau hinzusehen. Und das gilt bis heute.

Jenseits der Kürzel

Ausgangspunkt dieses Unterkapitels ist meine Stock-Picker-These: Gezielt ausgewählte Einzelaktien können breite Indizes schlagen und das Vermögen mehren. FANG, FAANG und die „Glorreichen Sieben" liefern dafür erste

Belege – doch sie sind nur der Auftakt. Auf der Suche nach der besten Art, die Stärke von Einzelaktien zu zeigen, stieß ich auf einen Wissenschaftler, der dasselbe Thema untersuchte – allerdings zu einem gegenteiligen Schluss kam. Hendrik Bessembinder, Ökonom und Professor für Finanzwirtschaft an der Arizona State University, ist für seine Forschung zu Aktienrenditen bekannt. Er räumt ein, wie anspruchsvoll die Auswahl einzelner Titel ist, und zeigt, dass nur wenige Aktien den Großteil des am Markt angehäuften Vermögens erklären.[7] Darum plädiert er für Diversifikation und Indexfonds. Zugleich veröffentlichte er eine Studie über die Renditen exzellenter Einzelunternehmen bei langfristigem Halten – und diese Renditen sind erstaunlich. Auf Basis von Daten vom 31. Dezember 1925 bis 31. Dezember 2023 untersuchte er, wie gut man mit Aktien fahren konnte, wenn Dividenden wieder angelegt und nicht verkauft wurden.

Sein erstes Ergebnis: Historisch betrachtet erzielte die Mehrzahl der 29.078 untersuchten Aktien keine positive Rendite.[8] Das sollte Sie nicht überraschen. Ich rate Ihnen ja nicht, irgendeinen x-beliebigen Titel zu kaufen. Die meisten Aktien haben keine besondere Qualität und ihre Kursgewinne sind häufig das Produkt eines überhitzten Marktes und gieriger Investmentbanker, die den Markt immer weiter anheizen. Ignorieren Sie solche Titel. Die aussichtsreichsten finden Sie meist unter den 500 vom S&P ausgewählten – der vorselektierten Basis von Gewinnern. (Weitere künftige Heldenaktien sind mitunter noch zu neu für den Index oder zu klein, um aufgenommen zu werden – es gibt Wege, auch sie zu finden.)

Sein zweites Ergebnis: Es gab Tausende von Aktien, mit denen man zwar Geld verdient hätte – aber oft nicht genug, um sie einem Indexfonds vorzuziehen.[9] Solide Rendite, aber eben Durchschnitt. Für Anleger, die sich mit Durchschnitt zufriedengeben. In Ordnung – nur nicht die Heldenaktien, nach denen wir suchen.

Sein drittes Ergebnis: 17 Aktien erzielten kumulierte Renditen von mehr als fünf Millionen Prozent – oder 50.000 Dollar je investiertem Dollar.[10] Das heißt: Aus 1.000 Dollar wären 50.000.000 Dollar geworden.

In Worten: 50 Millionen Dollar. Die von ihm hervorgehobenen Titel sind überwiegend bekannte Unternehmen – keineswegs schwer zu finden. Das hat nichts mit einem Lotterie-Jackpot zu tun, bei dem die Chancen auf einen Gewinn astronomisch gering sind. Hier zählen Auswahl und Können, nicht Zufall. Ähnlich wie bei FANG gab es offensichtliche Gewinneraktien, die jeder hätte erkennen können. Einen einzigen solchen Volltreffer zu landen hätte schon gereicht, um eine Rendite fürs Leben zu erzielen.

Der höchste Gesamtertrag in dieser Auswertung stammt von der Altria Group, dem Tabakkonzern, der bis zur Umbenennung im Jahr 2003 Philip Morris hieß.[11] Von Anfang 1926 bis Ende 2023 erzielte die Aktie 265,5 Millionen Prozent Gesamtrendite – das entspricht 2,65 Millionen Dollar je eingesetztem Dollar. Mit einem Investment von 377 Dollar wären Sie Milliardär geworden.

Warum ist Altria so besonders? Weil der Titel bis heute konstant Rendite liefert – mit einer sehr hohen Dividende, die bei Wiederanlage immer weiter wächst. Das ist der Zinseszinseffekt. Ich werde Altria in diesem Buch nicht in den Vordergrund stellen. Das kann ich nicht. Zu viele Todesfälle – einer auch in meinem unmittelbaren Umfeld – machen es mir unmöglich, diese Aktie zu empfehlen.

Entscheidend ist: Es gibt andere Dividenden-Wachstumsaktien, deren Produkte niemandem schaden. Sie könnten sich zu den nächsten Altrias entwickeln – ohne die tragische Kehrseite. Nach Bessembinder erzielten die besten Titel annualisierte Gesamtrenditen von 13,47 Prozent (Zinseszinseffekt eingerechnet).[12] Der Hauptgrund für diese hohen Zugewinne ist die lange Anlagedauer: investiert bleiben, unabhängig von zwischenzeitlichen Turbulenzen.

Die höchste annualisierte Gesamtrendite unter allen Aktien mit mindestens 20-jähriger Historie erzielte Nvidia – darauf kommen wir gleich noch ausführlicher zu sprechen. Die Aktie gehört so sehr zu meinen Favoriten, dass ich meinen inzwischen verstorbenen Hund nach dem Unternehmen benannte.[13] Ich habe laut und deutlich verkündet, dass dies die vielleicht beste Geldanlage aller Zeiten sein könnte – und vom Börsengang im Januar 1999 bis Ende 2023 (dem Ende des Untersuchungszeitraums von Professor Bessembinder) war sie es tatsächlich: eine kumulierte Gesamtrendite von 131.500 Prozent, also 1.316 Dollar je eingesetztem Dollar. Zum Vergleich: Im S&P 500 wären es sechs Dollar je Dollar gewesen. Tatsache ist: Kaum ein Tag vergeht, an dem ich nicht irgendwo – an der New York Stock Exchange, draußen auf der Straße, eigentlich überall – angesprochen und mir dafür gedankt wird, dass ich Nvidia sehr früh empfohlen habe. Kurz: Ich habe früh das Scheinwerferlicht auf sie gerichtet – und sie bei den „Mad Money"-Zuschauern zur bekannten Größe gemacht.

Mit regelmäßigen Investitionen in andere allseits bekannte Unternehmen hätten diese Aktien den Gesamtmarkt auf breiter Front klar geschlagen – mit potenziell lebensverändernden Ergebnissen, vorausgesetzt, Sie hätten die Aktien in guten wie in schlechten Zeiten gehalten.[14] Die Größenordnung dieser Renditen ist bemerkenswert, wie Bessembinder zeigt. Zugleich widerspricht er meiner Schlussfolgerung: Er hält Gewinneraktien für zu schwer zu finden – das ist die altbekannte Voreingenommenheit zugunsten von Indexfonds. Ich halte dagegen: Gerade seine Ausnahmen stützen meine These. Die Gewinner erzielen so gewaltige Renditen, dass sich die Suche lohnt, sofern Sie parallel einen Indexfonds als Basisbaustein im Depot behalten. Meine Methode scheitert, wenn Sie wahllos fünf Nieten erwischen. Das sollten Sie nicht – kann aber passieren. Folgen Sie meinem Vorgehen, wette ich, passiert es nicht.

Schauen wir uns ein weiteres Beispiel aus Bessembinders Studie an. Dieses Unternehmen ist nicht so naheliegend wie die der „Glorreichen Sieben", denn es beschäftigt sich mit etwas komplett anderem – genau genommen mit Steinen. Vulcan Materials stellt Gesteinskörnungen für den Straßenbau her (Schotter, Kies, Sand). Hätten Sie am 31. Dezember 1925 einen Dollar in Vulcan investiert, wären daraus bis Ende 2023 393.492 Dollar geworden – ein Beleg sowohl für die Beständigkeit von Steinen als auch für die Ertragskraft eines Unternehmens, wenn man die

Aktie langfristig hält – statt zu versuchen, die Auftragswellen im Straßenbau abzupassen. (Ein anderes Unternehmen aus dem Baustoff-Business, Martin Marietta Materials, ist neben Vulcan ein regelmäßiges Thema in meiner Sendung – beide Firmen sind einfach großartig.)

Nehmen wir Kansas City Southern, ein kürzlich übernommenes Eisenbahnunternehmen: Aus einem Dollar wären zwischen 1926 und 2023 sage und schreibe 361.757 Dollar geworden.

Die Studie Bessembinders ist voller Titel, die den Markt geschlagen haben – allerdings nur, wenn man sie sehr lange gehalten hat.[15] Boeing brachte je eingesetztem Dollar von den Anfängen bis Ende 2023 insgesamt 212.206 Dollar. Ein am 31. Dezember 1925 in IBM angelegter Dollar wurde zu 175.437 Dollar. Derselbe Dollar hätte bei Coca-Cola 123.724 Dollar eingebracht.

Das ist nicht nur Schnee von gestern.[16] Hätten Sie im Mai 1997 einen Dollar in Amazon investiert, wären daraus bis Ende 2023 1.551 Dollar geworden. Derselbe Dollar im S&P 500 hätte nur 9,25 Dollar gebracht. Ein Dollar in Microsoft zum Börsengang im März 1986 wäre Ende 2023 6.225 Dollar wert gewesen; im S&P 500 am selben Tag wären es nur knapp 47 Dollar gewesen. Und ein Dollar in Home Depot – einem meiner absoluten Lieblingsunternehmen – zum Börsengang 1981 wäre bis Ende 2023 zu 16.627 Dollar geworden; im S&P 500 wären es nur 116 Dollar gewesen. Die Chancen sind zu groß, um sich mit dem 500-Aktien-Index zufriedenzugeben.

Schauen wir uns Home Depot genauer an. Viele sehen die Aktie als typischen Konjunkturwert, den man kauft, wenn der Häusermarkt läuft, und verkauft, wenn er schwächelt. Genau dieses Rein und Raus aber – so lieben das die Profi-Trader – funktioniert nicht. Was wirkt, ist Konsequenz und Geduld: langfristig dabeibleiben und die Dominanz des Unternehmens für sich arbeiten lassen. Mein Freund Ken Langone, Mitgründer von Home Depot und eine Investment-Legende, sagte einmal bei „Mad Money“, in sieben Jahrzehnten Anlegen habe er pro Jahr im Schnitt nur rund acht Tage erlebt, an denen der Großteil der Jahresgewinne eingefahren wurde –

die acht stärksten Tage. Welche das sind, lässt sich nicht vorhersagen. Wer ständig ein- und aussteigt, verpasst sie leicht – deshalb mag ich kein Trading und setze auf Langfrist-Investments. So ein Tag war kürzlich, am 9. April 2025: Nach einer Serie schwacher Tage legte der Dow Jones um 2.963 Punkte zu – der größte Punktegewinn aller Zeiten. Wer ausgerechnet diesen einen Tag verpasste, verpasste womöglich den Ertrag eines ganzen Jahres.

Diese atemberaubenden Renditen sind Anfang und Ende des Arguments für Einzelaktien. Zugegeben, nicht alle Gewinneraktien sind allseits bekannte Namen – viele allerdings schon. Unter den Top-Gewinnern finden sich der größte Softwarekonzern, die größte Baumarktkette, der größte Flugzeugbauer, das größte Internetunternehmen und der größte Online-Unterhaltungsanbieter. Solche Unternehmen sind – noch einmal – nicht schwer zu finden. Manche lesen Bessembinders Studienergebnisse als Plädoyer für Indexfonds: Die Auswahl einzelner Aktien sei schlicht zu schwierig. Dem widerspreche ich. Die Chance auf den nächsten Volltreffer wiegt das Risiko von Fehlgriffen auf – zumal, wenn Sie mehr als einen Versuch unternehmen, wie es mein Portfolio vorsieht. Ein einziger Treffer genügt, um diese Versuche zu rechtfertigen.

Wir jagen nicht dem Unmöglichen hinterher – wir greifen nach dem, was gut erreichbar ist. Und wenn Sie eine Heldenaktie finden, kann das Ergebnis so außergewöhnlich sein, dass es mich fassungslos macht, wenn manche es nicht einmal versuchen. Also: Packen wir's an!

KAPITEL 4

Verschaffen Sie sich einen Informationsvorsprung

Lukrativere Strategien als das GameStop-Spiel

Zweifeln Sie noch, ob meine Methoden zu anspruchsvoll für Sie sind? Dann lassen Sie mich erzählen, wie ich mit dem Investieren angefangen habe. Glauben Sie mir: Wenn ich es damals geschafft habe, schaffen Sie es heute erst recht.

Ich war anfangs kein guter Anleger. Trotz des Vorteils aus meiner Zeit mit Mr. Hank hatte ich keine rechte Vorstellung, wie man eine Aktie findet oder kauft. Durch meinen Vater kannte ich den Fidelity Magellan Fund – dorthin überwies ich regelmäßig mein Geld. Außerdem stieß ich auf einen weiteren Fonds aus demselben Haus, den Fidelity Contrafund, gemanagt vom legendären und ausgesprochen sympathischen Will Danoff. Mein Individual Retirement Account (IRA) – ein steuerbegünstigtes Altersvorsorgekonto in den USA – ist bis heute in beide Fonds investiert und ich empfehle sie jedem, der wissen möchten, welche Fonds ich persönlich halte.

Eine Sache sollten Sie außerdem wissen: Wechselt bei einem Fonds der Manager – der Magellan Fund wurde bis 1990 vom legendären Peter Lynch geführt und hat seither mehrere hervorragende Manager erlebt –, wechsle ich im Zweifel den Fonds. Bei aktiv verwalteten Fonds zählt die Person an der Spitze: Sie steuert das Geld und wählt die Aktien aus. Im Grunde kaufen Sie ihr Urteil. Fondsgesellschaften geben das ungern zu, denn sie wollen, dass Sie bleiben – auch wenn der Manager in Rente geht oder weiterzieht. Abflüsse von Kundengeldern durchkreuzen ihr Dauergeschäft, möglichst viele Gelder einzusammeln – das ist der Kern der Wall-Street-Masche.

Nachdem ich nach meinen Abenteuern in Los Angeles nach New York zurückgekehrt war, kam ich erst einmal wieder zur Besinnung und fand schließlich eine Stelle als Autor bei der juristischen Fachzeitschrift *The American Lawyer*. Das verschaffte mir etwas Spielgeld, und ich wollte herausfinden, ob ich meine Erträge aus Fonds mit einzelnen Aktien aufbessern könnte. Aktien hatten es mir angetan. Von Anfang an war ich überzeugt, bei der Auswahl besser zu sein als die meisten – vielleicht sogar besser als Mr. Hank.

Und was tat ich? Zuerst eröffnete ich ein Wertpapierdepot und begann, Artikel in der Wirtschaftspresse zu lesen – mit besonderem Blick auf Aktien mit niedrigem Stückkurs, damit ich mehr Aktien kaufen konnte. Ich fand es albern, jeweils nur ein paar Aktien zu nehmen, und Aktienbruchteile gab es damals noch nicht – heute schon. Meine 10-Aktien-Strategie bei niedrigpreisigen Titeln war willkürlich und rückblickend ziemlich absurd. Aber damals musste man eine Order telefonisch bei einem Broker platzieren, und ich wollte mich nicht blamieren, indem ich sieben Aktien von irgendetwas bestellte. Ich sah die Person am anderen Ende der Leitung schon schmunzeln – und dabei kassierte sie zwei Prozent des Handelswerts als Provision, ein paar Dollar vielleicht. So viel zur Nostalgie. Heute berechnen Anbieter wie Robinhood keine Provision mehr. Und das ist eine Wohltat – Provisionen können sich erheblich summieren und Ihre Gesamtrendite spürbar schmälern. Dafür ein dickes Lob an die Brokerbranche: Nullprovisionen sind ein echter Fortschritt.

Meine erste Aktie? The American Agronomics Corporation. Ein Unternehmen aus Florida, das Orangenhaine besaß und bewirtschaftete. In der Bibliothek von *The American Lawyer* lag die Zeitschrift *Forbes* aus, und ich dachte: Niemand kennt Aktien besser als *Forbes*. Und *Forbes* empfahl die Aktie. Was könnte besser sein, als einen Orangenhain zu besitzen? Orangensaft würden die Menschen doch immer trinken – oder?

Die Aktie kostete zehn Dollar. Ich kaufte zehn Stück – das kostete mich 100 Dollar. Dann lehnte ich mich zurück und wartete darauf, dass die Magie einsetzte. Und tatsächlich: Sie wirkte, nur anders als erhofft. Fast unmittelbar nach meinem Kauf wurde Florida von einem seltenen, plötzlichen Kälteeinbruch mit Frost getroffen. Die Aktie stürzte fast auf null. Ich war wie vor den Kopf geschlagen. 100 Dollar waren für mich damals eine Menge Geld. Ich hätte es einfach in meinen Fonds stecken und wenigstens etwas Vorzeigbares dafür haben können. Von wegen.

Ich wollte den Verlust wettmachen und suchte weiter nach Aktien zu noch niedrigerem Stückkurs – so könnte ich mehr kaufen und bei einem Anstieg wenigstens wieder auf null kommen. Das war mein Plan. Also zurück zu *Forbes*: Diesmal stieß ich auf Bobbie Brooks, ein Damenmodeunternehmen. Vom Orangenanbau verstand ich wenig, von Damenmode noch weniger. Egal. Zwei Dollar je Aktie – ich nahm 100 Aktien. Wie viel konnte ich schon verlieren?

Wie wäre es mit: alles? Kurz nach meinem Kauf trudelte die Aktie immer weiter nach unten. Schlechte Verkaufssaison. Falsche Kollektion. Insolvenz. Auweia. Tröstlich fand ich nur eines: Eine fallende Aktie kann nicht unter null fallen. Angesichts dessen, wie wenig ich über das Unternehmen hinter meiner Aktie wusste, hatte ich es verdient, alles zu verlieren.

Auf einmal wirkten Investmentfonds deutlich attraktiver für mich.

Ich erkannte meinen Fehler: Über diese Unternehmen wusste ich kaum mehr als das, was in *Forbes* stand. Solche Artikel sind nur ein Ausgangspunkt; ich machte sie aber zur einzigen Entscheidungsgrundlage – Artikel gelesen, Order erteilt. Zu keinem der beiden Unternehmen hatte ich über die Magazintexte hinaus recherchiert. Zugleich wusste ich nicht, wie ich weiter vorgehen sollte: Welche Informationen waren überhaupt verfügbar? Was sollte ich lesen? Und wo würde ich die Informationen finden?

Ich war kurz davor, aufzugeben – überzeugt, dass es keine Hoffnung gab, außer, mein Geld den Profis zu überlassen. Da rief mich ein Freund aus Kindertagen an: Eine örtliche Schrauben- und Bolzenfirma suche Mitarbeiter – Standard Pressed Steel (SPS), damals seit fast 80 Jahren am Markt, ich solle mich dort bewerben. Die Bezahlung sei deutlich besser als das, was ich als Journalist verdiente – wobei zur damaligen Zeit fast alles besser bezahlt war.

Ich nahm den Job nicht an, aber ich begriff den Hinweis meines Freundes als wertvolle Information. Da war ein Unternehmen, das gerade Mitarbeiter einstellte – das Geschäft musste also gut laufen. Die Aktie stand bei 35 Dollar. Ich musste warten, bis ich meine Kasse wieder so weit aufgefüllt hatte, dass ich fünf Aktien kaufen konnte. Warum fünf? Drei schienen mir zu wenig – man hätte mich ausgelacht. Aber auf genug Geld für zehn wollte ich nicht warten.

Bevor ich die Kauforder aufgab – und während ich darauf wartete, genug Geld beiseitelegen zu können –, wollte ich mehr über dieses Unternehmen herausfinden. Verdiente es Geld? Verlor es Geld? Faustregel: Unternehmen, deren Auftragslage so gut ist, dass sie zusätzliches Personal einstellen müssen, um die Nachfrage zu bedienen, sind genau die Art von Firmen, nach denen Sie suchen sollten. Heute lässt sich selbst über kleinste Unternehmen online sehr viel herausfinden (oder man befragt eine Künstliche Intelligenz wie ChatGPT). In den 1980er-Jahren war das anders. Ich hatte gelernt: Wer klüger werden will, geht in die Bibliothek. Also tat ich genau das. In der großen Hauptbibliothek von New York führte mich der Auskunftstresen zur Fachauskunft für Wirtschaft. Dort erklärte man mir, dass börsennotierte Unternehmen alle relevanten Meldungen bei der US-Börsenaufsicht Securities and Exchange Commission (SEC) einreichen müssen. Man schickte mich in ein separates Gebäude mit einer eigenen Bibliothek, in der diese SEC-Einreichungen zugänglich waren.

Ich erklärte der Bibliothekarin, wonach ich suchte – oder, wahrscheinlicher: Sie schloss aus meinen bruchstückhaften Angaben auf das Richtige – und brachte mir eine flache Kunststoffkarte, ein Mikrofiche. Das erinnerte an etwas, das man früher in einen View-Master, einen stereoskopischen Bildbetrachter, steckte – ein Spielzeug, durch das man dreidimensionale Bilder von Tieren oder dem Grand Canyon ansehen konnte. Sie erklärte mir, ich müsse das Mikrofiche in ein Lesegerät schieben; dort würden Abbildungen der bei der SEC eingereichten Unterlagen des Unternehmens angezeigt.

Es war … anstrengend. Jedes Mal, wenn ich von einem Dokument zum nächsten wechseln wollte, brauchte ich Hilfe. Ich war ein peinlicher Bittsteller, der mit dem Apparat nicht zurechtkam. Und die Unterlagen waren mehrere Monate alt – für meine Zwecke nutzlos; nichts Aktuelles dazu, wie es dem Unternehmen jetzt ging. Die Bibliothekarin bemerkte meinen Frust und sagte, sie könne es mir nicht verdenken. Sie empfahl mir eine Publikation namens *Value Line* – die durchaus brauchbare Informationen über Aktien enthielt –, aber zu SPS stand nichts darin. Außerdem zeigte sie mir einen Loseblattordner von einer Firma namens Standard & Poor's (damals wusste ich nicht, wer oder was dieses S&P war), der eine ganze Seite über SPS enthielt. Nur: Ich konnte weder Gewinn-und-Verlust-Rechnungen noch Bilanzen lesen; das brachte mich nicht weiter.

Damals gab es keine zentralen, online durchsuchbaren Quellen für Unternehmensinformationen – keine Suchmaschine, keine aktuellen Onlinemeldungen. Ich tappte im Dunkeln. Das Einzige, was ich sicher wusste: Das Unternehmen stellte Leute ein. Das musste reichen. Also kaufte ich fünf Aktien. Der Kurs zog fast sofort an – 15 Dollar Gewinn. Das glich meine früheren Verluste nicht aus, aber es fühlte sich großartig an, mit Aktien Geld zu verdienen – daher verkaufte ich sie. Im Rückblick ein Fehler: SPS wurde später von Precision Castparts übernommen; schließlich gehörte die Firma zu Berkshire Hathaway von Warren Buffett.

Nachdem ich die Aktien verkauft hatte, ging ich durch, was ich bei diesen ersten drei Transaktionen richtig und falsch gemacht hatte – eine Analyse, die ich mir bis heute nach jedem Kauf und Verkauf zur Gewohnheit gemacht habe. Bei den ersten beiden verließ ich mich im Grunde auf Journalisten, die sich wiederum auf ihre Quellen stützten und Artikel schrieben, von denen sie annahmen, sie seien richtig. Die Orangenhain-Aktie gefiel mir, weil ich mir dachte: Orangensaft werden die Menschen immer trinken. Stimmt schon – ein echter Geistesblitz. Aber was für ein „Vorteil" soll das gewesen sein? Außerdem mochte ich, dass sie nur zehn Dollar kostete – aber warum hätte es mich kümmern sollen, wenn der Broker über mich lacht? Und warum kam ich nicht auf die Idee, dass es einen ungewöhnlichen Frosteinbruch geben könnte – wo ich doch in Florida gelebt und gleich nach dem Studium für den *Tallahassee Democrat* gearbeitet hatte? Frosteinbrüche waren dort keineswegs selten. Ich habe sogar über ein paar davon in der Zeitung berichtet.

Mein Bobbie-Brooks-Kauf geschah aus purer Rache – im Grunde an mir selbst: Ich wollte den vorherigen Verlust schnell wieder reinholen. Ich suchte eine Aktie mit niedrigerem Stückkurs, um mehr Aktien zu haben, falls sie stiege. Dümmer ging's kaum. Wusste ich irgendetwas über Damenmode – oder überhaupt über Mode? Nein. Wusste ich über das Unternehmen mehr als das, was im Artikel stand, oder warum sich *Forbes* überhaupt damit befasste? Nein. Hatte ich die Zahlen geprüft, um zu sehen, ob es dem Unternehmen wenigstens ordentlich lief? Spielte das für mich überhaupt eine Rolle? Schließlich konnte ich die Zahlen gar nicht lesen. Kam ich auf die Idee, jemanden aus der Branche zu fragen? Ich hatte einmal eine Frau gedatet, die beim Modemagazin *Harper's Bazaar* arbeitete. Ich dachte nicht einmal daran, sie zu fragen. Ich wusste nichts – und ich verlor Geld. Perfekt.

Warum war ich mit SPS erfolgreich? Ich wusste etwas, das damals nicht weithin bekannt war: Das Unternehmen hatte mehr Aufträge, als es erwartet hatte. Das war nicht die ganze Wahrheit, aber eine Information, die außerhalb meines Umfelds kaum jemand kannte. Ich hatte also einen Informationsvorsprung.

Daraufhin fasste ich einen Entschluss: Gehörte das Unternehmen hinter einer Aktie nicht zu den weithin bekannten Branchenbesten, würde ich nicht mehr ohne eigene Hintergrundrecherche kaufen. Außerdem machte ich es mir zur Gewohnheit, in der Bibliothek zu recherchieren. In der Wirtschaftsabteilung saß sonst kaum jemand. An der Auskunft traf ich auf hilfsbereites Bibliothekspersonal, das einem 24-Jährigen gern weiterhalf, wenn er höflich fragte. Ich machte es zu meiner Mission, meine Aktienauswahl zu verbessern. Und ich wurde besser.

Wo liegt Ihr Informationsvorsprung?

Manchmal half mir meine Arbeit. Ihre könnte Ihnen ebenfalls helfen. Was wissen Sie, das andere nicht wissen? Mein Job bei *The American Lawyer* war ziemlich unspektakulär. Eine meiner Aufgaben bestand darin, herauszufinden, welche Kanzleien welche Mandate bearbeiteten – Strafsachen, Verträge oder Übernahmen. Interessant wurde es, als mir auffiel, dass die Aktienkurse von Unternehmen, für die ein Übernahmeangebot einging, stiegen. Konnte man im Voraus einschätzen, welche Unternehmen ins Visier geraten könnten, ließ sich damit richtig Geld verdienen – zumal, wenn auf das erste Angebot ein höheres folgte.

Mir fiel auf, dass höhere Übernahmeangebote besonders häufig Ölunternehmen galten. Das fand ich bemerkenswert. Vielleicht war an Ölgesellschaften etwas Besonderes. Also zurück in die Bibliothek. Ich stellte fest, dass es tatsächlich Hunderte Ölunternehmen gab – Hunderte potenzieller Übernahmekandidaten. Mühsam suchte ich sie alle mithilfe der Mikrofiches heraus und legte Liste um Liste an, um die gemeinsamen Merkmale der Unternehmen mit Übernahmeangeboten im Vergleich zu solchen ohne Angebot herauszufinden. Ich suchte gezielt nach unabhängigen Gesellschaften, die praktisch ihr gesamtes Geschäft mit Öl machten – keine Chemiesparte, kein Raffineriegeschäft – und möglichst Auslandsbeteiligungen hatten, denn das schien damals der Trend zu sein.

Ich wählte ein halbes Dutzend möglicher Kandidaten aus und tauchte immer tiefer in das Thema ein. Viel verstand ich von meiner Recherche nicht – außer den Aktienkursen und den gemeldeten Ölreserven der Unternehmen. Aber das reichte, um Vergleiche anzustellen. Irgendwie funktionierte es, und mit dieser Vorgehensweise schrieb ich erstmals schwarze Zahlen. Bis ich 1981 an der Harvard Law School begann, hatte ich rund 1.000 Dollar verdient. In Harvard entdeckte ich einen wahren Fundus an aktuellen Informationen: Abends lief ich in meiner freien Zeit hinüber in die Bibliothek der Harvard Business School. Dort gab es nicht nur aktuelle Mikrofiches, sondern auch echte Analystenberichte, die die Wertpapierhäuser in großer Zahl herausgaben. Klar, das Material war nicht druckfrisch – aber ich war für alles dankbar. Die Lektüre lohnte sich und befeuerte meinen Wissensdurst. Um mein Wissen zu erweitern, begann ich, über Aktien zu „schreiben" – zunächst nur an meine Eltern, in einem kleinen Rundbrief mit dem Titel „Mr. Bullish". Meine besten Ideen sprach ich auf meinen Anrufbeantworter: „Ich bin gerade nicht da – darf ich Ihnen aber den Kauf von Monolithic-Memories-Aktien vorschlagen?" So kam ich zu meinem ersten Kunden, dem bereits erwähnten Marty Peretz, einem Dozenten an der Harvard University. Er verdiente mit einem Tipp von meinem Anrufbeantworter Geld, und wir saßen im Coffee Connection bei einem Cappuccino, als er mir einen Scheck über 500.000 Dollar überreichte. Verdient hatte ich das nicht – aber ich machte etwas daraus.

So begann meine – zunächst alles andere als professionelle – Laufbahn als Börsenkommentator. Alles, was es brauchte, waren Recherchen, die auch Sie erledigen können – heute leichter denn je –, und ein Wissensvorsprung, den vielleicht gerade Sie aufgrund Ihrer Position haben.

Zocken ist kein Investieren

Was ich damals lernte: Wissen am Markt einzusetzen, um gute Entscheidungen zu treffen. Ich wollte Daten auswerten, um mir einen Vorsprung zu verschaffen. Wenn ich das heute so erkläre, sagen mir manche, sie wüssten ganz genau, wie man sich einen Vorsprung holt: das Forum WallStreetBets auf Reddit lesen und YouTube durchstöbern, um den nächsten kurzfristigen Top-Tipp zum Kaufen zu finden. Dann erzählen sie mir von „Meme-Aktien“ wie GameStop und anderen, die Anfang 2021 plötzlich auf der Bildfläche erschienen. Nur: Ich suchte weder Meme-Aktien noch wollte ich kurzlebige Kursspitzen ausnutzen – und Sie sollten das auch nicht. (Wohlgemerkt: Auf Reddit findet man außerhalb der Börsenforen durchaus Hinweise auf langfristig tragfähige Ideen – die ständig angepriesenen Strohfeuer auf WallStreetBets gehören allerdings nicht dazu.) Ich habe nichts dagegen, wenn Menschen legal Geld verdienen – und auch nichts gegen alles, was Neueinsteiger an den Markt heranführt und ihnen zeigt, wie viel Freude und finanziellen Nutzen Aktien bringen können. Aber mein Thema ist langfristiges Investieren auf Basis der Fundamentaldaten eines Unternehmens – nicht das Hype-Zocken mit Meme-Aktien und Short-Squeeze-Kurssprüngen, also Sprüngen, die entstehen, weil viele Leerverkäufer gleichzeitig zurückkaufen müssen; dafür steht GameStop. Und falls Sie meinen, Scrollen durch die Reddit-Beiträge sei die Art Recherchevorsprung, von dem ich spreche, oder zähle irgendwie als „Kaufe, was du kennst“ – so wie damals bei SPS oder den Ölwerten –, dann liegen Sie falsch. Oder zumindest ein Stück weit daneben.

Lassen Sie mich für alle, die von GameStop gehört haben, aber die Details nicht kennen, kurz erklären, worum es ging – damit wir diese beiden Wege des Vermögensaufbaus miteinander vergleichen können. Die GameStop-Episode zeigt, wie ein Aktienkurs steigen kann, ohne dass die Unternehmensgewinne wachsen, ohne dass sich das Unternehmen tatsächlich verbessert – und ganz ohne die Analysearbeit, um die es in diesem Buch geht. Das ist nicht mein Weg, Geld zu verdienen. Weil dieses Phänomen – vor allem bei Jüngeren – so prägend geworden ist und für viele Neueinsteiger zur faktischen Vorstellung davon wurde, wie man mit Aktien „gewinnt“, bekommt es in diesem Buch gleich zu Beginn den Raum, den es verdient: Ich erkläre im Detail, was passiert ist, und zeige, wie man ähnliche Episoden künftig einordnen sollte.

Beim GameStop-Phänomen geht es darum, auf eine ungewöhnliche Art und Weise Geld zu verdienen: den Kurs mit der Kraft der Masse nach oben zu treiben – Crowdsourcing statt Blick auf Umsatz und Gewinn eines Unternehmens. Die typische Kauf-/Verkaufstransaktion ist simpel: Auf der einen Seite steht jemand, der kaufen will; auf der anderen jemand, der verkaufen will. Das hohe Handelsvolumen an der Börse lässt diese einfache Tatsache leicht vergessen. Dadurch wirkt die Börse schnell wie ein Supermarkt: Die Äpfel kosten drei Dollar das Pfund, man legt sie in den Wagen und geht weiter. Dabei wird übersehen, dass Aktienkurse durch Angebot und Nachfrage entstehen. Damit Sie eine Aktie kaufen können, muss es jemanden geben, der bereit ist, sie zu Ihrem gebotenen Preis zu verkaufen.

Im Fall der Meme-Aktien suchen potenzielle Käufer gezielt nach Aktien mit hoher Leerverkaufsquote – also nach Papieren, gegen die große Anleger, oft Hedgefonds, massenhaft wetten, indem sie die Aktie „leerverkaufen". Leerverkauf heißt: Sie verkaufen etwas, das Sie zum Zeitpunkt des Verkaufs gar nicht besitzen. Dafür leihen Sie sich die Aktie, verkaufen sie sofort und kaufen sie idealerweise später günstiger zurück. Beispiel: Sie glauben, der Kurs fällt von 100 Dollar auf 95 Dollar. Dann verkaufen Sie leer: Sie leihen sich die Aktie, verkaufen zu 100 (der Erlös wird Ihrem Konto gutgeschrieben, obwohl Sie die Aktie nicht besitzen) und kaufen bei 95 zurück, um sie dem verleihenden Broker zurückzugeben. Gewinn in der einfachen Rechnung: fünf Dollar, abzüglich der Leihgebühr/Zinsen für die geliehene Aktie. (Für geliehene Aktien berechnen Broker stets eine Leihgebühr.)

Aber was, wenn der Kurs stattdessen auf 105 Dollar steigt? Dann muss ich zu den 100 Dollar aus dem Verkauf weitere fünf Dollar aus eigener Tasche dazulegen. Und wenn ich diese fünf Dollar nicht habe? Genau da beginnt das Problem. Die Zahl der leerverkauften Aktien eines Unternehmens zu einem bestimmten Zeitpunkt ist öffentlich einsehbar. In manchen Foren empfehlen Leute deshalb den Kauf bestimmter Aktien – nicht weil sie das Unternehmen für großartig halten, sondern weil der Titel stark leerverkauft ist. Sie setzen darauf, dass die Leerverkäufer ihre Positionen nicht mehr decken können, wenn der Kurs steigt. Denn wenn der Trade gegen sie läuft, müssen die Leerverkäufer immer mehr Geld nachschießen.

Diese Forennutzer wollen den Kurs hochdrücken, den Leerverkäufern Schmerzen zufügen und die Aktie dann schnell mit Gewinn wieder verkaufen. Sie investieren also nicht in das Unternehmen und seine Fundamentaldaten. Im Grunde wetten sie gegen die Leerverkäufer und deren Fähigkeit, ihre Leerverkaufsposition aufrechtzuerhalten, ohne auszusteigen.

Die Leute, die solche Aktionen gegen Leerverkäufer lostreten, können oft gar keine Aktien analysieren. Sie kaufen womöglich die Aktien eines schwachen Unternehmens – nicht ohne Grund haben Profis sie zum Leerverkauf ausgewählt; Profis verfügen in der Regel über Wissen, das Privatanlegern fehlt. Dieses Kräftemessen wird von puren Emotionen getragen und vom Wunsch, der Gegenseite finanziell eins auszuwischen. Meme-Zocker, die sogenannten Memesters, basteln ein kurzes Video oder ein witziges GIF, posten es in WallStreetBets auf Reddit, um Kaufdruck zu erzeugen – und verbuchen es als Sieg, wenn der Kurs anspringt, die Leerverkäufer nicht wissen, wie ihnen geschieht (sie lesen Reddit meist nicht) und die Broker – die keine Verluste akzeptieren – die leerverkauften Aktien auf Kosten der Leerverkäufer zurückkaufen, sobald diese kein Geld mehr nachschießen können – egal ob es dem Unternehmen eigentlich gut geht oder nicht. (Die Broker interessiert nur, dass ihr Profikunde nicht pleitegeht und sie nicht auf dem Schaden sitzen bleiben.) Der Kurs springt durch diese Käufe nach oben – das nennt man einen Short-Squeeze: Leerverkäufer werden zum Rückkauf gezwungen, und genau dieser Kaufdruck treibt den Preis hoch.

Diese Art Kräftemessen zwischen den „Longs“ (so nennt man die Käufer/Halter) und den „Shorts“ (so nennt man die Leerverkäufer; häufig professionelle Marktteilnehmer) war vor dem Internet undenkbar – bevor sich Menschen in Echtzeit zusammenschließen konnten, um stoßweise Aktien zu kaufen. Um es klar zu sagen: Diese koordinierten Schwarmkäufe, bei denen Kurse hochgepusht werden, haben nichts mit Investieren nach Fundamentaldaten zu tun. Und es ist schwer, Menschen beizubringen, mit Einzeltiteln Geld zu verdienen, solange Millionen glauben, der Weg zum Erfolg bestehe darin, Leerverkäufer plattzumachen – also die

Gegenseite in einem Nullsummenspiel zu besiegen –, ohne Rücksicht auf das Unternehmen selbst, das dabei nur am Rande eine Rolle spielt.

Speziell bei GameStop war die hohe Leerverkaufsquote zunächst darauf zurückzuführen, dass sich die Fundamentaldaten verschlechterten: Als klassische Einzelhandelskette mit Läden in Einkaufszentren, die physische Produkte verkaufte, geriet das Unternehmen bei nachlassender Nachfrage ins Straucheln. Keith Gill, in der Meme-Welt als Roaring Kitty bekannt und verehrt, war die treibende Figur hinter diesem Geschehen. So wenig ich mir wünsche, dass eine solche Taktik Schule macht, so brillant hat Gill sie umgesetzt. Er entdeckte GameStop in einer Phase, in der außergewöhnlich viele gegen die Aktie wetteten und der Kette bald das Aus prophezeiten.[17] Am Ende machte Gill aus 53.000 Dollar zig Millionen – womöglich mehr. Wer hätte nicht gern so viel Glück?

Aber wie hat er das geschafft? Ab 2019 flutete er die sozialen Medien mit einer Kampagne für GameStop, obwohl das Unternehmen operativ strauchelte. Er sah, wie stark die Aktie leerverkauft war – vor allem von großen Hedgefonds –, und witterte die Chance, diese Shortseller unter Druck zu setzen. Er arbeitete gezielt daran, im Netz Aufmerksamkeit zu bekommen, und sprach die Reddit-Generation an – mit reichlich Kommentaren, mal kenntnisreich, mal nicht. Gleichzeitig nutzte er die Trading-App Robinhood, eine bei jüngeren Technikaffinen beliebte Plattform, über die man auch außerhalb der üblichen Börsenzeiten handeln kann.

Gill heizte potenzielle Käufer mit cleveren – mitunter brillanten – Posts und Videos an. Als die Aktie in Bewegung kam, löste das eine Kettenreaktion aus: Früheinsteiger wurden belohnt – und die Party wurde immer größer. Der Gedanke, dass gewöhnliche Menschen es den Hedgefonds zeigen könnten, war ein Teil des Reizes; die Aussicht, auf deren Kosten richtig Geld zu verdienen, der noch größere. Die Branche ignorierte Gills „Armee" zunächst – die Logik lautete: Wer kauft schon eine sterbende Aktie wie GameStop? Damit übersahen sie das Wesentliche: Den Käufern war egal, dass GameStop operativ rapide schrumpfte – darum ging es ihnen nicht.

Durch seine Taktik zeigte Gill seinen Followern, dass sich an der Börse richtig viel Geld verdienen ließ. Er machte sichtbar, wie verwundbar „die da oben" waren. Und wer von uns hegt nicht eine gewisse Abneigung gegen „die da oben"? Auf Reddit, wo sich die anfangs lose Truppe zu einer schlagkräftigen Community formierte, war das Ganze obendrein ein Riesenspaß – eine Bewegung, fast schon eine kleine Revolte.

Früher habe ich als Hedgefonds-Manager regelmäßig leerverkauft. Meine Lehre daraus: Ein Short-Squeeze – also ein Kurssprung, der entsteht, weil viele Leerverkäufer unter Druck ihre geliehenen Aktien zurückkaufen müssen – ist für alle, die gegen die Leerverkäufer wetten, auf dem Weg nach oben berauschend. Aber er endet irgendwann immer: entweder weil der Leerverkäufer zahlungsunfähig wird oder weil er die Reißleine zieht und seine geliehene Aktie zurückkauft. Hält der künstlich erzeugte Kaufdruck lange genug an, können am Ende zwei Dinge passieren.

Erstens: Der Leerverkäufer deckt einen Teil seiner Position ein – er kauft also leerverkaufte Aktien zurück, um Verluste zu begrenzen. Zweitens: Der Broker greift ein und veranlasst einen Zwangsrückkauf, sobald er ein erhöhtes Ausfallrisiko beim angeschlagenen Leerverkäufer erkennt.

Alternativ geht das Unternehmen pleite – dann gewinnt der Leerverkäufer. Im berühmt-berüchtigten Fall GameStop musste die Short-Seite allerdings kapitulieren: Der Kurs schoss zuvor von einstelligen Dollarbeträgen auf über 400 Dollar in die Höhe – noch vor dem 4:1-Aktiensplit im Jahr 2022. Es war der wohl schwindelerregendste Short-Squeeze aller Zeiten.

Die letzte Phase dieses Short-Squeeze ist mir auf eine merkwürdige, aber eindringliche Weise präsent. Alles begann an meinem morgendlichen Sendeplatz bei *CNBC*, der Sendung „Squawk on the Street". In jener Woche plagten mich heftige Schmerzen im Unterschenkel; ich musste schon einen Gehstock benutzen. Zwei Tage vor dem Hoch der GameStop-Aktie passierte es: Im Studio in Englewood Cliffs wollte ich nach der Sendung vom Stuhl aufstehen, verlor das Gleichgewicht und stürzte von der Bühne. Trotz des Sturzes wollte ich an diesem Tag die

Aufzeichnung von „Mad Money“, mit der wir immer um 16:01 Uhr beginnen, nicht ausfallen lassen. Als meine Produzentin Regina Gilgan von meinem Sturz erfuhr, übernahm sie jedoch sofort das Kommando: Ohne Diskussion verfrachtete sie mich ins Auto und ließ mich ins NYU Langone Health's Tisch Hospital in der East 34th Street in Manhattan bringen. Als wir dort ankamen, half mir wegen der Schmerzen der Stock auch nicht mehr. Ich stieg in den Aufzug, drückte den Knopf zum achten Stockwerk und fiel sofort zu Boden. Als die Tür aufging, versuchte ich aus dem Fahrstuhl hinauszukriechen; aber die Fahrstuhltüren schlugen mir mehrfach gegen die Seite, bis ich mich aus dem Türbereich zog und bis zum Empfang robbte, wo der Arzt bereits auf mich wartete. Als er sah, dass ich nicht aufstehen konnte, war er sichtlich alarmiert. Und dennoch hielt ich daran fest: Diese „Mad Money“-Sendung am Abend würde ich unter keinen Umständen ausfallen lassen.

Ich bin leider der Typ, der niemals fehlt. Aber der Arzt winkte nur ab: Von wegen Sendung – für mich ging es direkt auf den OP-Tisch. Er meinte, er müsse mich noch in den nächsten Stunden am Rücken operieren. Stunden später lag ich unterm Messer. In den folgenden Tagen war ich außer Gefecht und erholte mich von einer schwierigen Operation – und GameStop drehte an der Börse völlig auf. Der Kurs schoss in Sphären, die man kaum glauben konnte. Mir war klar: Short-Squeeze. Kein Anstieg, der auf Fundamentaldaten beruhte. Und erst recht nicht wegen Übernahmespekulationen. Wer „Mad Money“ kennt, kennt auch meine Warnungen aus den Jahren des schleichenden Niedergangs von GameStop. Ich wusste, dass es eine ganze Reihe von Problemen bei diesem Unternehmen gab. Immer wieder hatte ich gesagt: Finger weg davon. Mehrfach hatte ich die CEOs großer Videospielhersteller in der Sendung – und auch den CEO von GameStop. Auch die Spielehersteller warnten unisono: Bald werde es GameStop nicht mehr geben. Spiele auf physischen Datenträgern hätten keine Zukunft mehr – genauso wenig wie das Ausleihen von Filmen in der Videothek. Schnelle digitale Downloads machten dieses überholte Geschäftsmodell überflüssig.

Am Donnerstag, zwei Tage nach meiner Operation, erreichte die Aktie ihr bis heute gültiges Allzeithoch von 483 Dollar (entspricht 120,75 Dollar nach dem Split), schloss am Abend jedoch bei weniger als der Hälfte – auch weil mehrere Broker für Privatanleger den Handel einschränkten: Käufe wurden gesperrt, nur Verkäufe waren möglich. Am Freitagmorgen schaltete ich „Squawk on the Street" ein: Die Reddit-Armee war wieder am Werk und trieb die Aktie im vorbörslichen Handel erneut aggressiv nach oben.

Ich hielt es nicht mehr aus. Mir war klar, dass die Privatanleger, die sich zusammengetan hatten, um die Leerverkäufer in die Enge zu treiben, etwas Bemerkenswertes vollbracht hatten. Aber ich wusste auch, dass die Gewinne – wie bei jeder Leerverkäufer-Zwangslage – wahrscheinlich nur von kurzer Dauer sein würden. Viele der Hobby-Trader, die plötzlich große Buchgewinne erzielt hatten – Gewinne, die möglicherweise deren Leben grundsätzlich veränderten –, würden mit leeren Händen dastehen, wenn sie diese Gewinne nicht durch den Verkauf der Aktien realisierten. Immer noch steckte ich in diesem verdammten Krankenhaus fest und hing an einem Katheter, der meine Bewegungsfreiheit einschränkte. Ich kam nicht an mein Telefon, ohne den Katheter herauszureißen. Aber das war mir egal – ich tat es trotzdem. Ich rief die Regie an und bat darum, mit meinen Partnern Carl Quintanilla und David Faber zu sprechen.

Rund 15 Minuten nach Börsenstart wurde ich zu „Squawk on the Street" aus dem Krankenhaus live zugeschaltet – und forderte unmissverständlich jeden Besitzer von GameStop-Aktien auf, diese sofort zu verkaufen.

„Nehmen Sie den sicheren Sieg!", flehte ich. „Setzen Sie nicht auf den ganz großen Wurf. Bleiben Sie beim sicheren Sieg. Sie haben schon gewonnen. Das Spiel ist entschieden. Schluss!" Ich wünschte, ich hätte mein Soundboard an meinem Krankenhausbett gehabt – das Tastenpult mit Einspiel- und Geräuscheffekten, das ich in „Mad Money" benutze. Ob ich den Aktienkurs damit beeinflusste, wusste ich nicht – und es war nicht meine Absicht. Fakt ist: Mein „Jetzt raus!"-Aufruf fiel genau in den Moment, in dem Broker die Short-Positionen zu jedem Preis eindeckten. So hatte ich meinen Anteil daran, den Squeeze platzen zu lassen – einen gewaltigen, zumindest nach Meinung derer, die am Ende noch im hohen 300-Dollar-Bereich mitverdienen wollten. Und das alles von meinem Krankenhausbett aus.

Es war ein chaotischer Moment, der durch die Unberechenbarkeit des Kursverlaufs noch verwirrender wurde, da die Aktie auf dem Weg zur 400-Dollar-Marke offenbar Kurssprünge machte. Als der Handel wieder in den normalen Fluss kam, drängten von überall her Verkäufer in den Markt. Der Short-Squeeze fiel in sich zusammen – während ein „Verrückter" aus dem Krankenhausbett ins Mikro brüllte.

Short-Squeezes enden immer nach demselben Muster. Trotzdem machte mich mein Aufruf in den Augen der WallStreetBets-Crowd zum Hauptfeind. Seitdem ist mein Leben nicht mehr ganz dasselbe. Die Clique der selbst ernannten Short-Killer hasste mich – und tut dies bis heute. Das geht von Beleidigungen, um mich zu provozieren, bis hin zu offenen Drohungen. Dabei galt und gilt für mich: Disziplin schlägt Überzeugung. Die Leute, die in jener Woche GameStop weiter nach oben trieben, waren weder von der Qualität des Unternehmens überzeugt noch hatten sie echtes Vertrauen in dessen Aktien. Sie waren allein von der Mechanik des Short-Squeeze überzeugt – unter der Bedingung, dass niemand verkaufte. Dabei übersahen viele: Die Käufer „oben" sind nur Nachzügler. Sie kommen erst, wenn die Broker die Short-Positionen längst eingedeckt haben – und dann fällt die Aktie unter ihrem eigenen Gewicht. Ist der Short einmal gebrochen, kehrt der Kurs zu dem zurück, was das Unternehmen wert ist – weit entfernt von den Preisen, zu denen die Positionen eingedeckt wurden. Die vermeintlichen Short-Killer bleiben sitzen – auf Papieren, die nur noch den Fundamentaldaten entsprechend bewertet sind. Dafür war ich ganz sicher nicht verantwortlich.

Der Kurs kam rasch wieder auf den Boden der Realität zurück (heute pendelt er meist zwischen 20 und 30 Dollar). Einige treue Anhänger versuchen zwar weiterhin, die Aktie in die Höhe zu pushen – jedoch vergeblich. Unterdessen hat ein neues, umsichtiges Management, das sich teils auf Gills populistische Welle bezog, in einer späteren Hype-Phase zusätzliches Kapital eingeworben und das Unternehmen neu ausgerichtet. Das Geld fließt nun in Geschäfte jenseits des klassischen Gaming-Geschäfts, vor allem in den Kryptobereich.

Was ist die Lehre aus dieser Geschichte? Eine Rückkehr in die Zeit vor der GameStop-Episode ist nicht mehr möglich. Gills Riesencoup, die Euphorie beim Versuch, Hedgefonds in die Knie zu zwingen, und die Aussicht auf schnelle Gewinne haben für Millionen Anleger die Spielregeln verändert. Heute schaue ich, bevor ich mich intensiver mit einer Aktie befasse, zuerst bei Reddit nach – ich will nicht versehentlich einem Online-Hype aufsitzen, statt auf echte Geschäftsgrundlagen zu setzen. Den WallStreetBets-Newsletter habe ich abonniert; er ist für mich eine legitime Informationsquelle. Und ich akzeptiere, ob es mir gefällt oder nicht, die Tatsache, dass es weiterhin dieses Meme-Trading und die Short-Squeeze-Strategien gibt. Seitdem haben Meme-Trader mehrfach versucht, große Short-Squeezes loszutreten – etwa bei Bed Bath & Beyond (später insolvent), der hoch verschuldeten Kinokette AMC, bei Corsair (ein zweitrangiger Gaming-Hardware-Anbieter) oder der Fast-Food-Kette Wendy's, die wegen schwacher Geschäftsentwicklung ihre Dividende kürzen musste – um nur einige Ziele nach der GameStop-Episode zu nennen. Keiner dieser Versuche hat den Erfolg von GameStop wiederholt. Aber ich mache mir keine Illusionen: Das kann jederzeit wieder passieren. Es laufen inzwischen ständig Dutzende solcher Kampagnen, und ich verfolge sie genau, sobald sie auftauchen. Das Treiben der Meme-Trader kalkuliere ich immer ein: Sie bewegen Kurse – und das spürbar. Hedgefonds auf der Gegenseite müssen dann nicht selten zähneknirschend ihre Short-Positionen eindecken.

Ganz ehrlich: Ich habe durchaus Sympathie für Menschen, die sich zu solchen Manövern hingezogen fühlen – und ja, wer sich gegen „die Reichen" zusammenschließt, kann mit Meme-Trading Geld verdienen. Ich halte Reddit als Aktie für eine sehr attraktive Investition – und zugleich ist Reddit für Anleger Pflichtlektüre: eine kluge Community, hervorragende Möglichkeiten für zielgerichtete Werbung, kurz: ein starkes Werkzeug für jeden Stock-Picker. Aber im Subreddit WallStreetBets finden sich auch

Nutzer, die Stimmung machen, Kaufappelle streuen und den Kurs bestimmter Aktien künstlich in die Höhe treiben, um sie anschließend rasch mit Gewinn abzustoßen. In diesen Sog wollen Sie nicht geraten. Nutzen Sie Reddit, um Stimmungen und Trends frühzeitig zu erkennen, und nutzen Sie auch YouTube dafür. Nutzen Sie weder Reddit noch YouTube, um Stimmung zu machen oder sich an künstlicher Kurstreiberei zu beteiligen, die am Ende nur einen Short-Squeeze anheizt. Investieren muss kein Nullsummenspiel sein, in dem Rendite nur entsteht, weil der Verkäufer auf der Gegenseite verliert.

Hier geht es nicht um ein Spiel, hier geht es nicht ums Verlieren oder Gewinnen. Sie müssen sich das eigentliche Ziel bewusst machen. Stellen Sie sich das Investieren wie eine Schatzsuche vor: Es geht darum, überragende Unternehmen zu finden, deren Aktien oft direkt vor Ihrer Nase liegen. Statt im Netz nach der nächsten Hype-Aktie zu fahnden, kaufen Sie lieber gleich Aktien der Google-Mutter Alphabet. Es mag Spaß machen, den Aktien verlustschreibender Unternehmen aus der Kernenergie- und der Quantencomputerbranche zuzuschauen – viele von ihnen sind nur einen Schritt von der Insolvenz entfernt –, doch besser ist es, solide kapitalisierte Unternehmen aus denselben Branchen zu kaufen und sie langfristig zu halten.

Fundamentales Investieren verlangt einen anderen, langfristigen Blick als das Hinterherjagen nach Aktien, die kurzweilige Höhenflüge wie GameStop vollführen. Meine Art zu investieren liefert vielleicht nicht den schnellen Gewinnkick wie ein kurzlebiger Kurssprung, der am Ende meist doch wieder verpufft – aber Anteile an Branchenführern zu kaufen und zu halten kann Ihr Geld über die Jahre spektakulär wachsen lassen. Ich gestehe den Meme-Aktien zu, dass sie viele Menschen überhaupt erst an die Börse gebracht haben; und ja, auf diesen Meme-Spielwiesen finden sich mitunter auch erstklassige Aktien – Unternehmen mit solider Basis, die mehr verdienen als bloße Hype-Jäger: nämlich langfristige, ernsthafte Anleger. Aber wenn Sie am Ende vorn liegen und Ihre Gewinne nicht bei der nächsten Welle wieder abgeben wollen, sind Memes nicht der Weg.

Statt Internetmoden zu folgen und die Gegenseite einer Wette niederzuwalzen, sollten wir uns an die eigentlichen Helden erinnern: starke Unternehmen, die über Generationen erfolgreich sind.

Hand aufs Herz: GameStop war kein Sonderfall, sondern nur ein weiteres Ergebnis derselben Masche. Für einen kurzen Moment wurde aus einem miserablen Unternehmen eine außergewöhnliche Aktie – einzig und allein getragen vom wohl spektakulärsten Short-Squeeze aller Zeiten. Doch eine Meme-Aktie verblasst gegenüber dem, worum es mir wirklich geht: nachhaltig Geld zu verdienen. Sie ist nur eine weitere Variante in einer langen Reihe von Taktiken und Manövern, die darauf abzielen, kurzfristige Kurssprünge zu provozieren und auszunutzen, statt auf Investments in langfristiges Wachstum zu setzen. Und genau dort entsteht das wirklich große Geld.

In meiner Laufbahn habe ich viele Moden und Strohfeuer wie GameStop erlebt. Ich denke zum Beispiel an sogenannte „Zero Days to Expiration"-Optionen (0DTE) – Optionen mit null Tagen Restlaufzeit: Sie werden zum Börsenstart gehandelt und verfallen noch am selben Tag. De facto sind das Tageswetten auf die Kursrichtung einer einzelnen Aktie. Ich habe grundsätzlich nichts gegen unterschiedliche Anlagestile, aber bei 0DTE ist mir dieses „Pistole auf die Brust"-Zocken zutiefst zuwider. Das ist kein Investieren – das ist vor allem ein Gebührenmotor für Profis und ein Verlustgenerator für Sie. Ja, man kann damit Geld gewinnen; man kann auch bei Sportwetten oder in der Lotterie gewinnen. Die bloße Chance auf einen Gewinn macht aber daraus noch keine Anlagestrategie.

Selbst wenn solche Optionen nicht wie Zockerei wirken, bleiben sie dennoch eine schlechte Idee – vor allem, weil man sich leicht in Geschäfte hineinziehen lässt, bei denen die Wahrscheinlichkeit hoch ist, Geld zu verlieren. Und genau das will ich Ihnen ersparen. Ich knüpfe damit an das an, was ich im Vorwort über aktives Handeln im Unterschied zum langfristigen Kaufen und Halten gesagt habe. In Phasen meiner Laufbahn war ich selbst Trader – aber erfolgreich handeln kann nur, wer es in Vollzeit betreibt. Ich saß ab 4 Uhr morgens am Schreibtisch und blieb bis 19 Uhr dort – 15 Stunden Trading am Tag. Danach schnell etwas essen und zu Hause weiter handeln. Um 2 Uhr nachts habe ich japanische Aktien gehandelt, um 4:30 Uhr morgens europäische. Am Ende habe ich alles und überall gehandelt – an der Börse erfolgreich, im restlichen Leben jedoch kaum, weil das Trading meinen Alltag vollständig verdrängte.

Wenn Sie mit aktivem Trading anfangen, treten Sie gegen Leute wie mich an. Das ist, als wollten Sie als Hobbyschachspieler bei einem Schachturnier gegen einen Großmeister bestehen – ein mögliches Vorgehen, aber die Wahrscheinlichkeit spricht gegen Sie. Ein Trader muss enorm viel richtig machen: verstehen, welche Faktoren einen Kurs Tag für Tag bewegen, wie unzählige Informationen zusammenhängen und sich gegenseitig beeinflussen. Und selbst hoch bezahlte Profis mit unglaublich ausgefeilten Computerprogrammen und Bergen an beeindruckenden Analyseberichten liegen oft daneben.

Abseits vom Trading gibt es eine Flut an thematischen ETFs – Fonds, die aktuellen Modethemen wie E-Mobilität, Solarindustrie oder bestimmten Rohstoffen hinterherlaufen. Diese Produkte werden aggressiv vermarktet, oft an leichtgläubige Anleger. Vielen ist nicht klar, dass sie in der Regel erst nach einem Hype aufgelegt werden, nicht davor. Solche Produkte zu handeln hat mit Investieren in zukunftsträchtige, tragfähige Geschäftsmodelle nichts zu tun; das ist Spekulation auf die Trends von gestern – und wie bei jedem Index stecken Gutes und Schwaches im selben Paket. Noch problematischer sind täglich gehebelte ETFs: Sie versprechen das Doppelte oder Dreifache der Tagesbewegung eines einzelnen Titels oder eines Aktienkorbs. Diese Vehikel sind nicht zum langfristigen Halten gedacht, sondern für extreme Kurzfristspekulationen – und erweisen sich unterm Strich als Verlustbringer: hohe Gebühren für die Anbieter und genug kurzfristige Kursschwankungen, um Unerfahrene zu ködern. Die Renditen solcher hochriskanten Konstrukte habe ich analysiert – sie sind erbärmlich schwach. Ich vergleiche diese Produkte mit der Kombiwette im Sport: Man tippt mehrere Spiele auf einmal und gewinnt nur, wenn alles passt. Wer am Ende kassiert? Der Veranstalter.

Ich habe die US-Börsenaufsicht (SEC) eindringlich gebeten, solche brandgefährlichen Instrumente nicht zuzulassen – doch Deregulierung und lasche Aufsicht eröffnen leider unzählige Wege, Geld zu verlieren.

Damit endet mein kurzer Streifzug durch all das, was keinen echten Informationsvorsprung darstellt, sondern eher reines Zocken – genau rechtzeitig, um Ihnen zu zeigen, wie ein wirklicher Vorsprung in der Praxis aussieht.

KAPITEL 5

Der Fall Nvidia

Die beste Aktie aller Zeiten – und wie Sie weitere finden

Vor Kurzem kam ich vom Friseur zurück – ein seltener Abstecher für mich außerhalb der New York Stock Exchange –, als ich am Straßenrand eine Männerstimme meinen Namen rufen hörte. Das Ganze ereignete sich unweit des Fearless Girl (dt. Furchtloses Mädchen), jener Skulptur der Künstlerin Kristen Visbal, die mir jedes Mal ein Grinsen entlockt, sobald ich sie sehe.

„Jim, darf ich Ihnen die Hand schütteln?", fragte der Mann.

Eines Tages werde ich mich wohl daran gewöhnen, dass freundliche Menschen stehen bleiben und mit mir reden wollen – mir erzählen, wie es an der Börse bei ihnen läuft oder wie sehr ihnen „die Sendung" gefällt. Für ein Hallo oder einen Faustgruß habe ich immer Zeit – notfalls auch für eine Umarmung.

Diesmal war es ein Mann namens Jeremy. „Ich will Ihnen etwas zeigen", sagte er. Seine Frau ergänzte: „Etwas, das mir den Ruhestand ermöglicht hat." Jeremy öffnete eine App mit einer Liste von Aktien und tippte auf eine Zeile: „Nvidia, 2.545.000 Dollar." Er wies mich darauf hin, dass dies der Betrag sei, den ich ihm eingebracht habe. Damit habe seine Frau, eine Lehrerin in New Hampshire, in den Ruhestand gehen können.

„Ich kann Ihnen gar nicht genug danken", fuhr er fort. – Worauf ich mit dem aus meiner Sicht naheliegendsten Hinweis erwiderte: „Der Dank gebührt Jensen, nicht mir."

Gemeint war Jensen Huang, der CEO meines wohl besten Stock-Picks überhaupt – jenes einst kleinen Halbleiterunternehmens, das heute zu den drei wertvollsten Unternehmen der Welt zählt und sich in den vergangenen Jahren ein Kopf-an-Kopf-Rennen mit Microsoft und Apple um den Titel des wertvollsten Unternehmens geliefert hat.

Woher wusste Jeremy, dass er Nvidia kaufen sollte, als ich dieses Unternehmen in meiner Sendung erwähnte? Aus demselben Grund, aus dem am 20. Juni 2017 Zehntausende Nvidia kauften – als ich der Welt erzählte, dass ich diese Firma so sehr liebe, dass ich meinen Hund nach ihr benannt habe. Der Mischling aus dem Tierheim hieß seit Jahren „Everest" – damit war Schluss. Wie sollte ich die Leute sonst dazu bringen, eine Aktie zu kaufen, die niemand auf dem Schirm hatte? Also änderte ich einfach den Namen meines Hundes … in „Nvidia". Es funktionierte. Er hörte sofort darauf. Viel Überzeugungsarbeit war nicht nötig – ich hielt schließlich ein ordentliches Stück Roastbeef in der Hand.

An der Börse funktionierte es ebenfalls.

Rechnet man die inzwischen erfolgten Aktiensplits mit ein, notierte Nvidia damals bei knapp unter vier Dollar je Aktie. Wer an diesem Tag weniger als vier Dollar investierte, hielt Ende Dezember 2024 Anteile im Wert von 136 Dollar. Anders gesagt: 1.000 Dollar wären zu 34.622 Dollar geworden – und 10.000 Dollar zu 346.218 Dollar. Nicht übel. Aber wie kam ich zu der Überzeugung, dass dieses Unternehmen einmal vier Billionen Dollar schwer sein könnte? Diese Einsicht hatte ich schon, bevor ich meinen Hund umtaufte. Ich hatte die Leute lange gedrängt, die Aktie zu kaufen – ohne nennenswerte Resonanz. Die Umbenennung war der Weckruf: Aufmerksamkeit für eine Geschichte zu schaffen, die – davon war ich überzeugt – zur größten Aktienstory unserer Zeit werden würde.

Wo immer ich bin – in meiner Heimatstadt, im Urlaub, im Ausland –, sprechen mich Menschen an und danken mir für meine Nvidia-Empfehlung. Sie sagen, ich hätte meinen Hund nicht „Nvidia" genannt, wenn ich nicht von der Aktie überzeugt gewesen wäre. Und sie hätten die Aktie nicht gekauft, wenn ihnen nicht klar geworden wäre, wie viel sie mir bedeutet.

Ich erzähle das nicht, weil ich mich für ein Genie halte – das bin ich ganz sicher nicht –, sondern weil am Ende alles auf ein systematisches Vorgehen hinausläuft, das ich in diesem Buch beschreibe. Im Fall Nvidia hat mir genau dieses Vorgehen den Glauben zurückgegeben, dass jeder eine Gewinneraktie finden kann, die das eigene Leben spürbar verändert. Ich zeige Ihnen gleich, wie ich vorgegangen bin – damit Sie das Selbstvertrauen gewinnen, sich an diesem Vorgehen zu orientieren und Ihren eigenen Ansatz zu entwickeln.

Zu meinen frühesten Nvidia-Empfehlungen in „Mad Money" gehörte die vom 30. September 2009. Hätten Sie damals vier Dollar investiert – acht Jahre, bevor ich meinen Hund umtaufte –, wären daraus bis Ende 2024 über 1.500 Dollar geworden; aus 10.000 Dollar rund 3,9 Millionen Dollar – wow! Mein Interesse an diesem Unternehmen – ich kannte Nvidia zwar schon Jahre zuvor, hatte dem Unternehmen aber nie viel Beachtung geschenkt – wurde ausgerechnet während einer Analystenkonferenz des Unternehmens Best Buy geweckt. Der Elektronikhändler erklärte, Netbooks würden zu einer starken Wachstumskategorie. Also prüfte ich, wer für diese Geräte die Grafikprozessoren (GPUs) herstellt. Dabei erfuhr ich, dass Nvidia – bis dahin für mich vor allem ein Anbieter von Gaming-Chips – der führende Anbieter in diesem Bereich war. Also empfahl ich die Aktie.

Rechnet man die Aktiensplits mit ein, lag der Kurs damals bei 38 US-Cent. Ein paar Monate später – im Juni 2010 – hatte ich zum ersten Mal die Gelegenheit, Nvidias Vorstandschef zu interviewen, den damals noch jungen Jensen Huang. Er trug eine Motorradjacke und wirkte nicht wie ein Vorstandschef. Eher wie ein Gamer. Ein Videospieler eben.

Was mir vor allem an ihm gefiel: Er war nicht wie all die anderen, die ich interviewt hatte. Er schien sich für wenig anderes zu interessieren als für schnelle Chips. Ich war sofort begeistert. Die Aktie war seit meiner

Empfehlung im Herbst 2009 weiter gefallen und lag nur noch bei umgerechnet 29 US-Cent, doch mein Vertrauen in die Zukunft des Unternehmens war inzwischen weiter gewachsen. Ich empfahl die Aktie erneut – mit Nachdruck. Wegen dieses Rückgangs wurde ich auf allen möglichen Websites öffentlich an den Pranger gestellt – auch auf TheStreet.com, das ich mitgegründet hatte. Eine Demütigung.

Ich legte noch einmal nach und warb noch stärker für die Nvidia-Aktie, nachdem ich kurz darauf den Nordamerika-Chef von Audi interviewt hatte. Wir hatten uns in einem Audi-Showroom getroffen; ich wollte ihm ein paar Fragen stellen – Audis werden durchweg als qualitativ hochwertig angesehen. Als das Gespräch zu Ende war, fragte ich ihn, warum seine Autos so zuverlässig und geschmeidig fahren würden. Er antwortete: „Es ist die Technologie."

Mir war klar: Mit einer Floskel wie „Es ist die Technologie." ist meinem Publikum nicht geholfen – damit lässt sich kein Geld verdienen. Es ist jedes Mal mühsam, selbst ohne Kamera, Manager dazu zu bewegen, die Marken der Zulieferer zu nennen, die ihren Erfolg ermöglichen: die Teilezulieferer, die oft im Verborgenen bleiben. Nach hartnäckigem Nachfragen – um nicht zu sagen Drängen – verriet er mir schließlich, wer die Komponenten liefert.

„Nvidia."

„Unmöglich", erwiderte ich.

Er bestätigte jedoch, dass Nvidia die Chips liefere. „Aber die machen doch Gaming-Chips", antwortete ich. Er fragte, ob ich glaube, er habe sich das ausgedacht. In dem Moment wurde mir klar, dass hier etwas Besonderes im Spiel war: Nvidia dominierte den Markt für schnelle Chips weitgehend – nicht nur in Spielekonsolen, sondern auch in Autos. Ich hatte es nur nicht erkannt.

Ich erinnerte mich an einen meiner früheren Hedgefonds-Partner, den inzwischen verstorbenen Max Palevsky – einen meiner wichtigsten Mentoren, den besten Lehrer, den ich je hatte, und den klügsten Menschen, dem ich je begegnet bin (bis ich Jensen Huang traf, aber dazu gleich).

Palevsky hatte an der University of Chicago sowohl Mathematik als auch Philosophie studiert – zwei Fächer, mit denen sich jeder normale Mensch schnell den Notendurchschnitt ruinieren kann.

Im Jahr 1961 gehörte er mit einigen seiner Mitstreiter zu den Pionieren der Computerindustrie: Sie gründeten das Unternehmen Scientific Data Systems (SDS), um kleine und mittelgroße Computer für Unternehmen zu bauen.[18] Ja, genau: Er und sein Team haben im Grunde den PC erfunden. SDS galt weithin als führend dank der bahnbrechenden Rechnerarchitektur, insbesondere bei der Ein-/Ausgabe-Technologie. 1969 verkaufte er SDS für eine Milliarde Dollar an Xerox, das damit gegenüber dem Rivalen IBM aufholen wollte. Bei Xerox landete die Firma jedoch faktisch in der Schublade – man machte daraus so gut wie nichts. Ups.

Danach half Max, Intel mitzugründen – Anerkennung bekam er dafür nie. Er stieg sehr früh als Investor ein und wurde noch im Gründungsjahr in den Verwaltungsrat dieses legendären Halbleiterherstellers berufen. Er war ein großartiger, wenn auch leicht jähzorniger Lehrer. Max berichtete mir von einer Auseinandersetzung mit Intel-Chef Andy Grove in den 1990er-Jahren: Er habe Intel immer wieder gedrängt, auf schnellere, spezialisiertere Halbleiter zu setzen – notfalls auch auf Gaming-Chips. Intel, sage er, unterschätze das Tempo. Es gebe Chips, die vieles gut können – klassische Mikroprozessoren (CPUs), wie Intel sie baut. Für Spiele brauche man jedoch vor allem Geschwindigkeit. Der Intel-CPU sei dafür zu träge – und zwar nicht nur fürs Gaming, sondern auch für viele zukünftige Anwendungen – etwa alles, was realitätsnah oder lebendig aussehen solle. Doch das Intel-Management tat Gaming als Spielerei ab und ging mit ihm scharf ins Gericht. Er hingegen sei überzeugt gewesen: Beschleunige man die Chips, erschlössen sich völlig neue, große Märkte für Intel. Grove bügelte ihn jedoch dafür ab und bestand darauf, Gaming-Chips lohnten sich nicht – das sei Kleinkram, Intel wolle groß denken.

Die Einschätzung von Max war fundiert und weitsichtig – keine Flurfunk-Empfehlung vom Tenniskumpel meines Onkels, National-Video-Aktien zu kaufen.

Jahre später stand ich also in einem Audi-Showroom und hörte einem Manager zu, der nicht auf Intel-Chips setzte – das Unternehmen galt als Platzhirsch im PC-Markt und als einziges, dem man die täglichen Rechenaufgaben moderner Geräte zutraute –, sondern auf Chips von Nvidia, einem Halbleiterhersteller, den man bis dahin vor allem mit Gaming-Chips verband. Der Audi-Chef sagte mir, Nvidias Chips seien blitzschnell – deutlich schneller als die von Intel.

Ich konnte es kaum erwarten, ins Büro zurückzukehren und mich intensiver mit diesem Thema zu beschäftigen. Am liebsten hätte ich Jensen Huang sofort kontaktiert, um mehr zu erfahren.

Aber es war nicht leicht, mit ihm in Kontakt zu kommen. Ich schrieb ihm E-Mails, nach jedem Nvidia-Quartalsbericht ließ ich ihn wissen, wie großartig sein Unternehmen sei. Eine Antwort bekam ich nicht. Erst als ich erwähnte, dass meine Tochter in Oregon – unweit seines Heimatortes – in einem Projekt für gefährdete Jugendliche mithalf, meldete er sich zurück, und zwar außerordentlich freundlich. Am Ende trafen wir uns und verbrachten einige Zeit miteinander – und ich gewann einen deutlich tieferen Einblick in das Unternehmen als damals, als ich ihn Jahre zuvor für „Mad Money“ interviewt und die Aktie zum Kauf empfohlen hatte.

Was ich am Nvidia-Hauptsitz sah, war außergewöhnlich. Diese Gaming-Chips, die am Ende bei Audi verbaut wurden, sollten die Welt revolutionieren: Sie würden in der Künstlichen Intelligenz eingesetzt werden – Technik wie aus Science-Fiction-Filmen: Systeme, die nahezu lebensechte Bilder erzeugten und bis zur Perfektion verfeinerten.

Ich habe den Nvidia-Hauptsitz mehrfach besucht. Der verrückteste Besuch war 2021: Jensen – in seiner Begeisterung kaum zu bremsen, mit seiner jungenhaften Euphorie übertrifft er sogar mich – zog mich vor einen Bildschirm und sagte, ich solle mit dem Computer sprechen. „Worüber?“, fragte ich. „Über irgendwas“, antwortete er. „Ganz egal.“ Ich sah ihn ratlos an – ich hatte keine Ahnung, was er von mir hören wollte.

„Bitten sie ihn, ein Bild zu malen“, sagte Jensen.

Ich bat den Computer, eine Meereslandschaft im Stil Cézannes zu malen – obwohl ich aus meinem Harvard-Kurs in Kunstgeschichte noch wusste, dass Cézanne eigentlich für Stillleben bekannt ist. Nach wenigen Sekunden war das Bild da – wirklich Sekunden –, und ich konnte zusehen, wie es entstand. Etwas zu braun, dachte ich, aber das Blau des Wassers traf es genau. Cézanne wäre wohl sprachlos gewesen.

Dann führte mich Jensen zu einer weiteren Station: eine verglaste Vitrine, darin versuchten skurrile hundeähnliche Roboter, rote Götterspeise-Würfel aufzuheben. Wenn es ihnen gelang, belohnte Jensen sie. Er sagte, gutes Verhalten müsse man belohnen – selbst bei einem Roboter. Wie er auf diese Idee kam, ist mir bis heute ein Rätsel.

Dann zeigte er mir auf einem Bildschirm eine virtuelle Fahrszene: Ein Auto sollte eine Fahrstrecke auf Glatteis meistern – für Jensen die letzte große Hürde. In dieser Simulation ließ sich genau messen, wie oft das Fahrzeug ins Rutschen geriet. Ziel war es, die Steuer- und Regeltechnik fürs autonome Fahren so lange am Computer zu trainieren und zu verfeinern, bis das Auto selbst auf Glatteis nicht mehr wegrutschte. Er erklärte, die Simulation sei bereits mehrere Millionen Mal durchgelaufen; ein paar Millionen weitere Durchläufe seien noch nötig, dann würde das System die richtige Fahrweise zuverlässig beherrschen. Mir schwirrte der Kopf. Erst später begriff ich, dass Jensen mit seinen extrem schnellen Halbleitern genau auf diese Art und Weise sicheres autonomes Fahren möglich macht: Gefährliche Situationen werden millionenfach virtuell geübt – und die erprobte Technik erst danach ins echte Auto eingebaut.

Wir blieben vor einem Computer stehen; auf dem Bildschirm war ein Theater mit Sitzreihen und Bühne zu sehen. Eine animierte Figur forderte mich auf, ein Stück auszuwählen – irgendeines. Ich sagte: Shakespeares „Henry V", Globe Theatre, 1599.

„Wo möchten Sie sitzen? Dritte Reihe, Mitte?", fragte die Figur.

Ein Kinderspiel für den Nvidia-Chip.

Wir gingen an Entwurfsskizzen für einen Roboter vorbei, der Ihnen den Kaffee genauso zubereitet und bringt, wie Sie ihn mögen. Ich bin sicher, dass ich mir bis Ende des Jahrzehnts, wenn nicht früher, einen für zu Hause und einen fürs Büro bestelle. Dann betraten wir einen Raum mit zwei riesigen Bildschirmen: Auf beiden waren marschierende Sturmtruppen aus „Star Wars" zu sehen – aber nur auf einem von beiden lief eine echte Sequenz aus dem Film, auf dem anderen lief eine mit Nvidia-Chips erzeugte Simulation. Ich konnte nicht erkennen, welche echt war. Wir gingen von einem Bereich des beeindruckenden Hauptsitzes zum nächsten. An den Wänden wuchs Gras. Jensen erklärte, er habe die Oberlichter so konstruiert, dass das möglich sei. Er sagte das ganz nebenbei. Da wurde mir klar: Er ist ein Leonardo da Vinci unserer Zeit. Als wir in seinem Büro Platz nahmen, zeigte ein großformatiger Bildschirm ein Objekt; in Echtzeit wurden Berechnungen angezeigt, während es auf einer Bahn auf einen Planeten zuflog.

„Es berechnet die Flugzeit zum Mars", erläuterte er. „Der knifflige Teil ist, das Objekt zunächst so schnell wie möglich beschleunigen zu lassen und rechtzeitig vor der Landung abzubremsen, damit es nicht auf dem Planeten zerschellt. Es geht um eine sichere Landung."

„Natürlich", sagte ich, heillos überfordert.

Zurück im *CNBC*-Studio in Englewood, New Jersey, empfahl ich die Nvidia-Aktie mit Nachdruck in all meinen Formaten: bei „Squawk on the Street", bei „Mad Money" und in meinen damaligen Kolumnen auf TheStreet.com.

Die Aktie fiel prompt um 20 Punkte.

Hä?

Ich fuhr zurück zum Nvidia-Hauptsitz, um mehr zu erfahren. Diesmal wurde ich von Jim Cramer begrüßt – als nahezu lebensechte Projektion von mir selbst an der Wand. Wie perfekt war das? Proportionen und Farbton stimmten exakt. Das Ding hatte sogar meinen Philadelphia-Akzent getroffen – diese Philadelphia-typische Sprechmelodie mit gedehnten Vokalen und einem typischen Singsang am Satzende, die selbst Profis schwerfällt (Die Schauspielerin Kate Winslet hat sie für ihre Rolle in „Mare of Easttown" trainiert und genau diese Schwierigkeit beschrieben) –, wenn es sagte: „Welcome to Mad Money." Die Simulation wusste alles; sie war vom echten Ich nicht zu unterscheiden. Jensen erzählte mir, er habe ewig gebraucht, bis genau dieser Akzent perfekt saß.

Am Ende dieser rasanten Zukunftstour servierte man uns ein hervorragendes Essen – an einem Tisch aus einem Baumstamm, ganz im handwerklich-verspielten Stil, der dort überall spürbar ist, in einer Kantine, die eher wie eine Taverne wirkt. Warum auch nicht? Eine Weinbar gibt es dort ebenfalls. Ein Feinschmecker ist Jensen ohnehin.

Ich sagte ja bereits: Da Vinci.

Am nächsten Morgen bei „Squawk on the Street" sprudelte es aus mir heraus: Ich erzählte, ich hätte am Nvidia-Hauptsitz mit meinem Avatar gesprochen – und dass der Avatar-Jim mehr wusste als ich selbst. David, mein Co-Host, wirkte gelangweilt. Zu viel Jensen.

Die Aktie kam nicht vom Fleck. Im Gegenteil: Sie rutschte weiter ab – die Formulierung „sie wurde günstiger" beschreibt es allerdings treffender. Die aus meiner Sicht beste Aktie der Welt gab es dauerhaft im Angebot. In den Jahren 2020 bis 2022 habe ich Nvidia phasenweise mehrmals pro Woche empfohlen – mit meinen drei Sendungen teils sogar mehrmals am Tag. Ich konnte mich kaum bremsen. Wie konnten andere nicht sehen, was sich anbahnte? Eine Maschine, angetrieben von einem Nvidia-Chip, konnte sehen, hören, denken.

Im November 2022 trat ein Mann namens Sam Altman – ein alter Freund von Jensen – mit ChatGPT auf den Plan, sechs Jahre nachdem Jensen 2016 OpenAI Nvidias ersten KI-Supercomputer höchstpersönlich überreicht hatte. Die Welt veränderte sich. An einem Tag schien nur eine Handvoll Eingeweihter von KI zu wissen – am nächsten waren es Millionen. Eine atemberaubend schnelle Verbreitung.

Der Rest ist Geschichte – etwa als Nvidia im Mai 2023 die wohl größte positive Ergebnisüberraschung ablieferte, die ein Unternehmen je vorgelegt hat: Die Erwartungen wurden klar übertroffen, und die Prognose für den nächsten Quartalsumsatz lag um vier Milliarden Dollar über den Schätzungen.

„Aber wie finde ich die nächste Nvidia?“

Ich weiß, ich weiß. Sie kannten Max Palevsky nicht. Einen Audi konnten Sie sich nicht leisten – und selbst der Chef von Audi Nordamerika hätte Ihnen nicht weitergeholfen. Sie wussten nicht, dass Nvidias Chips mehr können als Spiele. Der Mann in der schwarzen Lederjacke überzeugte Sie nicht. Sie waren gelangweilt – so wie mein Kollege David.

Woran hätten Sie erkennen sollen, dass ausgerechnet diese Aktie zum Volltreffer werden würde?

Die knappe Antwort: Jeder, der neugierig war – und selbst einen Hund hatte –, musste mir nur zuhören, um zu merken, wie ernst es mir mit diesem Unternehmen war.

Die ausführlichere Antwort: Selbst wenn Sie die nächste Nvidia nicht finden, können Sie trotzdem etwas entdecken, das Sie reich machen wird – das verspreche ich. Ab und zu – nicht nie, ganz entschieden nicht nie – taucht eine Aktie wie Nvidia auf. Wie oft haben Sie schon gehört, dass Warren Buffetts Berkshire Hathaway Menschen zu Millionären gemacht hat? Paradoxerweise hat Buffett es Privatanlegern nicht gerade leicht gemacht, in Berkshire zu investieren: Er riet ihnen stets, auf einen S&P-500-Indexfonds zu setzen statt auf Einzeltitel. Und doch: Folgen Sie meiner Methode und kombinieren Sie einen Einzeltitel wie Berkshire Hathaway mit einem Indexfonds, steigen Ihre Chancen erheblich, von Buffetts Weisheit und den von ihm erwirtschafteten Erträgen zu profitieren.

Wären Sie nach meiner Methode vorgegangen, hätte selbst Warren Buffett, das „Orakel von Omaha“, Sie nicht von einer der besten Geldanlagen aller Zeiten fernhalten können. Und wie viel Geld ist mit Microsoft verdient worden – einem Unternehmen, mit dem Sie vermutlich zigmal am Tag zu tun haben? Wenn Sie nicht gerade ein iPhone nutzen, eine Apple Watch tragen oder mit AirPods Musik hören, tippen Sie vielleicht auf einem iPad. Microsoft und Apple gehören seit Langem zu den Grundpfeilern meines gemeinnützigen Treuhandfonds – und beide Aktien haben Menschen reicher gemacht, als sie es je für möglich gehalten hätten.

Die meisten Menschen fügen sich in die Vorstellung, ihr Schicksal sei vorbestimmt und sie würden nie so gut leben wie ihre Eltern – eine völlige Umkehr gegenüber den Jahren, die mich geprägt haben, und einfach unzutreffend. Heute ist es für Sie viel einfacher, an der Börse zu investieren, als es für Ihre Eltern war. Die Möglichkeiten, an der Börse Millionen zu verdienen, lassen sich heute viel leichter entdecken. Und der Weg dorthin ist heute einfacher, deutlich günstiger und weit weniger zeitaufwendig als zu Zeiten meiner mühsamen Besuche in der New York Public Library.

Reden wir noch ein wenig über Berkshire, über Microsoft, über Apple. Als ich Mitte der 1980er-Jahre blutjunger Anfänger bei Goldman Sachs war, leitete ein gewisser Lee Cooperman die Research-Abteilung. Ich war damals so jung, dass ich noch Haare auf dem Kopf hatte. Ich verehrte Lee – und tue es bis heute –, weil er nie damit aufgehört hat, neue Ideen zu entwickeln und über sie zu sprechen. Eines Tages sagte Lee zu mir: „Sie sollten Ihren Kunden raten, Aktien von Berkshire Hathaway zu kaufen." Mir schwirrte der Kopf. Was meinte er? War das nicht die Hemdenfirma? Trug er deren Shirts? Er stellte mich auf die Probe. Unmöglich, dass Lee, einer der besten Investoren unseres Landes, mir ernsthaft empfehlen würde, die Aktien eines Hemdenherstellers zu kaufen – oder? Die mit der Anzeige von dem Mann mit Augenklappe? (Ich dachte an Hathaway-Hemden – ein feines Unternehmen, bis es 2002 pleiteging. Keine gute Anlage.)

Anstatt mein Unwissen zur Schau zu stellen, fragte ich ihn: „Warum ausgerechnet dieses Unternehmen?"

Er sah mich an, als wäre ich ein Idiot. „Warren Buffett. Lies seinen Geschäftsbericht und sag mir Bescheid."

Ich las ihn. Dann las ich ihn noch einmal. Und noch einmal. Dann ging ich wieder runter in die Research-Abteilung und teilte Lee mit, dass ich begriffen habe, was er meinte.

„Dann sag deinen Kunden, sie sollen Berkshire kaufen."

Genau das tat ich. Nach dem fünften Verkaufsversuch gab ich auf. Die Aktie kostete 1.400 Dollar je Aktie – und wer, bitte schön, wollte eine Aktie für 1.400 Dollar kaufen? Ganz sicher niemand, mit dem ich sprach.

Ich hatte keine Dispositionsvollmacht – also nicht das Recht, für jemanden zu kaufen. Also ließ ich es bleiben. Wegen des Widerstands gegen den hohen Preis habe ich diese Aktie nie wieder empfohlen. Heute, wo sie bei über 700.000 Dollar liegt, wirkt dieser ursprüngliche Preis wie eine lächerliche Ausrede, die Aktie nicht zu kaufen, oder?

Ein Unternehmen, bei dem ich mich damals auskannte, war Microsoft. Bei Goldman Sachs half ich, es an die Börse zu bringen – denn Steve Ballmer, einer der ersten Mitarbeiter dort, war in dem Jahr, in dem ich die Hochschulzeitung *The Harvard Crimson* leitete, Anzeigenleiter. Die Aktie ging im März 1986 praktisch zu einem Spottpreis an die Börse; berücksichtigt man die zahlreichen Aktiensplits der ersten Jahrzehnte, lag der Ausgabepreis bei etwa sieben Cent je Aktie. Ich half Ballmer bei seinen Finanzen, aber er brauchte mich nicht: Er wollte einfach noch mehr Microsoft-Aktien kaufen – und gehörte bereits zu den fünf größten Anteilseignern. Microsoft war eine Aktie, von der ich wusste, dass man sie kaufen sollte – zunächst für meine Kunden, dann für meinen Hedgefonds und schließlich ab 1996 für TheStreet.com und in den vergangenen zwei Jahrzehnten für das *CNBC*-Publikum. Und sie bewegte sich in Richtung eines Kurses von mehr als 400 Dollar.

Machen wir mit Apple weiter. Ich begann, Apple zu empfehlen, als meine jüngste Tochter zwölf war und unbedingt einen iPod mini haben wollte – ein Gerät, das es heute nicht mehr gibt und mit dem man Musik herunterladen und unterwegs hören konnte. Ich kaufte ihr einen rosafarbenen iPod mini und ließ ihren Namen eingravieren. Zu den Feiertagen desselben Jahres hatte sie eine ungewöhnliche Bitte: Sie wollte noch einen iPod, diesmal einen blauen. „Was ist mit dem ersten passiert? Wann hast du ihn verloren?“

„Nein, Papa, das sind nicht bloß iPods, das sind Schmuckstücke.“

Ich hörte zu, ich beobachtete. Damals notierte die Aktie bei etwa 2,50 Dollar. Heute liegt sie bei rund 200 Dollar.

Sie könnten jetzt wieder einwenden: Unfair. Ein Genie hat Ihnen Berkshire Hathaway ans Herz gelegt. Ein Studienkollege hat Sie über

Microsoft ins Bild gesetzt. Nvidia haben Sie durch Ihre tägliche Arbeit für „Mad Money" entdeckt. Bei Apple hatten Sie Glück. Schuldig in allen Punkten. Aber: Wie oft haben Sie in den letzten 10, 20, 30 oder 40 Jahren von Warren Buffett gehört? Wie oft haben Sie darüber nachgedacht, wie allgegenwärtig Microsoft ist? Haben Sie schon einmal vom iPhone gehört? Und an den Namen meines Hundes konnten sich auch alle erinnern – wirklich alle.

KAPITEL 6

Es ist nicht so schwer

Recherchezeit mit Künstlicher Intelligenz fast auf null senken

Bevor wir loslegen, räume ich zunächst mit den Standard-Einwänden auf, die ich zum Vermögensaufbau mit Einzelaktien ständig höre: „Das ist viel zu schwer." „Ich bin kein Profi bei der Aktienauswahl." „Ich will mein Geld nicht verlieren." „Ich habe weder die Zeit noch das Interesse, mir zu jedem Unternehmen der Welt Expertise anzueignen." „Und ehrlich gesagt: So schlau bin ich auch nicht."

Alles Unsinn. Die „Profis" wollen Ihnen weismachen, Sie könnten keine Aktien selbst auswählen. Sie vermitteln Ihnen, nicht klug genug zu sein und keine Chance zu haben. Doch sie liegen falsch.

Natürlich brauchen Sie ein paar Fertigkeiten, die Ihre Beobachtungsgabe ergänzen – dazu gleich mehr. Und ja, Sie müssen Ihre Angst überwinden; ich hoffe, ich habe bereits ein wenig davon abgetragen. Vielleicht brauchen Sie auch nur ein bisschen Zuspruch. Warum also haben Sie die Kontrolle über Ihr Geld Leuten überlassen, die Sie hinter Ihrem Rücken gern als dumm bezeichnen und Ihnen einreden wollen, aus den finanziellen Fesseln, in denen so viele von uns stecken, komme man ohnehin nicht heraus?

Vielleicht haben Sie im Moment nicht so viel Geld zum Investieren. Aber, wie ich bereits erklärt habe, zählt jeder noch so kleine Betrag – und aus kleinen Summen können mit der Zeit tatsächlich sehr, sehr große werden. Nehmen Sie sich die Anrufer aus meiner Sendung „Mad Money" zum Vorbild. Tausende ganz normale Zuschauer haben den Schalter umgelegt, sich von Brokern und Besserwissern verabschiedet und die Aktienanlage selbst in die Hand genommen. Und ja: Damit verdienen sie richtig Geld.

Vielleicht wäre es damals, als ich mit dem Investieren anfing, für Sie zu schwierig gewesen. Doch heute gibt es keine Ausreden mehr – es ist unfassbar einfach. Sie wollen ein Depot eröffnen? Ich musste persönlich zu Fidelity gehen und dort einen Scheck abgeben. Heute sind Sie nur einen Klick von jeder Broker-Website entfernt – und von praktisch allen Informationen, die es gibt.

Angenommen, Sie wollen wirklich in eine Aktie investieren. Dafür brauchen Sie nur Neugier, Aufmerksamkeit und Ausdauer. Sagen wir, Sie erkennen ein Muster – so wie ich damals bei den Ölkonzernen. Vielleicht haben Sie kurz auf CNBC.com vorbeigeschaut; dort finden sich jede Menge Anlagemuster. Oder Sie haben die Startseite von Robinhood geöffnet. Oder Sie tippen auf dem Smartphone auf die Börsen-App. Oder Sie haben „Mad Money" gesehen. Ich spreche hier nicht einmal vom CNBC Investing Club, wo wir gemeinsam Unternehmen finden und analysieren. Ich sage nur: Seien Sie neugierig.

Im Folgenden zeige ich Ihnen, wie Sie alle relevanten Informationen über ein Unternehmen finden und prüfen – etwas, wofür ich früher Wochen brauchte und am Ende oft wenig Brauchbares gewann.

Schon einmal von Künstlicher Intelligenz (KI) gehört?

CramerGPT

Die generativen KI-Bots (suchen Sie sich Ihren Favoriten aus) liefern Ihnen für kleines Geld – oft sogar gratis – die gemeinsamen Merkmale einer Gruppe von Aktien. Im Grunde beantworten sie jede Frage, die Sie stellen. Ich würde einfach einen der etablierten Dienste wählen – Grok, Gemini, Perplexity, Meta AI oder, mein Favorit, ChatGPT – und ihn bitten: „Nenne mir die Top-10-Aktien mit folgenden Eigenschaften: [Branche: Telekommunikation; Börsengang 2023; Umsatzwachstum im letzten Jahr mindestens zehn Prozent; …].“ Das System spuckt die Antworten sofort aus.

Dann frage ich einfach eines dieser KI-Tools: „Hat dieses Unternehmen eine solide oder eine schwache Bilanz?“ – und bekomme die Antwort. Natürlich sollten Sie alles, was abwegig klingt, noch einmal überprüfen – am besten mit mehreren Tools; Perplexity schätze ich, weil es nüchtern bei den Fakten bleibt. Mehr zu Bilanzen und worauf Sie achten sollten, folgt gleich. Entscheidend ist: Sie müssen keine Business School besuchen, Sie brauchen keine Ausbildung im Rechnungswesen, Sie müssen nicht einmal Mathe können. Es steht alles bereit. Ich habe unzählige Aktien mit diesem Prozess analysiert (ja, ich mache genau das, was ich Ihnen hier empfehle) – und es ist die mit Abstand beste Methode, die ich je ausprobiert habe: treffsicherer und blitzschnell. KI ist atemberaubend und hat die erfolgreiche Aktienauswahl grundlegend verändert – darüber sprechen die Indexfonds-Missionare übrigens ungern. Sie rücken nicht von ihrer Linie ab, obwohl die Künstliche Intelligenz ihre Argumente häufig hinfällig macht.

Manche von Ihnen fragen sich vielleicht, warum ich den Einsatz von KI-Tools empfehle – verständlich, nicht alle sind davon begeistert. Mir geht es darum, diesen Prozess für Sie so einfach wie möglich zu machen. Das ist weder ein Kompromiss bei der Integrität noch ein „Schummeln“, das die notwendige Vorarbeit ersetzt. Ideen müssen Sie weiterhin selbst entwickeln – und anhand Ihrer eigenen Kriterien kritisch prüfen. KI ist lediglich ein Weg, schneller zu einer fundierten Entscheidung zu kommen, ohne stundenlang in Bibliotheken recherchieren, Geschäftsberichte wälzen und Brokerseiten durchforsten zu müssen – nur um am Ende oft zu einer fragwürdigeren, weniger überzeugenden und späteren Einschätzung zu gelangen.

Früher habe ich empfohlen, pro Aktie eine Stunde Arbeitszeit pro Woche einzuplanen – fünf Stunden, wenn Sie, wie ich es rate, fünf Aktien halten. Ich weiß, das ist mehr Zeit, als viele von uns haben. Eine deutliche Hürde. Heute ist das anders: Die Technologie hat die Recherche grundlegend verändert. Setzen Sie jede Aktie einfach auf eine Watchlist oder richten Sie einen Google Alert ein. Dann werden Ihnen die Artikel aus führenden Medien automatisch angezeigt. Lesen Sie sie, wann immer es Ihnen passt.

Darüber hinaus berichten alle Unternehmen 4-mal im Jahr über Umsatz, Gewinn und Ausblick. Wie man diese Berichte interpretiert, erläutere ich gleich; an diesen vier Tagen ist allerdings Ihre Aufmerksamkeit gefragt. Sie sollten sich die Analystenkonferenz anhören oder das Transkript lesen (darauf komme ich gleich zurück). Unterm Strich sind das vielleicht vier Stunden pro Jahr und Aktie – also 20 Stunden pro Jahr für Ihr gesamtes Portfolio, vorausgesetzt, Sie nehmen keine Änderungen vor (was Sie meistens auch nicht tun sollten). KI kann Ihnen dabei helfen, diese Analystenkonferenzen auszuwerten und das Wesentliche herauszufiltern – mit den richtigen Prompts. Ich behaupte nicht, dass es kinderleicht ist; aber die Technologie hat es leichter gemacht. Nachdem ich das Transkript der Analystenkonferenz zum Quartal gelesen habe, lasse ich mir von Perplexity die Kernpunkte zusammenfassen, damit mir nichts Wichtiges entgeht.

Das ist der große, angeblich Furcht einflößende Prozess, von dem Broker und Indexfonds-Missionare Sie fernhalten wollen – dieselben, die Ihnen einreden, Sie könnten das nicht selbst, weil sie an Ihr Geld wollen. Verstehen Sie jetzt, warum ich so oft wütend werde und in meiner Sendung auf den Buzzer haue, wenn ich den Eindruck habe, dass man Sie über den Tisch zieht? Vor der KI-Ära konnte ich es noch nachvollziehen, wenn ein solcher Finanzvormund Ihnen nachdrücklich davon abriet, Einzelaktien anzufassen. Aber heute – bei der Menge an Informationen, die Sie direkt zur Hand haben? Ach, bitte. Sie müssen nur wissen, wie man die richtigen Fragen stellt – eine neue Fertigkeit, ja, aber durch Ausprobieren schnell gelernt.

Sie sind neugierig. Sie beobachten. Sie entdecken einen Trend. Und Sie lassen ChatGPT, Grok, Gemini, Perplexity oder Meta AI Ihnen dabei helfen, eine Aktie methodisch und treffsicher auszuwählen.

Sie können es sich schlicht nicht leisten, nicht zumindest auf Nvidia – oder auf die nächste Nvidia – zu setzen, wenn Ihnen etwas verblüffend genial erscheint und den CramerGPT-Check besteht. Setzen Sie auf Apple – oder auf die nächste Apple. Das eigentliche Risiko besteht darin, überhaupt nicht einzusteigen – also keine Aktien zu kaufen –, Ihr Bauchgefühl zu ignorieren und Ihren eigenen Augen und Ohren nicht zu trauen.

Ich werde nicht immer da sein, um einen neuen Hund auf den Namen einer Aktie zu taufen. Aber die Lektion von Nvidia ist: Wunder gibt es. Und bildlich gesprochen kamen damals zwei Dinge zusammen: ein Hund, der vor mehr als einem Jahrzehnt in einer Tötungsstation in Tennessee hätte eingeschläfert werden sollen, und ein Gamer in schwarzer Lederjacke mit rasend schnellen Chips – kurz: die ganze Nvidia-Story. Diese beiden Motive haben an einem schönen Tag vor der Börse sozusagen zusammengespielt – und plötzlich zeigte mir jemand namens Jeremy, wie er 2,5 Millionen Dollar mit nur einer Aktie verdient hatte.

Vielleicht hätte kaum jemand Nvidia als Einzeltitel gekauft, wenn man sich – wie es die Indexfonds-Missionare predigen – strikt auf Indexfonds beschränken würde. Dann wäre Nvidia nur eine von 500 Positionen im S&P 500 – und ihr Renditebeitrag würde durch Hunderte durchschnittlicher Titel verwässert. Oder es wäre genau die eine Aktie gewesen mit der Sie genug für den Ruhestand verdient hätten.

Bereit, loszulegen? Gut! Dann bauen wir jetzt Ihr Portfolio auf.

TEIL 2

BAUEN SIE IHR PORTFOLIO AUF

KAPITEL 7

Der „Geld machen in jedem Marktumfeld"-Plan

Ein Fonds, fünf Aktien, eine Absicherung … und der Reichtum winkt

Jetzt ist es an der Zeit, zu investieren – wenn Sie so reich werden wollen, wie es nur geht, ganz gleich ob Sie jung oder alt sind. Ich führe Sie nun durch das konkrete Vorgehen beim Aufbau Ihres Portfolios. Das Grundgerüst besteht aus diesen drei Bausteinen:

- Passiver Teil Ihres Portfolios (50 Prozent)
  - Indexfonds

- Aktiver Teil Ihres Portfolios (50 Prozent)
  - fünf Einzeltitel

- eine Absicherungsposition – nicht aktienbasiert

Vermutlich haben Sie jetzt ein paar erste Fragen.

Warum sollen sie sich überhaupt mit einem Indexfonds beschäftigen, wenn ich Sie ermutigen will, in die Welt der Wachstumsaktien vorzustoßen?

Ganz einfach: Sie brauchen ihn als Diversifikationsanker – als Absicherung für die Zeit, wenn einmal ein paar Ihrer Aktien danebenliegen. Fehlgriffe werden vorkommen. Das passiert jedem – außer jenen, die im Fernsehen auftreten. (Erstaunlich, dass wir nie scheitern. Was für Genies wir doch sind!)

Warum nur fünf Aktien – und insgesamt sechs Positionen? Erstens: Wer zu viele Einzeltitel hält, baut sich am Ende seinen eigenen Fonds. Die Streuung liefert der Indexfonds. Zweitens: Mehr als sechs Positionen lassen sich auf Dauer nicht gründlich genug beobachten und pflegen.

Zum Schluss: Was meine ich mit einer Absicherungsposition? Gemeint ist eine Anlage, die sich weitgehend unabhängig vom Aktienmarkt entwickelt – die also nicht zwangsläufig einbricht, wenn der Markt deutlich fällt. Mehr dazu später in diesem Kapitel.

Fürs Erste gilt: Alles Große beginnt mit dem ersten Schritt.

Eröffnen Sie Ihr „Geld machen in jedem Marktumfeld"-Depot

Wenn Sie noch kein Depot haben, suchen Sie sich einen Broker, der Ihnen Zugang zu Analystenberichten bietet und den Kauf von Bruchteilsaktien ermöglicht. Das kann einer der großen Namen sein: Fidelity, Vanguard, Charles Schwab oder Robinhood – ich lege mich auf keinen dieser vier Broker fest. Wichtig sind niedrige Gebühren und eine Benutzeroberfläche, mit der Sie sich wohlfühlen. Ich mag all diese Anbieter.

Wählen Sie Ihren Indexfonds

Auch wenn es mir schwerfällt, Ihre Ersparnisse aufzuteilen und die aktive Auswahl auf fünf Titel zu begrenzen, muss ich doch zugeben: Ein Indexfonds ist eine gute Absicherung dagegen, dass Sie mit allen fünf Aktien danebenliegen – das kann vorkommen. Mit dem Indexfonds sind Sie auf der sicheren Seite. Und ehrlich gesagt glaube ich nicht, dass Sie mit allen fünf falschliegen, wenn Sie nach meinen Methoden vorgehen.

Welchen Indexfonds sollten Sie wählen? Im Allgemeinen lautet meine Empfehlung: einen S&P-500-Fonds über einen kostengünstigen ETF. Der SPDR S&P 500 ETF (Ticker: SPY) ist eine naheliegende Wahl, wurde aber Anfang 2025 in der Beliebtheit vom Vanguard S&P 500 ETF (Ticker: VOO) überholt – vor allem, weil Letzterer etwas niedrigere Gebühren hat. In der Praxis sind heute fast alle diese Produkte kostengünstig. Sie können die Gebühren vergleichen, aber der Wettbewerb unter den Brokern hat dazu geführt, dass es kaum noch Unterschiede zwischen den Indexfonds gibt.

Meine Lieblingsaufteilung? Sagen wir, Sie können rund 550 Dollar pro Monat investieren. Zahlen Sie monatlich etwa 250 Dollar in den gewählten Indexfonds, jeweils 50 Dollar in jede Ihrer fünf Aktien und weitere 50 Dollar in die Absicherungsposition (Hedge). Die Beträge müssen nicht exakt sein.

Vielleicht zahlen Sie je 40 Dollar in jede Aktie und 40 Dollar in die Absicherungsposition – dann sind die aktive und die passive Seite ungefähr ausgeglichen. Oder Sie zahlen je 50 Dollar in jede der fünf Aktien sowie in die Absicherungsposition, und 200 Dollar in den Indexfonds. Das Verhältnis ist flexibel, solange Sie in beide Teile Ihres Depots investieren und keine der beiden deutlich bevorzugen.

Noch eine Besonderheit: Der S&P 500 ist nicht für alle der richtige Index. Wenn Sie unter 30 sind, starten Sie bitte mit dem wachstumsstärkeren, aber risikoreicheren Nasdaq100 (NDX). Dort finden sich jüngere Unternehmen, stärker auf Tech gewichtet und volatiler. Sie werden das Geld lange nicht anfassen – nutzen wir also den Vorteil Ihrer Jugend und die zusätzlichen Jahre. Mit 30 können Sie die bestehende NDX-Position behalten und neues Geld im S&P 500 anlegen. Eines meiner Grundprinzipien lautet: Jüngere müssen – nicht können, müssen – mehr Risiko eingehen. Denn Sie haben Ihr ganzes Leben vor sich, und wenn Sie einen Fehler machen, können Sie viel leichter gegensteuern.

Am anderen Ende der Altersskala gilt für mich: Nicht die Aktienquote pauschal senken, sondern das Risiko gezielt herunterfahren. Ich nenne Ihnen keinen konkreten Zeitpunkt – die „Profis" drängen viele schon mit 50 aus dem Markt und empfehlen Ihnen, in Cash und Anleihen umzuschichten. Das halte ich für unnötig und oft für kontraproduktiv für Ihr Endvermögen. Ja, Anleihen zahlen Ihr Geld zurück und obendrauf ein paar Prozent, bestenfalls im mittleren einstelligen Bereich – aber das reicht selten, um Vermögen real zu vermehren, schon gar nicht in Zeiten der Inflation. Mein Kurs: Zahlen Sie bis 70 ganz normal in unserem Mix weiter. Ab dann können Sie auf 80 Prozent dieses Aufbaus und 20 Prozent Anleihen umstellen. Mit 80 Jahren würde ich maximal auf 40 Prozent Anleihen gehen. Ich möchte nicht, dass Sie gegen sich selbst wetten, nur weil es „die Profis" so empfehlen. Anleihen fressen Ihre Ersparnisse auf und geben sie mit magerer Rendite zurück.

Wenn Sie den traditionellen Ratschlägen folgen, müssen Sie arbeiten, bis Sie sterben. Warum? Wenn Sie sehr alt werden, könnte Ihnen das Geld ausgehen. Das ist inakzeptabel. Und glauben Sie mir: Die gesetzliche Rente wird Ihren Bedarf nicht decken. Wie wäre es stattdessen, nicht bis zum Ende zu schuften, sondern weiter in großartige Unternehmen zu investieren, damit Sie genug Geld haben, um das zu genießen, was man früher die „goldenen Jahre" nannte? Befreien wir uns von dem starren, angeblich bewährten – tatsächlich nicht tragfähigen – Ansatz, der Sie an mittelmäßige Renditen fesselt. Lassen Sie Ihr Geld Überstunden machen, damit Sie kürzertreten oder ganz aufhören können – ohne sich später Vorwürfe zu machen, nicht langfristig investiert zu haben.

Manche fragen mich nach Cash. Ich möchte in Ihrem Mix nur wenig Cashbestand sehen – nur gerade so viel, dass Sie ein paar Monate Ihre Rechnungen bezahlen können und vielleicht zuschlagen, wenn der Markt fällt und zusätzliche Aktienanteile „im Angebot" sind.

Ihre Absicherungsposition

Das letzte Puzzleteil Ihres Portfolios ist die Absicherungsposition gegen fallende Aktien – etwas, das im Wert auch dann steigen kann, wenn Aktien fallen. Ich denke über Aktien nicht anders als über mein Haus oder mein Auto: Für den Fall der Fälle will ich eine Art Versicherung besitzen. Old-School-Anleger wie ich raten oft, etwas Gold zu kaufen. Und ja, ich gebe zu: Ich kaufe selbst Gold – meistens beim großartigen Händler Costco –, aber die Lagerung ist teuer. (Neulich habe ich mit dem CEO eines großen Goldunternehmens gesprochen. Er kauft sein Gold ebenfalls bei Costco – er mag die drei Prozent Cashback, die seine Kreditkarte bei Costco-Einkäufen bringt. Wenn das mal keine Empfehlung ist.) Zu Hause aufbewahren? Zu gefährlich. Im Garten vergraben und den Kindern eine Schatzkarte mit darauf markiertem X geben? Zu riskant – und problematisch, wenn man besonders eifrige Wühlmäuse oder Hunde hat. Ich bevorzuge GLD, die SPDR Gold Shares – ein ETF, den Sie wie eine Aktie kaufen können und der den Goldpreis abbildet. GLD hat sich als verlässlicher Weg erwiesen, in das gelbe Metall zu investieren, das seinen Wert seit Jahrtausenden hält.

Seit Langem empfehle ich, fünf bis zehn Prozent des Portfolios in Gold zu halten – physisch oder über GLD –, so wie ich es selbst tue. Gerade in den vergangenen Jahren hat sich gezeigt, warum Gold einen festen Platz im Portfolio verdient. In der volatilen Pandemie- und Nachpandemiephase hat sich der Goldpreis praktisch verdoppelt: von rund 1.500 Dollar je Unze Ende 2019, kurz vor der Coronapandemie, auf über 3.000 Dollar Anfang 2025. Außerdem hat sich Gold in Phasen echter Turbulenzen in dieser Zeit deutlich robuster verhalten als Bitcoin, die erste Kryptowährung, die viele als Wertspeicher oder „digitales Gold" ansehen. Ich bin pro Bitcoin – als weitere Absicherungsoption und potenzielle Wachstumsquelle, und ich besitze selbst etwas davon –, aber ebenso klar ist für mich: Im direkten Vergleich zu Bitcoin hat sich Gold immer wieder als der echte sichere Hafen erwiesen.

Wenn Sie sich mit physischem Gold oder dem GLD-Fonds nicht wohlfühlen, können Sie stattdessen Aktien einzelner Goldminenbetreiber kaufen – dafür habe ich mich im Laufe der Jahre oft ausgesprochen, auch wenn sich meine Favoriten im Sektor geändert haben. Mein jüngster Favorit ist Agnico Eagle Mines, ein in Toronto ansässiger Produzent mit Aktivitäten von Australien über Finnland bis Mexiko, dessen Kerngeschäft jedoch überwiegend Goldminen in Kanada umfasst. Die Sicherheit Kanadas ist mir lieber, als auf Betriebe in weniger stabilen Ländern zu vertrauen. Ich sorge mich, dass manche Produzenten nicht alles gut genug steuern und dann etwas schiefgeht – Schmiergeldzahlungen, Umweltskandale, sogar Entführungen –, was die Gewinne drastisch schmälert. Agnico Eagle ist fokussiert und diszipliniert – und an jedem Standort herrschen rechtsstaatliche Verhältnisse.

Vor einigen Jahren kam es in der Goldbranche zu einer Konsolidierungswelle – dazu gehörte auch die Fusion von Agnico Eagle mit Kirkland Lake Gold im Jahr 2022, die den aus der Fusion hervorgegangenen Konzern in die Spitzengruppe der Branche katapultierte. Seitdem zählt Agnico Eagle neben dem US-Konzern Newmont – ebenfalls ein erstklassiges Unternehmen und eine hervorragende Absicherungsposition – zu den zwei größten Akteuren der Branche.

Neben Gold gibt es noch die bereits erwähnten Kryptowährungen. Ich befürworte Krypto – aber ich rate Ihnen, die gängigste Variante zu wählen: Bitcoin. Und wenn Sie Bitcoin nicht direkt kaufen können oder wollen – etwa wegen des Preises oder der Handhabung –, nehmen Sie einen Bitcoin-ETF, den inzwischen die meisten Finanzhäuser anbieten. Früher hatte ich Bedenken, Einzel-Bitcoin zu halten: Ich wollte nicht riskieren, dass irgendein Supercomputer meine Schlüssel knackt und meine Bestände zunichtemacht. Diese Sorgen wirken heute unbegründet – und lassen sich ohnehin durch die ETF-Alternative ausräumen.

Was sichere ich mit solchen Anlagen eigentlich ab? Ein Beispiel: Die US-Staatsverschuldung liegt derzeit bei rund 36 Billionen Dollar. Es gibt keinerlei Anzeichen dafür, dass die großen Sozialprogramme – Social

Security, Medicare und Medicaid – spürbar zurückgefahren werden; dabei machen sie den Großteil der langfristigen Verpflichtungen aus. Die Zinslast auf diese Schulden wird schon bald zum größten Brocken im US-Haushalt. Für mich heißt das: Wenn die Wirtschaft nicht stark genug wächst, um diese Last zu tragen, summieren sich diese Verpflichtungen weiter, die Kaufkraft gerät unter Druck – kurz: Es droht Chaos. Genau dagegen schütze ich mich mit solchen Absicherungspositionen.

Und anders als Spekulanten, die Gold oder Krypto kaufen und hoffen, damit reich zu werden, nutzen wir diese Anlageformen nur, um den Sturm zu überstehen. Das große Geld verdienen wir mit unseren Aktien. Die Absicherungsposition sorgt schlicht dafür, dass wir nachts ruhig schlafen.

Kaufen, halten – und nachkaufen

Mit einem Indexfonds, den richtigen fünf Aktien und etwas Absicherung kommen Sie durch jede Marktlage: Inflation, Deflation, Stagflation, Rezession – durch dick und dünn. Bevor wir zur Auswahl der einzelnen Aktien kommen, noch ein letzter Punkt: Unser Portfolio-Ansatz funktioniert nur, wenn Sie dabeibleiben. Wenn andere aus Angst verkaufen, kaufen Sie weiter – und stocken Sie bei Kursrückgängen auf, sofern bei Ihrem Unternehmen die Grundlagen stimmen. Genau dafür haben Sie den Indexbaustein und die Absicherungsposition: Sie geben Ihnen die Ruhe, in Schwächephasen nicht zu verkaufen, sondern nachzulegen. Verkaufen Sie weder Ihre Apple-Aktie aus Angst vor Inflation noch Microsoft wegen eines sprunghaft gestiegenen Verbraucherpreisindex. Ob die Fed die Zinsen um einen Viertelpunkt anhebt, die Arbeitslosenquote zu hoch ausfällt, das US-Staatsrating herabgestuft wird, der Euro schwächelt oder der Yen stark ist: Halten Sie Ihre Aktien – und kaufen Sie bei echter Schwäche nach, sofern das Unternehmen fundamental solide ist. Denken Sie daran: ChatGPT ist für Sie da.

Sie investieren 100 Dollar pro Monat in Aktien? Bricht der Markt in einem Monat ein, zahlen Sie – wenn Ihr Budget es zulässt – in diesem Monat eine zusätzliche Monatsrate ein. Ich nutzte dieses Vorgehen auf meinem US-Altersvorsorgekonto (IRA) immer wieder. Das führte zu herausragenden Ergebnissen, weil ich bei fast allen großen Ausverkäufen zwischen einem Dow-Jones-Stand zwischen 1.000 und 45.000 Punkten nachgelegt habe, während viele aus den falschen Gründen flohen. Deren Unwissen ist unser Glück. Das Schöne daran, in jedem Markt Geld verdienen zu können: Man lernt, die Zeiten zu schätzen, in denen der Markt heftig unter Druck steht.

Aktien steigen und fallen aus den unterschiedlichsten Gründen. Ein Teil ist unternehmensspezifisch – dann ist Ihr Handeln gefragt. Die meisten Gründe sind jedoch externe Faktoren, auf die wir nicht überreagieren und oft gar nicht reagieren sollten. Denken Sie an Anfang 2025, als US-Präsident Donald Trump überraschend ein Zollprogramm auflegte und den Welthandel faktisch lahmlegte. Über Nacht wurde enorm viel Börsenwert vernichtet. Keine Aktie hatte nach Einführung der Zölle noch denselben Kurs wie zuvor – selbst Titel, die von dem Zollthema überhaupt nicht betroffen waren. Sogar Versorgeraktien gerieten massiv unter Druck. Mein Vertrauen in das System wird durch solch ein impulsives Verhalten nicht erschüttert. Die Kurse erholten sich bald – und bestätigten erneut meine These: Die US-Wirtschaft – und die Aktien, die von ihr profitieren – sind bemerkenswert widerstandsfähig, selbst bei massiven Schocks.

Es wäre großartig, wir könnten Unternehmen isoliert betrachten, die besten auswählen, einpflanzen – und ihnen einfach beim Wachsen zusehen. Ich bin leidenschaftlicher Gärtner, fast so lange, wie ich auf der Suche nach guten Aktien bin. Jedes Jahr kochen meine Frau und ich die beste Tomatensoße der Welt ein. Ich weiß das, weil ich sie „Jim's None Better“ nenne – auch wenn meine Frau diesen Namen strikt ablehnt. Ein Gemüsegarten ist dem Aktienmarkt erstaunlich ähnlich – und ein guter Gärtner ist wie ein guter Anleger. Man wählt die besten Samen oder Setzlinge, setzt sie in die Erde und lässt sie wachsen, schneidet bei Bedarf zurück, damit der Ertrag stimmt. Noch in einem weiteren Punkt gleichen sich Aktien und Gärten: Ich kann die feinsten Pflanzen in den besten Boden setzen und sie perfekt abstützen – doch ohne Regen gibt es am Ende nichts zu ernten.

Merken Sie sich diese Regenmetapher: Regen, Sturm, sogar Sturzfluten – all das kann meinen Garten zusetzen. Ähnliches „Wetter" kann auch unsere Aktien erwischen. Entgegen dem ersten Impuls gilt: Ohne einen kräftigen Regenguss – ja, manchmal sogar ein Unwetter (oder ein Verkaufssturm) – wächst nichts. Doch die meisten Anleger reagieren anders: Sehen sie Regen, packt sie die Panik – und sie reißen ihre Pflanzen heraus. So macht man es garantiert falsch. Das hat sich nie bewährt. Wenn Sie während solcher Regenfälle finanziellen Spielraum haben, tun Sie das Gegenteil: halten und gezielt aufstocken. Mit Panik hat noch niemand Geld verdient – Panik ist keine Strategie.

Rechnen Sie jedes Jahr mit einigen Gewittern – und gelegentlich mit einem ordentlichen Sturm, der den gesamten Markt nach unten zieht. Abgesehen von der Großen Rezession erwiesen sich all diese Schauerfronten als vorübergehende Wetterkapriolen. Selbst die Große Rezession hat keine dauerhaften Spuren hinterlassen – und wer damals liquide Mittel hatte, konnte seinem Portfolio einen kräftigen Schub geben.

Unter keinen Umständen sollten Sie hin- und herhandeln, um dem Hurrikan auszuweichen und den Tiefpunkt zu erwischen. Sie werden scheitern. Fast jeder Profi, dem ich in der Branche begegnet bin, hat den Tiefpunkt verpasst und anschließend enorm viel Zeit damit verbracht, sich dafür Vorwürfe zu machen – zugeben würde es natürlich niemand. Seien Sie nicht einer von ihnen.

Damit sich unser Geld vermehrt, müssen wir ein wenig Schmerz akzeptieren. Gestatten Sie mir, die Metapher noch einen Absatz lang zu strapazieren: Wenn Sie einen Garten anlegen, sollten Sie dafür sorgen, dass Ihre Pflanzen bei Regen – egal wie heftig er ausfällt – eine echte Chance haben, das Unwetter zu überstehen und am Ende zu gedeihen. Würde ich Ihnen raten, exotische Pflanzen zu setzen, die Widrigkeiten nicht gewöhnt sind – nennen wir sie spekulative Aktien –, würden Sie zu Recht fragen, warum Sie so töricht sein sollten. Umgekehrt: Würde ich Ihnen empfehlen, nur niedrige, bodennahe Pflanzen zu setzen, die wenig Ertrag bringen, aber einen kräftigen Sturm aushalten – die sogenannten defensiven Werte –, würden Sie wohl sagen: „Wozu das Ganze? Warum Zeit und Geld investieren, wenn am Ende nur eine dauerhaft magere Ernte herauskommt?"

Wir brauchen die richtige Balance: einige verlässliche Aktien und einige spekulativere, mit breiter Ergebnisspanne, bei denen Sie sich persönlich sicher fühlen. Nicht alle werden ins Schwarze treffen – doch, die, die es tun, werden Ihnen ein Vermögen einbringen. Zeit für einen Spaziergang, Nvidia?

KAPITEL 8

Die Auswahl eingrenzen

Die halbe Börse aussortieren, bevor wir überhaupt starten

Ein Teil von mir möchte Ihnen raten, einfach nur eine einzige fantastische Aktie wie die Merck-Aktie zu kaufen– und das Geld nicht auf viele Titel zu verteilen. Aber ich möchte hier nicht leichtsinnig sein. Im großen Ganzen betrachtet wollen Sie Aktien, die zwei Kriterien erfüllen: Erstens können Sie beobachten, was diese Unternehmen tun. Zweitens machen diese Unternehmen Sie tatsächlich richtig neugierig – das Geschäft interessiert Sie wirklich. Ist es so einfach? Natürlich nicht. Aber das sind die ersten Fragen, die Sie sich stellen sollten. Und Sie sollten sie im Hinterkopf behalten, während wir in diesem Kapitel darüber sprechen, was eine Gewinneraktie ausmacht – und was nicht.

Zuerst das Wichtigste. Sie fangen gerade an und entdecken ein Unternehmen, das Ihnen sofort als Gewinner auffällt. Sie spüren es instinktiv. Lassen Sie mich deutlich sagen: Mit sehr hoher Wahrscheinlichkeit liegen Sie falsch. Genau an diesem Punkt machen die meisten ihren größten Fehler. Sie meinen – ohne jede Recherche, ohne jede Grundlage – mehr über eine Aktie zu wissen als der Markt. Falls ich jemals den Eindruck erweckt habe, man könne sich dieses Wissen einfach aneignen, dann korrigiere ich mich hier und jetzt: Mehr wissen nur Insider – Menschen, die in einem Unternehmen arbeiten oder eng mit ihm verbunden sind: Buchhalter, Rechtsanwälte oder andere Dienstleister, die vom Unternehmen bezahlt werden. Und selbst wenn Sie solche Leute kennen: Sie werden Ihnen nicht helfen – zumindest hoffe ich das. Niemand will wegen Insiderhandel ins Gefängnis. Sie auch nicht. Erinnern Sie sich an meinen ersten Kauf – American Agronomics – und dann an meinen erfolgreichen Kauf von SPS-Aktien. Bei SPS habe ich gewonnen, weil ich einen rechtlich sauberen Informationsvorsprung hatte. Wenn Sie damit starten, eine Aktie „aus dem Bauch" zu kaufen und ohne Informationsvorsprung vorgehen – ohne Wissen, das Sie aus Beobachtung und Recherche gewinnen –, dann verlassen Sie sich nur auf Ihr Glück.

Auf Glück wollen wir uns allerdings nicht verlassen. Wir setzen auf Recherche, belastbare Belege und Sachverstand. Die meisten Hohepriester der Zunft gehen davon aus, dass Aktien nahezu perfekt bewertet sind und es keine Ineffizienzen gibt, die sich ausnutzen lassen. Sie liegen komplett daneben. Sie behaupten, man könne eine Aktie wie Nvidia nicht erkennen, bevor sie durchstartet. Wirklich? Ich – und viele andere – haben es getan, weil wir uns tief eingearbeitet und ihr Potenzial erkannt haben, bevor der Markt es tat. Zuvor richten wir den Blick aufs große Ganze: Es gibt Tausende von Aktien. Wo fangen wir an?

Nun, zunächst können wir eine ganze Reihe von Aktien von der Auswahl ausschließen – sie werden nie die Art von Titeln sein, nach denen wir suchen.

Aktien, die wir nicht wollen

Von den Tausenden verfügbaren Aktien müssen wir solche finden, die robust genug sind, um in sehr unterschiedlichen Marktphasen bestehen – und idealerweise weiter wachsen – zu können. Im Ausschlussverfahren kommen wir so zur engeren Auswahl, aus der wir die Gewinner identifizieren können.

Fangen wir damit an, die Arten von Unternehmen zu ordnen. Es gibt Firmen, deren Unternehmenserfolg stark vom Konjunkturzyklus abhängt – das sind die sogenannten zyklischen Unternehmen, kurz: Zykliker. Sie sind stärker darauf angewiesen, dass die Gesamtwirtschaft gut läuft, als auf das, was sie selbst tun. Innerhalb der Zykliker gibt es eine besonders empfindliche Gruppe: die stark zyklischen Werte – Unternehmen, die in Phasen hoher wirtschaftlicher Aktivität regelrecht aufblühen. Ihre Gewinne schwanken enorm. Denken Sie an Vollpreis-Einzelhändler – Anbieter, die überwiegend zum regulären Listenpreis verkaufen (keine Discounter) –, an Zulieferer von Materialien und Vorprodukten für das, was wir kaufen oder bauen, oder an Freizeit- und Unterhaltungsanbieter. Läuft die Wirtschaft gut, haben die Menschen mehr Geld – sie kaufen mehr, sie bauen mehr, sie gehen öfter ins Kino. Heißt das, die Qualität dieser Unternehmen spiele gar keine Rolle? Natürlich nicht. Aber die zyklische Natur ihres Geschäfts sollten Sie stets im Blick behalten.

Unternehmen aus dem Grundstoffsektor sind klassische Zykliker. In Boomphasen verdienen sie glänzend, in schlechten Zeiten schneiden sie oft verheerend ab. Denken Sie an Unternehmen, die Stahl produzieren, Kupfer raffinieren, Chemikalien herstellen oder Papier bleichen. Ihre Gewinne je Aktie schwanken gigantisch – egal was das Management unternimmt. Viele dieser Unternehmen haben ihre Produktion aus den USA in ausländische Niedrigkostenregionen verlagert. Anfang 2025 trat Präsident Trump auf den Plan und belegte diese Branchen mit Zöllen, bis ihnen faktisch nur noch die Wahl blieb, die Produktion in die USA zurückzuholen oder unterzugehen. Viele versuchen seitdem, die Produktion wieder in die USA zu verlagern; doch die Kosten für Umsiedlung und Neuaufbau – oft an standortbedingt teureren Orten – können ruinös sein. Wenn die Zeiten hart werden, muss man bei solchen Firmen mitunter sogar ihre Existenzberechtigung infrage stellen. Viele scheitern, vor allem wenn ein Abschwung zu lange dauert. Die Aktien dieser Unternehmen haben Einstiegspunkte, wenn es schlecht läuft, und Ausstiegspunkte, wenn es zu gut läuft. Es sind klassische „Two-Way-Aktien" – Titel, die man je nach Konjunktur kauft und wieder verkauft. Wir wollen dagegen das Gegenteil: „One-Way-Aktien“, Qualitätsaktien zum Kaufen und Halten, die man nicht je nach Konjunktur ständig hin- und herhandeln muss. Zykliker eignen sich dafür nicht.

Gibt es wirklich gar keine zyklischen Unternehmen, die es sich zu kaufen lohnt? Nehmen wir Nucor als Beispiel – ein hervorragend geführter Stahlhersteller, der Stahl aus Schrott produziert. Das Unternehmen hat über die Jahre bemerkenswerte Renditen erzielt, weil es hart daran arbeitet, den Auswirkungen der eigenen Zyklizität zu entkommen. Doch der Konjunkturzyklus ist oft stärker – daher bleibt die Nucor-Aktie zu riskant, wie der Abschwung 2024/25 gezeigt hat. Ein weiteres Beispiel: Die Wohnungsbauunternehmen wie Toll Brothers und Lennar sind über Rezessionen hinweg so stetig gewachsen, wie es eben geht. Aber sie bleiben den Marktkräften ausgesetzt – unter anderem höheren Hypothekenzinsen – und ihre Aktienkurse fielen fast um die Hälfte, als die Fed 2025 auf weitere Zinssenkungen verzichtete.

Aktien solcher Unternehmen wollen wir nicht kaufen.

Eine zweite Kategorie von Unternehmen, die wir nicht wollen, sind Firmen, deren Aktien zwar langsam und gleichmäßig über die Zeit steigen sollen, die aber von plötzlichen Zinskapriolen oder Kurswechseln der Fed überrollt werden können. Denken Sie an Banken, Versicherer und Kreditgeber. Die Aktien von Unternehmen aus dem Finanzdienstleistungsbereich nennen wir Finanzwerte. Solche Unternehmen können von Ereignissen getroffen werden, bei denen das Management keine Chance zur Gegensteuerung hat. Regeln können sich ändern – und selbst ein Unternehmen wie JPMorgan Chase kann nichts dagegen tun. Finanzinstitute können über Nacht verschwinden, wie es so vielen zwischen 1988 und 1992 ergangen ist, dann wieder zwischen 2007 und 2009, und nochmals 2023 mit dem Kollaps der Silicon Valley Bank und weiterer Regionalbanken. Politiker und der US-Kongress können diesen Firmen schaden und helfen ihnen fast nie. Mal sind sie überreguliert, mal unterreguliert – beides ist für Anleger gefährlich. Finanzwerte sind die Ersten, die bei einem Abschwung unter die Räder kommen, weil sie Kreditrisiken tragen und existenzgefährdende Zahlungsausfälle erleiden können. Bei einem Inflationsschock fallen ihre Kurse zuerst, weil die Fed auf die Bremse treten muss – wodurch es zu vielfältigen Zahlungsausfällen kommt. In einer Rezession sind sie ein Albtraum.

Aktien solcher Unternehmen wollen wir ebenfalls nicht kaufen.

Eine dritte Kategorie von Unternehmen, die wir meiden, sind kurzlebige Firmen ohne Gewinne, die rein konzeptgetrieben sind. Typischerweise fällt ein Drittel der Unternehmen, nach denen ich gefragt werde, in diese Schublade. Die meisten verbrennen Unmengen Geld und werden nie etwas Relevantes zustande bringen. Haben sie auf absehbare Zeit keine Aussicht auf Profitabilität oder kaum nennenswerte Umsätze, sind sie zu gefährlich, wenn die Konjunktur schwächelt. Bricht der Aktienmarkt kräftig ein, erholen sich diese Firmen nicht wieder. Ich habe eine Faustregel: Schreibt ein Unternehmen seit drei Jahren Verluste, lasse ich die Finger davon – es sei denn, dieses Unternehmen hat ein Produkt, das ich mag und von dem ich überzeugt bin, dass es skalieren kann. Denken Sie an Netflix, Amazon, Spotify und Tesla: alles beliebte Unternehmen mit beliebten Produkten; die ersten drei mit starken Abomodellen, die mühelos Milliarden einspielen. Diese Regel hält Sie fern von waghalsigen Raumfahrt-Start-ups, von Atomenergie-Möchtegernunternehmen ohne echte Differenzierung und ohne Gewinnchancen auf Jahrzehnte hinaus, von Anbietern angeblicher Autoantriebe, die mit Wasser laufen sollen, von zweifelhaften Quantencomputing-Firmen, von Unternehmen mit Vaporware – groß angekündigten, aber nicht marktreifen Produkten, die am Ende nie erscheinen oder jahrelang verschoben werden – und von allen anderen Wunschprojekten, die keinerlei Gewinne vorweisen können. Solche Firmen nenne ich reine Blender – Venusfliegenfallen, die es nur auf Ihr Geld abgesehen haben.

Meiden Sie diese Aktien, als wären es die braunen Billigstraßen bei Monopoly. Wir spielen mit unserem Geld kein Monopoly.

Viertens gibt es Unternehmen, die sich als Wachstumsvehikel präsentieren, tatsächlich aber LSD aufweisen – nein, nicht die Droge, sondern niedrige einstellige Wachstumsraten, „low single-digit" im Börsenkauderwelsch. Viele Konsumgüterhersteller, die ihre Waren über Supermärkte verkaufen – Cerealien, Snacks, Konserven, Soßen im Glas, Kekse und Ähnliches –, wirken auf Beobachter attraktiv. Man sieht überdurchschnittliche Dividenden (mehr dazu später) und lässt sich verführen. Aber ihre Ergebnisse machen uns nicht reich genug, um der Falle der Mittelmäßigkeit zu entgehen. Solche Aktien galten früher als defensive Werte. Doch das einzige wirklich sichere Konzept an der Börse ist Wachstum. Das ist Ihr einziger Schutz gegen das, was Ihnen die Konjunktur zumutet.

So war es nicht immer. Über weite Teile der 1960er-Jahre bis gut ein Jahrzehnt nach der Jahrtausendwende expandierten diese Unternehmen unermüdlich aus den USA ins Ausland. Mit jedem neuen Land wuchsen sie stark, während dort Supermarktsysteme ausgebaut wurden, die kleinere Ladenformate ablösten. Irgendwann jedoch – ob Nahrungsmittelkonzerne wie Kraft Heinz und General Mills, Getränke-/Snackhersteller wie Coca-Cola und PepsiCo oder Konsumgüterproduzenten wie Colgate-Palmolive und Kimberly-Clark – gingen ihnen die Länder für weitere Expansion aus. Gewiss gibt es Unternehmen, die so exzellent geführt und erfinderisch sind, dass sie mittlere einstellige Wachstumsraten erzielen und damit zeitweise einen Kauf wert sind. Empfehlen würde ich wegen Verlässlichkeit und üppiger Dividendenpolitik jedoch nur Procter & Gamble. Mit zunehmendem Alter verspürt man womöglich den Wunsch nach einer risikoärmeren Aktie mit mittlerer Rendite in Ihrem 5-Aktien-Mix – und P&G ist hier die sinnvollste Wahl. Das Unternehmen ist unermüdlich erfinderisch und liefert für Anleger stetige, gut prognostizierbare Ergebnisse – sichtbar in berechenbaren Quartalszahlen und regelmäßigen Dividendenerhöhungen. Weiter hinten in diesem Buch zeige ich Ihnen anhand einer Analystenkonferenz – der Telefonkonferenz für Investoren von P&G –, wie diese Qualität in der Praxis aussieht.

Gleichzeitig wirkt gegen Markenhersteller abgepackter Lebensmittel eine ganze Reihe von Kräften: Sie gelten als ungesund; mit dem US-

Gesundheitsminister Robert F. Kennedy Jr. haben sie einen erklärten Gegner; und es gibt inzwischen Medikamente – Ozempic und verwandte Präparate –, die dem, was bei diesen Unternehmen seit jeher funktioniert hat, den Riegel vorschieben: dem Heißhunger. Diese Vielzahl an Gegenkräften wird zu Ergebnisverfehlungen und damit einhergehenden Kursrückgängen führen.

Solche Aktien brauchen wir nicht in unserem Portfolio.

Die letzte Kategorie von Unternehmen, die wir nicht wollen, sind solche mit derart hohen Fixkosten, dass sie unter keinen Umständen ordentlich Geld verdienen können. Viele Einzelhändler – etwa Kaufhausketten, die mit preissensibler Kundschaft ringen und auf Schuldenbergen sitzen – fallen in diese Kategorie. Unterhaltungsunternehmen ebenso, zumal hoch verschuldete. Unternehmen aus der Auto- und der autonahen Branche können gefährlich sein, selbst wenn sie extrem niedrige Kurs-Gewinn-Verhältnisse aufweisen (dazu gleich mehr). Aktien von Autoherstellern sind klassische Value-Fallen: Sie wirken mit ihren niedrigen KGVs wie verborgene Perlen, aber sobald Sie sie besitzen, merken Sie, dass die Bewertungskennzahlen deshalb niedrig sind, weil ihre Gewinne immer wieder einzubrechen drohen. Sie haben gigantische Fixkosten und extrem hohe Lohnkosten infolge starrer Tarifverträge, und kaum Möglichkeiten, diese Kosten zu senken, wenn die Zeiten hart werden.

Ähnlich sieht es bei Fluggesellschaften aus. Ihre Belegschaften nehmen keine freiwilligen Lohnkürzungen hin, wenn es bergab geht. Alle Aktien in dieser Hohe-Fixkosten-Gruppe verlangen von Ihnen, dass Sie einsteigen, aussteigen und später wieder einsteigen, sobald es besser läuft. Nichts für uns – für die, die kaufen und ihre Hausaufgaben machen. Das ist etwas für Hedgefonds, die sich um Steuern auf Kursgewinne weniger scheren. Und selbst Hedgefonds liegen damit selten richtig – nicht weil sie dumm wären, sondern weil solche Unternehmen extrem schwer zu timen sind. Die meisten Transportfirmen – ob Speditionen, Güterkraftverkehr oder sogar Eisenbahnen – sind teuer im Betrieb: Gute Ergebnisse können sich innerhalb von nur zwei Quartalen in bittere Verluste verwandeln.

Auch auf solche Aktien können wir verzichten.

Wir haben jetzt einen riesigen Teil der börsennotierten Aktien aussortiert – vermutlich mehr als die Hälfte. Gut so. Wir wollen langfristig Geld verdienen, und all diese Aktien könnten uns früher oder später vom Kurs abbringen und uns daran hindern, Millionen zu verdienen.

KAPITEL 9

Aktien miteinander vergleichen

Wie genau funktionieren Aktienkurse eigentlich?

Bevor wir den Markt nach den passenden Aktien durchforsten, lohnt sich ein Blick darauf, wie er überhaupt funktioniert und was ein Aktienkurs eigentlich bedeutet – also darauf, warum manche Aktien steigen und andere fallen.

Die einfache Wahrheit – einer meiner Grundsätze und bald auch Ihrer – lautet: Menschen verlieren beim Anlegen Geld, weil sie für schlechte Aktien zu viel und für gute zu wenig bezahlen. Die meisten haben die Aktien von Eli Lilly (Hersteller der „wundersamen" GLP-1-Mittel gegen Diabetes und zur Gewichtsreduktion), Netflix oder Nvidia während ihrer beispiellosen Kursläufe nie gekauft, weil sie ihnen stets „zu teuer" erschienen. Als ich vor mehr als zehn Jahren FANG populär machte, galten alle vier Titel – Facebook (später Meta), Amazon, Netflix und Google (später Alphabet) – fast einhellig als zu teuer, um sie zu kaufen; rückblickend wurden sie zu lächerlich niedrigen Preisen gehandelt. Nvidia wirkte zum Kaufzeitpunkt nie billig, selbst als die Aktie – splitbereinigt – nur vier Dollar kostete. Im Nachhinein erwies sie sich gemessen an ihren Perspektiven bis kurz vor dem Sprung in die erlesene Billionen-Dollar-Liga als geradezu spottbillig. Auch wenn das Potenzial mancher dieser Aktien noch nicht ausgeschöpft ist – wovon ich bei einigen überzeugt bin –, sollten Sie stets nach dem nächsten Titel Ausschau halten, der „teuer" wirkt, sich im Rückblick aber als spottbillig erweist: Er ist ideal für ein 5-Aktien-Portfolio.

Leider verstehen die meisten Menschen – selbst erfahrene Anleger – nicht, was eine Aktie antreibt und wie man unterbewertete Perlen findet. Am Anfang steht ein grundlegendes Verständnis der Mikroökonomie. Entschuldigen Sie den langen Begriff. Legen wir los.

Die enorme Kraft des „Mikro"

Als ich das Wort „Mikro" zum ersten Mal hörte, saß ich in einem überfüllten Einführungskurs Volkswirtschaftslehre – und ich schwöre, ich dachte, die Dozenten hätten den Begriff nur erfunden, um mich zu verwirren. Und nein: Ich rede nicht von einer Mikrobrauerei. „Mikro" heißt schlicht: verstehen, was ein Unternehmen herstellt – und was es kostet, das herzustellen. Sie müssen die Kennzahlen eines Unternehmens verstehen – also wissen, wie es dem Unternehmen geht. Das bedeutet „Mikro". Zu viele Schulden? Zu wenig Umsatz? Ein Management, das mit Produktion und Auslieferung nicht hinterherkommt, ist ein echtes Problem. Und ein Unternehmen, das seinen Verkaufsprozess nachjustieren musste, weil zuvor etwas schiefgelaufen war, gibt ebenfalls Anlass zur Sorge.

Sie müssen die Mikroeinflüsse Ihres Unternehmens so gut verstehen, dass Sie jemand anderem erklären könnten, womit es Geld verdient – auch wenn Sie es nie müssen. Wie steht es um Gewinn, Margen, Cashflows und Aufwendungen? Welche Prognosen gibt das Unternehmen ab? Ist das Management kompetent? Weiß der CEO, was er tut? „Mikro" beinhaltet auch die Produkte, die das Unternehmen herstellt, seinen Marktanteil und wie die Zielkundschaft das Unternehmen wahrnimmt. Nimmt es Innovationen vor? Gilt es als führend? Verfügt es über Skalenvorteile, ist es also zum Marktführer herangewachsen? Hat es genügend Marktmacht, um gegenüber Zulieferern die Bedingungen zu diktieren oder zumindest die Preise zu halten? Wie hoch ist die Personalfluktuation? Arbeiten die Menschen dort gern? Hat das Unternehmen in seiner Branche einen guten Ruf? Besitzt es einen technologischen Burggraben? Und vor allem: Kann es rasch wachsen und sich – wie andere exzellente Unternehmen – immer wieder neu erfinden?

Ich weiß: Die Liste ist lang – und die Fachbegriffe können einschüchternd wirken. Würde ich Sie auffordern, eine Bilanz zu lesen oder den freien Cashflow und den Verschuldungsgrad eines Unternehmens zu verstehen, würden Sie mich vermutlich ansehen, als sei ich nicht ganz bei Verstand. Bis vor Kurzem hätte ich das auch von niemandem außer von Profis erwartet. Erst mit ChatGPT und ähnlichen Tools ist all das deutlich besser zu handhaben geworden. In meinen früheren Büchern war ich oft versucht, die eigentliche Analyse einer Aktie – etwa die Frage, warum sie mit einem höheren oder niedrigeren Kurs-Gewinn-Verhältnis (KGV) gehandelt wird – ausführlich zu erklären, doch für ein allgemeines Publikum erschien mir das schlicht zu anspruchsvoll. Das hatte zur Folge, dass viele Leser schlecht gerüstet waren für das äußere Chaos, das heute die Märkte beherrscht. Ohne Grundlagenwissen lässt sich weder das für Turbulenzen sorgende Weiße Haus in Washington noch eine aus den Fugen geratene geopolitische Lage vernünftig einordnen. Ich habe diese Basics früher nicht aufgenommen, weil sie sich damals noch nicht so leicht vermitteln ließen, dass wirklich jeder sie verstehen konnte. Genau das holen wir jetzt nach – klar, praxisnah und in der richtigen Reihenfolge.

Die Dinge haben sich geändert. Ich werde Ihnen jetzt Schritt für Schritt zeigen, wie Sie alles recherchieren, was Sie brauchen, um eine Anlage verlässlich zu beurteilen. Sie werden nicht jede einzelne Frage restlos beantworten können, aber genügend, um über jede Aktie, die für Ihr Portfolio infrage kommt, ein fundiertes Urteil zu fällen. Tatsächlich bekommen Sie den Großteil der nötigen Antworten, wenn Sie die online verfügbaren Unternehmensdokumente sichten und sich Unklares anschließend von KI erklären lassen. Ich habe alle 35 Aktien in meinem gemeinnützigen Treuhandfonds-Portfolio durch Generative KI laufen lassen – und sie liefern weitgehend konsistente, robuste Ergebnisse, oft besser als das, was selbst Profis nach zeitaufwendiger Arbeit bieten könnten. Kurz: keine Ausreden mehr! Früher verbrachte ich Stunden damit, Websites zu durchforsten. Heute schaffe ich das in Sekunden. Eine Unternehmenswebsite ist keine Hürde mehr, sofern Sie bereit sind, bei Bedarf zwischen Website und KI zu wechseln und Passagen, die Sie nicht verstehen, parallel von der KI erläutern zu lassen. Sie können KI-Assistenten fragen, womit Ihre Zielunternehmen Geld verdienen, wie sie Umsatz und Gewinn generieren. Und Sie können sogar abschätzen, ob sich dieser Erfolg fortsetzen lässt – und ob diese Erwartungen bereits im Kurs eingepreist sind oder ob wir uns noch in einer frühen Phase mit reichlich weiterem Aufwärtspotenzial befinden.

Mithilfe von KI können Sie recherchieren, wie ein Unternehmen in Zeiten von Turbulenzen und Unsicherheit abgeschnitten hat – heute wichtiger denn je – und wie es im Vergleich zum Wettbewerb dasteht. Sie finden leicht heraus, wie und warum eine Aktie in der Vergangenheit abgestürzt ist. Wie sich der Kurs anschließend erholt hat, ist mitunter schwerer zu erkennen – mit den richtigen Fragen gelingt es dennoch. Und wenn sich die Aktie über längere Zeit nicht erholt, geht es weiter zur nächsten. Denn die spektakulären Wachstumsaktien, mit denen wir richtig Geld verdienen wollen, kommen immer wieder zurück. Verwirrt? Die KI-Bots verweisen Sie auf Artikel aus *The Wall Street Journal*, *CNBC*, *Yahoo Finance* oder *Bloomberg* – alles, was Sie für eine Entscheidung brauchen.

Früher habe ich mein Publikum bei solchen Fragen an die Analysten- und Research-Abteilungen der großen Wall-Street-Banken und Broker verwiesen. Ich verschlinge deren Analysen, weil ich jeden Abend eine Sendung mache – mit Wissen zu Hunderten, wenn nicht Tausenden von Aktien. Kurzfristig verschaffen sie mir einen Wissensvorsprung: etwa wenn ich für „Squawk on the Street“ am Morgen die aktuellen Details und Zusammenhänge zu vielen Unternehmen brauche – wenn meine Co-Hosts Carl oder David, beide erstklassige Nachrichtenprofis, mich als Marktkommentator nach dem unmittelbaren Grund für Kursanstiege oder -rückgänge fragen. Detailwissen brauche ich, wenn ich bei „Mad Money" CEOs interviewe oder in der Schnellfragerunde „Lightning Round" spontane Aktienfragen beantworte. Aber solange Sie mir nicht gerade meinen Job streitig machen wollen, kommen Sie bestens ohne das aus, was die Analystenbuden an der Wall Street im Akkord an angeblichen Erkenntnissen herausblasen. Diese Analysen und Empfehlungen werden für große institutionelle Investoren verfasst, die ständig auf dem Laufenden sein und sofort entscheiden müssen. Diese Kundschaft prüft oft nur, ob eine Aktie gegenüber der S&P-500-Benchmark über- oder untergewichtet werden soll – oder einfacher: ob sie in einem Portfolio mit 499 weiteren Positionen größer oder kleiner ausfallen sollte. Das ist nicht unser Spiel. Für den langfristigen Erfolg unseres Portfolios ist das nicht entscheidend. Wenn Sie möchten, können Sie solche Analysen nutzen, um herauszufinden, was ein Unternehmen tut – und ob es Sie genug reizt, die Website zu öffnen und weiterzulesen. Die meisten Firmen werden diesen Reiz nicht auslösen. Und deshalb können Sie die institutionellen Analysen getrost beiseitelassen.

Bevor Sie irgendeine Aktie kaufen, müssen Sie die Fundamentaldaten kennen. Das ist Pflicht. Warum? Weil ständig etwas schiefgeht. Wenn eine Ihrer Aktien fällt, sollen Sie aus Stärke handeln, nicht aus Schwäche. Ich will, dass Sie handlungsfähig sind und Gegenmaßnahmen ergreifen können, um einen großen Verlust zu vermeiden. Oder – wenn die Aktie ohne triftigen Grund fällt – die Position aufstocken (sprich: nachkaufen) können. Liegt der Rückgang am Marktsentiment, an der sprunghaften Art des amtierenden US-Präsidenten oder am übergeordneten Umfeld – Nachrichtenlage, Ereignisse, Konjunktur –, stehen die Chancen gut, dass sich der Kurs erholt. Solche Dips kauft man. Wenn allerdings ein Produkt des Unternehmens buchstäblich explodiert ist, Nutzer verletzt wurden und es Klagen hagelt, haben wir ein Problem.

Im heutigen Umfeld entfallen etwa 50 Prozent eines Aktienkurses auf übergeordnete Kräfte – das „Makro" –, rund 25 Prozent auf den Sektor (zum Beispiel Konsumgüter, Industrie, Einzelhandel) und die verbleibenden 25 Prozent auf die unternehmensspezifische Substanz.

Warum so viel Zeit für dieses letzte Viertel aufwenden? Weil sich am Ende – bei den besten Aktien – die 25 Prozent aus den Fundamentaldaten durchsetzen. Dieses Viertel hat das Potenzial, das gesamte Marktsegment des Unternehmens – und darüber hinaus – zu verändern. Amazon verkaufte anfangs Bücher: ein Anteil, der zunächst klein wirkte. Doch als Amazon zum Online-Kaufhaus mit Abomodell und Werbegeschäft wurde, galten die 25 Prozent nicht länger als Obergrenze. Und als das Unternehmen seine riesige Cloud-Plattform nicht mehr nur für den Eigenbedarf, sondern als eigenständigen Service vermarktete, wuchs dieser Anteil immer weiter.

Wenn das Unternehmen, dessen Aktien Sie kaufen, über längere Zeit verlässlich starke Ergebnisse erzielt, werden die übrigen 75 Prozent, die Aktienkurse bewegen, den Kurs auf Dauer nicht ausbremsen. Bei unseren Gewinneraktien entscheidet letztlich das „Mikro" – die harten Fakten des Geschäfts –, wie viel Geld Sie verdienen.

Die Finanzbranche winkt bei alldem ab und hält Sie mit dem, was sie „Einzeltitelrisiko" nennt, vom Stock-Picking ab – und übersieht dabei das große Bild. Dieses Einzeltitelrisiko ist ein Kunstbegriff, der die viel wichtigere Einzeltitelchance verschleiert – die Chance, mit wenigen starken Aktien deutlich besser abzuschneiden – und Sie zurück ins Mittelmaß der Diversifikation drängt. Als ich anfing, gab es den Begriff Einzeltitelrisiko gar nicht. Er hat viele davon abgehalten, von ihren eigenen Beobachtungen zu profitieren – und gehört heute, da die Aktienanalyse viel einfacher ist, aus dem Verkehr gezogen. Wir können die Einzeltitelchance realisieren, wenn wir genug Vertrauen in ein Unternehmen haben, um zu wissen, dass ein Kursrückgang nicht am Unternehmen selbst liegt. Liegt es nicht an den Fundamentaldaten, wird sich der Kurs eines exzellenten Unternehmens erholen – und auf lange Sicht weiter steigen.

Warum steigt oder fällt der Kurs Ihrer Aktie?

Wie finden wir heraus, ob sich der Kurs einer Aktie aus unternehmensspezifischen Gründen bewegt – oder bloß marktgetrieben? Prüfen Sie zuerst: Bewegt sich die Aktie allein oder als Teil einer Gruppe? Schneidet sie besser ab als die Wettbewerber? Manche Bewegungen entstehen schlicht durch sehr große Orders institutioneller Anleger, die an einzelnen Tagen Kurse in unterschiedliche – oft falsche – Richtungen treiben. Wenn Sie 100 oder selbst 1.000 Stück kaufen, bewegt das den Kurs kaum. Verkaufsaufträge von mehr als 200.000 Stück bei einer kleinen Aktie oder einer Million Stück bei einer großen hingegen verzerren fast immer den Preis – und drücken Sie womöglich aus der Position, obwohl Sie diesen menschengemachten, technischen Rückgang eigentlich ausnutzen sollten. Es ist schwer vorstellbar, dass eine einzelne Order groß genug ist, um den Kursverlauf spürbar zu beeinflussen. Manche Orders sind es jedoch.

Stellen Sie sich ein Footballspiel vor: Der Markt ist wie ein Quarterback, der die Defense mit Täuschungsspielzügen narrt. An der Börse zeigen sich solche Täuschungen als Fehlsignale. Niemand will Sie absichtlich von künftigen Gewinnern abbringen, doch das ständige Hin und Her der Orders verzerrt immer wieder den wahren Wert eines Unternehmens. Lesen können wir diese Fehlsignale nur, wenn wir genau hinschauen. Nutzen können wir sie, wenn wir wissen, wie es dem Unternehmen wirklich geht – im Verhältnis zum Kurs: Dann lässt sich der Fehlpass abfangen und Sie können den Kursrückgang nutzen, statt sich herausdrängen zu lassen.

Ob wir den Spielzug abfangen oder die Gelegenheit bewusst auslassen, wissen wir erst, wenn wir den anspruchsvollsten Teil des Stock-Pickings erledigt haben: trotz des täglichen Durcheinanders zu beurteilen, ob eine Aktie fair bewertet ist. Darüber habe ich nie gelesen und selbst nie geschrieben – es schien mir stets zu komplex. Aber da müssen wir durch, wenn wir die besten Aktien für unser langfristiges Portfolio auswählen wollen. Wir müssen klären, was ein Aktienkurs aussagt, was ihn antreibt und wie er im Verhältnis zu Gewinnen und Wachstumsperspektiven eines

Unternehmens steht. Kurzfristig wirkt der Kurs oft zufällig und bringt Sie vom Weg zu großen Gewinnen ab. Langfristig spiegelt der Kurs den Unternehmenswert ziemlich genau wider – und im besten Fall steigt er kräftig und nachhaltig.

Damit wir das beurteilen können, müssen wir klären, wie eine Aktie im Kern funktioniert: warum sich Kurse so bewegen, wie sie es tun, und was ihre kurzfristigen wie langfristigen Bewegungen bestimmt. So können Sie Ihre Beobachtungen mithilfe von KI abgleichen, sich intensiv durch die Unternehmenswebsite arbeiten, Ihre Neugier stillen – und schließlich die Aktie zum richtigen Preis kaufen.

Meine Mutter, die Stock-Pickerin

Nach vier Jahrzehnten, in denen ich das Anlegerverhalten beobachtet habe, steht für mich fest: Die meisten verstehen nicht einmal, was ein Aktienkurs eigentlich bedeutet. Sie wissen, dass eine Aktie einen kleinen Anteil an einem börsennotierten Unternehmen repräsentiert. Aber wie Kurse zustande kommen, wissen sie nicht. Und weil niemand erklärt, wie sich Kurse bilden, sind viele völlig ratlos. Verunsichert flüchten sie nicht einmal in Indexfonds, sondern in Bargeld – kurzfristig mag sich das gut anfühlen, langfristig ist es Gift für die eigenen Lebenspläne. Ich bin überzeugt: Die Unkenntnis darüber, wofür ein Aktienkurs steht, ist der Hauptgrund, warum so viele von Ihnen nicht mit McDonald's, Walmart, Visa oder Home Depot reich geworden sind. Wenn Sie nicht wissen, warum eine Aktie zu ihrem aktuellen Kurs gehandelt wird, wissen Sie nicht, was sie wert ist.

Wenn Unternehmen zum Beispiel Orangen wären, wüssten wir: Zwei Orangen für zehn Dollar – das ist zu teuer. Umgekehrt ist klar, dass man einen Beutel Orangen nicht für fünf Cent bekommt. Und wir erwarten, dass sich der Preis nicht von letzter Woche zu dieser Woche dramatisch ändert – schon gar nicht innerhalb von fünf Minuten. Den Preis setzt der

Laden fest, auf Basis dessen, was er dem Großhändler zahlt, plus seiner eigenen Kosten – Personal, Miete, Strom. Bei den Dingen, die wir kaufen, wissen wir im Allgemeinen, wer den Preis macht: Für Elektrogeräte legen Hersteller und Handelskette den Preis fest. Autopreise bestimmt der Händler, beraten vom Autohersteller. Der Preis eines Hauses wird durch die Bewertung von Bauträger oder Makler und die Nachfrage beim aktuellen Hypothekenzinsniveau geprägt.

Aber Aktienkurse funktionieren anders. Fangen wir ganz einfach an: Ich erzähle Ihnen von meiner Mutter und davon, wie sie Aktien auswählte. Meine Mutter Louise – sie starb vor mehr als 40 Jahren viel zu früh – liebte die Börse heiß und innig, so wie sie auch die Pferde auf der Rennbahn und die Spielautomaten im Casino liebte. Sie war keine notorische Zockerin und erst recht nicht spielsüchtig. Ich weiß das, weil sie, wenn sie bei Glücksspielen groß abgeräumt hatte, Rennbahn oder Casino stets rechtzeitig verließ. Danach steuerte sie zielstrebig ein Modegeschäft an und kaufte sich einen Kaschmirpullover. So sicherte sie ihre Gewinne – sie gab sie nicht wieder her, sondern genoss sie; in ihrer klaren Welt das ultimative Zeichen vernünftigen Spielens. Sie zog den Pullover sofort an, egal wie heiß es draußen war – vielleicht, um sich daran zu erinnern, ihre Gewinne nicht in Casinos wie Bally's oder Caesars oder an der ehemaligen Pferderennbahn Liberty Bell Park in Nordost-Philadelphia wieder zu verspielen. Ihre Selbstdisziplin war beeindruckend.

Meine Mutter nutzte ihre enorme Beobachtungsgabe täglich an der Börse. Als ich bei Goldman Sachs arbeitete, rief sie mich fast immer pünktlich zur Börseneröffnung um 9.30 Uhr an, um ein Update zu ihren Aktien zu bekommen. Damals gab es keine Kursübersichten im Netz, keine Smartphones, die bei Depotschwankungen vibrieren. Wir schlugen die Tickersymbole in dicken Kursbüchern nach und tippten sie in ein Gerät namens Quotron – ein Börsenterminal für Echtzeitkurse, so begehrt und teuer, dass wir bei Goldman anfangs nicht einmal eines bekamen. Damals war dieses sündhaft teure Gerät die einzige Quelle für Echtzeitkurse.

Obwohl die Börseneröffnung die geschäftigste Minute meines Tages war, nahm ich jeden Morgen den Anruf meiner Mutter entgegen – sehr zum Verdruss meiner Partner –, bis bei ihr leider Nierenkrebs diagnostiziert wurde, damals praktisch ein Todesurteil. Danach war es anders: Wenn sie anrief, eilten in meinem kleinen Büro alle sofort zum Telefon, um den Anruf durchzustellen und ihr zu zeigen, wie viel sie ihnen – und natürlich mir – bedeutete. Wie ich im Laufe der Jahre begriff, war das keine bloße Höflichkeit, sondern echte Anteilnahme. Und da wundert sich mancher, warum ich Goldman Sachs bei jeder Gelegenheit die Treue halte – und die Aktie in meinem gemeinnützigen Treuhandfonds-Portfolio führe?

Trotz ihrer herausragenden Beobachtungsgabe interessierte sich meine Mutter überhaupt nicht für den „Wert“ eines Unternehmens. Für sie galt: Glaubte sie an eine Firma – was immer das für sie hieß –, standen die Chancen gut, dass die Aktie stieg. Wie ein Unternehmen tatsächlich Geld verdiente oder wie es im Vergleich zu seinen Konkurrenten in seinem „Sektor“ dastand – „Sektor“ sagte ihr nichts, niemand hatte es ihr je erklärt –, war ihr egal. Mit Bilanz, Gewinn-und-Verlust-Rechnung oder gar dem Kurs-Gewinn-Verhältnis konnte sie nichts anfangen. Sie investierte schlicht in das, was sie sah.

Hier ist ein gutes Beispiel: Eines Tages rief sie mich an und wollte fünf Aktien von Giant Foods kaufen, einer regionalen Supermarktkette, in der sie gern einkaufte. Es war Herbst 1984, der Kurs lag bei rund 24 Dollar. Sie sagte, sie wisse, dass jetzt der richtige Zeitpunkt sei, weil sie bei Giant durchweg großartige Erfahrungen gemacht habe – besonders in der Frischeabteilung, wo Sellerie, Salat und Tomaten fortwährend mit Wasser besprüht wurden. An den Kassen war man freundlich und kannte sie beim Namen – was tatsächlich stimmte, einige Angestellte von Giant Foods kamen zu ihrer Beerdigung. Sie wollte ein Stück dieses Unternehmens – fünf Aktien –, und zwar sofort.

Ich musste ihr nicht erklären, wie die Filialen aussahen oder wie gut der Laden aus Kundensicht geführt wurde – verglichen mit Konkurrenten wie ACME Markets, Genuardi’s, Clemens oder A&P. Sie kannte die

Ladengänge besser als jeder Analyst. Aber wie das Unternehmen finanziell im Vergleich zur Konkurrenz dastand, ob die Aktie (nicht das Unternehmen) den Markt schlug, ob sie im Branchenvergleich günstig oder sogar überteuert war – das war nicht ihr Thema. Sie wusste nur eines: Die Aktie kostete 24 Dollar. Und in einem Markt, in dem Hunderte von Titeln zu 50, 75 oder 100 Dollar gehandelt wurden, klangen 24 Dollar für ein Unternehmen dieser Qualität viel zu niedrig. Sie war überzeugt, die Aktie müsse steigen, sobald andere erkannten, was sie bereits wusste: dass Giant ein hervorragender Ort zum Einkaufen war.

Sie wusste nicht – und verstand auch nicht –, dass 24 Dollar je Aktie bei Giant nichts darüber aussagen, ob die Aktie billig oder teuer ist. Aktien werden nicht im luftleeren Raum bewertet, sondern über Bewertungskennzahlen. Der Preis von 24 Dollar sagt – anders als der Preis einer Whirlpool-Waschmaschine, eines Ford F-150 oder eines Hauses mit fünf Schlafzimmern – nichts darüber aus, wie die Aktie zum Unternehmen oder zu vergleichbaren Firmen steht: zu niedrig, zu hoch – aus dem Kurs allein ist das nicht abzulesen. Ein bloßer Kurs ist ohne Fundamentaldaten eine leere Abstraktion. Wie viele ausstehende Aktien gibt es zum Beispiel überhaupt – also die tatsächlich im Umlauf befindlichen, von Aktionären gehaltenen Anteile? Bei einer Million Aktien zu 24 Dollar ist das Unternehmen 24 Millionen Dollar wert; bei zehn Millionen Aktien wären es 240 Millionen Dollar. Der Kurs bleibt derselbe, die Unternehmensbewertung ist völlig unterschiedlich. Zur Veranschaulichung: Amazon könnte den Aktienkurs morgen halbieren, wenn es die Aktienzahl verdoppelte (etwa durch einen Aktiensplit 2:1) – am Unternehmenswert und an den künftigen Kurschancen änderte das keinen Deut.

Viele Menschen machen denselben Fehler wie meine Mutter. Sie fühlen sich von niedrig notierten Aktien angezogen, weil sie günstiger erscheinen als hoch notierte Titel. Man sieht es täglich im Ticker am unteren Bildschirmrand: lauter Aktien mit niedrigem Kurs. Nur: Ein niedriger Kurs sagt erst einmal gar nichts aus – er kann sogar bedeuten, dass die Aktie im Extremfall wertlos ist.

Sie müssen Preise im Kontext verstehen. Während meine Mutter ihren Einkaufswagen durch die Gänge von Giant schob, notierte der Konkurrent – eine weitere Supermarktkette, bei der sie ebenfalls einkaufte, ACME Markets – bei rund 50 Dollar. Für meine Mutter hieß das: ACME war mehr als doppelt so teuer wie Giant. Das schockierend unterlegene ACME – doppelt so teuer wie das durch und durch professionelle, blitzsaubere Giant? Das konnte sie nicht fassen, und sie verstand es nicht.

Ich wünschte, es wäre so einfach.

Es fiel mir schwer, mir Mamas Lobeshymnen auf Giant anzuhören – und dazu ihre Überzeugung, die Aktie sei im Vergleich zu ACME unterbewertet. Aber in ihrem Leben blieb nicht genug Zeit, ihr beizubringen, dass Preisschilder nur im Verhältnis zu den Kennzahlen eines Unternehmens etwas aussagen – und dass man Kurse nicht eins zu eins vergleichen kann. Für Sie hingegen ist noch Zeit, das zu lernen.

KAPITEL 10

Wie man den Wert einer Aktie ermittelt

Wie man ein Unternehmen bewertet

Um ein Unternehmen zu bewerten, müssen Sie eines vorab wissen: Der Aktienkurs ist das Ergebnis des Bewertungsprozesses – er leitet sich aus den (erwarteten) Gewinnen ab, die ein Unternehmen erwirtschaftet. Wenn Sie eine Aktie analytisch betrachten – also nicht aus dem Bauch heraus –, müssen Sie zuerst die aktuelle Ertragslage des Unternehmens ermitteln. Die betreffenden Zahlen finden Sie auf vielen frei zugänglichen Websites; wegen der einfachereren Handhabung schaue ich gern bei Yahoo Finance nach. Sie können diese Zahlen auch über Ihre Depotbank beziehen. Plattformen für Generative KI liefern sie inzwischen ebenfalls – ich prüfe die Zahlen aber lieber direkt auf einer bewährten Finanzseite.

Wie hängen Gewinne und Aktienkurs zusammen? Um zum aktuellen Unternehmenswert – sprich: zum aktuellen Aktienkurs – zu kommen, nehmen Sie den Gewinn je Aktie und multiplizieren ihn mit dem sogenannten Kurs-Gewinn-Verhältnis, kurz KGV – oder noch kürzer: mit dem „M" wie Multiple. Dieses M ist der Dreh- und Angelpunkt jeder Aktienbewertung. (Börsenprofis auf *CNBC* reden endlos darüber, erklären es aber selten – es gehört zu diesem abkürzungsreichen Insiderjargon, der viele vom Stock-Picking abhält.) Ein Beispiel: Kostet die Aktie 24 Dollar und erwartet das Unternehmen 2 Dollar Gewinn je Aktie, dann teilen Sie 24 (Kurs, K) durch 2 (Gewinn, G). Das Ergebnis ist das KGV – also das M. In diesem Fall 12. (Wenn Sie es lieber als kleine „Algebra“ sehen: Gewinn je Aktie × M = Kurs. Müssen Sie das M berechnen, teilen Sie einfach den Kurs durch den Gewinn je Aktie – fertig.)

Warum ist das M so, wie es ist – und wie hat der Markt festgelegt, dass es so sein soll? Passen Sie jetzt gut auf: Gleich erfahren Sie, warum eine Aktie auf diesem Kursniveau notiert – zusammengefasst in dem wichtigsten Buchstaben der Welt.

Das M entmystifizieren

Sie müssen zunächst Folgendes verstehen: Das Multiple (M) ist keine exakte Wissenschaft. Es ist eine Kunstgröße – die verdichtete Markteinschätzung dessen, was ein Unternehmen aktuell wert ist. Denken Sie an Schulnoten: Der Markt ist wie ein allmächtiger Lehrer und bewertet im Verhältnis zur Klassenleistung – ein paar bekommen Bestnoten, die meisten liegen im Mittelfeld. Ein Unternehmen mit hervorragenden Wachstumsaussichten, starker Unternehmensführung und hohen Bruttomargen – der Dreiklang der Exzellenz – handelt zu einem höheren Multiple als die übrigen Firmen seiner Branche, vielleicht sogar höher als die meisten Aktien insgesamt. Ergebnis: ein höherer Aktienkurs. Ein Unternehmen mit langsamem oder unsicherem Wachstum (oder gar Verlusten), mit inkompetenter und überbezahlter Führung und mageren Bruttomargen bekommt dagegen ein sehr niedriges M zugewiesen.

Was ist ein hohes Multiple – und was ein niedriges? Sie können die erwarteten Gewinne aller Unternehmen im S&P 500 aufsummieren und den Indexstand in Dollar durch diese Zahl teilen. Das ergibt das M des S&P 500 (23, während ich dies im Juni 2025 schreibe, historisch eher 19). Ein hervorragendes Unternehmen wird ein höheres M haben als dieser Referenzindex. Ein jämmerliches Unternehmen, das von inkompetenten Managern zugrunde gerichtet wird, wird ein niedrigeres M haben als der S&P 500.

Früher musste ich die Summe der erwarteten Gewinne des S&P 500 von Hand ermitteln und den Indexstand durch diese Zahl teilen, um das M zu berechnen. Heute spuckt das jedes KI-Tool aus – Google ebenfalls. Angenommen, das M des S&P 500 beträgt an dem Tag, an dem Sie nachsehen, 20. Nehmen wir weiter an, Sie vergleichen ein gut geführtes und ein schlecht geführtes Unternehmen, beide mit einem Gewinn je Aktie von zwei Dollar. Das gut geführte Unternehmen wird – wenn Sie es ausrechnen – mit einem höheren M bewertet. Ein schlecht geführtes Unternehmen mit demselben Gewinn je Aktie wird aller Wahrscheinlichkeit nach mit einem niedrigeren M bewertet.

Der wichtigste Bestimmungsfaktor für das M ist die Wachstumsrate eines Unternehmens verglichen mit der des S&P 500. Diese Rechnung beruht auf groben Annahmen; vereinfacht formuliert: Ein ausgesprochener Anlegerliebling, der doppelt so schnell wächst wie der S&P 500, kann etwa das Doppelte des Multiples bekommen – also ein M von 40, wie es manche Premium-Wachstumsaktien erreichen. Diese zwei Dollar Gewinn je Aktie ergäben dann einen Kurs von bis zu 80 Dollar – ein stattliches Multiple, das am Markt nur den absoluten Spitzenunternehmen mit den besten Ertragsperspektiven vorbehalten ist.

Auf der anderen Seite: Ein Unternehmen mit zwei Dollar Gewinn je Aktie, das nur halb so schnell wächst wie der S&P 500, würde mit ein oder zwei Punkten niedriger gehandelt – also bei 19 oder 18. Jeden Punkt nennen wir „Turn“; in der Branchensprache handelt die Aktie damit ein oder zwei Turns unter dem Multiple des S&P (20 in unserem Beispiel). Und Giant, damals, als Mom sich die Aktie ansah? Kein Schnäppchen. Das Multiple lag über dem Durchschnitt – aber das Wachstum war langsamer. Warum? Mom wusste es nicht, doch um Giant kursierten ständig Übernahmegerüchte – und die hoben das M auf ein höheres Niveau als bei der durchschnittlichen Aktie.

Das M ergibt sich aus der Summe der Markterwartungen zu den Zukunftsaussichten eines Unternehmens. Wäre die Einschätzung für alle gleich, hätten alle dasselbe M – und jede Aktie mit zwei Dollar Gewinn je Aktie hätte denselben Preis.

Gemessen am M zeigt sich: Der Markt liebt Wachstum – feiert es geradezu. Für Value-Titel – also Substanzwerte, die nach Kennzahlen günstig wirken, aber wenig Wachstum bieten – hat er wenig übrig. Für ein Wachstumsunternehmen zahlen Sie heute einen Aufpreis, weil aus zwei Dollar Gewinn je Aktie später drei werden könnten. Bei langsamer wachsenden Unternehmen bleibt es womöglich bei zwei Dollar oder steigt der Gewinn nur um ein paar Cent – oder sinkt sogar. Der Markt hat kein Interesse, solche Unternehmen mit einem überzogenen Multiple nach oben zu hieven.

Viele Anleger erschrecken, wenn sie ein hohes M sehen. Oh nein, denken sie vielleicht: So ein hohes M – die Aktie muss überteuert sein. Das ist die falsche Sichtweise. Ein hohes M bedeutet Vertrauen in die Wachstumsaussichten des Unternehmens. Ein sehr hohes Multiple steht für Zuversicht in das Management und in die künftigen Erträge; ein niedriges Multiple signalisiert mangelndes Vertrauen und die Erwartung, dass die Aktie künftig enttäuschen könnte. Sie sollten gezielt nach Aktien mit auf den ersten Blick „zu hohem" Multiple Ausschau halten – oft ein Zeichen, dass Sie auf die richtigen Titel schauen. So spüren Sie die ganz großen Gewinner auf. Aber klar: Erfüllt das Unternehmen die Erwartungen nicht, fällt das M – und mit ihm der Kurs. Liegen Sie bei der Wachstumsannahme daneben, kann dies zu erheblichen Fehlinvestitionen führen.

Nehmen wir als Beispiel einen Fall, in dem ich gegen das M gehandelt habe: Vor Kurzem reizte mich die Aktie von Ford Motor – M von 6, während der S&P mit dem 22-Fachen des Gewinns bewertet war. Diese Bewertungslücke hielt ich nicht für gerechtfertigt. Ford wirkte unter CEO Jim Farley gut geführt, mit einem breiten Modellprogramm – vom Bronco bis zum in den USA meistverkauften F-150. Gleichzeitig mied ich Ferrari – M von 52, viel Glamour, aber wenig Produktbreite. Ich lag falsch. Egal welchen Zeitraum Sie wählen: Ferrari hat Ford an der Börse deutlich abgehängt. Ferrari zeigte ein starkes Gewinnwachstum, Ford praktisch keines. Das niedrige Multiple zeigte bereits an, wohin die Reise geht: Der Markt rechnete mit kaum Wachstum. Ich habe meine Ford-Aktien entnervt verkauft. Billig waren die Papiere aus gutem Grund: kein Wachstum – während Ferrari kräftig zulegte. Man könnte sagen: Ferrari baute die besseren Autos – daher das höhere Multiple. Egal welche Kennzahl Sie betrachten: Ferrari war besser als Ford. Wenn man also nicht glaubte, dass Jim Farley all die Ford-Probleme – von endlosen Rückrufen bis zu teuren Garantien – drehen konnte, musste man zur scheinbar teureren Ferrari greifen. Scheinbar, weil die Aktie sich immer wieder als günstiger als gedacht erwies: Das Unternehmen übertraf seine Gewinnerwartungen so konstant, dass das hohe M rückblickend gerechtfertigt war.

Die Preisbildung bei Aktien ähnelt dem Sportwettenmarkt. Durchschnittliche Spieler bekommen Durchschnittsgehälter – das entspricht dem Markt-Multiple. Überragende Spieler erhalten mehr – ein höheres M. Schwache Spieler bekommen weniger – ein niedrigeres M. Ich vergleiche das M außerdem gern mit der Wettquote: Ein hohes M kennzeichnet den Favoriten. Ein niedriges M steht für den Außenseiter, dem man eher eine Niederlage zutraut.

Als ich noch das Geld anderer Menschen verwaltete, habe ich immer gegen die Schnäppchenmentalität angekämpft. Ich wollte Wachstumsaktien finden, statt darauf zu setzen, dass aus einem hässlichen Entlein ein wunderschöner Schwan wird. Eine Value-Aktie steht dort, wo sie steht, weil der Markt kaum Wachstum erwartet. Und aus einer Value-Aktie wird keine Growth-Aktie, es sei denn, das Management erfindet das Unternehmen neu – und das kommt äußerst selten vor.

Sie können Value-Aktien durchaus zu Schnäppchenpreisen kaufen – wenn Sie Unternehmen finden, bei denen der Markt überreagiert: etwa nach einem schwachen Quartal, das kein strukturelles Problem signalisiert, oder bei unbegründetem Pessimismus gegenüber einer ganzen Branche. Oft bedeutet ein niedriges M jedoch, dass etwas im Argen liegt – die Aktie ist aus gutem Grund billig, wie bei Ford. Ich habe die Jagd nach

Value weitgehend aufgegeben; am Ende verdienen jene das meiste Geld, die auf Wachstum setzen. Noch einmal: Ich kann es mir nicht leisten, der Sicht des Marktes zu widersprechen.

Hätte meine Mutter länger gelebt, hätte ich sie mit dieser Denkweise vertraut gemacht. Dann hätte sie verstanden, warum Giant so bewertet wurde. Giant hat sich am Ende ordentlich entwickelt. Rund 15 Jahre nach ihrem Tod 1985 wurde Giant vom niederländischen Lebensmittelhändler Royal Ahold übernommen; der Käufer zahlte einen Aufpreis auf den damaligen Aktienkurs. Mit Dividenden und stetem Wachstum wäre das keine schlechte Anlage gewesen – aber im Vergleich zum S&P hätte sie niemanden reich gemacht. Es war – leider – eine Aktie, die nicht in unsere Auswahl gekommen wäre.

Coke vs. Pepsi

Der Vergleich zwischen The Coca-Cola Company und PepsiCo, Inc. veranschaulicht, wie Sie das M zu Ihrem Vorteil nutzen können – und wie der Markt Unternehmen bewertet.

Zum Zeitpunkt, als ich dies schreibe, wurde die Aktie von Coca-Cola zu 72 Dollar gehandelt – nahe am Allzeithoch von 74 Dollar. PepsiCo stand bei 133 Dollar – deutlich unter dem Hoch von rund 197 Dollar. Meine Mutter, in so vielem klug, hätte gesagt, die PepsiCo-Aktie sei viel teurer als die von Coca-Cola. Sie hätte lieber Coca-Cola gekauft, weil sie die Aktie im Vergleich zu PepsiCo für ein enormes Schnäppchen gehalten hätte.

Sie sollten inzwischen verstanden haben, dass Sie ohne den Gewinn je Aktie und das M keine echte Grundlage haben, um die beiden Unternehmen zu vergleichen. Bevor wir auf diese beiden Kennzahlen zu sprechen kommen, gehen wir einen Schritt zurück: Die beiden Unternehmen sind nicht direkt vergleichbar. Wir nehmen PepsiCo oft als reinen Getränkekonzern wahr (Pepsi, Gatorade und weitere Marken), doch es gibt auch die Snack-Sparte Frito-Lay sowie eine breitere Lebensmittelsparte rund um Quaker – mit Marken wie Pearl Milling Company oder Rice-A-Roni. Snacks wachsen deutlich schneller als zuckerhaltige Getränke; folglich steht das Snackgeschäft heute für rund 55 Prozent des Gesamtgeschäfts. Die Marktkapitalisierung – also der Gesamtunternehmenswert, berechnet als Aktienkurs multipliziert mit der Zahl der ausstehenden Aktien – liegt bei rund 180 Milliarden Dollar. 2024 erzielte PepsiCo 92 Milliarden Dollar Umsatz und steigerte seinen Umsatz in fünf Jahren um 37 Prozent. Das Unternehmen zahlte eine Dividende – also eine Ausschüttung eines Teils des Gewinns an die Aktionäre – von 5,69 Dollar je Aktie; das entspricht etwas mehr als vier Prozent des aktuellen Kurses. Der Nettogewinn 2024 – der Gewinn nach Abzug aller Kosten – betrug 9,58 Milliarden Dollar.

Vergleichen wir diese Kennzahlen mit Coca-Cola, einem nahezu reinen Getränkekonzern. Die Marktkapitalisierung liegt bei 312 Milliarden Dollar, der Umsatz 2024 bei 47 Milliarden Dollar – plus 25 Prozent in den vergangenen fünf Jahren. Die Dividende beträgt 2,04 Dollar je Aktie, also knapp drei Prozent des aktuellen Kurses, und der Nettogewinn 2024 lag bei 10,6 Milliarden Dollar.

Nach meinen Beobachtungen sollte ein Unternehmen, das leckere Snacks produziert und außerdem eine Limonade im Programm hat, die ich eigentlich ganz gern trinke, mehr wert sein als ein reiner Getränkekonzern. Prüfen wir, ob dieses Bauchgefühl stimmt. Zunächst klären wir, welche der beiden Aktien tatsächlich „teurer“ ist. Bei PepsiCo werden sieben Dollar Gewinn je Aktie erwartet. Bei Coca-Cola liegen die erwarteten Gewinne je Aktie bei rund 2,50 Dollar. Der Pepsi-Kurs liegt aber nur etwa beim Doppelten des Coca-Cola-Kurses. Das Multiple von PepsiCo beträgt 19. Das Multiple von Coca-Cola liegt bei 29 – volle zehn Turns (oder zehn Punkte) höher. Der Markt ist bereit, für die Gewinne von Coca-Cola deutlich mehr zu bezahlen als für die von PepsiCo.

Und das, obwohl PepsiCo beim Umsatz schneller wächst. Was rechtfertigt diese Markteinschätzung?

Manchmal reicht es nicht aus, ausschließlich die Wachstumsrate zu betrachten. Der Bruttogewinn ist das, was nach Abzug der Herstellungskosten beziehungsweise des Wareneinsatzes vom Umsatz übrig bleibt. Wenn Sie den Bruttogewinn durch den Umsatz dividieren, erhalten Sie eine in Prozent ausgedrückte Kennzahl, die Bruttomarge (auch Bruttogewinnmarge) heißt. Wir suchen Unternehmen, die nicht nur schnell, sondern auch nachhaltig wachsen – und die Bruttomarge ist eine der ersten Kennzahlen, auf die institutionelle Investoren schauen, um die Tragfähigkeit des Wachstums einzuschätzen.

Bruttomargen finden Sie auf jeder Broker-Website unter den Unternehmenskennzahlen. Mit KI-Abfragen lässt sich schnell feststellen: Bei Coca-Cola liegt die Bruttomarge seit Jahren stabil bei rund 59 bis 61 Prozent; bei PepsiCo ist sie niedriger und weniger konstant, bei 53 bis 56 Prozent. Je höher die Bruttomarge, desto stabiler sollten die künftigen Gewinne ausfallen. Daher wird Coca-Cola mit einem höheren M bewertet.

Woran erkenne ich, dass die Bruttomarge das entscheidende Element ist? An der Bewertung: Die Wall Street bewertet Unternehmen höher, die weniger ausgeben müssen als andere, um in etwa denselben Nettogewinn zu erzielen. In diesem Sinne sind die Marken von Coca-Cola den Marken von PepsiCo überlegen – Coca-Cola muss weniger Geld einsetzen, um seine Produkte herzustellen und zu verkaufen. Geringere Marketingkosten, weniger Werbung. Warum? Vielleicht ist Coca-Cola weltweit der vertrauenswürdigere Name. Vielleicht ist der Wettbewerb im Snack-Geschäft von PepsiCo zu hart. Vielleicht hat Coca-Cola eine längere Historie guten Managements. Es kann viele Gründe geben. Die Lehre: Nicht jedes Gewinnwachstum ist gleich viel wert. Wachstum bei höheren Bruttomargen gilt als dauerhafter – und ist weniger anfällig, im Zeitverlauf aus dem Tritt zu geraten.

Oder zumindest ist das das Urteil des Marktes. Für mich läuft die Sache immer in zwei Schritten: Zuerst ermittle ich, wie der Markt urteilt; dann – und ich nehme dieses Urteil nicht als in Stein gemeißelt – prüfe ich, ob der Markt irren könnte. Die Chance auf Kursgewinne – unser eigentliches

Ziel – ergibt sich daraus, ob das Markturteil über die Qualität der Gewinne (ablesbar an der Bruttomarge) und das daraus abgeleitete Multiple (M) einer genauen Prüfung standhalten. Der Markt kann sich bei Einzeltiteln irren – etwa wenn er die Qualität eines neuen Managements falsch einschätzt oder den Wert eines neuen Produkts nicht erkennt, obwohl er tatsächlich vorhanden ist. Den Gegensatz „Wachstum versus Value" akzeptiere ich; gleichwohl verkennt der Markt manchmal eine einzelne Aktie mit beschleunigtem Wachstum – die Börse hat es noch nicht eingepreist.

Manche Zahlen-Puristen möchten die operativen Cashflows der beiden Unternehmen vergleichen – darauf könnten sie sogar bestehen. Dazu kommen wir später, wenn wir uns die Gewinn-und-Verlust-Rechnungen genauer ansehen. Ich bezeichne sie als Puristen, weil sich der Gewinn auf verschiedene, allesamt legale Arten steuern lässt und Gewinnzahlen dadurch irreführend sein können – mitunter besser, als sie sein sollten oder tatsächlich sind. Der operative Cashflow lässt sich dagegen nicht in gleicher Weise frisieren.

Wir sollten noch eine weitere Kennzahl berücksichtigen, die oft hilft, herauszufinden, ob man für eine Wachstumsaktie zu viel bezahlt: das PEG. P steht für Price (Kurs), E für Earnings (Gewinn) und G für Growth (Wachstum) – (im Deutschen Kurs-Gewinn-Wachstums-Verhältnis. Die englische Abkürzung PEG ist im Deutschen gängiger. Anm. d. Übers.). Ich mag diesen Vergleich und prüfe das PEG grundsätzlich, bevor ich eine Aktie für meinen gemeinnützigen Treuhandfonds kaufe. Die Logik ist simpel: Beim PEG wird das Multiple (M) durch die Wachstumsrate geteilt. Nach den jüngsten Zahlen kommt Coca-Cola – M dividiert durch die durchschnittliche jährliche Wachstumsrate (engl. Compound Annual Growth Rate, CAGR), die sich online bei zahlreichen Quellen leicht finden lässt – auf 3,12. Bei PepsiCo teilt man ein M von 19 durch eine Wachstumsrate von 7,9 Prozent; das ergibt ein PEG von rund 2,41. Der S&P 500 liegt in etwa bei 2 – PepsiCo damit über dem Durchschnitt, Coke noch einmal deutlich höher. Dass Coca-Cola als weltweit bekannte und respektierte Konsumgüterfirma im Vergleich zur Durchschnittsaktie teurer ist – geschenkt.

Unterm Strich akzeptiere ich nach dieser Analyse das Urteil des Marktes darüber, wo diese und die meisten anderen Aktien stehen. Hunderttausende beeinflussen mit ihren Käufen und Verkäufen rund um die Uhr die Preise – und in der Regel liegen sie nicht weit daneben.

Das heißt allerdings nicht, dass ich das Urteil des Marktes über die Zukunft einfach hinnehme. Hier kommt Ihr Vorteil ins Spiel. Ich kann die Analyse für die Gegenwart vielleicht nicht infrage stellen, aber ich kann auf jeden Fall meinen Verstand einsetzen, um über die Zukunft nachzudenken. Zukunftsprognosen zur Aktienperformance werden gemeinsam von Wall-Street-Analysten festgelegt, meist nach ihrer (virtuellen) vierteljährlichen Analystenkonferenz mit dem Management. Die Analysten können die Pläne des Managements übernehmen, aber deren Fähigkeit zur Umsetzung dieser Pläne anzweifeln. Oder sie halten das Management für zu risikoscheu, um Schritte zu unternehmen, die die Gewinne des Unternehmens steigern könnten. Die Schwierigkeit: Zur Vergangenheit gibt es harte Fakten; die Zukunft ist zwangsläufig subjektiv – abhängig von einer Vielzahl unterschiedlicher Einflussfaktoren: von regulatorischen Entscheidungen (etwa durch den US-Gesundheitsminister), über das plötzliche Auftauchen eines „Wundermittels“, bis hin zu Vertrieb und Kosten – und von vielen weiteren Variablen.

Um beim Beispiel Coca-Cola und Pepsi zu bleiben: Coca-Cola wird derzeit von dem hervorragenden CEO James Quincey geführt, der – wie schon sein Vorgänger – seit Jahren bei Umsatz und Gewinn die Erwartungen der Analysten übertrifft. Vieles spricht dafür, dass die Coca-Cola-Aktie langfristig zulegt: Die Gewinne wachsen stetig und bescheren den Aktionären regelmäßig eine üppige Dividende. Ihre Dividendenhistorie übertrifft die der meisten anderen Aktien am Markt. Tatsächlich gilt Coca-Cola als sogenannter Dividendenaristokrat – ein Fachbegriff für Unternehmen, die ihre Dividende seit mehr als 25 Jahren Jahr für Jahr erhöhen; bei Coca-Cola sind es 63 Jahre. Auf solche Dividendenaristokraten – darauf kommen wir später noch zurück – richten wir gern den Blick: Auf ihre Stabilität ist Jahr für Jahr Verlass.

PepsiCo, geführt vom äußerst kompetenten Ramon Laguarta, ist ebenfalls ein Dividendenaristokrat – mit mehr als 50 Jahren in Folge steigenden Ausschüttungen (derzeit sind es 53). In den vergangenen fünf Jahren hat PepsiCo seine Dividende jährlich um sechs bis neun Prozent erhöht, bei Coca-Cola waren es zwei bis fünf Prozent. Dividenden sind mir ausgesprochen wichtig – deutlich wichtiger als vielen Tradern an der Wall Street, die selten lange genug investiert bleiben, um sie mitzunehmen. Tatsächlich entfielen laut Daten von S&P Dow Jones Indices in den vergangenen 100 Jahren rund 31 Prozent der Gesamtrendite des S&P 500 auf Dividenden.[19]

Die zweite zentrale Möglichkeit, Kapital an die Aktionäre zurückzugeben, sind Aktienrückkäufe. Coca-Cola und PepsiCo haben jeweils in den vergangenen zwei Jahren rund 0,5 Prozent ihrer ausstehenden Aktien zurückgekauft und eingezogen. Warum ist das gut für die Aktionäre? Wenn Sie eine Aktie über viele Jahre halten und das Unternehmen durch Rückkäufe die Zahl der ausstehenden Aktien verringert, steigt Ihr Anteil am Unternehmensgewinn je Aktie. Bei unverändertem Gesamtgewinn verteilt sich derselbe Betrag auf weniger Aktien – der Gewinn je Aktie nimmt zu. Zudem kann sich das in einer höheren Dividende je Aktie niederschlagen, weil die Ausschüttung auf weniger Aktien verteilt wird. Darauf weist Warren Buffett, ein sehr langfristiger Großaktionär von Coca-Cola, unermüdlich hin. Coca-Cola und PepsiCo nutzen ihren üppigen Cashflow, um den Gewinn je Aktie gewissermaßen selbst zu steuern: Sie verkleinern den Nenner in der Gleichung „Gewinn geteilt durch Aktienzahl“. Steigt der Gewinn je Aktie und bleibt das M unverändert, ergibt sich – rein rechnerisch – ein höherer Aktienkurs.

Zurück zu den Bruttomargen: PepsiCo hat es über Jahre mit Produktinnovationen, Sortimentserweiterungen und Zukäufen versucht, kommt aber an die Bruttomargen von Coca-Cola nicht heran – die Herstellung von Kartoffelchips ist nun einmal deutlich teurer als die von zuckerhaltigem Wasser. Daran wird sich meiner Einschätzung nach auch nichts ändern. PepsiCo hat im Laufe der Zeit neue Geschmacksvarianten eingeführt –

Crystal Pepsi war ein Flop – und mit Marken wie Mountain Dew sowie dem jüngsten Zukauf von Poppi versucht, Coca-Cola Regalfläche abzuluchsen. Durchbrüche blieben aus. Stattdessen liefern sich beide Konzerne seit Jahrzehnten ein Coca-Cola-gegen-Pepsi-Duell. Meines Erachtens könnte PepsiCo Coca-Cola nur verdrängen, wenn es die Preise drastisch senkte – aber das würde die Bruttomargen belasten und höchstwahrscheinlich nicht in einen höheren Aktienkurs münden.

Im hoch fragmentierten Snackmarkt ist es allerdings durchaus denkbar, dass PepsiCo durch neue Produkte oder Übernahmen seine Marktpräsenz ausweitet. Für 1,2 Milliarden Dollar hat der Konzern kürzlich Siete Foods übernommen – einen Anbieter gesünderer Snacks (Tortillas, Salsas und vieles mehr), deren Produkte häufig in Bio- und Naturkostläden zu finden sind. Siete produziert getreidefreie Chips, die als gesünder gelten als die Produkte von Frito-Lay. Das könnte dem Unternehmen helfen – oder auch nicht.

Gibt es weitere Punkte, die die Börse bei PepsiCo misstrauischer machen – und mich beim Investieren vorsichtiger werden lassen? Ich sorge mich um die Auswirkungen der GLP-1-Medikamente auf den Snackkonsum, insbesondere von Gewichtsabnahmepräparaten wie Ozempic. Studien deuten darauf hin, dass diese Mittel den Heißhunger auf Snacks – also genau jene Produkte von Frito-Lay – stark dämpfen. Da in den USA womöglich bis zu 40 Millionen Menschen eines dieser Präparate von Eli Lilly oder dem Wettbewerber Novo Nordisk einnehmen könnten, rechne ich damit, dass diese Medikamente sowohl die Gewinnschätzungen als auch das, was Anleger dafür zu zahlen bereit sind (das M, das Bewertungsmultiple), beeinträchtigen – ein harter Doppelschlag.[20] Noch vor einigen Jahren lag das M von PepsiCo deutlich näher am M von Coca-Cola, aber der Markt preist die Snack-Sorgen bereits ein. Man könnte meinen, dass dies auch gezuckerte Limonaden treffen müsste. Doch beide Unternehmen verzeichnen kaum einen Rückgang bei den Limonadenverkäufen – obwohl die Snackumsätze nachgegeben haben. Ein Teil der Erklärung könnte sein, dass schon wenige Chips sättigen: Viele kaufen keine größeren Beutel mehr, sondern eher kleinere, die weniger profitabel sind. Viele rechnen damit, dass gezuckerte Limonaden über kurz oder lang ebenfalls betroffen sein werden – bislang ist das jedoch nicht der Fall. Warum, ist wissenschaftlich noch unklar.

Letztlich mache ich mir Sorgen, wie sich GLP-1 auf die Kursaussichten von PepsiCo auswirkt. Ich akzeptiere nicht nur das Urteil des Marktes, dass Coca-Cola mit einem hohen Bewertungsaufschlag gehandelt werden sollte – ich halte es auch für richtig, dass dies auf absehbare Zeit so bleiben sollte.

Mehr über die Macht der Dividenden

Das Thema Dividenden haben wir im Rahmen von Coca-Cola und PepsiCo schon angesprochen, aber bisher nur am Rande behandelt. Dividenden haben eine enorme Wirkung. Je früher Sie beginnen und Dividenden wieder anlegen, desto stärker wirkt der Zinseszinseffekt; später – näher am Ruhestand – sorgen Dividenden für planbare Erträge und mehr Stabilität im Portfolio. Viele messen Dividenden kaum Bedeutung bei: Sie wirken klein – ein, zwei Prozentpunkte vielleicht. Warum also darauf setzen? Bedenken Sie: Hätten Sie vom 1. Januar 2000 bis 31. Dezember 2024 in den S&P 500 investiert, ohne die Dividenden wieder anzulegen, läge Ihre Rendite bei 300 Prozent. Mit wieder angelegten Dividenden – das zusätzliche Geld arbeitet für Sie mit – kämen Sie auf erstaunliche 538 Prozent. Lassen Sie sich Dividenden nicht bar auszahlen; reinvestieren Sie sie konsequent – das ist ein enorm wichtiger Teil der Vermögensformel. Müsste ich vor Gericht die Dividenden verteidigen, würde ich nach diesem Vergleich – 300 Prozent ohne Dividenden gegenüber 538 Prozent mit wieder angelegten Dividenden – nur noch sagen: „Dem habe ich nichts hinzuzufügen."

Einer der Hauptgründe, warum ich für Ihr Portfolio eine Kombination aus Indexfonds und Einzeltiteln empfehle, sind die Dividenden im Indexfonds – ich halte sie für äußerst wertvoll. Und es verblüfft mich immer wieder, wie stark der Zinseszinseffekt bei Aktien mit hoher Dividende wirkt. Damit ist nicht gesagt, dass jede großartige Aktie Dividenden ausschüttet. Viele der herausragenden Titel, die ich im Lauf der Zeit identifiziert habe, begannen ohne Dividende; manche zahlen bis heute keine. Einige ihrer besten Kursphasen lagen sogar vor der ersten Ausschüttung – ja, teils bevor sie überhaupt Gewinne erwirtschafteten.

Entscheidend für den langfristigen Vermögensaufbau sind die Top-Dividendenwerte – die qualitativ besten Dividendenzahler: Ihre auf den ersten Blick geringen Ausschüttungen entfalten – wieder angelegt – den Zinseszinseffekt und steigern Ihre Langfristrendite spürbar. Ich habe eine besondere Schwäche für die Dividendenaristokraten. Sie sind oft eine ausgezeichnete Wahl, weil ihr Management mit Augenmaß agiert. Diese Unternehmen schlagen sich in guten wie in schlechten Zeiten solide. Anfang 2025 gab es 69 Dividendenaristokraten. Darunter 55 Unternehmen – wie Coca-Cola und PepsiCo –, die ihre Dividende nicht nur 25, sondern bereits 50 Jahre in Folge erhöhen. Man nennt sie Dividendenkönige – zu Recht. Je näher Sie dem Ruhestand kommen, desto attraktiver werden solche Titel: Dann kann es sinnvoll sein, die langfristige Anlagestruktur etwas umzuschichten – hin zu Aktien, die stärker auf Kapitalerhalt als auf Wertsteigerung ausgerichtet sind. Einige wenige bringen sogar Wachstumseigenschaften mit, die sie selbst für jüngere Anleger als Einstiegstitel interessant machen.

Wachstumsstarke Aktien sind riskanter. Natürlich sucht man Sicherheit. Trotzdem sollten Sie sich vom herkömmlichen Sicherheitsverständnis verabschieden – echte Sicherheit entsteht durch Wachstum. Wären Aktien nicht riskant, wäre jeder Milliardär. Wenn Sie alle fünf Titel nach alten Maßstäben so „sicher“ wie möglich auswählen, würden Sie nicht viel verdienen; der größte Teil Ihres Wertzuwachses käme dann aus Dividenden. Das ist für ein, zwei Positionen in Ordnung – für das gesamte Portfolio reicht das nicht. Coca-Cola ist ein solides Unternehmen. Investieren Sie darin, wenn Sie möchten. Aber wenn Sie die Chance auf stärkere Wertsteigerung erhöhen wollen, kombinieren Sie Coca-Cola mit jüngeren Unternehmen mit größeren Wachstumsaussichten.

Wenn Sie jung sind, ist ein Portfolio mit einem Wachstumsschwerpunkt sinnvoll, das Sie im Lauf der Zeit schrittweise in Richtung Dividendenwerte umgewichten. Bei den Gewichtungen können Sie variieren: vier von fünf Positionen als Wachstumswerte in jungen Jahren, zwei von fünf, wenn Sie älter werden und sich dem Ruhestand nähern. Und wenn Sie mit diesem Ansatz bereits viel verdient haben, können Sie später überwiegend auf dividendenstarke Werte umstellen.

Aktiensplits

Viele lassen einen Aspekt außer Acht, wenn es um das M geht: Was passiert bei einem Aktiensplit? Unternehmen können einen Split jederzeit beschließen – entscheidend ist das festgelegte Verhältnis, in dem die bestehenden Aktien geteilt werden. Was bedeutet das? Statt einer Aktie erhalten Sie eine bestimmte Anzahl neuer Aktien. Ihr prozentualer Unternehmensanteil ändert sich nicht, und der Wert Ihrer Position sollte sich ebenfalls nicht ändern. Es ist ein rein buchhalterischer Vorgang: Sie können ein Sandwich im Wert von zehn Dollar haben – oder zwei halbe Sandwiches zu je fünf Dollar. Üblich ist ein 2:1-Split. Wichtig in unserem Zusammenhang: Preis und Gewinn je Aktie passen sich proportional an – das M bleibt unverändert. Chipotle, eine US-amerikanische Restaurantkette, hat vor nicht allzu langer Zeit sogar einen 50:1-Split vorgenommen, weil der Kurs in die Tausende Dollar je Aktie gestiegen war – zu hoch, als dass sich die meisten auch nur eine Aktie leisten konnten.

Nehmen wir an, das Management von PepsiCo beschließt einen Aktiensplit im Verhältnis 3:1, um neuen Anlegern den Einstieg zu erleichtern. Für jede bisherige Aktie erhalten Sie dann drei neue. Praktisch heißt das: Die Zahl Ihrer Aktien wird verdreifacht, der Kurs je Aktie gedrittelt. Statt einer Aktie zu 135 Dollar halten Sie anschließend drei Aktien zu je 45 Dollar. Dasselbe Unternehmen, nur ein anderer Stückkurs.

Wichtig: Auch der Gewinn je Aktie wird durch drei geteilt. Das M – das Kurs-Gewinn-Multiple, mit dem der Markt das Unternehmen bewertet – bleibt dagegen unverändert; es wird nicht geteilt. Ein Unternehmen kann den Stückkurs (Dollarpreis) seiner Aktie beeinflussen, indem es die Anzahl der ausstehenden Aktien festlegt; es kann aber nicht bestimmen, mit welchem Multiple der Markt diese Gewinne bewertet. Darum vergleicht man Aktien nie allein nach dem Kurs. Für einen wirklich vergleichbaren Blick braucht es Verhältniszahlen: Der Gewinn je Aktie zählt – und das M zählt.

Das M bleibt unverändert – egal wie viele Aktien es gibt. Es sei denn natürlich, das Unternehmen verändert sich, die Branche verändert sich, die Welt verändert sich – dann verändert sich auch das M. Wie lässt sich vorhersagen, wohin es sich künftig bewegt? Genau darum geht es jetzt.

KAPITEL 11

Was treibt eine Aktie nach oben?

Woran erkennen wir, dass ein Unternehmen wertvoller wird?

Die meisten Menschen akzeptieren einen Aktienkurs einfach so, wie er ist. Ihnen fehlen Vorstellungskraft und die Neugier darauf, was möglich wäre – etwa wie weit ein Kurs steigen könnte. Aus meiner Erfahrung können sich viele einen Höhenflug einer Aktie nicht vorstellen, obwohl wir solche Höhenflüge immer wieder gesehen haben. Wir alle sind von einem Negativitätsbias – einer kognitiven Verzerrung – geprägt: 99 positive Dinge können an einem Tag passieren, doch wir fixieren uns auf das eine Problem. Genauso denken viele über Aktien. Analysten und Kommentatoren haben sie zermürbt: Sie rechnen nicht damit, dass Unternehmen künftig deutlich mehr verdienen als heute. Ihnen entgeht, dass sich die Gewinnschätzungen positiv – mitunter dramatisch – verändern können, weil sie unterschätzen, wie ideenreich das Management ist und wie viel bei einem Unternehmen gut laufen kann.

Vielleicht verstehen viele Menschen nicht, dass die besten CEOs den Status quo nicht mögen. Bekommen sie die Hebel dafür in die Hand – und gibt die Bilanz das her –, können CEOs ein Unternehmen wirklich verbessern. Vielleicht sehen die Analysten nicht, über wie viel Handlungsspielraum CEOs verfügen: die großen, mutigen Wetten, die ein guter CEO wagen kann. Die meisten Erfolgsaktien sind nicht deshalb an die Spitze gelangt, weil die CEOs das Schicksal ihrer Unternehmen einfach hingenommen hätten. Sie haben etwas getan, etwas Großes, das die Ertragskraft ihres Unternehmens verändert hat. Und wenn Unternehmensführungen in der Vergangenheit erfolgreich waren, warum fällt es uns so schwer zu akzeptieren, dass sie in Zukunft noch besser sein können? Wo steht geschrieben, dass die CEOs, die diese großartigen Unternehmen aufgebaut haben, jetzt zu Stümpern werden, die nicht mehr erstklassige Ergebnisse liefern, sondern nur noch Dienst nach Vorschrift machen und von früheren Erfolgen zehren?

Wenn Sie Aktien auswählen, dürfen Sie den aktuellen Kurs nicht als endgültiges Urteil des Marktes akzeptieren. Erinnern Sie sich an das vorige Kapitel: Der Aktienkurs beruht unter anderem darauf, wie das Unternehmen derzeit abschneidet und wohin es sich in Zukunft entwickeln könnte. Es gibt zu viele positive Entwicklungen, die eintreten können, als dass Sie sich von Ängsten und Pessimismus übermäßig beeinflussen lassen sollten.

An der Wall Street wimmelt es von brillanten Skeptikern, die einfach zu skeptisch sind. Wenn sie falschliegen, zucken sie mit den Schultern und sagen, sie würden dafür bezahlt, skeptisch zu sein. Das stimmt nicht. Sie werden dafür bezahlt, richtigzuliegen – führen aber „Skepsis" als billige Ausrede ins Feld, wenn sie danebenliegen.

Sie müssen abschätzen, welchen Kurs eine Aktie erreichen könnte – Sie müssen das Potenzial mutiger ansetzen. Dieses Mindset wurde in fast jedem Jahr belohnt, seit ich zum ersten Mal die Wall Street entlanggegangen bin – das war vor mehr als 40.000 Dow-Jones-Punkten. Sie müssen daran glauben, dass einer Aktie noch ein großer Gewinnsprung bevorstehen kann; andernfalls sollten Sie sie nicht halten – und erst recht nicht kaufen. Sonst verschwenden Sie einen Ihrer fünf kostbaren Plätze im Portfolio. Warum ich mir da so sicher bin? Weil wir es immer wieder erlebt haben –

bei den größten und bekanntesten Aktien am Markt. Die meisten Anleger sind viel zu schnell skeptisch, wenn das Management positive Veränderungen ankündigt. Und sie brauchen zu lange, um daran zu glauben, dass sich auch die Geschäftsentwicklung verbessern kann.

Wie oft ist die Aktie von Amazon nach einem angeblich schwachen Quartal gefallen – obwohl ein solches Quartal in Wahrheit nur das Sprungbrett für das nächste starke Jahr war? Oder nehmen wir Meta: Es könnte gut sein, dass Mark Zuckerberg Großes im Sinn hat, doch vorerst ruft er ein „Jahr der Effizienz“ aus und kündigt Entlassungen an. Entlassungen? Das passt doch nicht zu einem Wachstumsunternehmen. Also stufen Analysten die Aktie herab, und Anleger ohne Fantasie steigen aus. Sackt der Kurs ab, setzt ein Herdentrieb ein: Weitere Anleger verkaufen – im Glauben, die Frühverkäufer wüssten mehr; tatsächlich wissen sie nichts. Oder denken Sie an die viel gescholtene Apple-Aktie: Von auf Hardware spezialisierten Sektoranalysten, die den Titel betreuen, als „nur ein weiteres Smartphone-Unternehmen“ abgetan, obwohl das, was das Unternehmen wirklich antreibt, starke Abonnement- und Serviceerlöse sind – Erlöse, die der mit Abstand besten Smartphone-Firma zugutekommen: Apple.

Apple ist in vielerlei Hinsicht das Paradebeispiel dafür, wie fatal es ist, eine Aktie zu früh zu verkaufen. Wenn Sie nicht wirklich an das Management glauben würden, hätten Sie diese Aktie bei jedem vorübergehenden Kursrückgang schon so oft verkauft, dass Ihnen der Kopf schwirren würde. Warum liegen die Analysten bei diesem Titel öfter daneben als bei jedem anderen, den ich kenne? Ein Grund liegt in der Verwandlung, die das Unternehmen durchlaufen hat: vom Mac über das Smartphone bis hin zum App Store. Sie fixieren sich weiterhin darauf, Apple sei „nur“ ein Smartphone-Unternehmen – statt die Erfolgsgeschichte auf ganzer Linie zu erkennen, die es dem Unternehmen erlaubt, im App Store für die unterschiedlichsten Dienste Gebühren zu verlangen, ohne die Kundschaft zu verprellen. Die weltweit anerkannte Marktstellung von Apple spiegelt sich in über 2,35 Milliarden aktiv genutzten Apple-Geräten wider. An die Besitzer dieser 2,35 Milliarden Geräte kann Apple die unterschiedlichsten

Dienste verkaufen – monatlich, unaufdringlich und automatisch abgerechnet. Wenn Sie so sind wie ich, zahlen Sie um 3:40 Uhr nachts – und merken die Abbuchungen nicht einmal. Die klassischen Hardware-Analysten, die Apple beobachten, begreifen diese Transformation nicht und starren weiterhin auf scheinbar stagnierende Hardwareverkäufe. Setzt sich die Entwicklung bei Services und Hardware so fort wie bisher, werden die bindungsstarken, wertvolleren Serviceerlöse in ein paar Jahren die Hardwareerlöse überholen – und vielleicht raten Ihnen dieselben Analysten dann wieder zum Einstieg, in eine Aktie, aus der sie Sie zuvor mit ihren Empfehlungen immer wieder herausgetrieben haben. (Und so sehr ich verstehe, dass Präsident Trump die gesamte Produktion in die USA holen will, sollte er daran denken, dass Apple über 2,9 Millionen Arbeitsplätze in den Vereinigten Staaten sichert.[21]) Bei allem Respekt für Steve Jobs: Tim Cook hat buchstäblich mehr Aktionärswert geschaffen als jeder andere CEO-Nachfolger – jemals.[22]

Gesamtes Chancenpotenzial

Es gibt noch einen weiteren Aspekt, den man beim Blick in die Zukunft eines Unternehmens berücksichtigen sollte. Ich frage mich dann, wie groß das gesamte Chancenpotenzial eines Unternehmens ist. Diesen Begriff habe ich geprägt, weil ich keinen gängigen Indikator gefunden habe, der abbildet, was in der Zukunft eines Unternehmens möglich wäre – vorausgesetzt, man traut dem Management zu, groß zu denken und diese Vorhaben operativ auf Spitzenniveau umzusetzen. Diese Kennzahl unterscheidet sich von dem, was gemeinhin als adressierbarer Gesamtmarkt für die Produkte eines Unternehmens gilt (engl. Total Addressable Market, TAM). Mir geht es vielmehr darum, was passiert, wenn alles optimal läuft. Beispiele? Als Amazon noch ein Buchhändler war, lag es nahe, dass sich online weit mehr verkaufen ließ als nur Bücher. Google, einst ein Suchmaschinenunternehmen, konnte zum führenden

Werbeunternehmen werden. Netflix wandelte sich von einem altmodischen DVD-Versand zu einem Anbieter, der mit moderner Technologie Unterhaltung direkt nach Hause streamt. Visa entwickelte sich von einem nationalen Zahlungsabwickler zu einem weltweit tätigen Kreditkartenunternehmen. Und Starbucks, ein kleines Getränkeunternehmen aus Seattle, wurde zur führenden globalen Kaffeemarke.

Bei Unternehmen wie Coca-Cola und PepsiCo fällt es schwer, sich vorzustellen, dass sie eines Tages 2- oder 3-mal so groß sind wie heute. Nach so vielen Jahren im Geschäft und mit derart etablierten Produkten gibt es kaum noch Raum für außergewöhnliches Wachstum – jedenfalls nicht ohne Weiteres. Und selbst wenn man sie mit der Brille des Gesamtpotenzials betrachtet, kommt man kaum über ihre aktuelle Börsenbewertung hinaus – selbst dann nicht, wenn sich PepsiCo in einen Getränkekonzern und einen Snackhersteller aufspalten würde.

Betrachten Sie dagegen zum Beispiel Tesla und fragen Sie sich, welchen Wert autonomes Fahren, Solarstromerzeugung und humanoide Roboter haben könnten, ist es plausibel, zu einem Kurs zu gelangen, der einem Vielfachen der heutigen Börsenbewertung entspricht. Eine landesweite Zulassung für autonomes Fahren wird kommen – zumindest in den USA. Elon Musk verfügt über die besten derzeit verfügbaren Daten, die entscheidenden Kennzahlen, mit denen sich das mögliche Ausmaß des Rückgangs von Verkehrsunfällen durch autonomes Fahren einschätzen lässt – und wir alle wissen, dass dieser Rückgang gewaltig sein könnte. Die humanoiden Roboter, von denen Nvidias Jensen Huang als nächster Technologiewelle spricht, dürften am ehesten von Tesla kommen. Tesla ist eher ein Technologie- als ein Autohersteller, und das wird sich künftig im Wert niederschlagen. Bewahrheitet sich diese Vision, ist die Tesla-Aktie deutlich unterbewertet. Musks jüngste Behauptung, Roboter würden Teslas Wert auf 25 Billionen Dollar steigern, halte ich für überzogen.[23] Aber das gesamte Chancenpotenzial könnte, wie man sieht, enorm sein.

Musk hat für diese Produkte ambitioniertere Ziele und höhere Erwartungen, als wir derzeit absehen können. Wenn Sie ihm glauben – und wenn Sie ihm zutrauen, weiter auf höchstem Niveau zu liefern, jetzt, da er wieder voll bei Tesla an Bord ist (so wie ich) –, dann sollten Sie die Aktie kaufen, vorbehaltlich einer vernünftigen Klärung seines Zwists mit Präsident Trump. Die aktuelle Bewertung wird dem gesamten künftigen Wertpotenzial des Unternehmens nicht gerecht. Selbst wenn Ihnen die konkreten Details noch fehlen: Wenn Sie auf Basis plausibler Annahmen eine deutlich größere künftige Ertragskraft erkennen, sind Sie auf dem richtigen Weg – vertiefen Sie die Analyse der Aktie. Und falls sich diese Ertragsthese bestätigt, kann es sinnvoll sein, ein höheres aktuelles Bewertungsniveau zu akzeptieren.

Als weiteres Beispiel: das gesamte Chancenpotenzial für Eli Lilly, falls GLP-1-Medikamente Hirnerkrankungen wie Alzheimer, Herzkrankheiten wie Herzinsuffizienz sowie Alkoholabhängigkeit und die daraus resultierenden Lebererkrankungen aufhalten oder sogar beseitigen könnten. Wäre das nicht mehr als eine Billion Dollar wert?

Oder nehmen wir Palantir, auf das ich später in Kapitel 16 noch genauer eingehen werde: Angenommen, die von Palantir gelieferten Software- und KI-Systeme ermöglichten es, den Verteidigungsetat zu senken, indem autonome Systeme Menschen ersetzen – Systeme, die schlagkräftiger und zugleich leichter ersetzbar sind. Aus Palantirs Sicht gibt das Militär Milliarden Dollar aus, um Kampfflugzeuge für Piloten sicher zu machen, während Drohnen für 500 Dollar pro Stück ebenso gut sind, wenn nicht besser, weil man Hunderte Millionen davon bauen und einsetzen kann, ohne das Leben auch nur eines einzigen Piloten zu riskieren. Berücksichtigt man das gesamte Chancenpotenzial, kommt man womöglich auf eine Aktie, die das 10-Fache ihres heutigen Kurses wert ist. So hoffnungslos arrogant das Palantir-Team auch sein mag – ich bin von ihm trotzdem überzeugt.

Es gibt Beispiele dafür zuhauf, dass vermeintlich abwegige Träume wahr werden. Eine kleine Warenhauskette aus Bentonville, Arkansas, namens Walmart wurde zum größten Einzelhändler der Welt. Ein Internetbuchhändler aus Seattle namens Amazon wurde zum größten Onlinehändler.

Die fast insolvente General Electric wurde in drei Unternehmen aufgespalten; zwei davon dominieren ihre jeweiligen Branchen – Energie sowie Luft- und Raumfahrt. Denken Sie groß, und Sie werden an der Börse deutlich mehr verdienen als die meisten Anleger, die konservativ denken und sich mit einem kleinen Aufschlag auf ihre Ersparnisse begnügen.

Wenn Multiples durch die Decke gehen

Wenn sich einer dieser großen Träume für Tesla erfüllt oder wenn es bei anderen Unternehmen so aussieht, als würden sie ihr Potenzial ausschöpfen und sehr stark wachsen, steigen deren Kurse. Ihr Bewertungsmultiple zieht an. So steigt ein Aktienkurs: Der Markt honoriert das Unternehmen mit einem höheren Multiple. In anderen Fällen steigen die Gewinne – Analysten heben ihre Schätzungen an, und die Unternehmen übertreffen sie bei der Vorlage ihrer Zahlen –, und der Kurs legt zu, weil die Ertragskraft wächst. Häufig passiert beides Hand in Hand. Wirkt ein Unternehmen so, als würde es sich besser entwickeln, bedeutet das meist: Es läuft tatsächlich besser, die Gewinne steigen – und das Multiple steigt ebenfalls. Gibt es Fälle, in denen die Zukunft rosiger aussieht, die Gewinne das aber noch nicht widerspiegeln? Sicherlich. Gibt es Zeiten, in denen die Gewinne steigen, „unter der Haube" aber nichts Relevantes passiert und das Multiple daher gleich bleibt? Auch das gibt es. In vielen Fällen gilt: Steigen die Gewinne, und ist zugleich eine Ausweitung des Kurs-Gewinn-Verhältnisses absehbar (so der Fachausdruck), ist das eine gute Kaufgelegenheit.

Damit will ich nicht ausblenden, was sonst noch gut laufen kann: eine Übernahme, eine Aufspaltung, bei der die Summe der Teile mehr wert ist als das Ganze, oder eine grundlegende Neubewertung einer Branche oder sogar des gesamten Marktes. Ich sage: Ein Aktienkurs tritt meist auf der Stelle, sofern Sie nicht damit rechnen, dass die Gewinnschätzungen steigen – oder dass Käufer für unveränderte Schätzungen mehr zu zahlen bereit sind, weil sie fürchten, eine Gewinneraktie zu verpassen. Ersteres ist klassische Fundamentalanalyse. Letzteres ist FOMO, also die Angst, etwas zu verpassen – ein emotionaler Impuls, dem nicht wenige Fondsmanager folgen, auch wenn das kaum jemand offen zugibt.

Im Zentrum dessen, wie Analysen zum Kurs-Gewinn-Verhältnis entstehen und wie es zur Ausweitung der Multiples kommt, steht die moderne Research-Abteilung, die es heute in fast jedem Investmenthaus gibt. Die Analystengemeinde erarbeitet die Konsensschätzungen, die übertroffen werden müssen, damit die Aktie weiter steigt. Langfristig zählt allein, wie es dem Unternehmen ergeht; vieles vom Begleitlärm, der mit dem Halten einer Aktie einhergeht – einschließlich mancher Analysten-Gedankenspiele –, können wir ausblenden. Kurzfristig jedoch dürfen wir die Analysten nicht ignorieren, besonders dann, wenn wir zu möglichst günstigen Kursen kaufen wollen.

Es ist wie beim Shoppen: Wenn möglich, wollen wir einen Preisnachlass, einen Rabatt, bevor wir unser Geld auf den Tisch legen. Wir sagen nicht einfach: „Oh, diese Aktie gefällt mir, die kaufe ich jetzt – egal zu welchem Preis." So denkt oft der Amateuranleger. Wir warten lieber auf einen guten Einstiegspreis, bevor wir den ersten Kauf tätigen. Und diesen Preisnachlass verschaffen uns die Analysten, wenn sie unsere Aktie aus einem Grund herabstufen, der sich langfristig als unerheblich erweist, und damit den Kurs drücken.

Ich höre oft den Einwand: Wenn diese sogenannten Sell-Side-Analysten – gemeint sind die Analysten, die für Investmentbanken oder Brokerhäuser arbeiten – wirklich so gut wären, würden sie selbst Geld verwalten. Dem widerspreche ich. Die meisten sind hart arbeitende Profis, die sehr gute Arbeit darin leisten, abzuschätzen, was ein Unternehmen verdienen kann und ob es im Vergleich zu anderen Aktien in dem Sektor, den sie abdecken, einen Bewertungsaufschlag verdient. Sie sind echte Meister des „M": Mit ihren Fragen an das Management und mit ihren Modellen, Tabellen und Analysen helfen sie dabei, möglichst treffsichere Schätzungen zu erarbeiten.

Ich muss Ihnen nun erklären, wie Analysten arbeiten, denn die großen Kursbewegungen finden meist zur Berichtssaison statt. Dann wird die Analystengemeinde aktiv – mit spürbaren Folgen für den Aktienkurs. Das läuft nach einem festen Muster ab: Vor dem Quartalsbericht prognostizieren Analysten Gewinn und Umsatz und setzen Kursziele. Trauen sie dem Unternehmen zu, die Konsensschätzungen der Analysten zu übertreffen, geben sie ein Kaufvotum. Sind sie weniger überzeugt, lautet das Votum „Halten“ – die neutrale Note. Das seltene „Verkaufen“ steht für mangelndes Vertrauen in Aktie oder Management und geringe Aufwärtsperspektive. Zu ihren Kauf-, Halte- oder Verkaufsvoten veröffentlichen Analysten Kursziele, um die Bandbreite möglicher Entwicklungen anzudeuten – wobei bei guten Zahlen die Kursziele oft schrittweise nach oben angepasst werden, um das potenzielle Erfolgsszenario zu untermauern. Kursziele sind ein Gradmesser der Zuversicht: Je größer der Optimismus, desto höher fallen sie aus.

Mitunter geben Analysten innerhalb des Quartals eine neue Einschätzung zu einer Aktie ab – meist aufgrund externer Faktoren, etwa einer Herabstufung des Segments oder der Branche oder Sorgen über Zölle und Handelskonflikte. Solche negativen Einschätzungen eröffnen oft hervorragende Einstiegsgelegenheiten – die Kurse fallen ohne triftigen langfristigen Grund.

Meist ändert sich jedoch nichts, bis der Quartalsbericht vorliegt. Vor der Zahlenveröffentlichung treten Unternehmen in eine „Quiet Period“ ein – eine Phase strikter Informationssperre des Managements. In dieser Zeit gibt es keine neuen, verlässlichen Aussagen aus der Führungsetage; fundierte Schlussfolgerungen sind daher schwer zu ziehen. Rund um die Zahlen – davor wie danach – werden die Analysten durch einen ziemlich harten Prüfmarathon geschickt.

Vor dem Quartalsbericht eines Unternehmens veröffentlichen gute Analysten einen Vorabbericht zu diesem Unternehmen, in dem sie darlegen, worauf sie bei der entsprechenden Aktie achten. Darin notieren sie: (1) ihre Umsatz- und Gewinnschätzungen für das bevorstehende

Quartal; (2) Umsatz- und Gewinnschätzungen für das kommende Jahr; (3) die erwarteten Bruttomargen – und die sind entscheidend, weil hohe Bruttomargen auf wenig Wettbewerb hindeuten, niedrige dagegen darauf, dass sich viele Anbieter um ein womöglich mageres Stück vom Branchenkuchen drängen; (4) ihre Empfehlungen („Kaufen", „Halten", „Verkaufen") samt Kurszielen.

All diese Einschätzungen sind in Summe enorm wichtig für den Aktienkurs. Fragt man mich, warum eine Aktie langfristig steigt, dann erkläre ich, warum ich von diesem Unternehmen überzeugt bin, ob es schnell wächst und wie groß sein Chancenpotenzial ist. Kurzfristige Bewegungen erkläre ich damit, dass Kurse maßgeblich von Auf- und Abstufungen sowie von Änderungen der Kursziele getrieben werden.

Warum kann eine Aktie rund um die Quartalszahlen steigen? Erstens: aufgrund der Perfektion. Das Unternehmen muss Zahlen für ein Quartal vorlegen, die die Umsatzerwartungen übertreffen und – dank steigender Bruttomargen – auch beim Gewinn besser ausfallen als prognostiziert. Anschließend gibt der Finanzvorstand in der obligatorischen Analystenkonferenz einen starken Ausblick auf das nächste Quartal und hebt die Jahresprognose für Umsatz und Gewinn an. Diese neue Prognose macht in der Analystengemeinde die Runde; fällt diese Revision spürbar positiv aus, werden „Verkaufen"-Einstufungen häufig auf „Halten" hochgestuft und „Halten" auf „Kaufen". Zugleich erhöhen die Analysten ihre Kursziele – auf Basis der neuen Schätzungen und der Bewertungsmultiplikatoren (da ist wieder dieses M), die sie für angemessen halten. Werden diese Multiplikatoren mit den aktualisierten Gewinnerwartungen multipliziert, ergeben sich – voilà – die neuen Kursziele. Diese Kombination von Faktoren bestimmt fast immer Richtung und Größenordnung der Kursbewegung.

Häufig werden Sie hören: „XYZ hat ein ‚Beat-and-Raise'-Quartal hingelegt" – dieses Unternehmen hat die Erwartungen übertroffen und zugleich die Prognose angehoben. Das ist die gängige Kurzformel für eine Aktie, die voraussichtlich weiter steigt. Wie stark der Kurs zulegt, hängt davon ab, wie deutlich der Beat ausfällt (also um wie viel die Ergebnisse über den Erwartungen liegen) und wie stark die Prognose angehoben wird.

Doch Achtung: Seien Sie vorsichtig bei Unternehmen, die zwar die Quartalserwartungen schlagen, die Jahresprognose aber nicht anheben. In solchen Fällen fällt die Aktie meist – das deutet darauf hin, dass gegen Ende des berichteten Quartals etwas schiefgelaufen ist oder sich Probleme für die kommenden Monate abzeichnen. Auf einen Beat ohne Anhebung folgen in der Regel reihenweise Herabstufungen von „Kaufen" auf „Halten" sowie Kurszielsenkungen. Die Schlagzeilen lauten dann: „XYZ übertrifft Prognosen" – Trader werden euphorisch und kaufen, bis sie das Kleingedruckte lesen und merken, dass sie in die Irre geführt wurden. Lassen Sie sich von solchen Überschriften nicht täuschen; warten Sie die Analystenkonferenz ab – dort erfahren Sie die Wahrheit.

Was passiert, wenn Unternehmen die Quartalsschätzungen nicht übertreffen, sondern lediglich erreichen? Die Aktie wird höchstwahrscheinlich fallen, mit etwas Glück passiert aber auch gar nichts. Ganz schlecht wird es, wenn die Schätzungen verfehlt werden: Dann hagelt es Herabstufungen und Kurszielsenkungen. Sie werden vermutlich aussteigen müssen – außer die gesamte Branche ist gleichermaßen von einem Rückgang betroffen. Investieren sollten Sie in Unternehmen, die ihre Umsatz- und Gewinnprognosen meist übertreffen. Tun sie das nicht verlässlich, halten Sie nur einen Durchschnittswert – und ein Durchschnittswert taugt nicht fürs langfristige Investieren. Genug Durchschnitt liefert Ihnen bereits der Indexfonds-Anteil Ihres Portfolios. Mit einem mittelmäßigen Einzeltitel verschwenden Sie nur einen kostbaren Platz – scheuen Sie sich nicht, zu handeln.

Zwischen den Berichtssaisons treten die meisten Aktien auf der Stelle – und zünden oder verpuffen dann je nach Reaktion der Analysten auf das Quartal. Das ist entscheidend und es zählt. Ich kenne Manager, die so arrogant sind, dass ihnen die Meinung der Analysten egal ist. Diesen Luxus hätte ich gern. Ich will immer wissen, warum meine Aktie rund um die Zahlen steigt oder schwächelt – ich möchte nicht selbstzufrieden werden. Ein selbstzufriedener Aktionär wird von Fehlern überrascht, wenn es bereits zu spät ist, gegenzusteuern. Die Berichtssaison ist praktisch die einzige Phase, in der es genügend Transparenz gibt, um zu erkennen, wie es dem Unternehmen wirklich geht – deshalb lohnt es sich, diese Zeit zu nutzen. Wir müssen davon ausgehen, dass wir nicht perfekt sind. Wir machen Fehler, und wir lernen aus ihnen während der Quartalstermine. Darum habe ich vorhin gesagt: Vier Stunden im Jahr pro Aktie reichen – die meisten Entscheidungen, die Kurse nach oben oder unten schicken, hängen am Quartalsbericht. Ich glaube an Kaufen und Hausaufgaben machen – und die Berichtssaison ist die Zeit für diese Hausaufgaben.

Darum ist die Berichtssaison so wichtig. Das Management ist nicht dumm: Es will nicht zu viel versprechen und dann zu wenig liefern. Stattdessen praktiziert es oft das, was wir bei „Mad Money" „UPOD" nennen – kurz für „under-promise and over-deliver", auf Deutsch: „weniger versprechen und mehr liefern". Konkret heißt das: Die Prognosen werden bewusst vorsichtig angesetzt, damit man sie im nächsten Quartal übertreffen kann.

Analysten schauen auf mehr als nur die nackten Zahlen – genau wie wir bei Coca-Cola und PepsiCo. Im Fokus steht oft, ob die Bruttomargen steigen (ein Zeichen, dass sich ein Unternehmen von der Konkurrenz absetzt) oder schrumpfen (dann holen andere auf). Margen können auch sinken, wenn die Vorleistungskosten steigen – wie während der Coronapandemie. Ich achte sehr genau auf die Bruttomargen: Sie sind ein guter Indikator für das, was kommt, und sie sind für alle leicht zugänglich, die die Transkripte der Analystenkonferenzen lesen und bei ihren Aktien am Ball bleiben. Bruttomargen erzählen die Geschichte am besten. Bleiben sie aus, ist das ein schlechtes Zeichen; und wenn die Margen gesenkt werden – besonders bei einer Aktie mit hohem M –, sollten Sie damit rechnen, dass der Titel kräftig abgestraft wird, selbst wenn das Unternehmen Umsatz- und Gewinnschätzungen schlägt.

Die Geheimnisse der Analysten

Wer mein morgendliches Börsen-Update bei *CNBC* verfolgt, weiß: Hoch- und Herabstufungen von Aktien durch Analysten sind ein intensiver Prozess – ihre Auswirkungen kann ich nicht ignorieren. Analystenempfehlungen begegnen Ihnen ständig, doch eine Änderung der Einstufung ist eine ernste Sache – und für Außenstehende oft undurchsichtig, es sei denn, man hat selbst Analystenberichte verfasst oder solche Berichte verkauft beziehungsweise eingekauft. Ich habe alle drei Rollen ausgefüllt und kann Ihnen deshalb eine Perspektive bieten, die auf hart erarbeitetem Wissen beruht – Wissen, das die meisten nicht haben.

Die Vergütung von Analysten bemisst sich im Wesentlichen nach zwei Faktoren: (1) wie viel Umsatz sie ihrem Investmenthaus bringen – Aktien- und Anleihegeschäfte, typischerweise Emissionsgeschäfte, oft zulasten eines Wettbewerbers –, und (2) wie gut sie die Brokerage-Kunden ihres Arbeitgebers über einzelne Unternehmen informieren. Entgegen der Meinung vieler Laien werden sie nicht dafür bezahlt, wie treffsicher sie Aktien auswählen. Sie werden dafür bezahlt, institutionellen Kunden bei der Titelauswahl zu helfen und sie auf mögliche Gewinnsteigerungen oder Risiken hinzuweisen. Gehälter und Boni hängen unter anderem davon ab, wie hilfreich sie für die provisionszahlenden Kunden sind und wie viel Investmentbanking-Umsatz sie hereinholen.

Ich weiß: Es gibt seit jeher viel Skepsis darüber, wie unabhängig Analysten sein können, wenn sie ständig neues Geschäft anbahnen. Ich verfolge hier keine persönlichen Interessen, wenn ich schreibe, dass die meisten Analysten redliche Profis sind, die ihr Bestes geben, die unterschiedlichen Interessen unter einen Hut zu bringen – ihre eigene Vergütung, die Vergütung ihres Hauses, die Wünsche der Investmentbanking-Kunden und die Schätzungen, die sie erarbeiten. Wer einen Großteil der provisionszahlenden Kundschaft vor den Kopf stößt, nur um Investmentbanking-Aufträge hereinzuholen, fliegt schnell auf – und sein Ruf ist augenblicklich ruiniert. Es steht einfach zu viel auf dem Spiel, um Korruption zu riskieren.

Wenn Sie berücksichtigen, dass ein großer Teil ihrer Vergütung davon abhängt, wie viel Investmentbanking-Umsatz sie hereinholen und wie gut sie die provisionszahlenden Kunden betreuen, wird klar, warum Analysten ihren Job behalten – selbst wenn einzelne Empfehlungen danebengehen. Sie werden aufhören, ihnen Fehler vorzuwerfen, die außerhalb ihres Einflussbereichs liegen – das ist kein Teil ihres Aufgabenprofils. Dennoch sind Analysten für den Vermögensaufbau von zentraler Bedeutung, denn ihre Einstufungen bewegen Ihre Aktien – ob berechtigt oder nicht. Analysten orientieren sich stark am Kurs-Gewinn-Verhältnis, das ich beschrieben habe. Meist spezialisieren sie sich auf ganze Branchen – in der Tech-Welt etwa Software oder Hardware, im Handel Warenhäuser und Discounter, im Transportsektor Eisenbahn- und Speditionsunternehmen. Sie vergleichen die von ihnen beobachteten Titel innerhalb ihrer Kategorie, um daraus Empfehlungen abzuleiten. Sie können nur eine begrenzte Zahl an „Kaufen"- und „Halten"-Empfehlungen geben – und von ihnen werden ein, zwei „Verkaufen"-Empfehlungen erwartet. Welche Aktie mit den Labeln „Kaufen", „Halten" oder „Verkaufen" versehen wird, gehört zum Kern des Analystenjobs – und bestimmt die Kurse, ob es einem gefällt oder nicht. Diesen Prozess müssen Sie respektieren: Er kann den Aktienkurs bewegen, selbst wenn sich am Unternehmen nichts ändert.

Bevor ich in „Mad Money" eine Aktie empfehle oder sie für meinen gemeinnützigen Treuhandfonds kaufe, berechne ich im betreffenden Sektor alle Ms und stelle das M meiner Aktie den anderen Titeln dieser Sektorgruppe gegenüber. Profis lieben die Sektoranalyse. Zwei Unternehmen, die im selben Sektor zwei Dollar je Aktie verdienen, können an der Börse sehr unterschiedlich bewertet sein. Würde der Markt alle Teilnehmer eines Sektors gleich bewerten, müssten wir annehmen, dass alle Unternehmen dieses Sektors gleich viel wert sind – Analystenempfehlungen wären dann überflüssig. Bewertungen schwanken aus vielen Gründen erheblich. Hat ein Unternehmen bei gleichen Gewinnen einen höheren Bewertungsmultiplikator als ein anderes im selben Sektor, ist das ein Ausweis von Stärke, ein sehr niedriger Multiplikator in derselben Branche ein Schwächesignal.

Analysten haben jeweils einen sogenannten Coverage-Bereich – eine feste Auswahl thematisch verwandter Unternehmen. In der Regel sind diese Bereiche nach Sektoren geordnet (z. B. Pharma, Nahrungsmittel, Eisenbahn). Innerhalb dieses Bereichs beobachtet der Analyst die Firmen fortlaufend, wertet Zahlen aus und vergleicht sie – daraus entstehen Einstufungen („Kaufen"/„Halten"/„Verkaufen") und Berichte. Die besten Aktien innerhalb eines Coverage-Universums gelten als starke Kaufkandidaten: Der Analyst ist sich praktisch sicher, dass die Aktie besser abschneidet als der Durchschnitt und Ihnen voraussichtlich viel Geld einbringt. Ein Analyst vergibt die Empfehlung „Kaufen", wenn er überzeugt ist, dass die Aktie den S&P 500 übertreffen wird. „Halten" bedeutet lediglich, dass sie nicht besser als der S&P 500 abschneidet. „Verkaufen" heißt, dass sie voraussichtlich hinter dem S&P 500 zurückbleibt. Alle Varianten wie „Strong Buy" (starke Kaufempfehlung), „Super Buy" oder „Catalyst Buy" (Kaufempfehlung mit kurzfristigem Kurstreiber) sind für mich im Kern dasselbe: „Kaufen". Warum legen Kunden überhaupt so viel Wert auf diese Kauf- und Verkaufseinstufungen? Weil Vermögensverwalter, kleinere Institutionen und Hedgefonds – die zusammen den Großteil des Geldes verwalten – alles daransetzen, den S&P 500 zu schlagen, die wichtigste Benchmark des Marktes. Als Fondsmanager habe ich meinen Anlegern jedes Quartal einen Brief geschickt – und der begann immer damit, wie ich gegenüber dem S&P abgeschnitten hatte. Viele Manager werden danach beurteilt, ob sie die Entwicklung des S&P 500 übertreffen. Gelingt das nicht, fließt theoretisch Geld aus ihren Fonds ab – denn wozu einen Manager bezahlen, der den S&P nicht schlägt, wenn man das Geld auch einfach zu deutlich geringeren Gebühren in einen S&P-500-Indexfonds stecken kann? Ich staune immer wieder, wenn Manager für eine Underperformance gegenüber dem S&P bezahlt werden – aber Vermögensverwaltung ist nun einmal ein seltsames und privilegiertes Geschäft.

Die meisten Manager wissen: Schon ein kleiner Vorsprung gegenüber dem Index reicht, um gut dazustehen. Doch nach Abzug der Gebühren schrumpft dieser Vorsprung oft auf null – oder kippt sogar ins Minus.

Wer nur versucht, den Durchschnitt zu schlagen und dabei nicht viel Risiko eingehen will, erlebt häufig, dass die Gebühren die Überrendite auffressen. Trotz gegenteiliger Behauptungen erzielen manche Manager regelmäßig Überrenditen – sie sind schlicht deutlich besser als andere. Weil sie zuvor den Durchschnitt klar geschlagen haben, strömt ihnen anschließend häufig sehr viel neues Geld auf einmal zu. Das eigentliche Erfolgsgeheimnis: Die besten Manager wissen, dass ihre künftige Erfolgswahrscheinlichkeit sinkt, wenn sie auf einen Schlag sehr viel Geld annehmen. Ich habe jahrelang den Durchschnitt übertroffen – 24 Prozent gegenüber acht Prozent während meiner 14 Jahre als Fondsmanager –, unter anderem, weil ich den Einstieg in meinen Fonds bewusst erschwert habe. Ich fürchtete, den Durchschnitt nicht mehr zu schlagen, wenn ich zu viel Geld auf einmal annähme: Wer auf einen Schlag viel frisches Geld bekommt, findet nur schwer genug gute Ideen, um es sinnvoll zu investieren. Man kann nicht einfach die bisherigen Titel immer weiter aufstocken. Nach einer Geldflut, die kommt, weil man den Gesamtmarkt deutlich geschlagen hat, sind nicht alle eigenen Aktien gleich attraktiv – man muss neue finden, und frische Ideen sind rar. Es gibt zudem Fondsmanager, die mehr Zeit mit dem Einwerben von Geldern verbringen als mit der Auswahl von Aktien – und das geht zulasten ihrer Performance. Aus genau diesen Gründen habe ich selbst kaum Fundraising betrieben und nur selten neues Kapital angenommen. Ich wusste, dass dies Achillesfersen sind.

Als ich die Ergebnisse von Fondsmanagern mit Über- beziehungsweise Unterrenditen ausgewertet hatte, zeigte sich: Der mit Abstand wichtigste Erfolgsfaktor ist, wie gut sie den plötzlichen Kapitalzufluss bewältigen, den Erfolg nach sich zieht. Nichts kühlt einen „heißen“ Manager schneller ab als ein plötzlicher Zufluss neuen Kapitals nach einer Überrendite gegenüber dem S&P 500. Solche Zuflüsse frischen Geldes, die investiert werden müssen, verschlechtern die Performance. Natürlich liegt es nicht im Interesse der meisten Manager, das zuzugeben – oft nicht einmal sich selbst gegenüber.

Warum ändern Analysten ihre Empfehlung auf „Kaufen“ oder „Verkaufen“? Auch sie wollen nicht, dass ihre Kaufliste hinter der Entwicklung des S&P 500 zurückbleibt. Analysten „sponsern“ bestimmte Aktien oder „promoten“ sie regelmäßig – sprich: Sie rühren immer wieder die Werbetrommel. Manche Sektoren eignen sich dafür mehr als andere. Beispiel: Unternehmenssoftware. Die Aktien dieses Sektors werden so hochgejubelt, dass mir fast übel wird. Sie werden unaufhörlich gelobt – vielleicht, weil die Analysten wollen, dass die Häuser, für die sie arbeiten, mehr Geschäfte mit Venture-Capital-Gesellschaften machen, die geradezu abhängig von diesen Anbietern sind. Diese Venture-Capital-Gesellschaften suchen ständig nach Investmentfirmen, die sich positiv über Unternehmenssoftware-Firmen äußern, damit die Kurse steigen – und sie die Aktien auf höherem Niveau abstoßen können. Ein Teil dieser Begeisterung kommt wohl daher, dass Microsoft eine der erfolgreichsten Aktien aller Zeiten war – die Suche nach der nächsten Microsoft prägt das Denken vieler Analysten. Nach dem Erfolg von Nvidia stehen jetzt auch Halbleiterwerte hoch im Kurs. Auf der anderen Seite werden die Aktien von Konsumgüterherstellern gemieden, weil ihre Gewinnschätzungen immer wieder gesenkt werden. Begeisterung? Fehlanzeige.

Analysten werden ihre Favoriten gern unermüdlich anpreisen – meist mit dem Hinweis, sie seien günstiger bewertet als andere in ihrer Vergleichsgruppe. An der Wall Street läuft fast alles über Vergleiche: eine Aktie gegen ihre Vergleichsunternehmen oder gegen den Gesamtmarkt – gemeint ist der S&P 500. Deshalb ist gut nachvollziehbar, warum eine Aktie als Reaktion auf solche Analystenaktionen steigt oder fällt – zumindest kurzfristig.

Mitunter bewerten Analysten Unternehmen nicht im Verhältnis zu ihrer Vergleichsgruppe, sondern zur historischen Bewertung des Unternehmens. Die Beständigkeit des M hängt stark vom Konsens der Analysten bei namhaften Investmentfirmen ab. Analysten suchen unablässig nach Verlässlichkeit und Wachstum. Dann heißt es mitunter, eine Aktie sei „billiger geworden“ – gemeint ist: Das M liegt unter seinem historischen

Niveau; die Aktie könnte also einen höheren Kurs verdienen. Allein aus diesem Grund stufen viele Analysten eine Aktie hoch. Umgekehrt kommt es zu Herabstufungen, wenn das M im Vergleich zur eigenen Historie zu hoch ist. Aber historische Multiples gelten nur bei stabilem Geschäftsprofil. Es stimmt: Viele Unternehmen ändern ihr Profil nicht – wie ein Tiger seine Streifen nicht verliert. Aber es kommt durchaus vor! Eine Aktie wirkt zwar teuer, verwandelt sich tatsächlich aber gerade in etwas Besonderes – und da will man früh dabei sein, bevor die Metamorphose vollendet ist.

Klassische Beispiele dafür: langweilige Versorgeraktien wie Constellation Energy, die sich dank umfangreicher Kernkraftwerkskapazitäten als ideal für stromhungrige Rechenzentren erweisen; große Pharmaunternehmen mit echten Wirkstoffentdeckungen, etwa Eli Lilly mit seinen GLP-1-Präparaten; Internetkonzerne wie Amazon, die jedes Feld dominieren, in das sie vorstoßen; oder scheinbar betuliche Datenbankanbieter wie Oracle, das zu einem der größten Errichter von Rechenzentren geworden ist. All diese Veränderungen – von Analysten weitgehend übersehen oder abgetan, bis der Aktienkurs die neue Lage bereits widerspiegelte – führten am Ende dazu, dass die Schätzungen teils drastisch angehoben wurden, der Konsens der Analystengemeinde durchbrochen wurde und aus „Halten“ „Kaufen“ wurde – woraufhin die Aktien sprunghaft anzogen. Bei IBM etwa nahm der neue CEO einschneidende Änderungen vor, denen kaum jemand einen Ergebniseffekt zutraute; als er eintrat, sprang die Aktie an: Die Gewinne explodierten und das M, der Bewertungsmultiplikator, stieg – und trieb den Kurs massiv nach oben.

Es gibt viele Fälle, in denen die Gewinnschätzungen unverändert bleiben, das M jedoch steigt. Das sehen wir, wenn Profis und Privatanleger Aktien nach oben treiben, weil sie von den Aussichten des Unternehmens und der gesamten Branche begeistert sind. Mitunter steigen Kurse auch deshalb, weil neue Fondsmanager ein Thema für sich entdecken, für das sich andere bereits zuvor begeistert haben. Das passiert oft bei Trendthemen. Erkennbar ist dieses Verhalten, wenn für die betreffende Branche ein ETF – ein Indexfonds – aufgelegt wird. Man denke etwa an Raumfahrtaktien, Aktien aus den Bereichen E-Mobilität, Quantencomputing und Künstliche Intelligenz, Solar- und Windaktien, Infrastrukturaktien, Wasserstoffaktien, Kernenergieaktien, Software-as-a-Service-Aktien und Cybersecurity-Aktien. Solche Titel können immer weiter steigen – bis irgendwann der Punkt erreicht ist, an dem das Ganze kippt, etwa durch massive Insiderverkäufe oder eine große Kapitalerhöhung (Ausgabe neuer Aktien), mit der das Management eine als überzogen empfundene Bewertung ausnutzt. Dann fallen oft viele Aktien gleichzeitig. Manche meiner Zuschauer mögen diese Jagd. Aber Vorsicht: Wer nur auf ein steigendes M setzt, ohne abzuwarten, ob auch die Gewinne steigen, sollte äußerst vorsichtig sein. Wer solchen Bewegungen hinterherläuft, lernt meist auf die harte Tour, wie leichtsinnig diese Jagd ist.

Manche sagen, ein steigendes M entspreche der „Greater-Fool-Theorie“: Man kauft in der Hoffnung, später jemanden (einen „größeren Dummkopf“) zu finden, der für dieselbe Aktie noch mehr bezahlt. Steigende Gewinne bedeuten, dass tatsächlich etwas Gutes passiert ist – das Unternehmen hat mehr Geld verdient. Ein höheres Multiple ohne höhere Gewinne heißt dagegen: Man setzt auf Hoffnung oder – noch wahrscheinlicher – auf einen Hype. Das ist ein riskantes Spiel.

Manche Analysten gehen anders vor. Sie bewerten „die Zukunft“ auf Basis der nächsten zwölf Monate. Andere leiten ihre Kursziele aus den Schätzungen für das nächste Quartal oder das nächste Kalenderjahr ab. Wieder andere schauen auf die Folgejahre – also auf ihre Gewinnschätzungen für mehrere Jahre in der Zukunft. Diese Prognosen können Sie heranziehen und einpreisen, bevor Sie sich für Kauf oder Verkauf entscheiden.

Bei schnell wachsenden Unternehmen schaue ich gern auf die Folgejahre – sie bestätigen meine langfristige Anlagethese zu den Aktien, die ich mag. Bei langsamer wachsenden Unternehmen reichen mir kurzfristige Ergebniszahlen, weil solche Titel deutlich berechenbarer sind. Für meinen gemeinnützigen Trust bevorzuge ich eine Mischung aus beidem. Ein Depot nur mit sehr wachstumsstarken Aktien bietet weniger Sicherheit, als man sich für ein 5-Aktien-Portfolio wünschen würde. Mir ist eine Kombination lieber: einige junge, schnell wachsende Firmen und einige solide, berechenbare Titel mit moderatem Wachstum (etwa die Dividendenaristokraten). Technologieaktien gelten durchweg als Wachstumswerte. Nicht-Tech-Aktien – mit Ausnahme der Biotech-Werte – beurteilt man eher einzeln, um ihr Wachstumspotenzial einzuordnen. Denken Sie daran: Durchschnittswerte wollen wir nicht – die deckt der S&P-500-Indexanteil Ihres Portfolios ab. Mit zunehmendem Alter kann man Dividendenaktien mit höherer Ausschüttung an die Stelle mancher risikoreicher Wachstumswerte setzen, die man früher gekauft hätte. Es gibt Lebensphasen, in denen man nicht jahrelang warten kann, bis sich etwas auszahlt. Dann sind Anpassungen nötig – weg von den Titeln mit dem höchsten Risiko.

Jüngere Menschen sollten in ihrem 5-Aktien-Portfolio nur wenige oder gar keine langsam wachsenden Titel halten – selbst wenn diese ordentliche Dividenden zahlen, die sich durch Wiederanlage verzinsen.

Als ich mit dem Stock-Picking begann, waren Prognosen und Konsensschätzungen kaum zu bekommen. Heute sind die gebündelten Einschätzungen der Analysten auf kostenlosen Finanzportalen jederzeit abrufbar. Ich beziehe zudem einen hervorragenden Dienst namens „The Fly on the Wall“: Er liefert mir jeden Morgen frühzeitig alle Hoch- und Herabstufungen zu Hunderten von Aktien, einschließlich Anpassungen der Kursziele sowie der jeweiligen Begründungen. Für die Arbeit bei „Squawk on the Street“ und „Mad Money“ sowie meinem morgendlichen Bulletin und meinem Streamingprogramm für Mitglieder des CNBC Investing Club ist das extrem wertvoll. Ich will immer wissen, ob das M steigt oder sich das Gewinnprofil eines Unternehmens positiv entwickelt. Die allermeisten Analysten arbeiten hart; sie verdienen Respekt, auch wenn sie vielen Zwängen unterliegen. Für diejenigen hingegen, die konstant mehr falsche als richtige Einschätzungen abliefern, habe ich null Respekt – genauso wenig wie für hoch bezahlte NFL-Trainer, die öfter verlieren als gewinnen. Nicht jeder kann Kurse treffsicher vorhersagen. Und ich bin der Einzige, den ich kenne, der Analysten öffentlich für schwache Analysen zur Verantwortung zieht. Ich will Schiedsrichter dieses Prozesses sein. Ich bin auf Ihrer Seite.

KAPITEL 12

Die Kunst der Aktienauswahl

Wir setzen auf säkulares Wachstum

Dieses Kapitel bündelt die in den letzten vier Kapiteln beschriebenen Prinzipien und zeigt, was wir in einem Portfolio letztlich anstreben.

Die Antwort lautet: säkulares Wachstum.

Was versteht man unter säkularem Wachstum? Das Wort „säkular" hat hier nichts mit Religion zu tun, es beschreibt vielmehr ein Wachstum, das langfristig anhält – unabhängig von der allgemeinen Konjunkturlage. In Kapitel 8 habe ich erläutert, dass Sie alle zyklischen Aktien aus der Auswahl streichen sollten, also jene, die wirtschaftliche Turbulenzen nicht durchstehen. Säkular ist das Gegenteil von zyklisch. Säkulare Aktien sind die Gewinner – egal wie die Konjunktur läuft.

Was zeichnet eine hervorragende säkulare Wachstumsaktie aus?

Sie brauchen die besten Unternehmen – die Klassenbesten ihrer Branche – in Sektoren, die Krisen wie die Große Rezession überstehen. Und diese

Unternehmen sollten wachsen; Sie erwarten steigende Gewinne, zunehmende Bruttomargen, ein solides M, starke Analystenempfehlungen. Sind sie etabliert, sollten sie auch Dividenden ausschütten. Aktien mit solchen Merkmalen können Sie über Jahre, Jahrzehnte und Generationen hinweg begleiten – bis zu einem Depotwert von einer Million Dollar.

Es sind Unternehmen, die auch einen drastischen Zinsanstieg überstehen. Auslöser der Großen Rezession war, dass die US-Notenbank (Fed) eine Überhitzung der Wirtschaft fürchtete. Zwischen Juni 2004 und Juni 2006 hob die Fed die kurzfristigen Zinsen 17-mal an. Die Erhöhungen bremsten die Wirtschaft nicht; die Immobilienpreise stiegen rasant. Laxe Kreditvergabestandards öffneten den Immobilienmarkt praktisch allen Käufern – auch denen, die sich den Kauf eigentlich nicht leisten konnten – und trieben so die Kosten insgesamt nach oben. Die Fed hätte den fragwürdigen Kreditvergabeverfahren einen Riegel vorschieben können, um die Inflation einzudämmen. Das geschah nicht – sie ließ uns im Stich.

Welche Unternehmen können in Phasen dauerhaft steigender Zinsen überleben – und sogar gedeihen? Solche, die für Wachstum oder für das Überleben kein Fremdkapital benötigen. Ich möchte verhindern, dass Sie auf eine Firma wie AMC, eine Kinokette, hereinfallen: Sie verspricht ständig eine baldige Wende zum Besseren, verschuldet sich dafür aber zu stark. Amazon und Tesla haben sich zwar zeitweise hoch verschuldet – aber vertretbar, zur Finanzierung skalierbaren, profitablen Wachstums mit tragfähiger Wirtschaftlichkeit. AMC dagegen nimmt Schulden auf, um durchzuhalten. Das ist ein ganz anderes Risiko. Ich warne deshalb davor, Unternehmen zu kaufen, die sich ohne entsprechendes Potenzial hoch verschulden – am Ende droht oft die Insolvenz. KI-Tools können anhand der Bilanz einschätzen, ob ein Unternehmen viele Schulden hat und ob der Cashflow diese Last dauerhaft tragen kann. Nimmt die Firma viel Fremdkapital auf? Zu viel? Kann sie ihre Verpflichtungen gegenüber Anleihegläubigern und Lieferanten bedienen und trotzdem Überschüsse erwirtschaften, selbst wenn die Zinsen weiter steigen? Stellen Sie den Bots diese Fragen – und sehen Sie sich ihre Antworten an.

Schulden sind kein genereller Ausschlussgrund. Apple weist in seiner Bilanz sehr hohe Verbindlichkeiten aus, verfügt zugleich aber über enorme Barmittel. Ein solcher Titel darf nicht allein deshalb aus der Auswahl fallen, weil Schulden vorhanden sind, wenn das Unternehmen Zins und Tilgung problemlos bedienen kann. Tatsächlich ist Apple so kreditwürdig, dass es sich außerordentlich günstig verschulden kann, um Wachstum zu finanzieren. Für Apple rechnet es sich, niedrig verzinste Schulden aufzunehmen – etwas, das es sich leisten kann, weil die Rückzahlung kein Problem ist – und die so zufließenden Mittel für Aktienrückkäufe zu nutzen. Meiden sollten Sie die Aktien von Unternehmen, die wegen ihrer Schulden ihre laufenden Verpflichtungen nicht mehr aus eigener Kraft erfüllen können. In harten Zeiten müssen solche Firmen Dividenden kürzen, anderenfalls geraten sie mit ihren Anleihen in Zahlungsverzug. Gute Unternehmen gibt es genug – Sie müssen sich nicht in die Nähe von Firmen mit einer erdrückenden Verschuldung begeben. Kaufen Sie sie nicht.

Nächste Frage: Wie schlägt sich das Unternehmen in einem Abschwung? Wenn die US-Wirtschaft ins Minus rutscht – das Bruttoinlandsprodukt (BIP) schrumpft oder die Arbeitslosigkeit stark steigt –, kann das Unternehmen dem Druck standhalten? Brechen die Gewinne ein? Wird es von Zöllen hart getroffen, weil ein erheblicher Teil der Produktion im Ausland stattfindet?

Geht es um ein sehr junges Unternehmen – womöglich erst seit Kurzem an der Börse –, müssen Sie das Risiko in Kauf nehmen, dass es einen Abschwung oder eine Rezession nicht verkraftet, auch wenn Sie darauf hoffen. Bei älteren Unternehmen lässt sich recherchieren, wie sie sich während der Großen Rezession geschlagen haben. Ein Unternehmen ist weiter prüfenswert, wenn seine Gewinne kaum gelitten haben oder nicht einmal einen Dämpfer bekommen haben. Sehen Sie sich zudem an, wie sich Umsatz und Gewinn in der pandemiebedingten Rezession und während des Zinsanhebungszyklus seit März 2022 entwickelt haben. Diese Datenpunkte sagen etwas über die jüngere Vergangenheit aus. Mir bereitet die mangelnde Krisenfestigkeit eines Unternehmens weit mehr Sorgen als ein scheinbar zu hoher Kurs. Um den Kurs kümmere ich mich nicht, wenn die Fundamentaldaten stimmen. Ich gehöre zu den wenigen, die bereit sind, sehr hoch bewertete Aktien zu akzeptieren – sofern das Unternehmen ein solides Management, eine überzeugende, nicht-zyklische Strategie, eine starke Bilanz, einen Pfad zu profitablem, skalierbarem Wachstum und einen langfristigen Plan hat. Und ich schaue mir bewusst hoch bewertete Aktien an, um zu prüfen, ob sich dort etwas Positives tut, das mir bislang entgangen ist.

Skalierung

Ich habe gerade von skalierbarem Wachstum gesprochen – aber was genau meine ich damit? Skalierung ist für viele schwer zu fassen und dominiert doch jede Diskussion über junge Unternehmen. Ein Beispiel: Als ich 1995 TheStreet.com gründete, zielte ich auf die Profis, die Aktienkurse bewegen. Die Seite sollte bewusst insiderhaft sein, weil ich hoffte, zum Online-Leitmedium für die ganz Großen am Drücker zu werden – Portfoliomanager und Trader, die Großorders platzieren. Zugänglich sollte sie auch für Privatanwender zu Hause sein, aber kostenpflichtig. Man brauchte eine Kreditkartennummer (die die meisten Nicht-Profis damals ungern online angaben) und schnelles Internet (damals alles andere als selbstverständlich). Ich rechnete nicht damit, dass gelegentliche Aktienkäufer in großer Zahl ein Abo abschließen würden; ich war jedoch überzeugt, dass es genug Profis gab, um daraus ein profitables Geschäft zu machen. Ich dachte, das sei das Ziel.

Als ich Risikokapital einwerben wollte, beharrten alle darauf, mein Modell habe keine Skalierbarkeit – und ohne Skalierbarkeit werde es niemals erfolgreich sein. Offen gesagt: Ich hatte nicht die leiseste Ahnung, wovon sie überhaupt sprachen. Sie hätten mir genauso gut erklären können, wie man einen Fisch ausnimmt – davon verstand ich wenigstens ein bisschen. Also zog ich einen der weniger Furcht einflößenden „Masters of the Universe“ zur Seite und fragte, was es mit diesem Skalierungs-Ding auf sich habe. Seine Antwort: Das Spiel heiße „Groß werden – oder einpacken“.

„Wenn man sich nicht vorstellen kann, ein Unternehmen mit einer Milliarde Dollar Umsatz zu führen, lohnt es sich nicht“, erklärte er mir. Ich entgegnete, ich könne gutes Geld verdienen, wenn ich 25 Millionen Dollar Umsatz erreiche. Er lachte und meinte, darum gehe es im echten Geschäft nicht. Im echten Geschäft müsse man so groß denken, dass man in seiner Kategorie zur Nummer 1 werde – und sie dauerhaft anführen könne.

„Und der Gewinn?“, fragte ich.

„Bauen Sie erst einmal das Geschäft aus“, sagte er. „Um den Gewinn kümmern wir uns später.“

Damit konnte ich nichts anfangen, weil nach allem, was ich wusste, Gewinne das A und O waren. Oder besser: Ich glaubte, das zu wissen. Ich lag falsch – und ebenso falsch war die Art, wie ich das Geschäft führte. Ich setzte auf ein Nischenmedium; sie wollten ein Massenmedium. Wenn ich das Feld der Online-Finanznachrichten anführen und überhaupt Wagniskapital bekommen wollte, musste ich eine kostenlose, werbefinanzierte Version anbieten, die Nachrichten locker, aber pointiert fürs Massenpublikum aufbereitete – und zusätzlich eine Bezahlvariante für Profis. Mir lag die Bezahlvariante am Herzen; den Wagniskapitalgebern nicht.

Als ich einwandte, wir könnten nichts kostenlos hergeben – das würde in der Redaktion von TheStreet.com den Eindruck erwecken, wir hielten unsere Berichterstattung und Kommentare nicht für wertvoll –, erklärten mir die Investoren: Ohne eine kostenlose Version, in die wir den Großteil unserer Ressourcen stecken könnten, gäbe es keine Anzeigenumsätze – und folglich kein Wagniskapital. Schließlich entschied ich mich, das Produkt zu teilen: TheStreet.com als werbefinanzierte Website für Nicht-Profis und Real Money Pro als abonnementfinanzierte Plattform für Profis. Ich war skeptisch; sie waren begeistert.

Zu meiner Überraschung hatten die Investoren recht. Ich hatte die Chance, in meinem Segment zur Nummer 1 aufzusteigen – weil ich der

Erste war; und sobald sie mir Geld gaben, verfügte ich über eine Kriegskasse, um mit den besten Leuten und modernster Technologie schnell zu expandieren. Die kostenlose Website ließ sich viel schneller skalieren als die Bezahl-Website, ich erzielte sehr hohe Anzeigenumsätze – und ging binnen zwei Jahren an die Börse. Hätte ich mich auf eine profitable Bezahl-Website konzentriert, hätte ich das Geschäft nie groß machen können.

Wenn Sie auf Unternehmen stoßen, die gerade an die Börse gehen und rasant wachsende Umsätze ausweisen, aber noch hohe Verluste schreiben, winken Sie vielleicht reflexhaft ab, weil Sie in der Logik eines kleinen, sofort profitablen Geschäfts denken. So dachte ich früher auch. Damit verpassen Sie aber möglicherweise eine wertvolle Chance, denn genau solche Firmen können sich als Volltreffer erweisen, wenn Sie nach der nächsten Amazon oder Microsoft suchen. Bei sehr jungen Unternehmen sollte Skalierung vor Profitabilität stehen. Wenn Sie prüfen, ob ein Unternehmen einen Platz in Ihrem Portfolio verdient, fragen Sie sich: Kann dieses Unternehmen eines Tages sein Segment dominieren – und darüber hinaus neue Geschäftsfelder erobern und zu einer treibenden Kraft in der Gesamtwirtschaft werden?

Ist das Geschäftsmodell eines Unternehmens nicht skalierbar – selbst wenn es profitabel ist –, meiden Sie es. Sie verschwenden sonst Recherchezeit und Anlagekapital, weil solche Firmen nie groß genug werden, um zu dominieren. Je größer ein Unternehmen ist, desto größer ist sein adressierbarer Markt – und desto attraktiver ist es für Wachstumsinvestoren. Zwei Beispiele aus der Lebensmittelbranche und der Gastronomie: Ein Lebensmittelanbieter, der nur Thunfischprodukte herstellt, hat einen kleineren potenziellen Markt als ein Unternehmen mit breitem Sortiment. Oder stellen Sie sich ein starkes Gastronomiekonzept im Stil der US-amerikanischen „Southwestern"-Küche – im Texmex-Stil: Chili, Tacos, BBQ, würzige Saucen – vor, dessen einziges Lokal in Texas regelmäßig bis auf den letzten Platz gefüllt ist. Funktioniert das Konzept auch außerhalb von Texas? Wenn ja, kann daraus erst eine regionale Größe und später eine landesweite Kette werden.

Texas Roadhouse, eine Restaurantkette, die sich im ganzen Land massiv ausgedehnt hat, ist genau so ein Konzept. Eine Anlage von 1.000 Dollar zum Zeitpunkt des Börsengangs im Oktober 2004 wäre bis Ende 2024 auf knapp 27.000 Dollar angewachsen, während 1.000 Dollar im S&P 500 im selben Zeitraum knapp 8.000 Dollar erreicht hätten. Diese ofenwarmen Brötchen, die schon auf dem Tisch stehen, wenn Sie sich hinsetzen, dazu die süß duftende Honig-Zimt-Butter und das Personal, das jede Stunde eine Tanzeinlage hinlegt – das funktioniert. Zum Vergleich: „Bar San Miguel", das mexikanische Tapas-Restaurant, das meine Frau und ich in Brooklyn betrieben haben. Wir hatten großartige Drinks und ein paar fantastische Gerichte, aber wir waren ein Einzelbetrieb ohne Konzept. Unser Chicken Tinga war hervorragend, doch für eine landesweite Expansion waren wir nicht bereit. Wenn Sie ein Restaurant finden, in dem eine außergewöhnliche Küchenchefin jeden Abend das Menü neu komponiert und ihre unverwechselbare Handschrift zeigt – gehen Sie dort unbedingt essen, aber investieren Sie nicht. Es fehlt die Skalierbarkeit. Wenn Sie dagegen auf ein schnelles, frisches mediterranes Konzept stoßen – etwa die US-Fast-Casual-Kette CAVA (Bowls und Pitas, standardisiertes System, seit 2023 börsennotiert) –, bei dem Sie zügig bedient werden und mit sehr gutem Essen schnell wieder draußen sind, könnte darin eine investierbare Idee stecken.

Als Nächstes sollten Sie sich das konkrete Management ansehen – und fragen, ob die Verantwortlichen die Fähigkeit zur Skalierung mitbringen. Nehmen wir den schnell wachsenden Bereich Cybersicherheit: Es gibt eine ganze Reihe von Anbietern mit solider Technologie – aber ich kenne nur einen außergewöhnlich ehrgeizigen und genialen Cyberunternehmer: George Kurtz. Er hat CrowdStrike aufgebaut, ein Unternehmen mit einem Unternehmenswert von rund 100 Milliarden Dollar, das sich auf Unternehmensdaten in der Cloud konzentriert. Anfangs war das ein Nischenmarkt, als die meisten Firmen ihre Daten noch auf eigenen Servern speicherten; mit dem Wachstum der Cloud wuchs auch CrowdStrike: Aus 1.000 Dollar, zum Börsengang im Juni 2019 investiert, wären bis Ende

2024 über 10.000 Dollar geworden. Im S&P 500 wäre derselbe Einsatz im gleichen Zeitraum nur auf gut 2.200 Dollar angewachsen.

Skalierbare Konzepte finden Sie in jeder Branche. Ich spüre sie gern in der Biotechnologie auf – etwa bei einem Unternehmen mit einer starken Entwicklungspipeline, aus der ein Milliarden-Medikament hervorgehen kann. Ich spreche von Regeneron. Im April 2005 – weniger als einen Monat nach dem Start meiner *CNBC*-Sendung „Mad Money" – war Regeneron-CEO Len Schleifer zu Gast; er zählte zu meinen ersten Interviewpartnern. Sein Unternehmen entwickelte damals ein neues Augenmedikament gegen Makuladegeneration, eine schwere Augenerkrankung. Die Aktie stand unter fünf Dollar. Das Mittel wurde später zum Blockbuster und erzielte in der Spitze fast zehn Milliarden Dollar Jahresumsatz. 1.000 Dollar, zum Zeitpunkt des ersten Interviews investiert, wären bis Ende 2024 auf 150.000 Dollar angewachsen. Der S&P 500 Index hätte im selben Zeitraum etwas über 7.000 Dollar daraus gemacht. (Regeneron stand zuletzt vor Herausforderungen, nachdem das Patent für das wichtigste Präparat ausgelaufen war; die Aktie wurde vom Markt deutlich abgestraft. Wer seine Hausaufgaben machte und die Quartalsberichte sorgfältig durcharbeitete, konnte das erkennen.)

Oder nehmen Sie einen Anbieter kritischer Infrastrukturlösungen für auf KI ausgelegte Rechenzentren: Vertiv. 1.000 Dollar, zum Börsengang investiert, wären in den fünf Jahren danach auf 9.700 Dollar angewachsen; dieselbe Summe im S&P 500 Index hätte im gleichen Zeitraum knapp 2.000 Dollar erreicht.

Bevor Sie auf „Kaufen" klicken, fragen Sie sich: Hat dieses Unternehmen die Fähigkeit, von klein auf groß – oder von regional auf national – zu skalieren, und verfügt es über ein Management, das diese Skalierung auch umsetzen kann? Besteht keine Chance auf Skalierung? Dann verschwenden Sie nicht Ihre Zeit.

Diversifikation

Ein weiterer Punkt bei der Auswahl Ihrer fünf Aktien ist die Diversifikation – ich sehe das aber nicht so streng. Mir ist eine Mischung verschiedener Arten von Wachstumsaktien lieber, aber es ist kein Muss – auch wenn andere das so darstellen. Es gibt nur eine begrenzte Zahl von Unternehmen und Sektoren, die wirklich kaufenswert sind. Ich will, dass Sie in die besten Aktien investieren. Punkt. Deshalb müssen Sie sich keine allzu großen Sorgen machen, wenn sich die Sektoren Ihrer Auswahl teilweise überschneiden.

Echte Diversifikation dient dem Risikoausgleich: Sie kombinieren Frühphasen-Positionen, bei denen Sie sehr früh einsteigen, mit Titeln, die sich über Jahre oder Jahrzehnte bewährt haben. Diese Mischung bringt zwar Ausfallrisiken mit sich, erhöht aber zugleich die Chance, dass mindestens eine Ihrer Aktien spektakulär abschneidet. Und im Zeitverlauf justieren Sie Ihr Portfolio immer wieder nach, bis die Zusammenstellung genau zu Ihnen passt.

Diversifikation führt uns auch wieder zum M. In Ihrem Depot können Aktien mit sehr unterschiedlichem M liegen: bei manchen ist das M stabil, bei anderen steigt es. Wie ich im vorigen Kapitel gesagt habe: Steigende Gewinne schlagen oft ein steigendes M – nennen wir es Ergebnisse versus Begeisterung –, aber das M kann höher steigen, wenn die Lage es hergibt. Auf solche Phasen sollten Sie besonders achten. Schauen wir uns an, wie das in der Praxis aussehen kann.

Wenn ein Managementwechsel das M in Bewegung bringt

Das M kann sich ändern, wenn sich in einem Unternehmen die Dinge zum Besseren wenden. Ein neuer CEO kommt mit einem vielversprechenden Plan an Bord. Ein aktivistischer Aktionär drängt auf eine positive

Neuausrichtung. Ein Unternehmen wächst stärker, als es der Markt erwartet hat. Vielleicht kommt ein größerer Konzern zu dem Schluss, dass die Aktie, die Sie halten, viel zu billig ist, und versucht, das Unternehmen zu kaufen oder ohne Zustimmung des Managements ein Angebot zu unterbreiten – eine feindliche Übernahme. Wenn die Aufsichtsbehörden diesen Zusammenschluss durchwinken, können Sie damit eine Menge Geld verdienen.

Ich bleibe grundsätzlich offen für positive, substanzielle Veränderungen beim M, denn Unternehmen sind dynamisch und können sich immer wieder neu erfinden. Doch solche Veränderungen kommen fast nie ohne einen Wechsel an der Spitze. Wenn bei einem Unternehmen, das Sie schon lange im Blick haben, ein neues Management das Ruder übernimmt, ist das Ihre Chance, ganz früh bei einer möglichen Ausweitung des M dabei zu sein – und damit sehr viel Geld zu verdienen. Gehen Sie die Zahlen noch einmal durch und versuchen Sie, sich ein Urteil über den Charakter des neuen CEO zu bilden.

Es ist schwer abzuschätzen, welche Auswirkungen ein neuer Coach auf die Erfolgsaussichten eines NFL-Teams hat – genau das ist der passende Vergleich. Zum Glück bringt ein neuer CEO oft schon eine Erfolgsbilanz mit, die Ihnen die Beurteilung erleichtert. Achten Sie auf jemanden, der offen für neue Ideen ist und das Unternehmen schnell auf das nächste Niveau heben will. Was zeichnet eine wirklich starke neue Führungskraft aus? Erstens: Sie will so schnell wie möglich Punkte machen – also rasch sichtbare Erfolge liefern – und dann über längere Zeit immer wieder die Erwartungen übertreffen. Genau das beschreibt eines der besten Wirtschaftsbücher, die ich je gelesen habe: „Winning Now, Winning Later“ von David M. Cote, der den Industrie- und Technologiekonzern Honeywell vollständig umgekrempelt hat – von einer der schlechtesten Anlagen zu einer der besten, und das in nur wenigen Quartalen. Er packte alles an, was schieflief, einschließlich horrender Asbestklagen, die das Vorgänger-Management weitgehend ignoriert hatte, obwohl sie das Unternehmen beinahe in den Abgrund hätten reißen können.

Dave Cotes Kurs – samt kompromisslosem Kehraus, bei dem alles aus dem Unternehmen gefegt wurde, was nicht exzellent war – war schon in seiner ersten Analystenkonferenz klar erkennbar. Viele zweifelten an ihm, aber für mich war sofort klar: Hier lag pures Gold, weil Cote vor Begeisterung für Veränderung nur so sprühte. Er setzte seine größten Einsätze auf das Luft- und Raumfahrtgeschäft – einen phänomenalen Wachstumstreiber über Jahrzehnte – und stutzte die zyklischsten Teile seines Geschäfts zurecht, die das Unternehmen bei einem Abschwung oder in einer Rezession nach unten hätten ziehen können. Seit Cote im Februar 2002 CEO von Honeywell wurde, erzielten die Honeywell-Aktien bis zu seinem Ausscheiden als Chairman Ende April 2018 eine Gesamtrendite von 551 Prozent – mehr als das Doppelte der 239 Prozent Gesamtrendite, die der S&P 500 im gleichen Zeitraum erzielte.

Ein weiteres Beispiel ist Larry Culp. Er übernahm den angeschlagenen Konzern General Electric (GE) und entschied, dass die drei Geschäftsbereiche von GE – GE HealthCare, GE Vernova (ein Geschäft mit Stromerzeugung, erneuerbar wie konventionell) und GE Aerospace (ein großer Hersteller und Servicedienstleister für Strahltriebwerke) – nicht unter dasselbe Dach gehörten. Am Anfang war ich skeptisch; das Turbinengeschäft lief seit Ewigkeiten miserabel. Aber Larry überzeugte mich, dass energiehungrige Rechenzentren die Nachfrage ankurbeln würden – und tatsächlich behielt er recht. Hätten Sie im Oktober 2018 1.000 Dollar in GE investiert, wären daraus bis Ende 2024 fast 3.000 Dollar Gesamtertrag geworden: ungefähr 1.820 Dollar in Form von GE-Aerospace-Aktien und Dividenden, dazu rund 270 Dollar aus GE HealthCare und mehr als 850 Dollar aus GE Vernova. Zum Vergleich: Eine entsprechende Anlage in den S&P 500 hätte im selben Zeitraum etwas mehr als 2.200 Dollar abgeworfen. Und während ich dies im Jahr 2025 schreibe, gehören GE Aerospace und GE Vernova erneut zu den heißesten Aktien am Markt – beide sind seit Jahresbeginn um etwa 50 Prozent gestiegen und befinden sich inzwischen unter den zehn stärksten Werten im S&P 500.

Bei Honeywell und GE handelte es sich um Erfolge, die Sie sich hätten sichern können, wenn Sie ihre bekanntermaßen starken CEOs und das Potenzial dieser einst großartigen, aber mittlerweile in schwere Zeiten geratenen Unternehmen erkannt hätten. Dave und Larry verwandelten ihre zyklischen Unternehmen in säkulare Wachstumswerte, die zu fantastischen Renditebringern wurden.

Achten Sie nicht nur auf die klassischen Staffelwechsel an der Spitze. Selbst wenn die gängige Meinung lautet, eine Aktie sei mit ihrem Wachstum am Ende, gibt es oft noch erheblich Luft nach oben. Ein hervorragendes Beispiel ist Tim Cook bei Apple, den ich bereits erwähnt habe. Natürlich liebten alle Steve Jobs, den Gründer. Ich hatte die Aktie jahrelang immer mal wieder im Depot. Am Tag, an dem Steve starb, war ich fest entschlossen, Apple den Rücken zu kehren und die Aktie zu verkaufen. Wer sollte jemals besser sein als Steve Jobs? Mit Tim Cook zeigte sich im Laufe der Zeit jedoch eine andere Form von Größe: weniger große Showmomente, mehr ruhige, durchdachte Aufbauarbeit. Jobs brachte die unglaublichen Innovationen, Cook bündelte sie und setzte sie konsequent um – und führte Apple so auf neue Höchststände. Er erkannte das Potenzial des App Store und baute die Serviceumsätze massiv aus. Außerdem ließ er allerhand iPhone-Zubehör entwickeln, das Menschen auf der ganzen Welt lieben. Der Wohlstand, den Tim durch sein beinahe manisches Beharren darauf geschaffen hat, dass all seine Produkte in ihrer Kategorie die besten sein müssen, beruht heute auf einer unglaublichen Basis von mehr als zwei Milliarden aktiven Geräten – deren Besitzer ständig upgraden, Zubehör kaufen und für Services zahlen. Hätten Sie im August 2011, als Tim Cook das Ruder übernahm, 1.000 Dollar in Apple-Aktien gesteckt, wären daraus bis Ende 2024 rund 22.000 Dollar geworden, gegenüber etwa 6.400 Dollar bei einer entsprechenden Anlage in den S&P 500.

Die Geschichte von Microsoft verlief ähnlich. Hätten Sie zum Zeitpunkt des Börsengangs 1.000 Dollar in die Aktie investiert, wären daraus bis Ende 2024 atemberaubende 7,03 Millionen Dollar geworden, gegenüber

58.500 Dollar bei einer entsprechenden Anlage in den S&P 500. Bill Gates war großartig für das Wachstum des Unternehmens, aber in der Amtszeit von Satya Nadella ist die Aktie noch weiter gestiegen: 1.000 Dollar, die Sie investiert hätten, als er im Februar 2014 CEO wurde, wären bis Ende 2024 auf 13.900 Dollar angewachsen, während der S&P 500 Ihr Geld im selben Zeitraum auf 4.100 Dollar vermehrt hätte.

Wollen Sie noch mehr Beispiele für CEO-Magie? Brian Niccol übernahm am 5. März 2018 das Ruder bei Chipotle Mexican Grill, einer großen US-amerikanischen Schnellrestaurantkette für mexikanisch inspiriertes Fast Food. Von diesem Zeitpunkt an bis zu seinem Wechsel an die Spitze von Starbucks Ende August 2024 machte er aus 1.000 Dollar 8.800 Dollar, während eine entsprechende Anlage in den S&P 500 im selben Zeitraum nur auf 2.300 Dollar angewachsen wäre.

Klar, die größten Gewinne sind dann drin, wenn Sie von Anfang an dabei sind. Aber das heißt nicht, dass Sie zwangsläufig verkaufen müssen, sobald sich die Führungsspitze ändert. Als Reed Hastings Netflix im Mai 2002 an die Börse brachte, hielten viele das hoch verschuldete Unternehmen für einen hoffnungslosen Fall. Doch während sich Netflix zu einem Streaminganbieter entwickelte, wären aus 1.000 Dollar beim Börsengang bis Ende 2024 atemberaubende 831.900 Dollar geworden. Und das Unternehmen gedeiht weiter, seit Ted Sarandos zum Co-CEO aufgestiegen ist – die Aktie schlägt den S&P 500 immer noch. Oder nehmen Sie Amazon unter Jeff Bezos: Aus 1.000 Dollar wären vom Börsengang im Mai 1997 bis Ende 2024 rund 2,9 Millionen Dollar geworden, gegenüber 11.600 Dollar bei einer entsprechenden Anlage in den S&P 500. Andy Jassy hat 2021 das Ruder übernommen – und die Aktie hat sich für die Anteilseigner weiterhin sehr gut entwickelt.

In den ersten Minuten der ersten Telefonkonferenz eines neuen CEOs mit Analysten und Investoren sollten Sie erkennen können, ob große, positive Veränderungen bevorstehen. Wenn Sie das nicht erkennen, wird Ihnen der Aktienkurs ein deutliches Signal geben. In den ersten 90 Tagen der Amtszeit eines neuen CEOs sollten Sie den Kurs genau beobachten –

er liegt selten daneben. Schon 1996 beschrieb Andy Grove von Intel in seinem Buch „Only the Paranoid Survive“ (dt. „Nur die Paranoiden überleben“), wie wichtig genau diese 90-Tage-Phase ist. Grove mag sich bei den Chancen von Nvidia geirrt haben, aber wenn es um Management ging, wusste er, dass man Blender sofort entlarven kann.

Wie viel besser muss ein neuer CEO eigentlich sein? Das hängt davon ab, wie groß die Überzeugung der Anleger ist, dass das neue Management die Schätzungen übertreffen kann. Als Brian Niccol von Chipotle zu Starbucks wechselte und dort einen wenig effektiven Manager ablöste, legte die Aktie um 20 Dollar zu. Oder nehmen Sie Disney, wo sich der damalige CEO als Fehlgriff erwies und vorübergehend der frühere CEO Bob Iger zurückkehren musste. Sein Vorgänger hatte so viel Schaden angerichtet, dass sowohl die Gewinnerwartungen als auch das M gesunken waren. Aber ich bin überzeugt, dass die Zeit Disneys Wunden heilen wird; das Unternehmen verfügt über eine äußerst starke Marke mit enormem geistigem Eigentum und großartigen, wenn auch teuren Themenparks.

Ein motiviertes Management kann sehr viel für ein Unternehmen bewirken. Mitunter wird es von aktivistischen Aktionären zu tiefgreifenden Veränderungen gedrängt – bis hin zur Aufspaltung des Unternehmens. Meist aber erkennt das Management selbst, dass das Unternehmen mehr wert ist, als es der aktuelle Aktienkurs nahelegt, und beschließt, zu handeln, um den Kurs kurzfristig nach oben zu bringen.

DuPont, ein Chemiekonzern, der im Zuge der Fusion mit Dow Chemical zu DowDuPont zusammengeschlossen wurde, trat jahrelang auf der Stelle – mit einem erstaunlich niedrigen M, gemessen an seinen besonderen Vermögenswerten. 2024 kam Ed Breen – der zunächst als Chairman und später zusätzlich als CEO an der Spitze von DuPont stand (und rund 20 Jahre zuvor den schwer angeschlagenen Industriekonzern Tyco aus der Beinahepleite heraus saniert und zu einem der spektakulärsten Börsenerfolge der jüngeren Vergangenheit gemacht hatte) – zu dem Schluss, dass sein Unternehmen die Aktionäre nicht so belohnte, wie es sollte. Also entschied er, den Konzern neu aufzustellen und in mehrere Teile aufzuteilen. Der aktuelle Plan sieht vor, das Elektronikgeschäft – eine Sparte mit Materialien und Lösungen für die Elektronikindustrie – auszugliedern; im verbleibenden Unternehmen bleiben dann die Bereiche Wasseraufbereitung und Spezialchemikalien. Allein die Ankündigung dieser Neuaufstellung ließ das M um vier volle Punkte nach oben springen. Am Gewinn änderte sich zunächst nichts. Aber die Teile wurden vom Markt höher bewertet als das bisherige Ganze. Am Ende folgten die Gewinne dem höheren Multiple.

Als Vimal Kapur 2023 bei Honeywell die Führung übernahm, erbte er ein Unternehmen, das seit dem Rückzug von Dave Cote 2018 weitgehend stagnierte. Auf Drängen des aktivistischen Finanzinvestors Elliott Investment Management willigte er ein, den Konzern in drei Teile aufzuteilen: Luft- und Raumfahrt, Automatisierung und Hochleistungsmaterialien. Ich bin überzeugt, dass diese drei Einheiten deutlich mehr wert sein werden als das bisherige Ganze. Weitere Beispiele sind Dover und Eaton, zwei eher verschlafene Industrieunternehmen, die beschlossen, ihre Geschäftsmodelle zu überarbeiten und auf schnell wachsende Rechenzentren, Klimaschutz und Elektrifizierung zu setzen. Cummins, ein exzellenter Hersteller von Lkw-Motoren, sah eine enorme Nachfrage nach Notstromaggregaten für Rechenzentren, die sich keinen Stromausfall leisten können, und richtete den Schwerpunkt stärker auf dieses Geschäft als auf klassische Lkw-Motoren. Bei allen drei Unternehmen stieg das M, weil sie den Schwerpunkt von zyklischem auf strukturelles Wachstum verlagerten. Die Gewinnerwartungen zogen zunächst gar nicht an; die Kursgewinne kamen zustande, weil Anleger mehr künftiges Wachstum erwarteten. Und sie behielten recht.

Greg Hayes, der frühere Chef von United Technologies und heute im Ruhestand, fusionierte sein Unternehmen mit Raytheon und formte daraus drei Gesellschaften: RTX, einen Luft- und Raumfahrtkonzern; Otis, einen Aufzughersteller; und Carrier, ein Klimatechnikunternehmen. Alle drei sind aufgeblüht, weil die neuen Unternehmen von außergewöhnlich fokussierten CEOs geführt werden, die verlässlich überdurchschnittliche Ergebnisse liefern. RTX ist heute ein führender Anbieter im Verteidigungs- und Luftfahrtbereich, wobei Letzterer zu den stärksten strukturellen Wachstumsbranchen überhaupt gehört. Otis hat ein Servicegeschäft aufgebaut, das aus dem früher zyklischen Aufzugsgeschäft – ich verkneife mir hier das Wortspiel vom „Auf-und-ab-Geschäft" – ein starkes globales Unternehmen gemacht hat, das selbst in einer Welt mit fast keinen Neubauten gut abschneidet. Carrier hat sich von einem klassischen Klimaanlagenhersteller zu einem Anbieter sauberer, stärker umweltorientierter Klimalösungen gewandelt. Alle drei Unternehmensbereiche sind zu Qualitätsunternehmen und zu führenden Akteuren in ihren Branchen geworden – und alle drei Aktien eignen sich hervorragend als langfristige Anlagen nach dem Kaufen-und-Halten-Prinzip.

Die eher träge Kellogg Company entschied sich vor einigen Jahren dafür, das Unternehmen in ein langsam wachsendes Cerealiengeschäft mit hoher Dividende und ein schnell wachsendes Snackgeschäft mit Marken wie Pringles und Pop-Tarts aufzuspalten. Das turbogeladene Snackgeschäft, heute unter dem Namen Kellanova, sollte wachstumsorientierte Anleger anlocken, während das langsamere Cerealiengeschäft, jetzt W. K. Kellogg, einkommensorientierte Investoren anziehen sollte. Beide Unternehmen legten für sich genommen fast sofort an Wert zu – und kurz darauf erhielt Kellanova ein üppiges Übernahmeangebot vom Snack-Riesen Mars. Später bekam W. K. Kellogg ein hohes Übernahmeangebot vom italienischen Süßwarenkonzern Ferrero. Volltreffer. Damit brachte das Management den Aktionären eine Menge Geld ein.

Die größte wertschaffende Aufspaltung der Börsengeschichte war eine, die ich nie empfohlen habe – weil ich grundsätzlich keine Tabakaktien empfehle: die Aufspaltung des Philip-Morris-Konzerns, über die ich am Anfang dieses Buches schon gesprochen habe. Meiner Ansicht nach sollte niemand Aktien von Unternehmen kaufen, die ein derart schreckliches Produkt herstellen. Hätten Sie 2004 in Altria-Aktien investiert, als das Unternehmen darüber nachdachte, wie es versteckte Werte heben könnte, würden Sie heute Anteile an Altria, Philip Morris International, Kraft Heinz und Mondelez International besitzen. Mit Ausnahme der wachstumsschwachen Kraft Heinz haben sich diese Unternehmen allesamt als sehr gute Langfristanlagen erwiesen.

Was haben all diese Veränderungen gemeinsam? Der Schwerpunkt liegt auf säkularem Wachstum.

Doch wie gehen Sie vor, wenn Sie auf die Jagd nach säkularem Wachstum gehen wollen? Wie sammeln Sie die nötigen Informationen, um sich ein Bild zu machen? Arbeiten Sie sich durch Gewinn-und-Verlust-Rechnungen und Analystenkonferenzen – und entscheiden Sie dann, wann Sie zuschlagen? Es ist bei Weitem nicht so schwierig, wie es klingt.

KAPITEL 13

Wie Sie Aktien richtig recherchieren

Wo Sie suchen – und wie Sie handeln

Die Formulierung „Kaufen und Hausaufgaben machen" verwende ich schon seit meiner Radiosendung „Real Money" im Jahr 2001, und die Leute hören einfach nicht auf, mich zu fragen, was sie eigentlich bedeutet. „Cramer, was genau sind denn diese verdammten Hausaufgaben?" Ich kann niemandem verdenken, dass er diese Frage stellt. Bisher habe ich viel zu oberflächlich erklärt, was mit diesen Hausaufgaben eigentlich gemeint ist. Damit ist jetzt Schluss. Ich werde jeden einzelnen Baustein dieser Hausaufgaben für Sie aufdröseln und ich verspreche Ihnen: Es ist deutlich weniger anspruchsvoll als das, was Sie damals in der Schule erledigen mussten – und es kann Sie spürbar wohlhabender machen. Danach werden Sie wissen, was Sie tun müssen, bevor Sie eine Aktie kaufen, und was Sie im Anschluss tun müssen, um bei der Entwicklung auf dem Laufenden zu bleiben.

Zu den Hausaufgaben gehören einige Bausteine: sich die Analystenkonferenzen zu den Quartalszahlen anhören, die Zahlen prüfen, Research-Berichte lesen, sämtliche Unternehmensnachrichten über Google durchforsten und sie bei Perplexity, ChatGPT oder Grok eingeben, um sich dort die wichtigsten Informationen aufbereiten zu lassen. Sie müssen keine Bibliothekarin mehr anbetteln, die Ihnen alte Mikrofiches aus dem Archiv zieht. Sie haben heute alles direkt zur Hand.

Der beste Einstieg in die Hausaufgaben zu einem konkreten Unternehmen ist ganz einfach: Schauen Sie sich die Website des Unternehmens an – vor allem den Bereich Investor Relations, den ich für unverzichtbar halte. Ich klicke mich dort überall durch und sehe mir so gut wie jeden Reiter an: von „Unternehmen" über „Unternehmensgeschichte", „Partnerschaften" und „Kunden" bis zu „Produkte" – damit ist im Grunde alles abgedeckt. Ich öffne jeden Link, der ein Video enthält, denn heutzutage haben viele Unternehmen nahezu undurchdringlich komplexe Produkte, und in den Videos sehe ich, wie echte Kunden sie tatsächlich einsetzen.

Jetzt wissen Sie, wie das Unternehmen gesehen werden möchte. Als Nächstes lese ich alle Artikel, die ich über die Firma finden kann, meist über die Google-Suche. Zusätzlich kann ich die Aktie in die Beobachtungsliste auf der *CNBC*-Website eintragen und mir dort die aktuellsten Artikel zu dem Unternehmen anzeigen lassen.

Gute Quellen für Wirtschaftsnews und Hintergrundinformationen gibt es mehr als genug. Mein Tag beginnt damit, dass ich CNBC.com scanne und danach das *Wall Street Journal*, *Bloomberg*, das Wirtschaftsressort der *New York Times* und die *Financial Times* lese. Die *FT* ist besonders wichtig, weil sie versucht, jeden Tag eine große Story zu bringen – und die kann oft einen ganzen Sektor bewegen, in dem Sie Aktien halten. Außerdem schaue ich mir alles an, was *Fortune* zu meinen Aktien zu sagen hat. *Barron's* ebenfalls.

Wenn es Ihnen möglich ist, ist es hilfreich – aber nicht zwingend nötig –, alle Research-Berichte der großen Banken und Broker an der Wall Street zu lesen, die Sie in die Finger kriegen. Einer der Gründe, warum ich es für sinnvoll halte, mit einem Broker zusammenzuarbeiten – einem echten Menschen –, ist, dass er Ihnen Research-Berichte zu einem Unternehmen besorgen kann. Wenn Sie mehrere Depots eröffnen können, bekommen

Sie im Prinzip sämtliches Research, das Sie je brauchen werden. Natürlich ist der Wert solcher Research-Berichte fragwürdig und vergänglich, da diese meistens darauf abzielen, Sie zum Traden zu bringen – ich möchte hingegen, dass Sie investieren. Denken Sie daran: Diese Research-Berichte sind auf Institutionen zugeschnitten, die die Indizes schlagen wollen, nicht darauf, dass Sie die fünf kostbaren Plätze im Aktienanteil Ihres Depots sinnvoll besetzen. Aber Wissen ist eine Form von Macht, und wenn ich es bekommen kann, nehme ich es mit.

Wenn Sie eine Aktie aus dem Portfolio des CNBC Investing Club besitzen, stellen wir Ihnen all das mit einem Klick direkt zur Verfügung. Wie ich mit einigem Stolz sage: Wir liefern Ihnen alles, was Sie brauchen, um die bestmöglichen Entscheidungen über Aktien zu treffen. Aber ich respektiere Ihre eigene Arbeit und Ihre Entscheidungen – sehen Sie den Club daher einfach als eine Möglichkeit an, sich die Sache deutlich zu erleichtern.

Berichtssaison der Quartalszahlen

Die Unternehmen in Ihrem Depot legen 4-mal im Jahr ihre Umsätze und Gewinne vor und geben einen Ausblick. Wie gesagt: In dieser Phase macht eine Aktie oft einen großen Sprung – nach oben oder nach unten. Deshalb sollten Sie bereit sein, jedes Mal rund eine Stunde pro Aktie zu investieren, wenn die Unternehmen ihre Zahlen vorlegen. In der Regel werden Sie diese Zeit nicht voll ausschöpfen. Aber wenn der Kurs wild ausschlägt, wollen Sie der Sache auf den Grund gehen.

Um von guten Gewinnmeldungen zu profitieren, müssen Sie sie vorab einkalkulieren. Wenn Sie jedoch langfristig investieren, müssen Sie sich nicht allzu große Sorgen darüber machen, ob ein Unternehmen in einem bestimmten Quartal die Schätzungen übertrifft. Natürlich wollen Sie, dass ein Unternehmen seine Prognosen regelmäßig übertrifft und seine Ziele nach oben anpasst, aber Sie können nicht erwarten, dass das Management in jedem Quartal perfekte Zahlen liefert. Da jede Veröffentlichung der Quartalszahlen den Aktienkurs sofort bewegt, müssen Sie sich rechtzeitig darauf vorbereiten. Ich halte allerdings nichts davon, vor den Zahlen zu spekulieren – dabei wird oft zu viel gehandelt, obwohl man zu wenig weiß. Ich rate Anlegern grundsätzlich, mit Entscheidungen zu warten, bis in der Analystenkonferenz über die Prognosen gesprochen wird. Viele lassen sich von dem rosigen Ausblick täuschen, den ein CEO zu Beginn dieser Analystenkonferenz zeichnet, im Gegensatz zu der meist nüchternen, hypefreien Version, die im Anschluss vom Chief Financial Officer (CFO) kommt – dem eigentlichen Hüter der Zahlen und Prognosen. Die Prognose, die ganz am Ende des Beitrags des CFO kommt, direkt vor der Fragerunde, ist der mit Abstand wichtigste Teil der gesamten Analystenkonferenz. Tun Sie nichts, bevor Sie diese Prognose gehört und mit den Erwartungen der Wall Street abgeglichen haben.

Für Privatanleger ist es äußerst hilfreich, sich ein grobes Bild davon machen zu können, wie ein Unternehmen im Vergleich zu den Erwartungen abgeschnitten hat. So erkennen Sie, ob sich ein Unternehmen operativ verbessert oder ob es zu straucheln beginnt. Wenn Sie Anteile an einem Unternehmen halten, das sich schon in guten Zeiten schwertut, dann glauben Sie mir: Sie müssen diese Aktie meiden – schlechte Zeiten stehen bevor, und der Kurs wird in sich zusammenfallen. Wenn Sie überhaupt an irgendeinem Markt investieren, müssen Sie jederzeit davon ausgehen, dass Sie schon bald in einem schlechten Markt landen werden.

Die Aktienseiten von *CNBC* bieten unter dem Reiter „Earnings“ sowohl Schätzungen als auch historische Daten. Die Broker-Apps von Anbietern wie Charles Schwab oder Fidelity stellen ebenfalls sehr gute Analysetools bereit. All diese früher schwer zugänglichen Informationen sind heute zur Standardware geworden. Dennoch lohnt es sich, sie an den vier Tagen im Jahr zu nutzen, an denen die Unternehmen ihre Zahlen vorlegen.

Meine Lieblingsquellen

Es zahlt sich aus, die großen Zusammenhänge im Blick zu haben. Einer meiner Co-Autoren, Matt Horween, schickt mir oft Research-Berichte der Federal Reserve und ihrer regionalen Notenbanken. Einige dieser Berichte – etwa neuere Forschungsberichte der San Francisco Fed – erklären Anomalien an den Märkten und in der Wirtschaft, die ich sonst nicht verstehen würde. Ich mag dieses Material, weil ich mich in meiner Morgensendung fundiert dazu äußern kann. (Für „Mad Money" ist das weniger wichtig.)

Andere Quellen wie die vierteljährliche Energieumfrage der Dallas Fed geben Einblick in die Denkweise von Führungskräften der Öl- und Gasbranche – einschließlich ihres Ausblicks auf die Rohölpreise und ihrer Bohrpläne. Das ist besonders aufschlussreich für Anleger im Energiesektor, denn die von der Dallas Fed abgedeckte Öl- und Gasregion rund um Texas gehört historisch zu den stärksten Energiestandorten der USA. Angesichts der Stärke dieser Energieregion und der Bedeutung des Energiesektors für das Weiße Haus unter Donald Trump sehe ich mir gern an, ob die Analysten der Dallas Fed eine Verlangsamung oder eine Beschleunigung bei den Ausgaben der Unternehmen für neue Explorationsprojekte erkennen. Die Dallas Fed analysiert ihre eigene Region im Verhältnis zum Rest des Landes sehr gründlich. Und viele andere regionale Notenbanken der Fed tun das ebenfalls.

Die Fed-Zweigstelle in Cleveland beherbergt das Center for Inflation Research, das Hintergrundanalysen, Echtzeitdaten zur Preisentwicklung und weitere Auswertungen veröffentlicht. Die Fed-Zweigstelle in St. Louis betreibt die Datenbank FRED – kurz für Federal Reserve Economic Data steht. Sie enthält eine Fülle historischer Daten, von Bevölkerungsstatistiken über Arbeitslosenzahlen bis zur Geldmenge, mit Grafiken, die die wirtschaftliche Lage in einen größeren Zusammenhang stellen. Ich habe alles abonniert, was sie herausgeben. Ich nutze diese Daten seit vielen Jahren und bin überzeugt, dass die Gründlichkeit dieser Zweigstelle im gesamten System unübertroffen ist. Die Fed-Zweigstelle in Richmond liefert einen guten Überblick über die gesamte Wirtschaft und ihre Perspektiven, nicht nur über ihre eigene Region. Die Fed-Zweigstelle in Atlanta ist die Hüterin des Prognosemodells GDPNow, das eine Echtzeitschätzung der Wachstumsrate des Bruttoinlandsprodukts für das jeweils laufende Quartal liefert und seine Prognose jedes Mal anpasst, sobald neue Konjunkturdaten veröffentlicht werden. Viele professionelle Marktteilnehmer nehmen diese Arbeit nahezu als Evangelium, wenn es um Stärke oder Schwäche der Konjunktur geht.

Überlegen Sie, was Sie über die jeweiligen Branchen wissen müssen, für die Sie sich interessieren. Wenn Sie sich für Energie interessieren, gibt es die Internationale Energieagentur (IEA) und die US-Behörde Energy Information Administration (EIA); beide liefern aufschlussreiche Daten und Berichte zum Zustand der Energiebranche. Außerdem lasse ich mir gern die Analysen von rbnenergy.com schicken – das ist die tägliche Einschätzung von Rusty Braziel und seinem Team bei RBN Energy, einem auf Energie- und Pipeline-Märkte spezialisierten US-Analyseunternehmen, zu den Perspektiven verschiedener Öl- und Gasunternehmen und der gesamten Branche. Rusty Braziel hat die technologische Revolution richtig vorhergesagt, durch die unsere Ölproduktion in die Höhe geschossen ist. Er hat seine Leser auch früh darauf hingewiesen, dass wir zur führenden Exportnation für Flüssigerdgas werden würden, und er hat sogar vorausgesehen, dass wir zum wichtigsten Energieproduzenten der Welt werden. Ich halte seine Arbeit für unverzichtbar – deshalb lade ich Braziel so oft in meine Sendung „Mad Money“ ein. Es ist kaum möglich, eine fundierte Entscheidung über irgendeine Energieaktie zu treffen, ohne seine Website zu abonnieren. Fast alle meine Recherchen im Energiesektor beginnen bei Rusty Braziel.

Interessieren Sie sich für Fluggesellschaften? Die Daten zu den Sicherheitskontrollen der US-Behörde Transportation Security Administration (TSA) helfen Ihnen, die Nachfrage nach Flugreisen besser einzuschätzen.

Ich verfolge die Passagierzahlen am Flughafen von Las Vegas, um zu sehen, ob der Freizeitreiseverkehr wächst oder schrumpft. Wir haben bei *CNBC* das große Glück, Phil LeBeau im Team zu haben – er berichtet über die Auto- und Luftfahrtbranche und von ihm bekomme ich den Großteil meiner Informationen zur Reisebranche. Für mich ist er mit großem Abstand der beste Journalist auf diesem Gebiet.

Branchenverbände können ebenfalls eine hervorragende Anlaufstelle sein, wenn Sie detaillierte Informationen zu bestimmten Industriezweigen suchen – solange Sie deren Blickwinkel im Hinterkopf behalten. Die Jahresberichte der Semiconductor Industry Association (SIA) sind dafür ein Beispiel: Sie sind zwar nicht unbedingt nötig, können Ihre unternehmensspezifische Recherche aber sinnvoll ergänzen.

Zur Einschätzung des Immobilienmarkts greife ich gern auf die Analysen der Mortgage Bankers Association (MBA) zurück. Sie liefern zu jeder wichtigen Kennzahl praktisch in Echtzeit eine Einordnung – und solche Kennzahlen gibt es eine ganze Menge. Hausbauunternehmen gehören meiner Meinung nach nicht in Ihr Depot; ihr Geschäft ist zu stark von der Konjunktur abhängig – es ist zu zyklisch. Aber die Auswertungen der MBA sind wichtig, wenn Sie die Entwicklung der Zinsen einschätzen wollen. Eine weitere hervorragende Quelle ist „Restaurant Business". Ich würde mir niemals eine Restaurantaktie ins Depot legen, ohne vorher die täglichen Bulletins von „Restaurant Business" zu lesen.

Analystenkonferenzen

Ich höre mir gern die Analystenkonferenzen an – und zwar nicht nur die der Unternehmen, deren Aktien ich im Depot halte. Natürlich haben Sie vermutlich nicht die Zeit, sich so tief hineinzugraben. Aber hier ist ein Überblick über die „Magnificent Seven" – die glorreichen Sieben unter den großen US-Tech-Aktien – als Beispiele dafür, worauf ich bei potenziellen Aktienkäufen achte:

1. Anat Ashkenazi, die neue Finanzchefin (CFO) von Alphabet, gibt Ihnen den besten Ausblick auf die weitere Entwicklung des Unternehmens und liefert mehr Informationen als CEO Sundar Pichai.
2. In den Analystenkonferenzen von Amazon liefert CEO Andy Jassy durchweg starke Auftritte ab, aber besonders schätze ich die Beiträge von Brian Olsavsky, dem äußerst akribischen CFO.
3. Wenn es um Transparenz und Sachlichkeit geht, ist Apple-Chef Tim Cook unerreicht.
4. Im Laufe der Zeit habe ich großen Respekt vor den Auftritten von Mark Zuckerberg in den Analystenkonferenzen von Meta Platforms gewonnen. Ich höre ihm inzwischen wirklich gern zu – auch wenn ich damit vielleicht ziemlich allein dastehe.
5. Bei Microsoft höre ich CEO Satya Nadella zwar gern zu, aber es ist Finanzchefin Amy Hood, die maßgeblich die Richtung des Aktienkurses bestimmt, wenn sie in der Analystenkonferenz zu den Quartalszahlen die Prognose für das nächste Quartal abgibt. Trauen Sie keiner Kursbewegung, bevor sie gesprochen hat.
6. Was soll ich zu den Analystenkonferenzen von Tesla sagen? Da kommt es wohl ganz darauf an, wie Elon Musk an diesem Tag gerade drauf ist …
7. Bei Nvidia schließlich ist es schwer, Colette Kress das Wasser zu reichen – die brillante CFO leitet die Analystenkonferenz und redet Klartext, mit allen Schwächen, die es nun einmal gibt, auch wenn es nicht viele sind. Und ich liebe es, wenn CEO Jensen Huang sich zu Wort meldet. Er ist immer ironisch und witzig – so, wie ich es mir auch von anderen wünschen würde.

Darüber hinaus:

Wenn Sie die Einzelhandelsbranche interessiert, dann sollten Sie unbedingt diesen CEOs aufmerksam zuhören: Doug McMillon (Walmart), Brian Cornell (Target), Ted Decker (The Home Depot) und Marvin Ellison (Lowe's). Alle vier liefern Ihnen großartige Einblicke in ihre eigenen Unternehmen und in die Lage der Einzelhandelsbranche insgesamt. Ohne dieses Quartett bekommen Sie kein klares Bild davon, wie es um den Konsum steht – dabei ist genau das entscheidend, wenn Sie gute Aktien auswählen wollen. Einige kleinere Einzelhändler haben ebenfalls herausragende CEOs, die äußerst wertvolle Einblicke liefern – etwa Laura Alber (Williams-Sonoma), die als Erste die Bedeutung des Homeoffice-Trends wirklich greifbar gemacht hat. Corie Barry (Best Buy) erklärt Ihnen in ihren Calls – egal ob das Geschäft gerade boomt oder unter Druck steht – alles, was Sie über technische Konsumgüter wissen müssen. Trotz der schwachen Kursentwicklung der Best-Buy-Aktie ist das Unternehmen für den Markt für Unterhaltungselektronik und Haushaltsgeräte unverzichtbar. Gary Friedman wiederum ist zwar hoch emotional, hat aber von seinem Chefsessel bei RH – dem früheren Restoration Hardware – den Markt für Wohnen und Einrichten hervorragend im Griff. Seine Calls wirken wie große, dramatische Broadway-Inszenierungen. Abseits der üblichen Verdächtigen liefert Hal Lawton von Tractor Supply jede Menge unerwartete Einblicke, was sich im ländlichen Amerika gut verkauft. Lauren Hobart gibt Ihnen bei Dick's Sporting Goods ein hervorragendes Bild vom Konsumverhalten. Und ein Neuzugang, dem ich besonders gern zuhöre, ist Richard Dickson, der gerade dabei ist, einen beeindruckenden Turnaround bei Gap voranzutreiben.

Sie können darüber hinaus von den CEOs großer Real Estate Investment Trusts (REITs) mit dem Fokus auf Einzelhandelsimmobilien exzellente Einblicke in den Einzelhandel bekommen: von Don Wood (Federal Realty Investment Trust), dem König der Einkaufszentren und gemischt genutzten Immobilien in attraktiven, stadtnahen Vororten; von David Simon (Simon Property Group), dem Herrn der Shoppingmalls; und von

Steve Yalof, der Tanger führt, den führenden Betreiber von Outletcentern. David Simon weiß, dass reiner Einzelhandel heute nicht mehr ausreicht. Er hat seine Einkaufszentren zu gemischt genutzten Quartieren mit hochwertigem Wohnraum weiterentwickelt. Man hört immer wieder, die Mall sei ein Auslaufmodell – aber das gilt nicht für die Malls von David Simon. Und Steve Yalof? Er baut Outlet-Malls an touristischen Hotspots. (Mehr zu diesen drei großartigen Unternehmen finden Sie in Kapitel 18.)

Im Bereich Unternehmenssoftware höre ich mir besonders gern den Salesforce-Call mit Marc Benioff an. Aus seinen Ausführungen erfahre ich eine Menge darüber, welche Bereiche der Wirtschaft gerade schwach oder stark sind. Bill McDermott von ServiceNow liefert Ihnen die besten Hinweise darauf, wer Generative KI tatsächlich einsetzt. Beim Adobe-Call mit Shantanu Narayen lohnt sich das Zuhören besonders: Er erklärt ein komplexes Geschäftsmodell einfach und klar. Matthew Prince von Cloudflare bietet ein bisschen von allem – Einblicke in die Cybersicherheit sowie in die aktuelle Lage bei Netzwerken und Unternehmenssoftware. Noch mehr zur Cybersicherheit: Nikesh Arora von Palo Alto Networks und George Kurtz von CrowdStrike, wenn es um die neuesten Maschen von Cyberkriminellen geht, und Todd McKinnon von Okta, wenn es um Angriffe auf digitale Identitäten geht.

Wenn es um Netzwerktechnik geht, kommt niemand an Cisco-CEO Chuck Robbins heran: Er ordnet alles in den richtigen Kontext ein – selbst dann, wenn Cisco dabei nicht unbedingt gut wegkommt. Wenn ich mich über Halbleiter informieren möchte, höre ich besonders gern Gary Dickerson zu, dem CEO des Anlagenherstellers Applied Materials. Tim Archer vom Rivalen Lam Research liefert ebenfalls hervorragende Einblicke – genauso wie Lisa Su beim Chipproduzenten AMD und der großartige Sanjay Mehrotra von Micron, dem führenden Anbieter von Speicherchips. Und bei Tech-Hardware gehört Jeff Clarke, Vizevorsitzender und Chief Operating Officer von Dell Technologies, seit Jahrzehnten zu den Stimmen, auf die man unbedingt hören sollte.

Aus der Transport- und Logistikbranche höre ich besonders gern Raj Subramaniam von FedEx, Joe Hinrichs von CSX und Shelley Simpson von J. B. Hunt zu.

Unter den Versorgern ist Patti Poppe vom kalifornischen Energieversorger PG&E meine erste Wahl.

Im Öl- und Gassektor ist für mich Mike Wirth, der CEO von Chevron, der Maßstab. Er vermittelt einen hervorragenden Überblick über Onshore- und Offshore-Energie sowie über die Höhen und Tiefen des internationalen Ölgeschäfts. Ebenfalls schätze ich Tom Jorden von Coterra Energy, der einen ausgewogenen Blick auf Öl und Erdgas bietet.

Im Bereich Grundstoffe interessiert mich vor allem, was Sanjiv Lamba, der CEO des Industriegasekonzerns Linde, zu sagen hat. Jim Fitterling vom Chemie-Riesen Dow führt ebenfalls hervorragende Analystenkonferenzen. Wenn es um Stahl geht, höre ich besonders gern Leon Topalian, den CEO von Nucor. Auch Lourenco Goncalves von Cleveland-Cliffs liefert dabei wertvolle Einblicke.

Bei den Herstellern von Konsumgütern des täglichen Bedarfs gibt es eine ganze Reihe hervorragender Manager, denen Sie zuhören sollten: James Quincey von Coca-Cola, Ramon Laguarta von PepsiCo, Procter-&-Gamble-CEO Jon Moeller und CFO Andre Schulten sowie Linda Rendle von Clorox.

In der Pharmabranche empfehle ich Ihnen vor allem Dave Ricks, den CEO von Eli Lilly, Rob Davis von Merck und Robert Ford von Abbott Laboratories. Ford versteht es wie kaum ein anderer, seinen komplexen Hybridkonzern aus Medizintechnik und Gesundheitsversorgung verständlich zu erklären.

Wenn es um Unterhaltung geht, gilt mein Interesse vor allem Netflix zu – dort kann man enorm viel lernen. Außerdem höre ich Strauss Zelnick, dem CEO von Take-Two, besonders aufmerksam zu; David Zaslav von Warner Bros. Discovery; Hugh Johnston, dem neuen Finanzchef von Disney, der zuvor Finanzchef bei PepsiCo war; Craig Billings, dem CEO von Wynn Resorts, der Ihnen den Zeitgeist der Glücksspielbranche vermitteln kann; und Jason Robins, dem CEO von DraftKings, der über enzyklopädisches Wissen zu seinem eigenen Geschäft und der gesamten Wettbranche verfügt.

In der Luft- und Raumfahrtbranche liefert Larry Culp von GE Aerospace herausragende Arbeit, und inzwischen hat Kelly Ortberg, der neue CEO von Boeing, die dortige Wende gut im Griff.

In der Autobranche genügen im Grunde zwei Namen: Mary Barra (GM) und Jim Farley (Ford) – sie decken praktisch die gesamte Industrie ab.

Zu meinen Favoriten in der produzierenden Industrie zählen Judy Marks von Otis, Dave Gitlin von Carrier und Dave Regnery von Trane Technologies – ihnen höre ich besonders gern zu.

In manchen Branchen hat man ein besonders gutes Gespür für den wichtigsten Teil der Wirtschaft: die kleinen Unternehmen. Genau das macht John Gibson von Paychex und Sasan Goodarzi von Intuit so unverzichtbar.

Im Finanzsektor führt für mich kein Weg an Jamie Dimon von JPMorgan Chase vorbei. Er hat das beste Verständnis für das beste Institut der Branche. Charlie Scharf von Wells Fargo und Brian Moynihan von Bank of America liefern Ihnen eine Fülle von Informationen über ihre Banken – und darüber, wie die Menschen im Land ihr Geld ausgeben und wie sich die Kreditvergabe entwickelt. David Solomon von Goldman Sachs sagt Ihnen alles, was Sie über den Zustand des Investmentbankings wissen müssen – also über Börsengänge sowie Fusionen und Übernahmen. Larry Fink ist ein außergewöhnlicher CEO mit einem außergewöhnlichen Unternehmen: BlackRock, dem größten Vermögensverwalter der Welt. Er macht dieses trockene Geschäft dank seiner enormen Sachkenntnis erstaunlich gut zugänglich. Sein Jahresbericht steht in seiner Bedeutung nur knapp hinter dem von Warren Buffett. Wir beide setzen alles daran, die Menschen – vor allem junge Menschen – zum Investieren zu bringen. Ich hole mir viele Anregungen von ihm und seinen Berichten.

Beim Thema Reisen sollten Sie auf Steve Squeri von American Express setzen.

In der Restaurantbranche sollten Sie vor allem Starbucks unter CEO Brian Niccol im Blick behalten, außerdem Scott Boatwright, den neuen CEO von Chipotle, Pat Doyle, den Executive Chairman von Restaurant Brands, Julie Masino und ihren Turnaround bei Cracker Barrel, Kevin Hochman bei Brinker sowie Jerry Morgan bei Texas Roadhouse. Morgan scheut sich nicht, offen zu sagen, was gut läuft – und was schiefgeht. Christine Barone wiederum treibt bei Dutch Bros eine beeindruckende Entwicklung von einer regionalen zu einer landesweiten Kette voran, und ihre Analystenkonferenzen liefern dazu äußerst aufschlussreiche Einblicke.

Wenn Sie echte Meisterschaft in der Bekleidungsbranche erleben wollen, sollten Sie Patrice Louvet von Ralph Lauren und Calvin McDonald von Lululemon Athletica zuhören – auch wenn die Aktie von Lululemon Athletica zuletzt sowohl gegenüber der Branche insgesamt als auch gegenüber dem S&P 500 ins Hintertreffen geraten ist.

In der Telekommunikationsbranche können Sie sich auf Mike Sievert von T-Mobile verlassen – er ist der Konkurrenz meilenweit voraus.

Zum Schluss noch ein Blick auf den Wohnungsmarkt: Wenn es um Wohnimmobilien geht, ist Stuart Miller, Executive Chairman und Co-CEO von Lennar, meine erste Adresse. Doug Yearley, CEO von Toll Brothers, liefert dazu beeindruckend detaillierte regionale Einschätzungen. Die beiden sagen Ihnen mehr über den Wohnungsmarkt, als Sie je von der Federal Reserve erfahren werden – obwohl die Fed eigentlich als zentrale Anlaufstelle für Informationen über die Kreditlage von Unternehmen und privaten Haushalten gelten sollte. Außerdem höre ich gern Nick Fink zu, dem CEO von Fortune Brands Innovations, denn der Markt für Renovierungen und Reparaturen ist ein gewaltiger Teil dieser Volkswirtschaft. Auch Ward Nye von Martin Marietta Materials ist unglaublich hilfreich, wenn Sie verstehen wollen, was im Bau- und Infrastrukturbereich passiert.

Zu den weiteren CEOs, die mich in ihren Analystenkonferenzen beeindrucken, gehören Brian Chesky von Airbnb, Harley Finkelstein von Shopify, Dara Khosrowshahi von Uber und Tony Xu von DoorDash. Sie liefern Ihnen nicht nur Neuigkeiten zu ihren eigenen Aktien, sondern auch einen Überblick über die Branchen, in denen sie den Ton angeben.

Die beiden wichtigsten Bausteine Ihrer Hausaufgaben kommen allerdings erst noch: zuerst das Lesen der Finanzberichte und dann die Auswertung der Analystenkonferenzen, die Sie sich – wie von mir gerade nachdrücklich empfohlen – anhören sollten.

KAPITEL 14

So lesen Sie Bilanzen und Gewinn-und-Verlust-Rechnungen wie ein Profi

Ein genauer Blick auf Apples Quartalszahlen

An der Fähigkeit, Bilanz, Gewinn-und-Verlust-Rechnung und Cashflow-Rechnung zu lesen, erkennt man den Unterschied zwischen Börsenanfängern und Profis. Für viele Privatanleger erschöpft sich die Analyse darin, die sogenannten Headline-Zahlen – Umsatz und Gewinn – mit den Schätzungen der Wall Street zu vergleichen. In unseren Händen sind diese Zahlen dagegen nur ein Ausgangspunkt: Sie sind wertvoll, aber bei Weitem nicht ausreichend. Ein gut informierter Privatanleger kann es mit den Profis aufnehmen – vorausgesetzt, er macht seine Hausaufgaben. Das verspreche ich Ihnen. Dafür brauchen Sie allerdings ein paar Grundlagen. Sie müssen wissen, wie man das liest, was die Wall Street „the financials" nennt – also Bilanz, Gewinn-und-Verlust-Rechnung und Cashflow-Rechnung. Ist es wirklich zwingend nötig, die Konzepte zu lernen, die in diesem Kapitel behandelt werden? Ich glaube, Sie können auch ohne dieses Wissen gute Aktien auswählen. Können Sie dieses Kapitel überspringen und trotzdem fünf Aktien auswählen, die zu Ihrer S&P-500- oder NDX-100-Strategie passen? Ja, das können Sie. Es ist der anspruchsvollste Teil dieses Buches. Aber wenn Sie verstehen wollen, welche Kennzahlen dafür entscheidend sind, wie ein Kurs-Gewinn-Verhältnis zustande kommt, wenn Sie wissen wollen, wie die Wall Street den Wert einer Aktie festlegt – selbst wenn Sie mit dieser Bewertung nicht einverstanden sind – und wenn Sie nachvollziehen wollen, warum Ihre Aktie nach einem Quartalsbericht gefallen ist, obwohl Sie auf steigende Kurse gesetzt hatten, dann ist dieses Kapitel Pflichtlektüre.

Wir arbeiten dafür mit einem Apple-Quartalsbericht aus der Mitte des Jahres 2022, um die Grundlagen der Analyse von Gewinn-und-Verlust-Rechnung, Bilanz und Cashflow-Rechnung durchzugehen. In den Vereinigten Staaten müssen börsennotierte Unternehmen ihre Gewinn-und-Verlust-Rechnung, Bilanz und Cashflow-Rechnung vierteljährlich und jährlich bei der US-Börsenaufsicht SEC (Securities and Exchange Commission) einreichen. Die Gewinn-und-Verlust-Rechnung fasst für einen bestimmten Zeitraum Umsatz, Aufwendungen und Gewinn zusammen. Die Bilanz zeigt die finanzielle Gesamtsituation eines Unternehmens. Die Cashflow-Rechnung (Kapitalflussrechnung) zeigt, wie viel Geld ein Unternehmen für den laufenden Betrieb eingesetzt hat und wie viel aus Verkäufen oder anderen Quellen zugeflossen ist.

Erinnern Sie sich noch an die Geschichte von meinen Anfängen: Wenn ich damals eine Aktie genauer unter die Lupe nehmen wollte, musste ich in die New York Public Library fahren und mir an den Mikrofiche-Lesegeräten die Unterlagen ansehen, die Unternehmen bei der US-Börsenaufsicht SEC einreichen mussten. Diese Dokumente waren allerdings alles andere als zeitnah verfügbar und damit praktisch nutzlos. Das bedeutete aber nicht, dass Sie nicht auch ohne sie Aktien entdecken und kaufen konnten, die Ihnen auf lange Sicht eine hervorragende Wertentwicklung bescherten. Dennoch bin ich überzeugt, dass Sie Ihre Entscheidungen für Ihre Aktienauswahl deutlich besser begründen können, wenn Sie diese Begriffe kennen und verstehen, wie sie Ihnen helfen können zu entscheiden, ob eine Aktie Ihr Geld wert ist. Und noch etwas: Ich habe Dutzende Bücher über Stock-Picking gelesen, und in keinem hat sich jemand die Mühe gemacht, diesen Stoff zu erklären. Stattdessen heißt es, er sei zu schwierig, zu abschreckend und, ja, vielleicht manchmal ein bisschen langweilig. Aber nur, weil der Stoff anspruchsvoll ist, bedeutet das nicht, dass ich ihn Ihnen nicht beibringen kann – und Sie ihn nicht lernen können.

Gewinn-und-Verlust-Rechnung

Die Gewinn-und-Verlust-Rechnung verschafft uns den besten Einblick in die Leistung des Managements – eine zentrale Grundlage, um zu verstehen, warum eine Aktie dort steht, wo sie steht. Sie hilft uns einzuschätzen, wie effizient das Management das Geschäft führt, wie es mit Risiken umgeht und ob es die Erwartungen übertroffen, erfüllt oder verfehlt hat. Außerdem ermöglicht sie uns, Umsatz und Gewinn genauer zu analysieren – vor allem das, was nach Abzug aller Kosten übrig bleibt –, um die Margen eines Unternehmens zu berechnen. Diese Margen liefern wichtige Hinweise darauf, wie es um die künftige Gesundheit des Unternehmens bestellt ist.

Warum interessiert es uns überhaupt so sehr, wie ein Unternehmen seine Erträge erwirtschaftet? Wir achten jederzeit auf die Nachhaltigkeit des Gewinnwachstums. Wir wollen möglichst früh jedes Anzeichen dafür erkennen, dass Umsatz oder Gewinn ins Stocken geraten könnten – denn das ist ein Schwächesignal, das eine Aktie früher oder später, manchmal sogar sofort, auf den Weg nach unten schickt.

Schauen wir uns das an einem Beispiel an: Ein Unternehmen übertrifft die Umsatzerwartungen der Analysten. Schaut man aber etwas genauer in die Gewinn-und-Verlust-Rechnung, sieht man, dass es die Preise deutlich senken musste, um diese Zahlen zu erreichen. Das ist ein Warnsignal! Unternehmen, die ihre Preise senken müssen, um den Umsatz zu steigern, sehen sich womöglich einer Konkurrenz gegenüber, die ihnen auf Dauer schaden kann. Solche Entwicklungen wollen wir frühzeitig erkennen. Oder: Die Gewinne sind gestiegen, aber nur, weil das Unternehmen sein Budget für Forschung und Entwicklung gekürzt hat – und damit künftige Innovationen aufs Spiel setzt. Denken Sie daran: Eine Aktie steigt in der Regel, wenn das Management die Schätzungen der Wall Street „schlägt". Ein Unternehmen kann diese Schätzungen übertreffen, indem es ein kräftiges Wachstum bei Umsatz und Gewinn vorlegt. Alles, was dabei jedoch ungewöhnlich ist und zu diesem Erfolg beigetragen hat, wird von Analysten genau unter die Lupe genommen – und dem Unternehmen negativ ausgelegt. Wir wollen, dass Unternehmen die Erwartungen mit sauberen, qualitativ überzeugenden Zahlen übertreffen: nachvollziehbar, ohne Haken.

Andererseits kann es vorkommen, dass ein Unternehmen schwächere Gewinne meldet, weil es mehr investieren musste, um die Produktion für eine starke Nachfrage hochzufahren. So ein Ergebnis, das die Erwartungen verfehlt, ist längst nicht so schlimm, wie es aussieht – das Unternehmen bringt sich damit in Position, seine Gewinne langfristig zu steigern. So etwas nehme ich jederzeit lieber in Kauf als eine angebliche „Gewinnüberraschung", die nur auf Bilanzkosmetik beruht.

Schauen wir uns dazu einen Abschluss von Apple aus der Mitte des Jahres 2022 an. Apple gilt seit Langem als Unternehmen mit „sauberen" Zahlen – sprich: mit einem Zahlenwerk, das so transparent ist, wie es eben geht. Zwar werden alle Abschlüsse von der Finanzabteilung eines Unternehmens unter Führung des Chief Financial Officer genau durchleuchtet und zusätzlich von einem externen Wirtschaftsprüfer abgenommen, in der Regel von einer anerkannten Wirtschaftsprüfungsgesellschaft. Das heißt aber nicht, dass Unternehmen nicht völlig legale Mittel einsetzen können, um Zahlen in ein besseres Licht zu rücken, als sie es eigentlich verdienen. Apple legt Wert darauf, Gewinn-und-Verlust-Rechnung und Bilanz so geradlinig wie möglich zu präsentieren. Alles, was fälschlicherweise positiv ausgelegt werden könnte, wird offengelegt. Apples Berichte sind im Grunde eine spinfreie Zone für Finanzzahlen – keine Tricks, keine Schönfärberei.

Nach meiner Erfahrung sind die meisten Abschlüsse, die ich mir ansehe, hilfreiche und ehrliche Abbildungen der Geschäftslage – jeweils bis zum Bilanzstichtag des jeweiligen Quartals. Ich erwarte nicht, dass ein durchschnittlicher Privatanleger, der von zu Hause aus über seinen Onlinebroker Aktien auswählt, allein aus der Gewinn-und-Verlust-Rechnung – oder überhaupt aus den Abschlüssen – herauslesen kann, dass irgendwo etwas im Argen liegt. Kompliziert? Ja. Irreführend? Nein.

Warum also die Mühe, sich durch dieses Dickicht von Details zu arbeiten? Weil Sie verstehen sollen, warum ein Unternehmen ein sehr gutes Quartal meldet – und der Aktienkurs trotzdem fällt. Diese Diskrepanz ist die häufigste Ursache für Frustration bei Privatanlegern. Fast immer lässt sie sich auf einen Punkt in der Gewinn-und-Verlust-Rechnung zurückführen.

Zum Beispiel habe ich Ihnen gesagt, dass eine Aktie steigen sollte, wenn ein Unternehmen Umsatz und Gewinn meldet, die besser ausfallen als das, was die Analysten an der Wall Street erwarten – vorausgesetzt, das Unternehmen gibt zugleich einen soliden Ausblick auf das nächste Quartal und erhöht seine Prognosen für Umsatz und Gewinn im laufenden Jahr. Wenn Sie dann eine Überschrift sehen wie „ABC Corp. übertrifft Umsatz- und Gewinnerwartungen und hebt Prognose an“ – so lautet in der Regel die Standardsprache einer positiven Meldung nach einem Zahlenbericht –, dann sollten Sie davon ausgehen, dass die Aktie im Fahrwasser dieser Nachricht zulegt.

In den meisten Fällen – abgesehen von externen Faktoren wie schwerwiegenden Ereignissen, die den gesamten Markt erschüttern – legt die Aktie eines Unternehmens zu, wenn das Unternehmen alle vier Hürden nimmt: Es meldet höhere Umsätze und Gewinne, als die Analysten erwartet haben, und hebt zugleich seine Prognosen für künftige Umsätze und Gewinne an.

Oft werde ich nach einer Aktie gefragt, die alle vier Hürden genommen hat – und trotzdem nicht steigt. Fast immer liegt es dann daran, dass in der Gewinn-und-Verlust-Rechnung kleine „Unsauberkeiten“ stecken.

Die entgehen den Schlagzeilenmachern – und auch den Bots, die heute automatisch Überschriften produzieren. Wohlgemerkt: Es geht nicht um etwas Illegales oder Unethisches. Gemeint sind Feinheiten in den Zahlen, die erkennen lassen, dass dieses Übertreffen der Umsatz- oder Gewinnerwartungen – oder beider – von den tatsächlichen Geschäftszahlen eigentlich gar nicht gedeckt ist. Und damit wird meist auch die Prognose des Unternehmens infrage gestellt.

Der obere Teil der Gewinn-und-Verlust-Rechnung befasst sich mit dem Umsatz, in der Mitte stehen Kosten und Aufwendungen, und ganz unten finden Sie den Gewinn. Fangen wir oben an:

Apple Inc.
VERKÜRZTE KONZERN-GEWINN-UND-VERLUST-RECHNUNG (ungeprüft)
(in Mio. US-$; Aktienzahl in Tsd.; Beträge je Aktie in US-$)

	3 Monate bis		9 Monate bis	
	25. Juni 2022	26. Juni 2021	25. Juni 2022	26. Juni 2021
Umsatzerlöse:				
Produkte	$ 63.355	$ 63.948	$ 245.241	$ 232.309
Services	19.604	17.486	58.941	50.148
Umsatzerlöse insgesamt	82.959	81.434	304.182	282.457
Umsatzkosten:				
Produkte	41.485	40.899	155.084	149.476
Services	5.589	5.280	16.411	15.319
Umsatzkosten insgesamt	47.074	46.179	171.495	164.795
Bruttomarge	35.885	35.255	132.687	117.662

Die Umsatzerlöse entsprechen dem gesamten Dollarbetrag der Waren und Dienstleistungen, die in einem bestimmten Zeitraum verkauft wurden. Apple gliedert sie in Produkte und Dienstleistungen (Services). Umsätze lassen sich kaum fälschen: Entweder die Leute kaufen, was Sie anbieten, oder eben nicht. Das Umsatzwachstum von Apple – Sie sehen, dass die Zahlen für 2022 in den meisten Fällen höher sind als die für 2021 – war solide.

Achten Sie auf die Zeile Umsatzkosten insgesamt – bei vielen anderen Unternehmen heißt dieser Posten Herstellungskosten der verkauften Produkte (Cost of Goods Sold, COGS). Hier schlagen vor allem Rohmaterialien zu Buche, aber auch die Löhne des Produktionspersonals sowie Gemeinkosten. Kurz gesagt: Es geht um alle Kosten, die direkt mit der Herstellung der Produkte des Unternehmens verbunden sind. Die Bruttomarge zeigt, wie viel vom Umsatz nach Abzug dieser Kosten übrig bleibt – als Puffer für andere Aufwendungen wie Marketing oder Forschung und Entwicklung. Bei Tech-Unternehmen sollten die Bruttomargen hoch sein: Die Einsatzfaktoren sind vergleichsweise billig, insbesondere wenn es um Software geht. Traktoren dagegen bestehen aus vielen physischen Teilen, von denen jedes Geld kostet. Wie schon gesagt: Wir wollen, dass die Bruttomargen steigen. Wenn sie fallen, ist das der wichtigste Hinweis darauf, warum eine Aktie nicht so reagiert, wie Sie es erwarten würden, obwohl das Unternehmen die Erwartungen übertroffen hat. Uns interessiert immer das „Wie“ – also auf welche Weise diese Erwartungen übertroffen werden. Wir wollen, dass der Umsatz steigt, und wir wollen steigende Bruttomargen sehen, um einschätzen zu können, wie nachhaltig die aktuelle Stärke oder Schwäche eines Unternehmens ist.

Kommen wir zum mittleren Teil der Gewinn-und-Verlust-Rechnung:

Apple Inc.
VERKÜRZTE KONZERN-GEWINN-UND-VERLUST-RECHNUNG (ungeprüft)
(in Mio. US-$; Aktienzahl in Tsd.; Beträge je Aktie in US-$)

	3 Monate bis		9 Monate bis	
	25. Juni 2022	26. Juni 2021	25. Juni 2022	26. Juni 2021
Umsatzerlöse:				
Produkte	$ 63.355	$ 63.948	$ 245.241	$ 232.309
Services	19.604	17.486	58.941	50.148
Umsatzerlöse insgesamt	82.959	81.434	304.182	282.457
Umsatzkosten:				
Produkte	41.485	40.899	155.084	149.476
Services	5.589	5.280	16.411	15.319
Umsatzkosten insgesamt	47.074	46.179	171.495	164.795
Bruttomarge	35.885	35.255	132.687	117.662
Betriebsaufwendungen:				
Forschung und Entwicklung	6.797	5.717	19.490	16.142
Vertriebs-, allgemeine und Verwaltungskosten	6.012	5.412	5.412	16.357
Betriebsaufwendungen insgesamt	12.809	11.129	38.144	32.499
Betriebsergebnis	23.076	24.126	94.543	85.163

Die Betriebsaufwendungen bestehen im Wesentlichen aus Aufwendungen für Forschung und Entwicklung (oft als F&E abgekürzt) sowie aus Vertriebs-, allgemeinen und Verwaltungskosten (Selling, General and Administrative, SG&A). Sie wollen ein echtes Budget für Forschung und Entwicklung sehen, um sicherzugehen, dass ein Unternehmen an künftigen Innovationen arbeitet. Zu den Vertriebs-, allgemeinen und Verwaltungskosten gehören Posten wie Werbe- und Marketingaufwendungen, Gehälter des Managements sowie Miete und Nebenkosten für die Büros des Unternehmens, außerdem Rechtskosten, Büromaterial – all die Ausgaben, die nötig sind, um den Laden am Laufen zu halten. Betriebsaufwendungen sind die Kosten, die das Management am unmittelbarsten steuern kann. Auf die Kosten für Rohstoffe hat es dagegen meist nur wenig Einfluss.

Wenn der Anteil der Vertriebs-, allgemeinen und Verwaltungskosten am Umsatz im Zeitverlauf steigt, kann das darauf hindeuten, dass das Unternehmen immer mehr für Marketing ausgeben muss, um seine Produkte zu verkaufen – kein gutes Zeichen. Bleibt dieser Anteil stabil, ist das in Ordnung. Geht er zurück, deutet das darauf hin, dass das Unternehmen effizienter wird oder dass die Produkte zunehmend auch ohne zusätzliche Werbeausgaben Käufer finden. Das ist ein sehr gutes Signal.

Sobald wir die Betriebsaufwendungen von der Bruttomarge abziehen, bleibt das Betriebsergebnis. Teilen wir diesen Wert durch die Umsatzerlöse insgesamt, erhalten wir die operative Marge. In unserem Beispiel liegt sie bei 27,82 Prozent. Das ist ordentlich, aber nicht Spitzenklasse. Einige der besten operativen Margen im Technologiesektor finden Sie bei Unternehmen wie Microsoft, dessen Werte in den vergangenen Jahren bei über 40 Prozent lagen, und beim Klassenprimus Nvidia, dessen operative Marge in den letzten Jahren bei mehr als 60 Prozent lag. Aber die Umsätze von Apple sind so gewaltig, dass ich diese niedrigere Prozentzahl durchgehen lasse – das Unternehmen verdient trotzdem enorm viel Geld.

Apple Inc.
VERKÜRZTE KONZERN-GEWINN-UND-VERLUST-RECHNUNG (ungeprüft)
(in Mio. US-$; Aktienzahl in Tsd.; Beträge je Aktie in US-$)

	3 Monate bis		9 Monate bis	
	25. Juni 2022	26. Juni 2021	25. Juni 2022	26. Juni 2021
Umsatzerlöse:				
Produkte	$ 63.355	$ 63.948	$ 245.241	$ 232.309
Services	19.604	17.486	58.941	50.148
Umsatzerlöse insgesamt	82.959	81.434	304.182	282.457
Umsatzkosten:				
Produkte	41.485	40.899	155.084	149.476
Services	5.589	5.280	16.411	15.319
Umsatzkosten insgesamt	47.074	46.179	171.495	164.795
Bruttomarge	35.885	35.255	132.687	117.662
Betriebsaufwendungen:				
Forschung und Entwicklung	6.797	5.717	19.490	16.142
Vertriebs-, allgemeine und Verwaltungskosten	6.012	5.412	5.412	16.357
Betriebsaufwendungen insgesamt	12.809	11.129	38.144	32.499
Betriebsergebnis	23.076	24.126	94.543	85.163
Sonstige Erträge/ (Aufwendungen), netto	(10)	243	(97)	796
Ergebnis vor Ertragsteuern	23.066	24.369	94.446	85.959
Ertragssteueraufwand	3.624	2.625	15.364	11.830
Gewinn nach Steuern	$ 19.442	$ 21.744	$ 79.082	$ 74.129
Gewinn je Aktie:				
Unverwässert	$ 1,20	$ 1,31	$ 4,86	$ 4,42
Verwässert	$ 1,20	$ 1,30	$ 4,82	$ 4,38
Aktienzahl zur Berechnung des Gewinns je Aktie:				
Unverwässert	16.162.945	16.629.371	16.277.824	16.772.656
Verwässert	16.262.203	16.781.735	16.394.937	16.941.527

Am unteren Ende der Gewinn-und-Verlust-Rechnung steht die Zeile Sonstige Erträge/(Aufwendungen), netto. Dazu zählen Zinsen und Dividenden sowie realisierte Gewinne oder Verluste aus Währungssicherungsgeschäften. Danach folgen das Ergebnis vor Ertragsteuern und schließlich der Gewinn nach Steuern. Diese Posten zwischen Betriebsergebnis und Gewinn nach Steuern sind einen kurzen Blick wert, um sicherzugehen, dass sich dort keine Überraschungen verbergen.

Danach folgt der Gewinn je Aktie – also der Gewinn nach Steuern pro Aktie. Auf diese Kennzahl schauen die Analysten, und auf sie sollten auch Sie Ihren Blick richten.

Bilanz

Wenn die Gewinn-und-Verlust-Rechnung so etwas wie ein Zeugnis ist, dann entspricht die Bilanz einer gründlichen Gesundheitsuntersuchung. Hier können wir erkennen, wie gesund – oder wie angeschlagen – ein Unternehmen am Ende des Quartals ist: anhand dessen, was ihm gehört (Aktiva bzw. Vermögenswerte), was es schuldet (Passiva bzw. Verbindlichkeiten) und was für die Aktionäre übrig bleibt (Eigenkapital). Aktiva minus Passiva ergibt das Eigenkapital. Jede Bilanz besteht im Kern aus diesen drei Blöcken: Aktiva, Passiva und Eigenkapital.

Aktiva und Passiva werden in kurzfristige und langfristige Positionen unterteilt. Kurzfristig bedeutet in der Bilanz: innerhalb der nächsten zwölf Monate – entweder Vermögenswerte, die voraussichtlich in diesem Zeitraum zu Geld gemacht, verkauft oder verbraucht werden, oder Schulden, die innerhalb dieses Zeitraums fällig sind. Langfristig bezieht sich entsprechend auf Vermögenswerte und Verbindlichkeiten mit längerer Laufzeit. Unter den kurzfristigen Vermögenswerten finden sich Bargeld und Bankguthaben, Wertpapiere, Forderungen aus Lieferungen und Leistungen – also Beträge, die Kunden für Verkäufe auf Kredit noch schulden – sowie Vorräte, also der Wert der noch nicht verkauften Produkte oder der Rohstoffe, die noch nicht zu Produkten verarbeitet wurden. Ein rascher Anstieg der Forderungen kann bedeuten, dass ein immer größerer Teil der Umsätze auf Kredit erfolgt – ein Punkt, auf den Sie achten sollten, falls die Kreditrichtlinien gelockert wurden und ein Teil dieses Geldes nie eingehen wird. Auch ein Vergleich der Vorratsbestände mit früheren Werten kann aufschlussreich sein: Er kann anzeigen, dass zu viele oder zu wenige Produkte im Lager liegen. Das wiederum kann bedeuten, dass sich die Nachfrage verändert – im Guten wie im Schlechten – oder dass die tatsächliche Nachfrage anders ausgefallen ist als erwartet.

Apple Inc.
VERKÜRZTE KONZERNBILANZ (ungeprüft)
(in Mio. US-$; Aktienzahl in Tsd.; Nennwert je Aktie in US-$)

	25. Juni 2022	25. September 2021
AKTIVA:		
Kurzfristige Vermögenswerte:		
Barmittel und Zahlungsmitteläquivalente	$ 27.502	$ 34.940
Wertpapiere	20.729	27.699
Forderungen aus Lieferungen und Leistungen, netto	21.803	26.278
Vorräte	5.433	6.580
Sonstige Forderungen gegenüber Lieferanten	20.439	25.228
Sonstige kurzfristige Vermögenswerte	16.386	14.111
Kurzfristige Vermögenswerte insgesamt	112.292	134.836
Langfristige Vermögenswerte:		
Wertpapiere	131.077	127.877
Sachanlagen, netto	40.335	39.440
Sonstige langfristige Vermögenswerte	52.605	48.849
Langfristige Vermögenswerte insgesamt	224.017	216.166
Summe der Aktiva	$ 336.309	$ 351.002

Apple Inc.
VERKÜRZTE KONZERNBILANZ (ungeprüft)
(in Mio. US-$; Aktienzahl in Tsd.; Nennwert je Aktie in US-$)

	25. Juni 2022	25. September 2021
VERBINDLICHKEITEN UND EIGENKAPITAL:		
Kurzfristige Verbindlichkeiten:		
Verbindlichkeiten aus Lieferungen und Leistungen	$ 48.343	$ 54.763
Sonstige kurzfristige Verbindlichkeiten	48.811	47.493
Abgegrenzte Umsatzerlöse	7.728	7.612
Kurzfristige Schuldverschreibungen	10.982	6.000
Finanzverbindlichkeiten	14.009	9.613
Kurzfristige Verbindlichkeiten insgesamt	129.873	125.481
Langfristige Verbindlichkeiten:		
Finanzverbindlichkeiten	94.700	109.106
Sonstige langfristige Verbindlichkeiten	53.629	53.325
Langfristige Verbindlichkeiten insgesamt	148.329	162.431
Verbindlichkeiten insgesamt	278.202	287.912
Verpflichtungen und Eventualverbindlichkeiten		
Eigenkapital der Aktionäre:	62.115	57.365
Stammaktien und Kapitalrücklage, Nennwert 0,00001 Dollar je Aktie: 50.400.000 genehmigte Aktien; 16.095.378 ausgegebene und 16.426.786 ausstehende Aktien		
Gewinnrücklagen	5.289	5.562
Kumuliertes sonstiges Ergebnis	(9.297)	163
Eigenkapital der Aktionäre insgesamt	58.107	63.090
Verbindlichkeiten und Eigenkapital insgesamt	$ 336.309	$ 351.002

Eine weitere Zeile betrifft Sonstige Forderungen gegenüber Lieferanten – bei Apple sind damit Komponenten gemeint, die von Zulieferern eingekauft und an die Fertigungspartner des Unternehmens weiterverkauft werden. Für Bezeichnungen wie diese, die ungewöhnlich oder potenziell verwirrend sind, findet sich im spezifischen US-Berichtsformat Formular 10K, dem ausführlichen Jahresbericht, den alle börsennotierten US-Unternehmen bei der Börsenaufsicht SEC einreichen müssen, in der Regel eine detaillierte Erläuterung. Apple liefert diese Erläuterung tatsächlich und ist damit ein gutes Beispiel für besondere Transparenz.

Zu den langfristigen Vermögenswerten zählen die Sachanlagen – also materielle Vermögenswerte wie Grundstücke, Gebäude und Maschinen. Dieser Posten ist im Grunde nur dann wirklich relevant, wenn er sich stark verändert.

Unter den kurzfristigen Verbindlichkeiten stehen die Verbindlichkeiten aus Lieferungen und Leistungen für Beträge, die Apple anderen schuldet, und die abgegrenzten Umsatzerlöse für Einnahmen, die bereits vereinnahmt wurden, obwohl das zugrunde liegende Produkt oder die Dienstleistung noch nicht vollständig erbracht ist. Wenn jemand zum Beispiel ein Jahresabo für Musikstreaming im Voraus bezahlt und erst seit ein paar Wochen im Abo ist, wird der Großteil dieser Einnahmen zunächst als abgegrenzter Umsatz verbucht. Der Posten Kurzfristige Schuldverschreibungen steht für eine Form kurzfristiger Verschuldung und ist nur dann problematisch, wenn sein Umfang im Verhältnis zum Barmittelbestand sehr hoch ist – was bei Apple eindeutig nicht der Fall ist. Apple teilt seine Finanzverbindlichkeiten in einen kurz- und einen langfristigen Anteil: Der Teil, der innerhalb der nächsten zwölf Monate fällig wird, erscheint bei den kurzfristigen Verbindlichkeiten; der Rest wird als langfristige Verbindlichkeit ausgewiesen und muss erst in den Folgejahren zurückgezahlt werden.

Die unter den langfristigen Verbindlichkeiten ausgewiesenen Finanzverbindlichkeiten zeigen, welche größeren Rückzahlungen einem Unternehmen in Zukunft bevorstehen. Fällt dieser Betrag im Verhältnis zu den aktuell verfügbaren liquiden Mitteln sehr hoch aus, lohnt ein genauerer Blick – zum Beispiel in die ausführlichen Jahresberichte des Unternehmens (etwa die bei der US-Börsenaufsicht SEC eingereichten Berichte nach Formular 10K), aus denen hervorgeht, wann diese Verbindlichkeiten fällig werden.

Der Abschnitt Eigenkapital der Aktionäre bildet den Anteil der Aktionäre am Unternehmen ab. Die Zeile „Stammaktien und Kapitalrücklage …" spiegelt sämtliche Mittel wider, die dem Unternehmen bei der Ausgabe neuer Aktien zugeflossen sind – etwas, das Apple seit sehr langer Zeit nicht mehr nötig hatte. Die Gewinnrücklagen können Sie sich als eine Art kumulierten Gewinn vorstellen: Dieser steigt (oder sinkt) jedes Jahr um den Jahresüberschuss (oder Jahresfehlbetrag), abzüglich der Beträge, die als Dividenden an die Anleger ausgeschüttet werden. Bei Apple werden bestimmte Gewinne und Verluste außerdem über eine separate Zeile im Eigenkapitalbereich der Bilanz erfasst, das kumulierte sonstige Ergebnis.

Ich sage es hier ausdrücklich: Sie wagen sich jetzt in einen Bereich vor, in den sich die meisten gar nicht erst hineintrauen. Ich gehe darauf ein, weil ich immer wieder betont habe, wie wichtig es ist, sich anzuschauen, wie die Unternehmen, in die Sie investiert sind, in jedem Quartal abgeschnitten haben. Die Schlagzeilen und Artikel, geschrieben von Journalisten, die es eilig haben, der Konkurrenz zuvorzukommen, können unmöglich die ganze Geschichte erzählen. Zum Glück sind die meisten Berichte immerhin korrekt genug, um zu erklären, wie sich ein Unternehmen entwickelt hat. Leider haben sie nur wenig prognostischen Wert. Vielleicht genügt es Ihnen, einfach zu wissen, wie ein Unternehmen abgeschnitten hat – für die meisten Menschen ist das völlig ausreichend. Aber wer mehr will, muss sich in die tieferen Bereiche dieses Informationsbeckens vorwagen.

Kapitalflussrechnung

Der Cashflow (Kapitalfluss) ist vielleicht die wichtigste Kennzahl, wenn Sie herausfinden wollen, ob sich die Aktie eines Unternehmens zu halten oder zu kaufen lohnt. Er zeigt, wie stark – oder wie schwach – die Ertragskraft eines Unternehmens tatsächlich ist. Gewinne, die von einem kräftigen Cashflow getragen werden, sind deutlich mehr wert als Gewinne, die im Grunde nur auf Zahlungsversprechen beruhen.

Der erste Abschnitt der Kapitalflussrechnung ist der Cashflow aus laufender Geschäftstätigkeit; in Apples Kapitalflussrechnung heißt dieser Block schlicht „Laufende Geschäftstätigkeit“. Dabei geht es um den Zahlungsmittelüberschuss, den ein Unternehmen in seinem normalen Tagesgeschäft erwirtschaftet. Das ist der erste Posten, den ich mir ansehe, um einzuschätzen, wie gut ein Unternehmen aus eigener Kraft Geld generiert. Positiver Cashflow ist für die langfristige Tragfähigkeit eines Geschäfts entscheidend. Analysten achten besonders auf den Cashflow, weil er sich nicht so leicht deuten oder – auf legalem Weg – zurechtbiegen lässt wie der ausgewiesene Gewinn. Ich will Unternehmen mit einem kräftigen Cashflow sehen, also mit tatsächlich verfügbarem Geld nach Abzug der laufenden Aufwendungen und der Investitionen in Sachanlagen. Ich kenne Analysten, die sich fast ausschließlich den Cashflow ansehen – als Kurzformel dafür, wie ein Unternehmen sein Geld wirklich verdient. Im Fall von Apple ist der Cashflow aus laufender Geschäftstätigkeit beeindruckend: Im zurückliegenden 9-Monats-Zeitraum lag er bei rund 98 Milliarden Dollar – etwa 17 Prozent höher als im entsprechenden Zeitraum des Vorjahres.

Apple Inc.
VERKÜRZTE KONZERN-KAPITALFLUSSRECHNUNG (ungeprüft)
(in Mio. US-$)

	9 Monate bis	
	25. Juni 2022	26. Juni 2021
VERBINDLICHKEITEN UND EIGENKAPITAL:		
Zahlungsmittel, Zahlungsmitteläquivalente und gebundene Zahlungsmittel, Anfangsbestand	$ 35.929	$ 39.789
Laufende Geschäftstätigkeit:		
Gewinn nach Steuern	79.082	74.129
Anpassungen zur Überleitung des Gewinns nach Steuern auf den Netto-Cashflow aus laufender Geschäftstätigkeit:		
Abschreibungen und Amortisation	8.239	8.295
Aufwand für aktienbasierte Vergütung	6.760	5.961
Latente Ertragsteuern (Aufwand/Ertrag)	2.756	(737)
Sonstiges	(61)	(689)
Veränderungen der Vermögenswerte und Verbindlichkeiten aus laufender Geschäftstätigkeit:		
Forderungen aus Lieferungen und Leistungen, netto	4.561	(1.316)
Vorräte	1.049	(1.213)
Sonstige Forderungen gegenüber Lieferanten	4.789	4.892

Apple Inc.
VERKÜRZTE KONZERN-KAPITALFLUSSRECHNUNG (ungeprüft)
(in Mio. US-$)

	9 Monate bis	
	25. Juni 2022	26. Juni 2021
VERBINDLICHKEITEN UND EIGENKAPITAL:		
Sonstige kurzfristige und langfristige Vermögenswerte	(3.289)	(5.899)
Verbindlichkeiten aus Lieferungen und Leistungen	(6.108)	(1.786)
Abgegrenzte Umsatzerlöse	260	1.738
Sonstige kurzfristige und langfristige Verbindlichkeiten	(14)	463
Cashflow aus laufender Geschäftstätigkeit	98.024	83.838
Investitionstätigkeit:		
Auszahlungen für den Erwerb von Wertpapieren	(70.178)	(94.052)
Einzahlungen aus Fälligkeiten von Wertpapieren	24.203	49.880
Einzahlungen aus dem Verkauf von Wertpapieren	33.609	36.745
Auszahlungen für den Erwerb von Sachanlagen	(7.419)	(7.862)
Auszahlungen für Unternehmensakquisitionen, netto	(169)	(13)
Sonstiges	(1.183)	(78)
Cashflow aus laufender Geschäftstätigkeit	(21.137)	(15.380)
Finanzierungstätigkeit:		
Auszahlungen für Steuern im Zusammenhang mit der Verlustverrechnung bei Aktien aus aktienbasierten Vergütungen	(5.915)	(5.855)
Auszahlungen für Dividenden und dividendenähnliche Ansprüche	(11.138)	(10.827)
Rückkauf eigener Stammaktien	(64.974)	(66.223)
Einzahlungen aus der Aufnahme von Finanzverbindlichkeiten, netto	–	13.923
Auszahlungen für die Tilgung von Finanzverbindlichkeiten	(6.750)	(7.500)
Einzahlungen aus der Begebung kurzfristiger Schuldverschreibungen, netto	4.970	3.022
Sonstiges	(148)	489
Cashflow aus laufender Geschäftstätigkeit	(83.955)	(72.971)
Abnahme der Zahlungsmittel, Zahlungsmitteläquivalente und gebundenen Zahlungsmittel	(7.068)	(4.513)
Zahlungsmittel, Zahlungsmitteläquivalente und gebundene Zahlungsmittel, Endbestand	$ 28.861	$ 35.276
Ergänzende Angaben zur Kapitalflussrechnung:		
Gezahlte Ertragsteuern, netto	$ 12.251	$ 18.536
Gezahlte Zinsen	$ 1.910	$ 1.870

Ein aufstrebendes Unternehmen – etwa kurz nach dem Börsengang – kann es sich eine Zeit lang leisten, Cash zu verbrennen, um zu wachsen. Aber irgendwann muss jedes Unternehmen einen positiven Cashflow erwirtschaften, wenn es überleben will, ohne sich ständig weiter zu verschulden oder neue Aktien auszugeben und damit die Papiere der bisherigen Anleger zu verwässern.

Was die einzelnen Posten im Abschnitt zum Cashflow aus laufender Geschäftstätigkeit angeht, kommt es vor allem darauf an, auffällige Schwankungen zwischen den Berichtsperioden zu erkennen. Gab es einen deutlichen Anstieg oder Rückgang bei den Vorräten? Haben sich die Forderungen aus Lieferungen und Leistungen stark verändert? Jede größere Veränderung kann ein Anlass sein, genauer hinzusehen. Im Idealfall sind diese Zahlen weitgehend stabil.

Ein paar Punkte sollten Sie besonders im Blick behalten: Abschreibungen und Amortisation erfassen den schrittweisen Wertverzehr bestimmter Vermögenswerte – so wie ein Auto mit der Zeit an Wert verliert. Abgeschriebene Anlagen müssen irgendwann ersetzt werden, und dafür müssen wieder Zahlungsmittel fließen. Bei den Forderungen aus Lieferungen und Leistungen gilt: Wenn der Forderungsbestand gestiegen ist, heißt das, dass mehr neue Verkäufe auf Kredit getätigt wurden, als aus früheren Verkäufen auf Kredit tatsächlich an Zahlungsmitteln hereingekommen ist. Wenn Zahlungsmittel eingesetzt werden, um Vorräte – also Waren- und Lagerbestände – aufzustocken, bedeutet das: Geld fließt hinaus, Warenbestände kommen herein. In der Bilanz mag sich der Gesamtwert der Vermögenswerte dadurch kaum verändern, aber in der Kapitalflussrechnung sehen wir, was tatsächlich an Zahlungsmitteln hinein- und hinausfließt. Im Fall von Apple sind all diese Beträge im Verhältnis zum Nettoergebnis relativ gering. Deshalb habe ich keine Sorge, dass hier versteckte Probleme die Qualität der ausgewiesenen Gewinne beeinträchtigen könnten.

Die aktienbasierte Vergütung ist ein Posten, den Sie unbedingt im Auge behalten sollten. Dieser Posten zeigt, dass ein Unternehmen seine Leute möglicherweise in Form von Aktien statt in bar bezahlt – und das kann die tatsächlichen Kosten des laufenden Betriebs verschleiern. Zu viel aktienbasierte Vergütung kann das Bild der Ertragslage verzerren, weil ein wesentlicher Aufwand zwar völlig legal, aber faktisch aus dem Blickfeld gerückt wird. Ich rechne diese Form der Vergütung gedanklich wieder in Bargeld um, denn würde sie tatsächlich in bar statt in Aktien gezahlt, könnte das Unternehmen unter dem Strich Verlust machen. Ein Unternehmen, das auf dem Papier Geld verdient, in Wahrheit aber keines, sobald man berücksichtigt, wie viel in Form von Aktien statt in bar gezahlt wird, halte ich lieber von meinem Depot fern.

An dieser Stelle müssen wir zwischen zwei Kennzahlen unterscheiden: dem Cashflow aus laufender Geschäftstätigkeit und dem sogenannten freien Cashflow. In diesem Kapitel sprechen wir über den Cashflow aus laufender Geschäftstätigkeit – nicht über den freien Cashflow. Diese Kennzahl, also „freier Cashflow“, heben Analysten in ihren Berichten gern hervor. Der freie Cashflow berechnet sich aus dem Cashflow aus laufender Geschäftstätigkeit abzüglich der Investitionsausgaben, also der größeren Zukunftsinvestitionen eines Unternehmens, etwa für den Bau einer neuen Fabrik oder eines Rechenzentrums. Anders gesagt: Der freie Cashflow misst den Überschuss aus dem Tagesgeschäft, nachdem abgezogen wurde, was das Unternehmen gerade in seine Zukunft steckt. Viele Analysten halten den freien Cashflow für aussagekräftiger als den ausgewiesenen Jahresüberschuss, wenn es darum geht, den Zustand eines Unternehmens zu beurteilen. Für mich liefert der freie Cashflow vor allem ein klareres Bild, das weniger anfällig dafür ist, die tatsächliche Lage zu verschleiern. Je präziser diese Kennzahl ist, desto genauer und verlässlicher ist auch das Bild, das wir uns von der Gesundheit eines Unternehmens machen können.

Der Cashflow aus Investitionstätigkeit – bei Apple heißt dieser Block „Investitionstätigkeit“ – zeigt, welche Mittel für Investitionen eingesetzt werden. Bei Apple hängt ein großer Teil davon mit dem Kauf und Verkauf von Wertpapieren zusammen, mit denen das Unternehmen seinen gewaltigen Barmittelbestand anlegt. In diesem Abschnitt finden sich aber auch die Investitionsausgaben, über die wir gerade gesprochen haben. Die Zeile „Auszahlungen für den Erwerb von Sachanlagen" macht in Apples Kapitalflussrechnung den Großteil dieser Investitionsausgaben im betreffenden Zeitraum aus.

Der Finanzierungs-Cashflow – bei Apple heißt dieser Block „Finanzierungstätigkeit" – erfasst die wichtigsten Vorgänge rund um die Finanzierung des Unternehmens: Zuflüsse von Zahlungsmitteln, wenn ein Unternehmen neue Aktien oder Schuldverschreibungen ausgibt, und Abflüsse, wenn es eigene Aktien zurückkauft, Kredite tilgt oder Dividenden zahlt.

Wenn Sie die Summen aus allen drei Abschnitten der Kapitalflussrechnung addieren, erhalten Sie die Gesamtveränderung des Barmittelbestands in diesem Zeitraum. In den hier betrachteten Apple-Unterlagen ergibt das einen Rückgang um rund sieben Milliarden Dollar; diese Zahl steht in der fünften Zeile von unten (Abnahme der Zahlungsmittel, ...). Direkt darunter folgt der neue Barmittelbestand des Unternehmens zum Ende des Berichtszeitraums – bei Apple sind das gut 28 Milliarden Dollar. Im Prinzip sehen wir lieber, wenn der Barmittelbestand eines Unternehmens in einem Berichtszeitraum steigt. Aber das ist nicht immer der Fall – der Kontext ist entscheidend. In diesem Apple-Beispiel erkennen Sie, dass das Unternehmen im Berichtszeitraum fast 65 Milliarden Dollar für den Rückkauf eigener Aktien ausgegeben hat; das übertrifft den Rückgang des Barmittelbestands um sieben Milliarden Dollar bei Weitem und ist etwas, worüber sich die Aktionäre sicher freuen. Wäre Apple um seinen Barmittelbestand besorgt gewesen – was ganz sicher nicht der Fall ist –, hätte das Unternehmen einfach nur 55 Milliarden Dollar für Aktienrückkäufe ausgeben müssen und für diesen Zeitraum sogar einen Anstieg um drei Milliarden Dollar ausgewiesen.

Wir sind in diesem Kapitel eine Menge Zahlen durchgegangen, aber sie sollten Ihnen jetzt ein deutlich besseres Gefühl dafür geben, wie Sie die Finanzberichte eines Unternehmens interpretieren können. Wenn Sie noch tiefer einsteigen wollen, empfehle ich Ihnen, sich die Analystenkonferenzen der Unternehmen anzuhören, die Sie interessieren – oder zumindest die Transkripte dazu zu lesen. Im nächsten Kapitel finden Sie einen kurzen Leitfaden dazu, wie Sie solche Transkripte auswerten.

KAPITEL 15

Die Analystenkonferenz

Genau verstehen, was die Bosse wirklich sagen

Solange ich meine „Kaufen und Hausaufgaben machen"-Strategie predige, betone ich immer und immer wieder, dass Sie die Transkripte der Analystenkonferenz lesen müssen. Für mich sind sie der mit Abstand wichtigste Indikator dafür, in welche Richtung sich eine Aktie nach der Veröffentlichung der Quartalszahlen bewegt. Das Topmanagement eines Unternehmens legt dar, was gut gelaufen ist, und manchmal auch, was schiefgegangen ist, und gibt einen Ausblick auf die Zukunft. Anschließend beantworten die Führungskräfte Fragen von Analysten. Ich habe Tausende dieser Transkripte gelesen und werde Sie nun in diesem Kapitel durch einige Highlights führen, damit Sie sehen, worauf ich achte, und zu verstehen beginnen, was Sie daraus lernen können.

Dafür werde ich Auszüge aus zwei Analystenkonferenzen verwenden: nämlich einen vom wohl besten Konsumgüterkonzern überhaupt, Procter & Gamble, und einen von Amazon – einem Unternehmen, das Sie natürlich kennen und das großartige Analystenkonferenzen durchführt. Wenn es nach mir ginge, würde ich hier die vollständigen Transkripte dieser Konferenzen abdrucken – mit Randnotizen und einer gründlichen Analyse all dessen, was Sie daraus lernen können. Aber dann wäre dieses Buch etwa doppelt so dick. Stattdessen zeige ich Ihnen einige Highlights, damit Sie lernen, zuzuhören wie die Profis, und sehen, wie Sie aus diesen vierteljährlichen Analystenkonferenzen den größtmöglichen Nutzen ziehen.

- Die Grundregel: Wenn Sie sich auf eine Analystenkonferenz vorbereiten, schauen Sie sich zunächst frühere Analystenkonferenzen des Unternehmens an. Achten Sie darauf, wie das Management sie strukturiert – jedes Unternehmen macht das anders. Diese Konferenzen können voller Marketing-Geschwätz und Selbstbeweihräucherung sein. Lernen Sie, das zu ignorieren, und achten Sie stattdessen auf alles, was die Gewinnprognosen beeinflusst. Es gibt einige zentrale Informationsbereiche, die dabei besonders wichtig sind.
- Erstens: Umsatzdynamik. Wie stark ist die aktuelle Nachfrage der Kunden nach den betreffenden Produkten oder Dienstleistungen? Musste das Unternehmen Rabatte anbieten? Interessieren sich die Kunden eher für Produkte mit hoher Marge oder für Produkte mit niedriger Marge? Und wird der Lagerbestand in einem vernünftigen Tempo abverkauft?
- Zweitens: Branchenkennzahlen. Jede Branche hat ihre eigenen Schwerpunkte und ihre eigenen zentralen Kennziffern. Im Einzelhandel sind das zum Beispiel das „Umsatzwachstum auf vergleichbarer Basis“, also die Entwicklung des Umsatzes einer Filiale im Vergleich zum Vorjahr; im Gesundheitswesen die „medizinische Kostenquote“; im Bankensektor die „Gemeinkostenquote“; bei Unternehmen aus dem Bereich Enterprise-Technologie die „Anzahl neu abgeschlossener Verträge“; bei Hotels der „Umsatz pro verfügbarem Zimmer“ – und so weiter. Beachten Sie, dass diese Kennzahlen je nach Unternehmen unterschiedlich bezeichnet werden können: So wird beispiels-

weise das „Umsatzwachstum auf vergleichbarer Basis" mitunter als „vergleichbarer Umsatz im gleichen Geschäft" bezeichnet, die „medizinische Kostenquote" von einigen Unternehmen als „Auslastungsrate" und die „Gemeinkostenquote" auch als „Effizienzquote" – um nur einige Beispiele zu nennen.

- Drittens: Quartalsverlauf. Hat das Quartal stark begonnen und dann nachgelassen? Ist es schwach gestartet und im Verlauf stärker geworden? Oder war die Entwicklung über das gesamte Quartal hinweg gleichmäßig? Man nennt dies den „Verlauf des Quartals". Für die meisten Analysten, die Konsumaktien verfolgen – also Unternehmen, die direkt an private Verbraucher verkaufen –, ist dieser Verlauf enorm wichtig, um daran abzulesen, ob die Geschäfte im Laufe des Quartals besser wurden. So können sie die Umsätze für das kommende Quartal hochrechnen.
- Viertens: Ausblick. Ein Teil der Prognose bezieht sich auf konkrete Zahlen wie Umsatzziele und Gewinnziele, ein anderer Teil ist eher qualitativer Natur: Entwickelt sich das Unternehmen besser als die Branche? Schlechter? Und was sind die größten aktuellen Sorgen?
- Vor allem aber gilt: Wenn Sie zuhören – statt nur das Transkript zu lesen –, fragen Sie sich, ob das, was Sie hören, Sie zufriedenstellt. Macht es Sie neugierig auf ein Investment? Macht es Ihnen vielleicht sogar richtig Lust, in das Unternehmen zu investieren? Und welche Punkte blieben unerwähnt, obwohl Sie genau darauf Antworten erwartet hatten?

Steigen wir nun direkt in die P&G-Analystenkonferenz zum ersten Quartal des Geschäftsjahres 2024 ein, das von Juli bis September 2023 lief, und schauen wir, welche Informationen sich aus dem ziehen lassen, was wir gleich hören werden. Nach dem üblichen Pflichttext, dass die Ergebnisse künftiger Quartale natürlich nicht garantiert sind – vor allem, um Klagen vorzubeugen –, legt der CFO los:

„Guten Morgen allerseits … Die Umsetzung unserer integrierten Strategie hat im Quartal von Juli bis September zu starken Ergebnissen geführt, mit breit angelegtem organischem Umsatzwachstum“

Gleich zu Beginn stoßen wir auf ein erstes Signalwort: „organisch“. Es bedeutet, dass der Umsatz gestiegen ist, weil das Unternehmen selbst gute Arbeit geleistet hat – nicht weil es eine Reihe anderer Firmen zugekauft hat oder auf andere Weise extern gewachsen ist. Auf dieses Wort sollten Sie besonders achten.

„über alle Kategorien und Regionen hinweg,“

Auch das klingt gut: Wachstum auf breiter Front.

„weltweit insgesamt steigenden Marktanteilen und starken Produktivitätsgewinnen, die es uns ermöglichten, verstärkt in die Überlegenheit unserer Marken zu investieren,“

All das sind positive Signale. „Steigende Marktanteile“ – also ein größerer Anteil am Geschäft in der jeweiligen Branche – sind in wettbewerbsintensiven Märkten schwer zu erreichen, und wenn gleichzeitig die Produktivität steigt, ist das großartig.

„und zugleich einem sehr starken Gewinnwachstum. Diese starken Ergebnisse im ersten Quartal bringen uns auf Kurs, unsere Prognosespannen für organisches Umsatzwachstum und bereinigten Gewinn je Aktie eher am oberen Ende zu erreichen“

Das ist genau das, was Analysten hören wollen. Das Unternehmen hatte eine Spanne für den erwarteten Gewinn vorgegeben, und der CFO berichtet nun, dass sie am oberen Ende dieser Spanne gelandet sind. Genau darauf kommt es an.

„und zugleich eine anhaltend starke Cash-Generierung sowie kräftige Mittelrückflüsse an unsere Aktionäre zu realisieren."

Hier geht es um Ausschüttungen an die Aktionäre – also Dividenden und/oder Aktienrückkäufe. Auch das ist ein positives Signal.

„Kommen wir zu den Zahlen des ersten Quartals: Der organische Umsatz stieg um sieben Prozent. Preiserhöhungen trugen sieben Prozentpunkte zum Umsatzwachstum bei, der Mix steuerte einen Prozentpunkt bei. Das Absatzvolumen ging abgerundet um einen Prozentpunkt zurück; insgesamt verzeichneten wir außerhalb Großchinas ein leichtes Volumenwachstum."

Diese Zahlen sind nur in Ordnung. Ein Umsatzplus von sieben Prozent ist gut – aber wenn das Management erklärt, dass dieses Wachstum vor allem an höheren Preisen lag, wissen Sie, was das heißt? Das Unternehmen hat die Preise erhöht. Und die höheren Preise scheinen die Stückzahlen im Quartal gedrückt zu haben, denn das Absatzvolumen ist um ein Prozent zurückgegangen. Sie sehen: Man muss diese Sprache erst einmal übersetzen, um sie wirklich zu verstehen. Ideal wäre es, wenn Sie hören, dass der Umsatz aus eigener Kraft, also ohne Preiserhöhungen, gestiegen ist – oder dass Preisaufschläge den Anstieg des Absatzvolumens nicht gebremst haben. Hier ist P&G mit den höheren Preisen durchgekommen und hat kaum Volumen verloren. Manchmal läuft es deutlich schlechter: Dann ruinieren Preiserhöhungen die Verkaufszahlen, weil die Kunden nicht bereit sind, den Aufpreis zu zahlen. Eine andere ungünstige Situation liegt vor, wenn die Stückzahlen zwar steigen, das Preisniveau aber sinkt – das ist ein Hinweis auf Rabattaktionen, oft ausgelöst durch stärkeren Wettbewerb. In solchen Fällen ist das ein Anzeichen dafür, dass die Bruttomargen unter Druck geraten. Und der „Mix"? Damit ist die Zusammensetzung der Umsätze nach Produkttyp, Marke oder Region gemeint – sie kann das Gesamtbild beim Umsatz spürbar verändern. Ein

Beispiel: Hat P&G in diesem Quartal mehr Flaschen des höherpreisigen Waschmittels „Tide“ verkauft oder mehr Flaschen des günstiger positionierten „Gain“? Im ersten Fall hätte der Mix das Umsatzwachstum gestützt, im zweiten Fall hätte die Mischung dem Umsatz eher geschadet.

„Das Umsatzwachstum erstreckte sich über alle Geschäftsbereiche hinweg: In allen unseren zehn Produktkategorien konnten wir organisches Umsatzwachstum verzeichnen … Auch geografisch war das Wachstum breit diversifiziert: In fünf von sieben Regionen ist der organische Umsatz gestiegen … Das zugrunde liegende Marktwachstum bleibt verhalten und volatil, da das Verbrauchervertrauen weiterhin schwach ist.“

Als ich diese letzte Bemerkung über einen schwachen Konsum hörte, wurde ich hellhörig. Moment mal! Konsumgüterkonzerne sollten eigentlich nicht von der zyklischen Entwicklung der Wirtschaft abhängig sein. Küchenpapier und Toilettenpapier brauchen wir immer, egal wie die Konjunktur läuft. Gerade deshalb ist diese Aussage ein ziemlich deutliches Negativsignal. Diese kleine Bemerkung ist einer der Gründe, warum sogenannte Sicherheitsaktien längst nicht mehr wirklich sicher sind.

Springen wir ein Stück weiter:

„Die bereinigte operative Marge stieg um 240 Basispunkte, da eine Ausweitung der Bruttomarge um 460 Basispunkte teilweise durch höhere Marketinginvestitionen, Lohn- und Sozialkosteninflation sowie Wechselkurseffekte bei den Vertriebs- und Verwaltungskosten kompensiert wurde.“

Die verbesserten Margen zeigen, dass das Unternehmen effizienter wird. Die höheren Bruttomargen sind eine Folge der Preiserhöhungen, die wir eben gesehen haben. Gleichzeitig erfahren wir hier, dass P&G einen Teil dieser zusätzlichen Bruttomarge in Marketing investiert – also in Maßnahmen zur Stärkung der Marken. Aufgrund dieser Marketinginvestitionen und der anderen genannten Faktoren ist die operative Marge gestiegen, aber eben nicht im gleichen Ausmaß wie die Bruttomarge.

Schauen wir uns ein paar weitere Highlights an:

„… in einem nach wie vor anspruchsvollen und volatilen Marktumfeld …“

„… die Bereitschaft, sich zu verändern, sich anzupassen und neue Trends und Technologien zu schaffen, die unsere Branche in Zukunft prägen werden – ein Faktor, der in dem volatilen Umfeld, in dem wir agieren, besonders wichtig ist …“

„… wir rechnen damit, dass das Umfeld, in dem wir agieren, weiterhin volatil und herausfordernd bleibt, insbesondere mit Blick auf die Inputkosten …“

„… Abschließend lässt sich sagen: Auch wenn wir weiter mit volatilen Verbraucher- und Marktdynamiken rechnen, sind wir von unserer Strategie und den Ergebnissen, die sie liefert, überzeugt. Wir konzentrieren uns darauf, das Wachstum in unseren Kategorien voranzutreiben, und wir sind entschlossen, ein ausgewogenes Wachstum bei Umsatz und Ergebnis zu erzielen und damit nachhaltige Wertschöpfung für unsere Aktionäre zu schaffen.“

Immer wieder hat das Management auf das schwierige Umfeld hingewiesen – erkennbar daran, wie häufig in der Präsentation Begriffe wie „volatil“ und „herausfordernd“ fielen. Das macht mich ein bisschen nervös, denn eigentlich brauchen wir Toilettenpapier – und die meisten übrigen Produkte, die P&G herstellt – immer. Als Zuhörer frage ich mich da schon, was hier genau los ist. Sind das nicht alles Güter des täglichen Bedarfs? Gleichzeitig haben sie solide Ergebnisse vorgelegt, also gab es letztlich keinen Grund, die Aktie zu meiden. Nach so einer Analystenkonferenz wäre ich eher neugierig und würde mich fragen, wie die nächste wohl klingen wird. Mit anderen Worten: Ich würde investiert bleiben, aber sehr genau darauf achten, ob das Management auch in zukünftigen Konferenzen weiter von einem „schwachen", „weichen" oder „herausfordernden" Umfeld spricht.

Die Fragerunde im Anschluss an das vorbereitete Statement des Managements deckte eine ganze Reihe von Themen ab – und es lohnt sich zuzuhören, falls jemand eine Frage stellt, die zu einer überraschenden Antwort führt. In dieser Analystenkonferenz ging es unter anderem um Probleme, die P&G in China hatte, sowie um Zahlen, die klar zeigten, dass P&G in seiner Kategorie die stärkste Marke war: Das gesamte Wachstum in dieser Kategorie ging, wie sich herausstellte, auf P&G zurück, während die Wettbewerber massiv zu kämpfen hatten. Mit anderen Worten: Wenn von einem „anspruchsvollen Umfeld" die Rede war, dann war dieses Umfeld tatsächlich auch für die Konkurrenz schwierig – aber die Produkte von P&G waren stark genug, um diesem Druck standzuhalten.

Das hier ist natürlich nur ein kurzer Ausschnitt aus der Analystenkonferenz mit ein paar Kommentaren dazu, aber er sollte Ihnen ein Gefühl dafür geben, auf welche Informationen Sie achten sollten – und wie genau Sie mitunter zuhören müssen, um wirklich zu verstehen, was das Unternehmen sagt. Ich spule bestimmte Passagen manchmal noch einmal zurück und höre sie mir erneut an, um sicherzugehen, dass ich die Bedeutung jeder Formulierung wirklich erfasse. Interessanterweise ist das genau der Bereich, in dem KI-Tools noch nicht wirklich glänzen. Sie können eine Analystenkonferenz problemlos transkribieren und Ihnen eine ordentliche Zusammenfassung liefern. Aber die Nuancen herauszuhören, zwischen den Zeilen zu lesen und zu erkennen, was Sie wirklich daraus mitnehmen sollten – dafür braucht es nach meinem Eindruck weiterhin einen Menschen. Genau deshalb wollte ich hier unbedingt ein paar konkrete Beispiele aufnehmen.

Kommen wir nun zu Amazon und der Analystenkonferenz zum dritten Quartal 2023. Andy Jassy, der CEO, stieg direkt ein:

> *„Heute melden wir einen Umsatz von 143,1 Milliarden Dollar – ein Plus von elf Prozent gegenüber dem Vorjahreszeitraum –,“*

Amazons Umsatzerwartungen lagen bei 141,4 Milliarden Dollar – Amazon übertraf sie um 1,7 Milliarden Dollar, ein gewaltiges Plus, das die Aktie beflügelte. Das Ausmaß von Amazons Geschäft ist schlicht beeindruckend, und David Faber und ich staunen jedes Mal, wenn wir die Verkaufszahlen des Unternehmens im Fernsehen bekannt geben. Fast jedes Unternehmen wäre begeistert, auch nur einen Bruchteil von Amazons Umsätzen zu erzielen – mit Ausnahme von Walmart. Selbst P&G erreichte in diesem Quartal nur etwa ein Siebtel des Amazon-Umsatzes.

> *„11,2 Milliarden Dollar operativen Gewinn – ein Anstieg um 343 Prozent gegenüber dem Vorjahreszeitraum beziehungsweise um 8,7 Milliarden Dollar –“*

Abgesehen von diesem atemberaubenden Wachstum von über 300 Prozent lag der operative Gewinn von 11,2 Milliarden Dollar rund 3,5 Milliarden Dollar über den 7,7 Milliarden Dollar, die die Wall-Street-Analysten erwartet hatten. Als ich das hörte, konnte ich es ehrlich gesagt kaum glauben und dachte zunächst, das müsse ein Fehler sein. Unglaublich.

> *„und 20,2 Milliarden Dollar freien Cashflow der vergangenen zwölf Monate, bereinigt um Finanzierungsleasing für Sachanlagen – ein Plus von 41,7 Milliarden Dollar gegenüber dem vergleichbaren Zeitraum des Vorjahres.“*

Wieder eine Kennzahl, die alle Erwartungen sprengte und die man an der Wall Street kaum glauben konnte.

„Wir sind nach wie vor ermutigt durch die Fortschritte, die wir bei der Senkung unserer Kosten … der Verbesserung des Kundenerlebnisses und den Investitionen in zukünftiges Wachstum machen."

Während der Coronapandemie hat Amazon ein Vermögen ausgegeben und massenhaft Leute eingestellt, um die Nachfrage zu bedienen. Das Unternehmen versuchte, einer Lieferung am selben Tag so nahe wie möglich zu kommen, wusste aber zugleich, dass es dabei die Profitabilität nicht zerstören durfte. Ich habe Amazon im Fernsehen dafür kritisiert, dass es zu viel für Arbeitskräfte ausgab – es stellte 500.000 Menschen ein, um die Bestellungen für Prime zu bearbeiten, zu verpacken und auszuliefern. Aber Amazon wollte unbedingt einen Weg finden, die Waren in der Regel bereits am nächsten Tag zuzustellen.

„Ich beginne mit unserem Handelsgeschäft. Unsere Umstellung Anfang dieses Jahres von einem einheitlichen landesweiten Logistiknetzwerk in den USA auf acht eigenständige Regionen stellt eine der bedeutendsten Veränderungen unseres Logistiknetzwerks in unserer Geschichte dar."

„Diese Umstellung ist reibungsloser verlaufen und hat stärkere Wirkung gezeigt, als wir selbst optimistisch erwartet hatten, und die Vorteile zeigen sich in vielerlei Hinsicht."

Niemand ahnte, wie tiefgreifend diese Regionalisierung des Amazon-Logistik- und Versandnetzes sein würde. Das Unternehmen setzte KI ein, um genau zu ermitteln, welche Produkte in welcher Region gebraucht werden, und konnte sich entsprechend vorbereiten. Dank der Muster, die sich in den Daten abzeichneten, funktionierte das hervorragend. Deshalb konnte eine Zahnpasta von Crest oder eine Seife von Dove schon wenige Stunden nach der Bestellung beim Kunden eintreffen. Amazon verlagerte die meistbestellten, nicht verderblichen Artikel in die einzelnen Regionen.

„Regionale Logistikcluster mit höheren lokalen Beständen und optimierten Verbindungen zwischen Logistikcentern und Zustellstationen bedeuten kürzere Distanzen und weniger Handgriffe, um Artikel zu den Kunden zu bringen. Kürzere Distanzen und weniger Handgriffe bedeuten niedrigere Kosten der Belieferung, vor allem aber, dass Kunden ihre Sendungen schneller erhalten."

„Weniger Handgriffe" heißt: Amazon versucht, die Waren über einen nahe gelegenen Umschlagpunkt zu verteilen, statt über ein riesiges Zentrallager. Jeder zusätzliche Handgriff – jeder zusätzliche Zwischenstopp auf dem Weg – bedeutet massiv höhere Kosten und längere Lieferzeiten. Offenbar ist es Amazon gelungen, den Code für eine schnellere und günstigere Lieferung zu knacken.

„Wir sind weiterhin auf Kurs, unseren Prime-Kunden die schnellsten Lieferzeiten in der 29-jährigen Geschichte unseres Unternehmens zu bieten. Und wie ich bereits im letzten Quartal erläutert habe, wissen wir, wie wichtig die Liefergeschwindigkeit für die Zufriedenheit unserer Kunden und ihr Kaufverhalten ist."

Diese neue Liefergeschwindigkeit hat das Einkaufsverhalten dramatisch verändert. Es wurde einfacher, bei Amazon zu bestellen, als in den Laden zu gehen – vor allem in die Drogerie, wo immer mehr Produkte hinter Glas oder in verschlossenen Regalen stehen. Dass ausgerechnet dieser Mix aus schneller Lieferung und immer umständlicherem Einkauf im Laden das Verhalten so stark verschieben würde, hatte kaum jemand auf dem Schirm.

„Ein gutes Beispiel dafür ist das deutliche Wachstum, das wir bei Verbrauchsgütern und Artikeln des täglichen Bedarfs verzeichnen. Wenn Kunden ihre Bestellungen so schnell und bequem erhalten, wie es derzeit bei Amazon der Fall ist, ziehen sie uns für einen immer größeren Teil ihrer Einkäufe in Betracht."

Wieder ein zentraler Punkt: In einer Region wurden so viele Verbrauchsgüter immer wieder von denselben Kunden bestellt, dass Amazon darauf vorbereitet war, Bestellungen genau für die Produkte anzunehmen, die die Menschen früher ganz selbstverständlich im Supermarkt oder im kleinen Laden an der Ecke kauften.

> *„Wie wir in den vergangenen Quartalen bereits erläutert haben, haben wir in den letzten zwölf Monaten jeden Teil unseres Logistiknetzwerks neu bewertet – dies ist die erste wirklich große Umstrukturierung mit dem Schwerpunkt auf der Regionalisierung. Uns gefallen die bisherigen Ergebnisse, aber wir gehen nicht davon aus, dass wir schon alle Vorteile vollständig realisiert haben. Wir arbeiten kontinuierlich daran, unsere Algorithmen zur Bestandsplatzierung weiter zu verfeinern, um eine noch bessere Logistik innerhalb der jeweiligen Region zu ermöglichen und Sendungen noch stärker zu bündeln.“*

Amazon hatte sich zum Ziel gesetzt, dass man auf dem Heimweg nicht mehr für die üblichen Besorgungen anhalten musste, sondern dass die Bestellung bereits da war, wenn man nach Hause kam. Diese Umstellung hat die Einkaufsgewohnheiten im ganzen Land auf den Kopf gestellt – und sie deutet darauf hin, dass noch Besseres kommen dürfte.

> *„Wir haben zudem mehrere wesentliche Änderungen in unseren Inbound-Prozessen identifiziert, von denen wir ausgehen, dass sie unsere Kosten der Belieferung und die Liefergeschwindigkeit spürbar verbessern können. Uns gehen die Ideen zur weiteren Optimierung von Kosten und Geschwindigkeit noch lange nicht aus. Das Team ist in diesem Bereich sehr stark unterwegs, und ich bin stolz darauf, wie es gemeinsam neue Lösungen entwickelt und umsetzt.“*

Hier geht es darum, die Kosten für Versand und Zustellung pro Paket deutlich zu senken – Gerüchten zufolge um etwa 40 Cent je Sendung. Das hat Amazon deutlich profitabler gemacht, als viele erwartet hatten. Ich liebe dieses Unternehmen!

Von hier an ging es um Amazon Web Services – den mit Abstand wertvollsten Unternehmensbereich. Ursprünglich war AWS nur dazu gedacht, den eigenen Onlinehandel zu steuern. Daraus entwickelte sich ein Cloud-Geschäft: Dorthin wandert Ihre Bestellung, wenn Sie auf den „Kaufen"-Button klicken. Die Cloud ist das zentrale Lager für alles, was Sie bestellen. Und Amazons Cloud – die größte und am stärksten konzentrierte der Welt – wird heute an jedes Unternehmen vermietet, das sie nutzen möchte, mit Ausnahme direkter Wettbewerber wie Walmart, das auf Microsofts Cloud-Plattform Azure setzt.

> *„Der Umsatz von AWS ist im dritten Quartal im Jahresvergleich um zwölf Prozent gewachsen; gegenüber dem Vorquartal entspricht das einem zusätzlichen Umsatz von 919 Millionen Dollar, und auf Jahresbasis hochgerechnet liegt der Umsatz nun bei rund 92 Milliarden Dollar. Die Wachstumsrate von AWS im Jahresvergleich hat sich im dritten Quartal weiter stabilisiert."*

Dieses Detail war der wichtigste Teil der gesamten Analystenkonferenz. Nach vielen Jahren starken Wachstums war die Wachstumsrate von AWS Anfang 2023 zurückgegangen, und viele befürchteten, sie könnte in diesem Quartal weiter absacken. Stattdessen hat sich die Wachstumsrate in diesem Quartal stabilisiert – und ist gegenüber dem Vorquartal sogar leicht gestiegen. Das war eine echte Kehrtwende und der Beginn einer nachhaltigen Beschleunigung des Wachstums von AWS. Ein klar positives Signal, das die Stimmung gegenüber dem Unternehmen und seiner Aktie deutlich gedreht hat. Die Anleger, die Amazon genau beobachten, haben diesen Wendepunkt gefeiert.

Im nachbörslichen Handel konnte man sehen, wie der Aktienkurs anzog, als die Anlegern erkannten, dass AWS – Amazons mit Abstand profitabelster Geschäftsbereich – nach einer Phase der Stagnation wieder auf Touren kam. In diesem Moment wurde klar, wie bedeutsam diese Analystenkonferenz war.

Im Anschluss sprach Andy Jassy weiter über AWS und Generative KI und kam dann auf Alexa, Prime Video sowie neuere Projekte wie Amazons Gesundheitsangebot RxPass und das Satelliteninternetprogramm Project Kuiper zu sprechen. Danach übernahm CFO Brian Olsavsky und präsentierte die Zahlen; in der Fragerunde am Ende drehte sich vieles um KI. Die Analysten wussten – und wissen bis heute – nicht so recht, wie sie über KI nachdenken, die Zukunft einschätzen und die geschäftlichen Auswirkungen bewerten sollen. Klar ist: Für ein Unternehmen wie Amazon hat KI enorme Bedeutung. Aber wer langfristig zu den Gewinnern im KI-Bereich gehören wird, ist noch völlig offen. Uns fehlen Vergleichsgrößen, um den Erfolg von KI wirklich messen zu können.

Damit sind wir mit der Frage durch, wie Sie Ihre Recherche betreiben sollten. Das mag nach einer Menge Arbeit klingen, aber wenn Sie erst einmal in der Routine drin sind, werden Sie sich auf diese Analystenkonferenzen freuen und sich jedes Quartal gern ein paar Stunden freischaufeln, um die Konferenzen der Unternehmen in Ihrem Depot durchzugehen, zu prüfen, wie diese dastehen, und zu entscheiden, ob Anpassungen nötig sind. Ich weiß: Wenn Sie diese Übung 4-mal im Jahr für fünf Aktien durchziehen, kann das gut 20 Stunden Arbeit bedeuten. Einen Großteil dieser Zeit können Sie sich aber sparen, wenn ein Unternehmen gute Zahlen vorlegt und die Aktie daraufhin steigt. Am wertvollsten sind diese Feinheiten, wenn eine Aktie fällt, obwohl sie in Ihren Augen eigentlich gut dasteht. Ich gehe so ausführlich darauf ein, weil genau diese Punkte die meisten Privatanleger verunsichern, mit denen ich spreche und die ihre Recherchen eigenständig von zu Hause aus betreiben. Gibt es diese Verunsicherung nicht, müssen Sie gar nicht so tief eintauchen. Und die Chatbots können Ihnen bis zu einem gewissen Grad helfen. Sie gehen nicht so tief in die Materie, aber sie erleichtern Ihnen den Einstieg. Für alle, die mit ihrer Zeit haushalten müssen, sind die Zusammenfassungen dieser Bots durchweg sehr solide – am gründlichsten ist nach meiner Erfahrung ChatGPT.

Ja, man könnte einwenden, dass es genügt, einen Chatbot zu fragen, warum eine Aktie gestiegen oder gefallen ist, und er Ihnen eine einigermaßen zufriedenstellende Antwort liefert – ganz ohne Analystenkonferenz und ohne sich selbst durch die Zahlen arbeiten zu müssen. Aber es schadet nicht, zu wissen, wie man Geschäftsberichte und Analystenkonferenzen liest, wobei Chatbots Sie unterstützen können, wenn Sie einmal unsicher sind. Dieser Prozess kann Sie nur besser machen. Noch wichtiger: Solange Chatbots nicht fehlerfrei arbeiten, haben Sie jetzt das nötige Rüstzeug, um zu verstehen, was einen Aktienkurs steigen oder fallen lässt – und warum.

Im dritten und letzten Teil dieses Buches setze ich die Ideen, die wir bislang erarbeitet haben, in die Praxis um: Ich formuliere einige Grundsätze und stelle Beispiele für Aktien vor, die mir aktuell als passende Kandidaten für Ihre Anlagen erscheinen. Wir wechseln damit vom theoretischen zum praktischen Teil – zu Aktienempfehlungen und, was noch wichtiger ist, den Überlegungen dahinter, die Sie für Ihr Depot übernehmen und weiterentwickeln können.

TEIL 3

WAS MACHT EINE HELDENAKTIE AUS?

KAPITEL 16

Zehn Gewinnerbranchen

Und die jeweils besten Heldenaktien darin

Wir wollen Heldenaktien für Ihr Depot. Und der beste Ausgangspunkt bei Ihrer Suche ist der Blick auf Branchen, die so aufgestellt sind, dass sie in jedem Marktumfeld Geld machen können. In jeder dieser Kategorien finden Sie Aktien, die Sie im Idealfall jahrzehntelang kaufen und halten können, ohne sich allzu große Sorgen um die übergeordneten Marktkräfte und die unvermeidlichen Auf- und Abschwünge an der Börse zu machen.

Diese Branchen haben sich über lange Zeit bewährt oder profitieren von stabilen Verhaltensmustern, die ihnen langfristig Rückenwind geben – also davon, wie Menschen leben, einkaufen und arbeiten. In einer Welt, in der Zölle wieder wichtiger werden, sind sie besonders im Vorteil: Die Unternehmen dahinter lassen nur wenig im Ausland fertigen und leben überwiegend von Dienstleistungen.

Im Übrigen habe ich hier ganz bewusst darauf verzichtet, Tech-Aktien auszuwählen. Tech-Aktien werden ihren Weg in Ihr Depot ohnehin finden, davon bin ich überzeugt. Aber nach den heftigen Kursrückgängen im Technologiesektor Anfang 2025 – nichts Ungewöhnliches, das Sie aber trotzdem dazu verleiten kann, gute Langfristaktien zu verkaufen – war es mir wichtig, Ihnen zu zeigen, dass es auch andere lohnende Branchen gibt. Solche Branchen verdienen Aufmerksamkeit in Ihrem Depot, obwohl ich weiß, dass Sie klassischen Tech-Werten kaum widerstehen werden.

Branche 1: Finanzunternehmen für den langen Anlagehorizont

Ich bin kein Fan von klassischen Finanzunternehmen: den Banken, Versicherern und Kreditgesellschaften. Von wohlmeinenden Regierungen, die Ausfälle verhindern wollen, werden ihnen enge Grenzen gesetzt, wie viel Geld sie verdienen dürfen. Außerdem ist genau geregelt, wie viele Banken sie aufkaufen dürfen, um zu wachsen, und bei manchen ist dieser Wachstumspfad bereits ausgeschöpft. In Rezessionen wie auch in Phasen hoher Inflation schneiden sie miserabel ab, und der Staat reguliert sie pausenlos. Ich halte es aber durchaus für sinnvoll, eine Finanztechnologie-Firma mit geringem Kreditrisiko zu kaufen – also ein Unternehmen, das Zahlungen abwickelt, etwa Block (früher Square), PayPal oder Fiserv. Ich mag das starke Wachstum von Visa und Mastercard. Und ich mag zwei weitere großartige Investments, die auf dem Tsunami der Vermögensübertragungen, den wir in diesem Land gerade erleben, von einer Generation zur nächsten reiten.

Die erste dieser beiden großartigen Anlagen ist BlackRock, der größte Vermögensverwalter der Welt. Das Unternehmen bietet eine breite Palette an Anlageprodukten und verzeichnet kräftiges Wachstum. Es verwaltet eine schier unglaubliche Summe an Kundengeldern – zum Zeitpunkt der Abfassung dieses Buches mehr als 11,5 Billionen Dollar – und ist hochprofitabel. BlackRock zahlt eine solide Dividende, die seit 16 Jahren in Folge gesteigert wird. CEO Larry Fink gilt in der Finanzbranche als Vordenker, dem man unbedingt zuhören sollte.

Die zweite dieser beiden großartigen Anlagen ist BNY, die bis zu ihrer Umbenennung im Jahr 2024 als Bank of New York Mellon bekannt war.

BNY ist die älteste Bank der USA, 1784 von Alexander Hamilton gegründet, und eine führende Depotbank, die Vermögenswerte – also Einlagen und Wertpapiere – für große Konzerne und institutionelle Investoren verwahrt. Es ist ein eher unspektakuläres Geschäft – und von den 1990er-Jahren bis in die frühen 2020er-Jahre war die Aktie keine besonders überzeugende Langfristanlage. Doch CEO Robin Vince, der 2022 das Ruder übernahm, hat dem Institut neues Leben eingehaucht: BNY verkauft heute Tools und Dienstleistungen an Kunden in der gesamten Investmentbranche und investiert deutlich stärker in Technologie. Meiner Ansicht nach steht die Aktie gerade erst am Anfang ihrer Wiederentdeckung als hervorragende Wachstumsaktie – ohne das Risiko einer klassischen Bankaktie.

Branche 2: Verantwortungsvolles Auswärtsessen in Zeiten hoher Inflation

Zwei Aktien in dieser Kategorie stehen für kleine Extravaganzen in einer ansonsten eher sparsamen Konsumlandschaft. Über Texas Roadhouse, mein Lieblingsrestaurant, habe ich bereits gesprochen: ein Restaurant wie aus einer anderen Zeit, hervorragend geführt, mit überwiegend eigenen Filialen (die besser laufen als Franchise-Ketten, weil das Unternehmen dort viel mehr Kontrolle hat). Die Restaurantleiter erhalten eine leistungsabhängige Vergütung – ein starker Anreiz für Top-Ergebnisse. Und es gibt noch reichlich Raum für Expansion: Jedes Jahr kommen etwa 25 neue Standorte hinzu.

Brinker International ist die in Dallas ansässige Muttergesellschaft von Chili's Grill & Bar und Maggiano's Little Italy – beides US-weit vertretene Restaurantketten. CEO Kevin Hochman, der von Yum! Brands (KFC und andere Marken) zu Brinker wechselte, ist ein häufiger Gast bei „Mad Money“ und ein ausgesprochen angenehmer Gesprächspartner. Er hat Chili's genau an der Schnittstelle von Qualität und Preis-Leistungs-Verhältnis positioniert und seine Werbeausgaben auf neue digitale Kanäle wie TikTok verlagert. Bei Chili's bekommen Sie eine Vorspeise, Chips und Salsa mit unbegrenztem Nachschlag, Softdrinks zum Nachfüllen und einen Burger – und das alles für 10,99 Dollar. Und wenn Sie das alles noch mit etwas Hochprozentigem herunterspülen möchten: Probieren Sie die „Margarita des Monats" für sechs Dollar, gemixt mit hochwertigem Markentequila.

Hochmans Strategie kommt bei Kunden aller Einkommensklassen offensichtlich gut an. Chili's ist vielleicht der einzige Ort, den ich kenne, an dem neben einer ganz normalen 5-köpfigen Familie jemand im Brioni-Anzug sitzt. (Ich weiß das, weil ich der Typ im Brioni-Anzug bin.) Die Geschäftszahlen sind hervorragend, und ich bin überzeugt, dass noch einiges nachkommt.

Christine Barone, CEO von Dutch Bros (dazu später mehr), steht hinter der wohl eindrucksvollsten Wachstumsstory vom regionalen zum landesweiten Anbieter – mit einem verspielten, saisonal wechselnden Konzept rund um Kaffeegetränke. In diesem Unternehmen steckt Wachstumspotenzial für viele Jahre.

Branche 3: Schnäppchenjagd im Off-Price-Einzelhandel

Die meisten Einzelhändler verkaufen ihre Ware zum vollen Preis, und ich glaube einfach nicht, dass die USA noch ein Land sind, in dem die meisten Menschen bereit sind, den vollen Preis zu zahlen. Dafür ist die Inflation zu hoch und Amazon zu stark. Auch Costco, eine US-amerikanische Warenhauskette, in der nur zahlende Mitglieder einkaufen dürfen, schlägt sich hervorragend. Meiner Ansicht nach hat der Erfolg von Amazon und Costco viel mit einem anderen Thema zu tun: unserer Vorliebe für Abonnementmodelle, die den Mitgliedern bessere Preise bieten als Kunden ohne Mitgliedschaft (oder – im Fall von Costco – gar keinen Zugang zu diesen Mitgliedermärkten haben). Damit bleibt ein lukrativer Teil des

US-Einzelhandels dem vorbehalten, was man dort Off-Price-Händler nennt – Ketten, die Markenware von anderen Händlern aufkaufen, die zu viel bestellt haben oder in finanziellen Schwierigkeiten stecken, und sie deutlich unter dem ursprünglichen Verkaufspreis anbieten. Unter den Off-Price-Ketten in den USA kann derzeit niemand dem Einzelhandelskonzern TJX das Wasser reichen, zu dem T.J. Maxx, Marshalls, HomeGoods und weitere Ketten gehören.

Off-Price-Händler haben in der Regel dann Hochkonjunktur, wenn die Lieferketten gestört sind und Einzelhändler – so wie derzeit in den USA – auf zu viel Ware sitzen. Wenn sich Markenartikel stapeln und die Geschäfte Platz für neue Mode und Saisonware brauchen, müssen sie die Überschüsse im Preis herabsetzen und an Unternehmen wie TJX verkaufen, die sich diese hochwertige Markenware opportunistisch sichern und sie dann zu Schleuderpreisen an ihre Kundschaft weitergeben. TJX bietet seiner Kundschaft ein Einkaufserlebnis, das sich wie eine Schatzsuche anfühlt. Und wenn das Management der Vollpreishändler – große US-Kaufhausketten wie Macy's oder Nordstrom – von einem stark aktionsgetriebenen Umfeld spricht, in dem Preisnachlässe nötig sind, um die Ware in Bewegung zu bringen, dann ist das das reinste Paradies für die Off-Price-Ketten. Die Händler arbeiten fieberhaft daran, ihre Lagerbestände wieder auf ein vernünftiges Maß zu bringen und Artikel über Rabatte aus den Läden zu bekommen. Der Verkauf an Off-Price-Ketten ist der einfachste Weg, das zu erreichen.

Und so funktioniert das: Angenommen, die US-Warenhauskette Target stockt für eine Feiertagssaison ihre Lager mit riesigen Warenmengen auf, weil das Management davon ausgeht, dass die Kundschaft kräftig zugreifen wird. Die Ware ist hochwertig – Target kauft durchweg gute Produkte –, aber die Nachfrage ist aus irgendeinem Grund deutlich geringer als erwartet. Target wird diese tadellose Ware natürlich nicht einfach wegwerfen. Das Unternehmen braucht das Geld und auch den Regalplatz, wenn die nächste Welle von Produkten in die Filialen kommt. An dieser Stelle tritt ein Einkäufer von TJX auf den Plan, mit Cash in der Hand, und nimmt Target das ab, was ihm gefällt. Target ist froh, überhaupt noch Geld dafür zu bekommen. TJX ist begeistert, weil es Ware für die nächste Saison zu einem Bruchteil des Preises bekommt, den Target ursprünglich gezahlt hat. Und wenn die traditionsreiche US-Kaufhauskette Macy's ankündigt, jedes Jahr 50 Filialen zu schließen, bis das Filialnetz wieder eine vernünftige Größe hat – wo, glauben Sie, landet dann wohl die beste Ware aus diesen Läden?

TJX kann übrigens auch von Zöllen profitieren. Wenn Vollpreishändler Waren im Ausland einkaufen, zahlen sie Importzölle. TJX kauft diese Ware später zollfrei von den Händlern zurück. Außerdem haben die Vollpreishändler im Vorgriff auf die Einführung neuer Zölle deutlich mehr Ware bestellt, als sie am Ende brauchen konnten. Für TJX bedeutet das: mehr Auswahl zu niedrigeren Einkaufspreisen.

Sie sollten sich TJX wie einen Geier vorstellen, der darauf wartet, dass andere Läden in Schwierigkeiten geraten, um sich dann über die Reste herzumachen. Solche Händler entziehen sich nicht nur weitgehend dem konjunkturellen Auf und Ab – sie schneiden im Vergleich sogar umso besser ab, wenn die Wirtschaft ins Straucheln gerät.

Branche 4: Strommangel in den USA

Stellen Sie sich vor, Sie schalten das Licht ein – und nichts passiert. In den USA stehen wir kurz davor, dass das nationale Stromnetz den wachsenden Bedarf nicht mehr decken kann. Woher soll zusätzlicher Strom kommen? Wir wissen es nicht. Aber wir wissen: Er wird irgendwoher kommen müssen. Bevor der Stromhunger der Rechenzentren für Künstliche Intelligenz explodierte, war der Stromverbrauch in den USA kaum gewachsen. Jetzt steigt der Verbrauch Jahr für Jahr um rund fünf Prozent, und es ist kein Ende in Sicht. Deshalb brauchen wir zusätzliche Energiequellen und die notwendigen Anlagen zur Stromerzeugung und -verteilung.

Hier geht es um ein großes Anlagethema mit vielen potenziellen Kandidaten. Wir wissen außerdem, dass alternative, erneuerbare Energien nur einen Teil der Lösung darstellen. Ich habe unzählige Male gehört, dass in zehn Jahren die Hälfte unseres Stroms – in den USA – aus erneuerbaren Quellen kommen soll. Träumen Sie weiter. Solarenergie wird ein Faktor sein, aber wir brauchen mehr Strom, als die Sonne liefern kann. Elon Musks Traum von vor gut zwölf Jahren, dass wir binnen zehn Jahren ein riesiges Solarfeld im Nordwesten Colorados haben würden, das unseren gesamten Strombedarf decken sollte, ist längst Geschichte – ohne dass etwas daraus geworden wäre. Windkraft? War bislang zu unbeständig. Kohle? Öl? Zu schmutzig. Atomkraft? Trotz des endlosen Hypes kalkulieren die Erbauer neuer Kernkraftwerke mit sehr langen Zeithorizonten von mindestens sieben Jahren – eine Durststrecke, die mir jede Lust nimmt, dort jetzt zu investieren. Spekulanten haben immer wieder hohe Preise für oft unprofitable Unternehmen gezahlt, die behaupten, sich auf den Bau neuer Atomkraftwerke vorzubereiten, aber ich bin skeptisch, dass sie es tatsächlich schaffen.

Es bleibt daher Erdgas übrig – die am reichlichsten verfügbare Energiequelle, denn in den USA verfügen wir über mehr Erdgas als jedes andere Land der Erde. Es mag ein wenig überraschen, einen fossilen Energieträger als langfristig wachsendes Anlagethema zu sehen, aber Erdgas hat alle Eigenschaften eines Brennstoffs, dessen Markt über viele Jahre wachsen kann, während wir versuchen, uns auf eine Welt mit erneuerbaren Energien einzustellen. Erdgas ist der klassische Brückenbrennstoff auf lange Sicht, und die Zahl der möglichen Investments ist groß – von den Erdgasunternehmen selbst bis hin zu den Zulieferern, die die Branche mit den notwendigen Materialien versorgen. Unter den Erdgasproduzenten ist mein Favorit Coterra Energy, einer der am besten geführten Produzenten der Welt; mit seinen Förderkosten gehört das Unternehmen zu den günstigsten der Branche. Coterra entstand aus der Fusion zweier hervorragender Öl- und Gasunternehmen, Cimarex Energy und Cabot Oil & Gas, und ist auch deshalb so attraktiv, weil das Unternehmen sowohl

Gas als auch Öl fördert und bei zu niedrigen Erdgaspreisen verstärkt auf Ölverkäufe umstellen kann. Und ich weiß aus meinen Recherchen und Gesprächen, dass fossile Brennstoffe uns noch mindestens 20 Jahre – wenn nicht länger – begleiten werden.

Falls Sie der Einsatz fossiler Brennstoffe abschreckt: Coterra-CEO Tom Jorden hat ein Anreizsystem eingeführt, das niedrigen Energieverbrauch sowie möglichst umweltschonende Bohr- und Fördermethoden belohnt – in einer Branche, die ansonsten dafür bekannt ist, enorme Umweltbelastungen zu verursachen. Kein anderes Öl- und Gasunternehmen, das ich beobachte, verfügt über ein vergleichbares Anreizsystem.

Unter den Zulieferern für die technische Ausrüstung von Erdgas- und Energieanlagen sind Dover, Emerson und Eaton drei hervorragende Adressen. Dover ist im Bereich Erdgasverdichtung tätig. Emerson liefert Steuer- und Messtechnik. Eaton stellt Systeme bereit, die Gasturbinen effizienter machen. Das sind alles solide Unternehmen, die ich geprüft und im Depot meines gemeinnützigen Treuhandfonds gehalten habe. Das Problem ist nur: Jede dieser Firmen hat weitere Sparten, die nichts mit Erdgas zu tun haben und ihr Geschäft stark vom Konjunkturzyklus abhängig machen, statt von einem langfristigen Wachstumstrend getragen zu werden. Das macht mir Sorgen. Das Unternehmen hingegen, das am konsequentesten darauf ausgerichtet ist, Erdgas zu einem festen Bestandteil des Stromnetzes in den USA zu machen – nahezu ein reiner Erdgas-Titel als bevorzugter Brennstoff für Jahrzehnte –, ist GE Vernova, das ich bereits im Zusammenhang mit der Aufspaltung von GE erwähnt habe. GE Vernova verkauft und wartet Anlagen zur Stromerzeugung – insbesondere Gasturbinen sowie Windkraftanlagen an Land und auf See, auch wenn das Unternehmen das Offshore-Windgeschäft zuletzt zurückgefahren hat. Außerdem gibt es einen Geschäftsbereich Kernenergie, der kleine modulare Reaktoren entwickelt – viele halten diese Technologie für die Zukunft der Energieerzeugung, aber sie ist noch lange nicht in der breiten Anwendung angekommen; mindestens sieben Jahre dürften es noch sein. Ich weiß, das klingt nach einem langen Zeitraum, aber noch vor gar nicht allzu langer Zeit galt die Branche als völlig aussichtslos. Diese Technologie hat enorme Fortschritte gemacht.

Warum bin ich mir so sicher, dass wir zusätzliche Energiequellen brauchen werden? Die KI-Revolution ist in vollem Gange, und der Energiehunger leistungsstarker Chips – etwa von Nvidia, Sie ahnen es schon – nimmt ständig zu. Das ist unsere neue industrielle Revolution. GE Vernova ist ein Langfrist-Investment, egal aus welcher Quelle der Strom am Ende kommt. Das Gewinnwachstum dürfte auf lange Sicht fantastisch ausfallen – vielleicht über Jahrzehnte hinweg.

Branche 5: Blockbuster-Medikamente

Allzu oft wird über Pharmaunternehmen negativ gesprochen: Sie verlangten angeblich zu hohe Preise, kämpften verbissen um die Verlängerung ihrer Patente und beschäftigten sich vielleicht zu sehr mit Impfstoffen und zu wenig mit chronischen Erkrankungen. Ich sehe das anders. Meiner Ansicht nach leisten unsere Pharmaunternehmen Erstaunliches und haben entscheidend zu enormen Fortschritten bei Gesundheit, Wohlbefinden und Lebenserwartung beigetragen. Zugleich stehen sie von vielen Seiten unter Druck. Sie müssen neue Medikamente entwickeln, wenn der Patentschutz älterer Präparate nach 20 Jahren ausläuft. (Das klingt nach einem langen Zeitraum, aber es dauert viele Jahre, ein Medikament in die klinische Erprobung zu bringen und anschließend die behördliche Zulassung zu erhalten – und bis dahin bleibt womöglich gar nicht mehr so viel Zeit, bevor Generika den Markt fluten und die Gewinne drastisch drücken.) Die meisten noch so vielversprechenden Wirkstoffideen schaffen es gar nicht erst bis zur Zulassung – und schon die klinischen Studien können Milliarden Dollar verschlingen.

Mein Favorit im Pharmasektor ist Eli Lilly. Die GLP-1-Präparate dieses Unternehmens habe ich in diesem Buch schon mehrfach angesprochen. Ich bin überzeugt, dass dieses Geschäft weiter wachsen und Eli Lilly am

Ende in den elitären Klub der Konzerne mit einem Börsenwert von über einer Billion Dollar bringen wird – einen Klub, dem derzeit weniger als zehn Unternehmen angehören. Warum bin ich so optimistisch? Diese GLP-1-Medikamente wurden ursprünglich für Diabetes und zur Gewichtsreduktion zugelassen – beides riesige Märkte –, doch inzwischen ist klar geworden, dass sie weit mehr potenzielle Einsatzgebiete haben. Im Jahr 2024 wurden unterschiedliche GLP-1-Präparate für Herz-Kreislauf-Erkrankungen und Schlafapnoe zugelassen. Anfang 2025 kam eine Zulassung für Nierenerkrankungen hinzu. Ich rechne damit, dass die Liste der Anwendungsgebiete weiter wächst: Lebererkrankungen, Gelenkerkrankungen, Suchterkrankungen und andere Formen zwanghaften Verhaltens, vielleicht sogar Alzheimer. Ich habe bislang von keiner GLP-1-Variante gehört, bei der Lilly in den Studien nicht vorn liegt. Hinzu kommt: Nur wenige Unternehmen weltweit – und kein anderes Pharmaunternehmen – verfügen über eine so starke Bilanz wie Eli Lilly. Das Unternehmen kann neue Werke bauen, um die nötigen Produktionskapazitäten zu schaffen; die Konkurrenz kann da nicht mithalten. Der Markt für GLP-1-Präparate wird unterschätzt – sein Potenzial ist deutlich größer, als die meisten Analysten annehmen. Diese Aktie wird, davon bin ich überzeugt, der beste Pharmatitel aller Zeiten.

Ein weiteres Unternehmen im Pharmabereich ist Vertex Pharmaceuticals. Ich setze mich seit Jahren für diese Aktie ein: Ursprünglich habe ich sie als disruptive Biotech-Firma kennengelernt, die vor allem durch ihre Medikamente zur Behandlung von Mukoviszidose bekannt wurde. Inzwischen bietet Vertex auch eine CRISPR-basierte, geneditierte Zelltherapie gegen Sichelzellanämie an. Noch ist das kein großer kommerzieller Erfolg, aber die wissenschaftliche Grundlage dieser Therapie ist bemerkenswert und zeigt, wie stark Vertex darin ist, neuartige Therapien für besonders anspruchsvolle medizinische Bereiche zu entwickeln. Mein Augenmerk liegt derzeit vor allem auf dem entstehenden Geschäft mit nicht opioidhaltigen Schmerzmitteln, das in meinen Augen ein gewaltiges Potenzial hat. Wir haben in den USA nach wie vor ein massives Problem mit Opioidabhängigkeit; Überdosierungen sind laut der US-Gesundheitsbehörde CDC die häufigste Todesursache bei Amerikanern im Alter von 18 bis 44 Jahren.[24] Vertex' nicht opioidhaltiges Schmerzmittel Suzetrigine (Markenname Journavx) gehört zur ersten neuen Wirkstoffklasse zur Schmerzbehandlung, die seit mehr als 20 Jahren zugelassen wurde. Ich bin überzeugt, dass dieses Medikament ein Riesenerfolg wird.[25]

Branche 6: Das Abomodell

Im Abschnitt über den Einzelhandel habe ich TJX schon angesprochen. TJX ist großartig, aber warum sollten wir die größte Konkurrenz der Schnäppchenketten ignorieren – die Mitgliedsklubs mit Abomodell? Ich kenne den Einzelhandel besser als die meisten anderen Branchen: Bevor mein Vater Schachteln, Tüten und Geschenkpapier verkaufte, verkaufte er Hosen bei Gimbels, einem altehrwürdigen Warenhaus, das es längst nicht mehr gibt, und meine Mutter verkaufte Dessous bei Lit Brothers, einem alteingesessenen Kaufhaus in Philadelphia. Wenn Sie eine Einzelhandelsaktie suchen, mit der Sie in jedem Marktumfeld Geld verdienen können, gibt es im Grunde nur drei: TJX, Walmart und Costco. Über TJX haben wir schon gesprochen, und Walmart erklärt sich von selbst. Was Costco so zuverlässig macht: Costco ist eigentlich kein klassischer Einzelhändler, sondern ein Klub, der Waren für seine Mitglieder mit extrem niedrigen Aufschlägen oder sogar zum Selbstkostenpreis verkauft. Das kann Costco tun, weil es den Großteil seines Geldes mit Mitgliedsbeiträgen verdient.

Costco ist in vielerlei Hinsicht ein bemerkenswertes Unternehmen. Es führt bewusst nur eine vergleichsweise geringe Zahl unterschiedlicher Artikel – im Fachjargon „Stock-Keeping Units", kurz SKUs. Das Costco-Management verhandelt mit seinen Lieferanten knallhart um die besten Preise. Und der Laden wird unglaublich gut geführt. Jede Filiale ist mit Costco-Leuten besetzt, die dem Unternehmen ihr ganzes Berufsleben widmen. Es gibt praktisch keine Fluktuation, weil Costco höhere Löhne zahlt und die besten Zusatzleistungen bietet. Costco weiß, dass Personalfluktuation der Fluch jedes Einzelhändlers ist. Jim Sinegal, der frühere CEO, hat mir schon vor langer Zeit erklärt, dass die Einarbeitung neuer Leute teuer ist und neue Mitarbeiter reine Verlustpositionen sind, bis sie voll einsatzfähig sind. Außerdem können neue Mitarbeiter die Kundschaft vergraulen, solange sie noch nicht ausreichend eingearbeitet sind. Dafür zu sorgen, dass man die besten Leute beschäftigt – und sie hält –, ist die klügere Strategie, selbst wenn das bedeutet, den Mitarbeitern einen höheren Stundenlohn zu zahlen und Leistungen anzubieten, die in der Branche Maßstäbe setzen.

Kein Einzelhändler kann bei den Preisen mit Costco mithalten, weil Costco sein Geld über das Volumen verdient. Je besser die Preise, desto mehr Mitglieder; je mehr Mitglieder, desto mehr Mitgliedsbeiträge; je mehr Mitgliedsbeiträge, desto höher die Gewinne. So kann das Unternehmen all die kostenlosen Kostproben anbieten und sich auch das Hotdog-und-Cola-Angebot für 1,50 Dollar leisten. Während der Coronapandemie und der anschließenden großen Inflationswelle tat Costco etwas, das sich kein anderer Einzelhändler leisten konnte: Das Unternehmen nahm sich Lieferanten vor, die ihre Preise zu aggressiv erhöht hatten, und stellte sie vor die Wahl, ihre Preise zu senken – oder sich darauf einzustellen, gegen die Premium-Eigenmarke Kirkland Signature des Unternehmens antreten zu müssen. Fast alle Lieferanten lenkten ein.

Costco kann noch etwas, das nur wenige andere Handelsketten hinbekommen: Es beherrscht das Prinzip der Schatzsuche. Kunden stoßen dort auf besondere Produkte, die sie vorher noch nie gesehen haben. Eine Zeit lang war ich gemeinsam mit dem inzwischen verstorbenen Schauspieler Gene Hackman an der Popcornfirma LesserEvil beteiligt. Uns gelang der Sprung zu Costco mit einem speziellen rot-grünen Popcorn mit süßer Weihnachtsglasur. Es wurde ein Riesenerfolg. Wir rüsteten unsere Produktion für Folgeaufträge hoch – die nie kamen, weil Costco lieber etwas Neues und Frisches ins Sortiment nehmen wollte.

Das hätte uns fast in den Ruin getrieben, erklärt aber, warum die Leute immer wieder zu Costco zurückkehren. Es gibt dort immer etwas Neues – und wenn ein zeitlich befristeter Lieblingsartikel dabei ist, sollten Sie sich lieber einen Vorrat anlegen.

Genau diese klare Ausrichtung des Unternehmens und die hervorragende Umsetzung sind der Grund, warum ich bereit bin, für Costco-Aktien deutlich mehr zu zahlen als üblich – ein Kurs-Gewinn-Verhältnis von über 50, also mehr als das 50-Fache des Jahresgewinns pro Aktie und weit mehr, als ich bei fast jedem anderen Einzelhändler akzeptieren würde. Und die Aktie hat den S&P 500 über Jahrzehnte mit deutlichem Abstand übertroffen.

Ich mache kein Geheimnis daraus, dass ich ein großer Fan erfolgreicher Abomodelle bin. Abos binden Kunden erfahrungsgemäß langfristig und können sich sehr schnell zu echten Wachstumstreibern entwickeln. Amazon Prime hat mehr als 220 Millionen Abonnenten – und diese Prime-Mitgliedschaft ist nur eines der drei Standbeine von Amazon, neben Amazon Web Services, der Cloud-Sparte des Konzerns, und dem äußerst ertragreichen Werbegeschäft, das zu den margenträchtigsten Bereichen überhaupt zählt.[26]

Das Wachstum bei Netflix ist geradezu atemberaubend. Und vergessen wir nicht Spotify: Lange sah es so aus, als würde dieser Dienst auf Dauer Geld verbrennen, bis er 2024 erstmals auf Jahresbasis in die Gewinnzone kam – und seitdem kennt die Entwicklung nur eine Richtung: nach oben. Spotify begann als reiner Musikdienst, hat sich aber zu einer regelrechten Podcast-Macht entwickelt, und ich sehe von hier aus nur weiteres Wachstumspotenzial.

Branche 7: Infrastruktur für kleine Unternehmen

Kleine Unternehmen sind das Rückgrat der amerikanischen Wirtschaft; Unternehmen, die sich auf sie konzentrieren, werden nie an Bedeutung verlieren. Ich war schon immer ein großer Fan kleiner Unternehmen – nicht nur, weil ich selbst immer wieder neue gegründet habe. Für mich sind sie das Herz und die Seele der Vereinigten Staaten. In Amerika gibt es enorme Aufstiegschancen. Ich bin fest davon überzeugt, dass dies der beste Ort ist, um einen Traum zu verwirklichen. Wenn Sie diese Realität pflegen und weiterentwickeln, kann daraus etwas ganz Großes werden.

In einer Zeit, in der internationale Unternehmen von innen wie von außen unter Beschuss stehen, lohnt es sich besonders, gezielt nach Unternehmen zu suchen, die jungen Gründern ebenso wie erfahrenen Unternehmern helfen, ihr Geschäft zu starten, es richtig rundlaufen zu lassen oder es einfach am Laufen zu halten, wenn der Staat neue belastende Vorschriften erlässt oder Konflikte mit der Belegschaft ein Unternehmen in die Knie zwingen können. In zwei Jahrzehnten „Mad Money“ haben wir viele solcher Unternehmen vorgestellt, die kleine Betriebe unterstützen. Ein Beispiel: Wir waren bei der Cintas-Aktie früh dabei. Cintas ist ein Unternehmen, das mehr als eine Million Kunden mit Berufskleidung, Reinigungsbedarf sowie Brand- und Sicherheitsausrüstung versorgt. Ich halte das Management für unglaublich kreativ darin, Nischen zu erschließen, selbst wenn einige Bereiche – etwa Reinigungsmittel – von anderen Unternehmen dominiert werden, im Fall der Reinigungsmittel von Ecolab. Meiner Ansicht nach bietet Cintas einen überlegenen Service, weil das Unternehmen deutlich mehr Berührungspunkte mit seinen Kunden hat und ihre Bedürfnisse wirklich kennt.

Außerdem halte ich viel von Shopify, einer kanadischen Fintech-Firma, die Unternehmern die Werkzeuge an die Hand gibt, um ein E-Commerce-Geschäft aufzubauen und zu skalieren. Shopify ist weit mehr als nur ein Baukasten für Websites: Der Dienst übernimmt die Zahlungsabwicklung, das Bestandsmanagement, Marketingaufgaben, Auswertungen und vieles mehr.

Wenn ein Unternehmen erst einmal läuft, ist die größte Gefahr für seine Existenz nicht unbedingt ein zu knapper Cashflow oder zu wenige Kunden. Viel gefährlicher kann der Staat werden – vor allem, wenn es um

Steuern und Bußgelder geht. Die meisten Unternehmen können sich keinen eigenen Buchhalter in Vollzeit leisten, auch wenn das enorm hilfreich wäre. Genau hier kommt Intuit ins Spiel, das Unternehmen hinter QuickBooks, mit einer Produktfamilie, die bei vielen äußerst beliebt ist und praktisch den gesamten Buchhaltungsbedarf eines Unternehmens abdeckt. Buchhalter wissen, dass ihre eigenen Leistungen für die meisten Start-ups zu teuer sind. Deshalb, so berichtet man mir bei Intuit, kommen die meisten Empfehlungen für QuickBooks von Buchhaltern selbst.

Paychex gehört seit Jahren zu meinen Favoriten. Das Unternehmen zählt zu den führenden Lohn- und Gehaltsdienstleistern des Landes, betreut rund 800.000 Kunden in den USA und Europa und wickelt die Gehaltszahlungen für etwa jeden zwölften Beschäftigten in der US-Privatwirtschaft ab. Neben seinem Kerngeschäft der Lohn- und Gehaltsabrechnung bietet Paychex ein komplettes Paket an Leistungen rund um Personalwesen, Sozialleistungen und Versicherungen. Besonders interessant ist für mich jedoch das Kerngeschäft, weil Paychex in einem Umfeld wieder spürbar gestiegener Zinsen am sogenannten „Float" verdient – also an den wenigen Tagen zwischen dem Zeitpunkt, zu dem ein Unternehmen sein Paychex-Gehaltskonto auffüllt, und dem Zeitpunkt, zu dem das Geld als Gehalt an die Beschäftigten ausgezahlt wird. In dieser Zeitspanne kann Paychex auf das Geld Zinsen verdienen – und in der Summe kommt dabei eine Menge zusammen. Dieser Teil des Geschäfts profitiert von Phasen hoher Beschäftigung; in einem schwächeren Arbeitsmarkt läuft er entsprechend weniger stark. Außerdem profitiert er von höheren Zinsen – und die entwickeln sich nicht zwangsläufig im Gleichschritt mit den Beschäftigungszahlen.

Das eigentliche Erfolgsrezept von Paychex – und das wird bis heute unterschätzt – liegt darin, wie sehr sich das Unternehmen als Verbündeter seiner Kunden versteht. Viele von ihnen sind so klein, dass sie sich keine eigene Personal- oder Finanzabteilung leisten können. Am deutlichsten zeigte sich das während der Coronapandemie, als die US-Bundesregierung mit dem Paycheck Protection Program (PPP) kurzfristig ein

Programm auflegte, um kleine Unternehmen dafür zu belohnen, dass sie ihre Beschäftigten hielten. Die Teilnahme erforderte relativ aufwendige Kreditanträge mit detaillierten Lohn- und Gehaltsangaben. Paychex entwickelte in kürzester Zeit digitale Tools, mit denen Kunden ihre PPP-Anträge deutlich leichter ausfüllen konnten – und so Zugang zu Mitteln erhielten, die in vielen Fällen nötig waren, um ihr Unternehmen über Wasser zu halten. Diese Art schneller, bedarfsorientierter Unterstützung hat Paychex zu einem Paradebeispiel für säkulares Wachstum gemacht – also für stetiges, langfristig tragfähiges Wachstum.

Kürzlich hat Paychex den HR-Softwareanbieter Paycor übernommen und damit sein Leistungsspektrum erweitert: Dessen Plattform bietet Tools, mit denen Unternehmen neue Talente an Bord holen und einarbeiten können. Diese Übernahme dürfte dem Kurs-Gewinn-Verhältnis von Paychex Auftrieb geben. Paycor ist noch stärker im Fintech-Bereich verankert als Paychex selbst und erschließt zusätzliches Wachstum in einem Marktsegment – dem Onboarding neuer Fachkräfte –, das an der Wall Street besonders begehrt ist.

Branche 8: Der anhaltend wachsende Bedarf an Cybersicherheit

Die Zahl der Cyberangriffe ist im Laufe der Jahre stark gestiegen – ebenso wie die Schäden, die sie anrichten. Zugleich haben sich die Pflichten zur Offenlegung von Sicherheitsvorfällen deutlich verschärft. Dadurch sind Unternehmen gezwungen, bei ihrer Cyberabwehr sorgfältiger vorzugehen, was wiederum mehr Geschäft und mehr Umsatz für Anbieter von Cybersicherheitssoftware bedeutet. Ganz oben auf meiner Liste steht Palo Alto Networks, unter der Führung von Nikesh Arora, einem Branchenveteranen, der zuvor als Topmanager bei Google und SoftBank tätig war. Palo Alto war ursprünglich vor allem für sein starkes Firewall-Geschäft bekannt, doch Arora hat den Konzern weit über diese Wurzeln hinaus weiterentwickelt: Er hat die Bedürfnisse der Branche frühzeitig erkannt und Palo Alto konsequent so positioniert, dass es von den neuesten Branchentrends profitieren kann.

Arora hat das Geschäft von physischer Hardware hin zur Cloud verlagert und darauf hingearbeitet, dass Unternehmen ihren gesamten Bedarf an Cybersicherheit unter einer einzigen Marke bündeln – nämlich unter seiner. Anfangs kam dieser Plan an der Wall Street nicht gut an, weil er Preiszugeständnisse – also Rabatte – erforderte, um Kunden von ihren alten Anbietern loszueisen. Tatsächlich brach die Aktie an dem Tag im Februar 2024, an dem die neue Strategie vorgestellt wurde, um mehr als 50 Dollar beziehungsweise rund 28 Prozent ein. Die Kunden nahmen das Angebot jedoch schnell an, auch wenn die Wall Street zunächst nicht überzeugt war. Bis Ende 2024 erreichte die Aktie ein neues Allzeithoch. Meiner Ansicht nach ist das Potenzial noch lange nicht ausgeschöpft.

Auch von CrowdStrike bin ich sehr angetan – einem Cybersicherheitsunternehmen, das von Grund auf für die Cloud entwickelt wurde. Ich könnte es in diesem Abschnitt behandeln, aber noch besser passt es ins nächste Kapitel über jüngere Unternehmen mit etwas höherem Risiko. CrowdStrike hat das Potenzial, eines der nächsten Billionen-Dollar-Unternehmen zu werden.

Branche 9: Luft- und Raumfahrt – im Höhenflug

Der kommerzielle Luftverkehr gilt als klassisches Beispiel für säkulares Wachstum und steht bei Analysten und Fondsmanagern hoch im Kurs. Seit der Erholung von der Coronakrise zeigt sich die Branche besonders robust – ein Boom im Freizeitreisesegment hat eingesetzt, der viel länger anhält, als irgendjemand erwartet hätte. Dadurch verstärken sich Entwicklungen, die es ohnehin schon gab: Der Luftverkehr wächst in etablierten wie in aufstrebenden Märkten weiter, und die Airlines drängen auf neuere Flugzeuge mit moderneren Kabinenkonzepten und besserer

Treibstoffeffizienz. Die Auftragsbücher von Herstellern wie Airbus und selbst des angeschlagenen Boeing-Konzerns sind inzwischen auf Jahre hinaus voll.

Boeing war lange Zeit der Goldstandard im zivilen Flugzeugbau – und über viele Jahre hinweg der wichtigste Exportkonzern der USA. Wenn ein Land drohende US-Zölle abwenden wollte, bestellte es nicht selten aus strategischen Gründen eine größere Flotte von Boeing-Flugzeugen, damit die USA mehr dorthin exportieren konnten und das Handelsdefizit aus amerikanischer Sicht geringer ausfiel. Doch seit zwei Maschinen der 737-MAX-Reihe infolge von Sicherheitsmängeln abgestürzt sind, um die sich Boeing erst spät und nicht entschlossen genug gekümmert hat, ist die Aktie zu einem Problemfall geworden. Mit dem jüngsten Wechsel an der Konzernspitze ist nun ein neuer Manager am Ruder, Kelly Ortberg, von dem ich glaube, dass er Boeing wieder auf Kurs bringen kann. Mir ist klar, dass das eine gewagte Aussage ist. Bislang sind die Signale ermutigend, allerdings ist es für eine Trendwende noch zu früh.

Noch besser gefällt mir GE Aerospace. Wie bereits in diesem Buch erwähnt, war GE Aerospace ohne Zweifel das Kronjuwel des ehemaligen Konglomerats. Jetzt hat das Unternehmen die Chance, als eigenständiger Konzern aufzublühen, der sich ganz darauf konzentriert, die besten Flugzeugtriebwerke der Welt zu bauen und zu warten. Einer der größten Vorzüge von GE Aerospace ist, dass ein großer Teil der Umsätze aus einem äußerst verlässlichen Servicegeschäft stammt: der Wartung für Verkehrsfluggesellschaften, die mit seinen Triebwerken fliegen. Ende 2024 entfielen rund 80 Prozent des gewaltigen Auftragsbestands des Unternehmens – damals über 170 Milliarden Dollar – auf Serviceleistungen im zivilen Luftfahrtgeschäft. Ich gehe davon aus, dass GE Aerospace noch viele Jahre vom Rückenwind dieser Branche profitieren wird.

Branche 10: Tech-Unternehmen früh aufspüren

Gerade jüngere Anleger sollten verstärkt nach neuen, wachstumsstarken Unternehmen Ausschau halten, auch wenn diese noch keine Gewinne ausweisen. Es gibt einen einfachen Trick, um die besten Kandidaten zu finden: die sogenannte 40er-Regel. Die 40er-Regel ist eine schnelle, unkomplizierte Methode, um zu prüfen, ob es sinnvoll sein kann, die Aktie eines Unternehmens ins Depot zu nehmen, das zwar extrem schnell wächst, aber noch keine Gewinne erzielt. Ich gebe zu, ich habe eine ausgeprägte Abneigung dagegen, in Unternehmen zu investieren, die Verluste machen. Wozu auch? Es gibt so viele großartige Unternehmen, die Geld verdienen – warum sollte ich mich also mit Aktien von Unternehmen abgeben, die das nicht tun? Doch es gibt Ausnahmen: Manche Unternehmen – vor allem junge Anbieter von Unternehmenssoftware für Geschäftskunden – wachsen so stark, dass man ihre fehlende Profitabilität zumindest vorübergehend ausblenden kann.

Ich nutze die 40er-Regel, um Unternehmen, die stark wachsen, aber noch keine Gewinne erzielen, mit profitablen Unternehmen zu vergleichen und abzuschätzen, wie wahrscheinlich es ist, dass sie später profitabel werden. Sie hilft mir, diejenigen herauszufiltern, die es mit dem Geldverdienen ernst meinen, und sie von denen zu trennen, die das nicht tun. Offen gesagt versuche ich herauszufinden, welche Unternehmen Substanz haben – und welche nur eine Luftnummer sind. Und was besagt diese Regel? Man nimmt die jährliche Umsatzwachstumsrate eines Unternehmens und addiert sie zu seiner Gewinnmarge. Wenn die Summe – und ja, bei einer negativen Gewinnmarge wird natürlich subtrahiert – bei 40 oder mehr liegt, hat man einen Treffer. Die 40er-Regel ist letztlich ein Maß für Qualität, das flexibel genug ist, um abzubilden, dass Qualität je nach Entwicklungsphase eines Unternehmens etwas anderes bedeuten kann.

Was meine ich in dieser Berechnung überhaupt mit Gewinnmarge, wenn das Unternehmen gar keine Gewinne ausweist? Sie können dafür die EBITDA-Marge (Earnings Before Interest, Taxes, Depreciation, and

Amortization – Ergebnis vor Zinsen, Steuern und Abschreibungen) als maßgebliche Größe verwenden. Manche Analysten und Anleger gehen noch konservativer vor und nehmen stattdessen die operative Marge oder die Free-Cash-Flow-Marge (siehe Kapitel 14). Sie können einen beliebigen Chatbot nutzen, um diese Kennzahlen zu recherchieren und zu prüfen, ob ein Unternehmen die 40er-Regel erfüllt – genau das mache ich bei allen verlustschreibenden Unternehmen, mit denen ich mich eingehender beschäftige. Wie so oft arbeite ich dafür gern mit ChatGPT oder Grok. Grok ist bei dieser Art von Berechnungen im Allgemeinen etwas aktueller. Es lohnt sich, mehr als einen Bot zu bemühen, weil die Ergebnisse im Detail voneinander abweichen können – und das sollte man einpreisen.

Diese magische 40er-Marke ist für viele Unternehmen so etwas wie ein Ehrenabzeichen: Sie signalisiert, dass das Management Wachstum und Profitabilität in ein angemessenes Verhältnis bringt – und sie gibt Ihnen die Sicherheit, dass das Unternehmen beim Streben nach höheren Umsätzen nicht leichtsinnig agiert.

Wenn die Summe unter 40 liegt, ist das Verhältnis zwischen Wachstum und Profitabilität vorerst nicht stimmig – und Sie sollten die Aktie meiden. Das Management liefert entweder nicht genug Wachstum, um die fehlende Profitabilität zu rechtfertigen, oder nicht genug Gewinn, um das schwache Wachstum zu rechtfertigen. Liegt der Wert über 40, haben Sie es mit einem potenziellen künftigen Gewinner zu tun. Allerdings sorgt die 40er-Regel bisweilen für knifflige Fälle. Ein Unternehmen kann zum Beispiel um 50 Prozent wachsen und würde damit – trotz einer negativen Gewinnmarge von minus zehn Prozent – die Kriterien noch erfüllen. Solange die Summe bei 40 liegt, gilt das Unternehmen nach dieser Regel als anlagewürdig.

Nehmen wir uns ein paar konkrete Beispiele vor. Ganz vorn mit dabei ist für mich ServiceNow, ein Anbieter von Unternehmenssoftware, der digitale Workflows mithilfe Künstlicher Intelligenz steuert und von CEO Bill McDermott geführt wird. 2024 kam ServiceNow auf ein Umsatzwachstum von 22,5 Prozent und eine operative Marge von 29,5 Prozent –

das ergibt einen Wert von 52. Das ist ein enormes, zugleich gut ausbalanciertes Wachstum – ein Wert, den nur sehr wenige Unternehmen erreichen.

Zu meinen Favoriten zählt auch Salesforce, das wir weiter oben bereits erwähnt haben. Dieses Unternehmen für Vertriebs- und Kundenmanagement-Software hat die Cloud-Software-Branche im Grunde erfunden und wächst seit mehr als zwei Jahrzehnten kontinuierlich. Mittlerweile ist Salesforce jedoch ein größeres, gereiftes Softwareunternehmen, dessen Finanzprofil ganz anders aussieht als das vieler jüngerer, deutlich schneller wachsender Softwarekonkurrenten. Heute ist es ein Beispiel für ein Unternehmen, das die 40er-Regel vor allem dank seiner Profitabilität erfüllt – nicht wegen seiner Umsatzwachstumsrate. Im Geschäftsjahr 2025 – dem 12-Monats-Zeitraum, der im Januar 2025 endete – kam Salesforce nur auf ein Umsatzwachstum von 8,7 Prozent. Dafür lag die operative Marge bei 33,0 Prozent, was in der Summe einen Wert von 41,7 ergibt.

Das höchste Verhältnis, das ich je gesehen habe, erzielt eines der erfolgreichsten und faszinierendsten neuen Unternehmen überhaupt: Palantir Technologies. Dieses Software- und Beratungsunternehmen aus dem Verteidigungssektor verzeichnete 2024 ein sehr starkes Umsatzwachstum von 28,8 Prozent und eine operative Marge von 39,4 Prozent – zusammen ergibt das einen geradezu verblüffenden Wert von 68,2. Die Aktie hat eine Art Kultstatus – und das zu Recht. Warum? Schließen wir dieses Kapitel – wie weiter oben versprochen – mit einem genaueren Blick auf Palantir ab.

Kurz gesagt: Palantir analysiert Daten für knapp 800 staatliche und kommerzielle Kunden, wobei die US-Regierung der mit Abstand wichtigste Auftraggeber ist. Ein großer Teil der Arbeit entfällt auf militärische Projekte, aber das Unternehmen ist auch im Gesundheitswesen aktiv und hat mit seinen überlegenen Analysetools maßgeblich zum Erfolg der US-Impfinitiative „Operation Warp Speed" im Kampf gegen das Coronavirus beigetragen. Palantir verzeichnet ein enormes Umsatzwachstum, wurde von Peter Thiel mitgegründet – der auch PayPal mit aufgebaut und zeitweise als CEO geführt hat –, hat mit Alex Karp einen beinahe messianisch auftretenden Chef und ist so verschwiegen, dass viele Außenstehende gar nicht genau wissen, was das Unternehmen eigentlich macht. Die Aktie kostete 2023 noch 16 Dollar. Während ich diese Zeilen schreibe, steht sie bei 120 Dollar, nachdem sie vor Kurzem ein Hoch von 135 Dollar erreicht hatte. Ein wahrhaft irrwitziger Kursanstieg.

Warum ist dieses Unternehmen so außergewöhnlich? Der Grund: Palantir setzt Künstliche Intelligenz ein, um Entscheidungsprozesse in Unternehmen und Behörden grundlegend zu verändern. Der bekennende Palantir-Fan und Top-Analyst Dan Ives von Wedbush Securities bringt es so auf den Punkt: „Palantir spielt im KI-Wettrüsten Schach, während die anderen Dame spielen."[27] Palantir verändert im Kern die Art und Weise, wie Unternehmen aus ihren Daten Erkenntnisse gewinnen. Das Unternehmen ist in der Lage, Muster im Geschäft seiner Kunden zu erkennen, von denen diese selbst oft nichts ahnen, und hilft ihnen, die positiven zu verstärken und die negativen zurückzufahren oder ganz zu beseitigen – und spart ihnen dabei zig Millionen Dollar. Palantir behauptet, dass sich der Einsatz seiner Lösungen praktisch sofort rechnet und schon kurz darauf zusätzliche Gewinne bringt – obwohl das Unternehmen äußerst verschwiegen bleibt, was seine genaue Arbeitsweise angeht. CEO Alex Karp scherzt, dass die 40er-Regel für ihn eigentlich gar nicht ausreicht: „Vielleicht muss man die Regel neu schreiben. Wenn man das Doppelte der Regel erreicht, ist sie für andere Unternehmen womöglich nicht mehr fair", meint er selbstbewusst.[28]

Für das Pentagon arbeitet Palantir daran, den gesamten Beschaffungsprozess neu zu denken.[29] Im März 2024 setzte sich das Unternehmen gegen den seit Langem etablierten Rüstungskonzern RTX durch und gewann einen Auftrag über 178 Millionen Dollar: Es soll eine mobile Bodenstation entwickeln, die mithilfe Künstlicher Intelligenz Daten aus weltraumgestützten Sensoren auswertet, um auf dem Schlachtfeld besonders wichtige gegnerische Ziele zu identifizieren und zu priorisieren. Die ersten Exemplare dieser Stationen – im Grunde riesige Lastwagen – wurden fristgerecht an das US-Militär ausgeliefert und dort in den höchsten Tönen gelobt. Leistungen wie diese sorgen dafür, dass Palantir bereits als das nächste Tesla gehandelt wird.

Im Jahr 2025 soll Palantir eng mit einer neuen staatlichen Einheit namens Department of Government Efficiency (DOGE) zusammengearbeitet haben – einer von Tesla-Chef Elon Musk angestoßenen Behörde, die Staatsausgaben senken und Abläufe verschlanken soll –, um zusätzliche Effizienzpotenziale im Regierungsapparat zu heben. Ich bin überzeugt, dass Palantir den Status quo aufbrechen wird. In dieser Lage wäre ich ziemlich nervös, wenn ich bei General Dynamics, Lockheed Martin oder Northrop Grumman arbeiten würde. Palantir hat nämlich klar gesagt, dass die Produkte dieser Großkonzerne viel zu teuer und untereinander zu eng verbandelt sind, um wirklich über den Preis zu konkurrieren. Ich halte es für gut möglich, dass Palantir eine eigene Sparte für Cyberkriegsführung aufbaut, die unsere Gegner mit einem einzigen Tastendruck ausschalten kann – weitaus gefährlicher als vieles von der Hardware, für die das Pentagon routinemäßig Milliarden von Dollar ausgibt.

Die Wall Street weiß nicht so recht, wie sie dieses Unternehmen bewerten soll – außer festzustellen, dass es überbewertet ist. Es gibt zahlreiche Verkaufsempfehlungen von Analysten. Doch weil der Fokus nach wie vor auf dem Umsatzwachstum und nicht auf den Gewinnen liegt, kann das Unternehmen nicht darüber stolpern, dass es Gewinnschätzungen verfehlt.

Im Gegensatz zu diesen Analysten setze ich auf Palantir. Meiner Ansicht nach ist es das erste Unternehmen, das wirklich begriffen hat, wie sich Künstliche Intelligenz im Dienste der US-Regierung einsetzen lässt – und wie sie die Vereinigten Staaten und ihre Unternehmen stärken kann. Und hier mein größtes Kompliment: Als die Aktie bei 50 Dollar stand und ich eine Verdoppelung prognostiziert habe, war ich bereits sicher, dass das erst der Anfang ist. Inzwischen halte ich deutlich mehr für möglich. Vielleicht 200 Dollar. So außergewöhnlich ist Palantir. So gut ist dieses Unternehmen. Und solange ein großer Teil der Wall Street noch gegen diese Aktie wettet, hat sie wahrscheinlich noch reichlich Luft nach oben.

Das also sind die zehn Branchen, auf die ich besonders setze. Was kommt als Nächstes? Palantir kann ja unmöglich der einzige Wachstumsstar sein, der in den vergangenen fünf Jahren aufgetaucht ist – das Unternehmen ist schließlich erst im September 2020 an die Börse gegangen. Seit 2019 sind mehr als 2.000 Unternehmen neu an die Börse gekommen. Viel zu viele davon haben enttäuscht: Statt Hoffnung zu wecken, endeten sie in Ernüchterung. Aber ein paar haben sich deutlich hervorgetan. Sind Sie bereit für meine Wachstumsstars?

KAPITEL 17

Zehn aktuelle Top-Aktien

Brandneue Hochrisiko-Investments mit hohem Gewinnpotenzial

In den vergangenen Jahren haben wir einen regelrechten Boom bei neuen börsennotierten Unternehmen erlebt, auch wenn die meisten kleiner sind als diejenigen, die vor der Coronakrise an die Börse gegangen sind. Für dieses Buch habe ich jeden einzelnen dieser jüngeren Börsengänge auf der Suche nach echten Qualitätswerten unter die Lupe genommen und bin auf zehn Unternehmen gestoßen, die ich als potenzielle Blue Chips, also künftige Qualitätswerte der ersten Liga, bezeichnen würde – wenn alles gut läuft, vielleicht sogar als Kandidaten für den Billionenklub. Diese Unternehmen haben bereits bewiesen, dass sie Durchhaltevermögen und eine beachtliche Größenordnung besitzen, und sie sollten für alle Anleger interessant sein, die in ihrem Depot stärker auf Wachstumswerte in einer früheren Entwicklungsphase setzen wollen. Natürlich ist diese Liste subjektiv. Einige Titel schneiden prozentual besser ab, andere sind thematisch besonders reizvoll. Aber alle zehn verfügen über ein sehr gutes Management und eine nachweisbare Fähigkeit, Gewinne zu erwirtschaften. Ich habe die Führungskräfte jedes einzelnen dieser Unternehmen persönlich kennengelernt. Ich vertraue ihnen und bin von ihrer langfristigen Substanz überzeugt. Immerhin haben sie bereits harte Zeiten überstanden – von der

Coronakrise bis zum restriktiven Zinserhöhungszyklus der US-Notenbank zur Bekämpfung der Inflation. Diese Titel gehören zur absoluten Spitzenklasse.

Affirm Holdings

Affirm Holdings ist ein Finanzdienstleister, dessen Aktie phasenweise wie eine Rakete in die Höhe geschossen ist. Das Unternehmen verfügt über eine bemerkenswerte Fähigkeit, die Kreditwürdigkeit seiner Kundschaft einzuschätzen und ihr sofort Kredit zu gewähren. Affirm hat eine „Jetzt kaufen, später bezahlen"-Strategie konsequent umgesetzt und damit das Kreditgeschäft demokratisiert, indem das Unternehmen Menschen, die sich die gewünschten Produkte im Moment nicht leisten können, die Möglichkeit gibt, sie in kleinen Raten zu bezahlen. An diesem Geschäftsmodell ist alles transparent – von der Darstellung der exakten Zahlungen, die die Kundschaft leisten muss, einschließlich der Zinsen, die Kreditnehmern allzu oft verheimlicht werden, bis hin dazu, wie Affirm die Wall Street über seine Ergebnisse informiert. Amazon, Costco und Shopify haben sich alle entschieden, die Abwicklung ihrer Ratenkaufangebote über Affirm laufen zu lassen – ein weiterer Beleg dafür, dass mein Vertrauen in dieses Unternehmen nicht fehl am Platz ist.

Warum bin ich von diesem Unternehmen so überzeugt? Als die Fed die Zinsen anhob, rechneten viele damit, dass Affirm unter Zahlungsausfällen zusammenbrechen würde. Doch obwohl das Geschäftsvolumen deutlich zunahm und das Unternehmen Marktanteile gewann, gab es keinen nennenswerten Anstieg bei Zahlungsverzügen oder Abschreibungen auf uneinbringliche Forderungen. Zu viele Fintech-Unternehmen sahen nur deshalb großartig aus, weil wir ein Jahrzehnt künstlich niedriger Zinsen hatten. Jetzt zeigt sich, welche Firmen wirklich auf eigenen Beinen stehen. Für mich sticht Affirm als der Gewinner im am schnellsten wachsenden Segment der Finanzbranche hervor.

Airbnb

Es ist durchaus möglich, eine Aktie zu kaufen, das Produkt des Unternehmens nie zu nutzen und trotzdem damit Geld zu verdienen. Ich bin kein Gamer und habe, soweit ich weiß, noch nie eine Grafikkarte von Nvidia benutzt – außer in der Unternehmenszentrale von Nvidia. Aber es gibt andere Unternehmen, deren Produkte ich so sehr liebe, dass ich ihre Aktien einfach kaufen muss. Amazon war eines dieser Unternehmen, als es mir half, riesige Stückzahlen meines ersten Buches „Confessions of a Street Addict" (dt. „Bekenntnisse eines Wall-Street-Süchtigen") zu verkaufen. Bei Apple war es ganz einfach: Ich musste nur auf meine beiden jungen Töchter hören. Und bei Facebook war es genauso, als das Unternehmen noch in den Kinderschuhen steckte – meine jüngste Tochter war dort sehr früh aktiv.

Genauso geht es mir mit Airbnb – einem Unternehmen, dessen Angebot ich nicht nur als Reisender nutze (mehrmals im Jahr), sondern auch als Gastgeber. Es ist eine großartige Möglichkeit, neue Orte zu besuchen, und zugleich eine hervorragende Art, mit dem eigenen Wohnraum Geld zu verdienen. Airbnb ist an der Wall Street ein umstrittenes Unternehmen. Als die Coronapandemie ausbrach, glaubten viele, es würde zu den ersten Firmen gehören, die aufgeben müssen. Stattdessen florierte das Unternehmen, weil Menschen wie meine älteste Tochter, die damals in Madrid Englisch unterrichtete, Wochenendausflüge in andere Stadtviertel Madrids unternahmen – in Gegenden, in denen sie sich eine dauerhafte Unterkunft leisten konnte. Und selbst mit einem Lehrergehalt fand sie dank Airbnb zahlreiche Optionen. Vor Kurzem ist Spanien gegen exzessive Airbnb-Vermietungen vorgegangen, um den Massentourismus einzudämmen und die Hotelpreise im Land zu stützen. Sollten zu viele Länder diesem Beispiel folgen, könnte das Airbnb schaden – doch bislang sehe ich wenig, was in diese Richtung weist.

Als sich die Welt nach Corona wieder öffnete, behaupteten die Skeptiker, die eigentliche Stärke von Airbnb in dieser Zeit habe nur darin bestanden, dass die Menschen nicht in Hotels übernachten wollten. Doch erneut strafte das Unternehmen die Zweifler Lügen. Niemand konnte wirklich mithalten; nur Vrbo, eine Sparte von Expedia, hat es überhaupt versucht. Deshalb benutzen viele den Namen Airbnb inzwischen so, wie sie früher in den USA Marken wie Xerox für Fotokopien oder Kleenex für Papiertaschentücher verwendet haben – als Gattungsnamen. Airbnb ist de facto zur Standardlösung geworden, wenn man irgendwo übernachten möchte, aber kein Hotel will oder sich keines leisten kann.

Was macht Airbnb so besonders? Erstens ist Brian Chesky, Gründer und CEO, einer der stärksten und zugleich empathischsten Vorstandschefs, an die ich mich in all meinen Jahren bei „Mad Money" erinnern kann. Zweitens hat Chesky früh erkannt, dass Airbnb weniger ein klassischer Unterkunftsanbieter als vielmehr ein Technologieunternehmen ist – und er verbessert diese Technologie ständig, um der Konkurrenz immer einen Schritt voraus zu sein. Drittens versteht Chesky, wie man Menschen neue Möglichkeiten eröffnet: Er weiß, dass Airbnb Menschen, die nicht zu den Reichen gehören, einen relativ komfortablen Urlaub ermöglicht – für einen Bruchteil dessen, was ein Hotelzimmer kosten würde. Gleichzeitig ist ihm klar, dass viele Menschen über Wohnraum verfügen, mit dem sie Geld verdienen können, und gibt ihnen erstmals die Möglichkeit, ihr Eigentum auf diese Weise zu Geld zu machen. Damit demokratisiert er beide Seiten dieser Gleichung.

In regelmäßigen Abständen werden Sie das übliche Gemaule hören: Airbnb wachse nicht schnell genug, die Preise seien zu hoch, oder der anfängliche Reiz des Neuen sei verflogen. Aber die Zahlen lügen nicht. Die Profitabilität des Unternehmens ist hervorragend. Für mich ist Airbnb ein Gewinner – und Sie sollten die Aktie immer dann kaufen, wenn wieder einmal ihr bevorstehender Untergang ausgerufen wird.

Arm Holdings

Eines meiner liebsten „neuen" Unternehmen ist in Wahrheit gar nicht neu. Arm Holdings ist ein Halbleiterunternehmen, das bereits einmal börsennotiert war, dann von der Börse genommen wurde und 2023 erneut an die Börse ging. Arm ist ein Halbleiterdesign-Unternehmen, das 1990 ursprünglich als Joint Venture zwischen Apple und einigen inzwischen untergegangenen Tech-Unternehmen gegründet wurde. 1998 ging Arm an die Börse und blieb dort bis 2016, als der gesamte Konzern vom japanischen Investmentunternehmen SoftBank übernommen wurde. SoftBank, das nach Jahren gewaltiger Investitionen in Tech-Start-ups neue Liquidität benötigte, brachte das Unternehmen im September 2023 durch einen erneuten Börsengang zurück an den Aktienmarkt, behielt jedoch fast 90 Prozent der Aktien und damit die Kontrolle über das Geschäft.

Was macht Arm eigentlich? Das Unternehmen ist ein integraler Bestandteil der Wertschöpfungskette der Halbleiterindustrie: Arm entwickelt leistungsstarke, kostengünstige und energieeffiziente CPU-Designs. Entscheidend ist: Arm produziert selbst keine Halbleiter. Das Unternehmen entwirft sie lediglich und lizenziert diese Designs anschließend an Kunden – darunter Nvidia, AMD, Intel, Qualcomm und Samsung, ganz zu schweigen von den großen Tech-Konzernen, die inzwischen ihre eigenen Chips bauen: Alphabet, Apple, Amazon. Arm verkauft seine Entwürfe an Autohersteller, Zulieferer und die unterschiedlichsten Unternehmen. Unzählige Chips basieren auf der Arm-Architektur.

Arm verdient sein Geld auf zweierlei Arten. Erstens zahlen Kunden eine Lizenzgebühr dafür, dass sie das geistige Eigentum und die Designs von Arm nutzen dürfen. Zweitens kassiert Arm für jeden einzelnen Halbleiter eine Lizenzgebühr, sobald diese Kunden eigene Chips produzieren – in der Regel einen festen Prozentsatz des Verkaufspreises des Chips, wobei es bei größeren Stückzahlen Rabatte gibt. Und diese Lizenzgebühren fließen praktisch unbegrenzt. Im Jahr 2024 stammten rund 50 Prozent des Umsatzes von Arm aus Produkten, die bereits vor mehr als einem Jahrzehnt auf den Markt gebracht wurden, weil die Kunden sie weiterhin als Grundlage für neue Chips verwenden. Das Unternehmen erzielt immer noch Lizenzgebühren mit Produkten, die Anfang der 90er-Jahre entwickelt wurden.

Dieses Geschäftsmodell fasziniert mich seit jeher – deshalb habe ich die frühere Arm-Aktie oft empfohlen, bevor das Unternehmen von der Börse genommen wurde. Es funktioniert, weil diese Firma über herausragendes technologisches Know-how verfügt. Warum, glauben Sie, lizenzieren fast alle großen Halbleiterunternehmen die Chiparchitektur von Arm? Arm hat sich von Anfang an auf Energieeffizienz konzentriert – und die ist entscheidend, wenn man Komponenten für batteriebetriebene Geräte wie Smartphones entwickelt.

Mit der Zeit sind Mobiltelefone immer leistungsfähiger geworden – und damit sind die energieeffizienten CPU-Designs von Arm immer wichtiger geworden. Inzwischen sind wir an einem Punkt, an dem andere Chiphersteller gar nicht mehr versuchen, eigene konkurrierende CPUs für Mobilgeräte zu entwickeln; es ist deutlich günstiger, sie bei Arm zu lizenzieren. Das Unternehmen verfügt über einen enormen Wettbewerbsvorteil, weil sich rund um die Designs von Arm ein eigenes Software-Ökosystem gebildet hat. Faktisch hat Arm damit ein Monopol bei Smartphone-Prozessoren – die Technik des Unternehmens steckt in mehr als 99 Prozent aller Smartphones weltweit. Und weil Arm seine Technologie an andere Unternehmen lizenziert, gerät es auch nicht ins Visier der Aufsichtsbehörden wegen wettbewerbswidriger Praktiken.

Im Grunde genommen hat Arm in den Bereichen, in denen das Unternehmen aktiv ist, nur einen einzigen Wettbewerber: Intel. Arm dominiert nahezu den gesamten Smartphonemarkt, während Intels Designs bei PCs und Servern vorherrschen – auch wenn AMD in diesen beiden Segmenten zuletzt deutlich an Schlagkraft gewonnen hat. Der Nachteil eines vor allem auf Smartphones ausgerichteten Halbleiterunternehmens besteht darin, dass der Smartphonemarkt inzwischen so weit gesättigt ist, dass er kein großer Wachstumstreiber mehr ist. Allerdings werden Arm-Chips längst nicht nur in Smartphones eingesetzt. Als Apple 2020 begann, eigene Spezialchips für seine Mac-Computer zu entwickeln, basierten diese auf Arm-Designs. Und in den vergangenen Jahren hat auch Amazon damit begonnen, für sein AWS-Geschäft eigene leistungsstarke Prozessoren zu entwickeln – ebenfalls auf Basis der Arm-Architektur.

An der Wall Street ist man offenbar ziemlich zuversichtlich, dass Arm in den nächsten ein, zwei Jahren wieder zu einem zweistelligen Wachstum seiner Lizenzgebühren zurückkehren kann, sobald sich die Halbleiterbranche erholt – und ich sehe das genauso. Das Unternehmen hat zwei Expansionsfelder, bei denen ich besonders optimistisch bin: moderne Automobile, insbesondere Elektrofahrzeuge, und Rechenzentren – vor allem die komplexen Rechenzentren, die künftig neue KI-Technologien antreiben werden. Ich bin überzeugt, dass sich die Designs von Arm durchsetzen werden, denn in Sachen Energieeffizienz kommt niemand an Arm heran. Autos und Rechenzentren müssen genauso energieeffizient sein wie Smartphones.

Arm ist ein wichtiger Partner von Nvidia – und Sie wissen inzwischen, was ich von diesem Unternehmen halte. Nvidia ist so begeistert von Arm, dass der Konzern vor einigen Jahren versucht hat, das gesamte Unternehmen für 40 Milliarden Dollar zu kaufen. Die Aufsichtsbehörden haben diesen Deal allerdings wegen kartellrechtlicher Bedenken kassiert. Arm-CEO Rene Haas ist ein früherer Nvidia-Manager, und Nvidia nutzt die Designs von Arm für seinen neuen Superchip – den derzeit schnellsten Chip der Welt. Rene ist ein großartiger Vorstandschef: Er hat eine klare, weitreichende Vision und zugleich die nötige Nahbarkeit, die ihn zu einem idealen Verhandlungspartner bei wichtigen Lizenz- und Tantiemenvereinbarungen macht. Was soll ich noch sagen? Für mich gehört diese Aktie ohne Wenn und Aber ins Depot.

CAVA Group

Ein großer Teil des Investierens dreht sich darum, „das nächste große Ding“ zu finden – möglichst nach dem Vorbild eines früheren Börsenstars. Ich werde von Anlegern ständig gefragt, welches Unternehmen wohl die nächste Nvidia oder die nächste Amazon sei, und ich frage sie dann immer zurück, warum sie überhaupt eine „nächste“ brauchen, wenn sie einfach Nvidia oder Amazon kaufen können. Aber die Leute mögen nun einmal das Neue – das verstehe ich. Wenn man mich fragt, was die nächste Chipotle ist, lautet meine Antwort: CAVA.

Wenn Sie beim Börsengang von Chipotle im Januar 2006 1.000 Dollar investiert hätten, wären daraus bis Ende 2024 137.000 Dollar geworden. Ich habe diese Aktie von Anfang an unterstützt.

Lange habe ich nach der nächsten großen, wirklich neuen Restaurantkette gesucht, hinter der ich wirklich stehen kann. Und ich bin überzeugt, dass CAVA genau diese Kette ist. Die mediterrane Fast-Casual-Kette ging 2023 mit vielen Vorschusslorbeeren an die Börse und überzeugt inzwischen mit durchschnittlichen Umsätzen pro Filiale von 2,9 Millionen Dollar. CAVA ist das Projekt dreier Gründer mit griechischen Wurzeln – und das erste wirklich neue Restaurantkonzept seit Langem: eine Kette mit gesunder, frischer, mediterraner Küche zu vernünftigen Preisen und einem soliden Management, das entschlossen ist, in einem nachhaltigen Tempo zu wachsen.

Normalerweise würde ich bei einer Kette wie CAVA erst einmal abwarten. Aber CAVA hat den Segen von Ron Shaich, der Panera Bread zu einer der führenden Qualitätsketten im Fast-Casual-Segment aufgebaut hat – und das hat Gewicht. Er hält das Konzept von CAVA für so stark und die Umsetzung für so gelungen, dass er zu einem der größten Investoren des Unternehmens geworden ist und den Vorsitz im Aufsichtsrat übernommen hat. Wie er mir bei „Mad Money“ sagte: „CAVA hat das Potenzial, zum dominierenden Player der Branche zu werden. Es ist ein echtes Ausnahmeunternehmen … Die mediterrane Küche könnte, ganz einfach gesagt, das neue Mexikanisch werden. Sie bietet markante, kräftige Aromen und steht zugleich für die derzeit beliebteste Ernährungsweise in den Vereinigten Staaten."

Die Zahlen untermauern das. Das Unternehmen arbeitet profitabel. Sein Wachstum steht im Grunde noch ganz am Anfang. CAVA genießt die gleiche Kundentreue, die ich damals zum ersten Mal bei Chipotle gesehen habe. Wie bei Chipotle verfügt CAVA über ein eigenes Netzwerk von Landwirten, Viehzüchtern und Produzenten, das rund 85 Prozent seiner Zutaten liefert. Das Unternehmen hat ein hervorragendes Schulungsprogramm für seine Manager aufgelegt und zahlt ihnen Gehälter über dem Marktdurchschnitt, um sie zu halten. Außerdem bringt CAVA immer wieder zeitlich befristete Aktionen – etwa „Spicy Falafel" – auf die Karte, damit die Gäste regelmäßig wiederkommen.

Wenn Sie auf der Suche nach der nächsten Chipotle sind, rate ich Ihnen einfach, Chipotle zu kaufen. Aber CAVA hat die Chance, dieses Erfolgsrezept zu wiederholen – und Sie können hier ganz früh einsteigen.

Cloudflare

Nichts ist frustrierender, als sich mit einem neuen Unternehmen zu beschäftigen, von dem man weiß, dass es wahrscheinlich großartig ist, das aber keinerlei Bezug zum eigenen Alltag hat. Genau deshalb ist es so schwierig, Privatanlegern Aktien aus dem Bereich Unternehmenssoftware schmackhaft zu machen. Wie bei Arm und Vertiv haben die meisten von uns im Grunde keine Vorstellung davon, was diese Unternehmen eigentlich tun. Einer meiner Favoriten in dieser Gruppe ist Cloudflare, dessen CEO Matthew Prince ein häufiger Gast bei „Mad Money" ist.

Matthew Prince ist brillant, mitreißend, kreativ – und genießt das Vertrauen von über 250.000 zahlenden Kunden weltweit sowie von rund 25 Millionen Internetauftritten, die auf das Netzwerk von Cloudflare bauen. Im Kern sorgt Cloudflare dafür, dass die internen Netzwerke von Unternehmen reibungslos funktionieren. Diese Netzwerke brauchen Sicherheit, Zuverlässigkeit, Geschwindigkeit, Flexibilität für neue Anwendungen und – Moment – habe ich Sicherheit schon erwähnt?

Cloudflare dominiert das Feld sicherer, zuverlässiger Interneterlebnisse – ganz gleich in welcher Branche: Finanzwesen, Gaming, E-Commerce, Gesundheitswesen, Unterhaltung oder öffentlicher Sektor. Als das US-Heimatschutzministerium 2017 feststellte, dass in 21 Bundesstaaten Wählerverzeichnisse Ziel eines Cyberangriffs gewesen waren, startete Cloudflare das Athenian Project, um Kommunen und ihre Wahldaten kostenlos zu schützen. Wahlbehörden im ganzen Land sind dieser Bedrohung hoffnungslos unterlegen – es sei denn, sie lassen Cloudflare helfen. Das Unternehmen ist führend beim Schutz vor Distributed-Denial-of-Service-Angriffen (kurz: DDoS-Angriffen), bei denen Angreifer versuchen, eine Website durch massenhaften Datenverkehr lahmzulegen. Und Geschäftskunden genießen denselben Schutz.

Die Zahlen sind beeindruckend: Der Umsatz von Cloudflare ist von 287 Millionen Dollar im Jahr 2019, dem Jahr des Börsengangs, auf 1,7 Milliarden Dollar im Jahr 2024 gestiegen. Diese Aktie wird vielleicht nie ein Schnäppchen sein – die wirklich großen Werte sind es selten.

CrowdStrike

Eine Cybersecurity-Aktie gehört in jedes Depot. Das sage ich den Mitgliedern des CNBC Investing Club mehrmals pro Woche. Kaum ein anderer Bereich erlebt eine so starke Nachfrage wie die Cybersicherheitsbranche – wie Sie in der Branchenanalyse in Kapitel 16 gesehen haben. CrowdStrike ist das einzige Unternehmen, von dem ich glaube, dass es Palo Alto Networks wirklich Konkurrenz machen kann. Es hat die Plattformstrategie konsequent umgesetzt und ist zur Salesforce der Cybersecurity geworden – ganz gleich auf welcher Cloud-Infrastruktur ein Unternehmen unterwegs ist.

CEO George Kurtz ist ein regelmäßiger Gast bei „Mad Money“ und spricht dort oft darüber, dass ein großer Teil seines Geschäfts indirekt von Microsoft kommt. Deren Cybersicherheitslösung sei zwar ordentlich, reiche aber einfach nicht aus, um die Angreifer wirklich zu stoppen, sagt er. CrowdStrike, so beschreibt er es, „ist Technologie, ergänzt um tiefgehende Sicherheitsexpertise“. Sein Unternehmen und Palo Alto Networks bieten die Art von Schutz, der Kriminelle dazu zwingt, sich andere Ziele zu suchen.

Das Bewertungsmultiple von CrowdStrike kommt vielen schlichtweg irre hoch vor – zum Zeitpunkt, an dem ich dies schreibe, liegt es bei mehr als dem 100-Fachen des Gewinns. Ich halte jedoch den Cashflow für die bessere Kennzahl, um dieses Unternehmen zu beurteilen, und das Cashflow-Wachstum ist außergewöhnlich. Vielleicht am wichtigsten: Mit einem so hohen Multiple darf man sich keinen Fehler leisten. Von all den Cybersecurity-Unternehmen, die ich aufmerksam beobachte, ist CrowdStrike das einzige, das kein einziges Quartal verpatzt hat – nicht einmal in dem Quartal, in dem das Unternehmen aufgrund eines Softwarefehlers dafür verantwortlich war, dass weltweit die Rechner seiner Kunden ausfielen. George Kurtz übernahm sofort die volle Verantwortung für diesen Fehler. Er reiste um die ganze Welt, um sich bei so vielen Kunden wie möglich persönlich zu entschuldigen. Er verlor so gut wie keine Kunden. Kurtz hasst es, zu verlieren. Und Ihnen sollte es genauso gehen.

DoorDash

Ich traf Tony Xu zum ersten Mal bei einem Mittagessen, kurz bevor sein Unternehmen DoorDash an die Börse ging. Ich konnte überhaupt nicht nachvollziehen, wie er auf die Idee kam, gegen so viele etablierte Wettbewerber im Liefergeschäft anzutreten – einschließlich des Dienstes, den ich damals für „Bar San Miguel“ nutzte, jenes mexikanische Tapas-

Restaurant, von dem ich Ihnen vorhin erzählt habe und das meine Frau Lisa damals in Brooklyn führte. Dieser Markt schien mir absurd schwer zugänglich, und es wirkte hoffnungslos, dort auch noch Geld zu verdienen.

Tony Xu sah das ganz anders. Er sagte mir, DoorDash werde zum führenden Essenslieferdienst in den USA aufsteigen. Seine Eltern waren aus China in die USA gekommen, mit nur ein paar Hundert Dollar in der Tasche, als er fünf Jahre alt war. Seine Mutter war in China Ärztin gewesen, doch ihr Abschluss wurde in den Vereinigten Staaten nicht anerkannt. Also arbeitete sie in mehreren Jobs, unter anderem als Bedienung in einem chinesischen Restaurant vor Ort. Dort kam Tony Xu zum ersten Mal mit der Gastronomie in Berührung.[30] Schon in jungen Jahren begleitete er seine Mutter zur Arbeit und stand in der Küche am Spülbecken.

Von dort ging er nach Berkeley und schrieb sich – nach Stationen beim Fintech-Unternehmen Square und einem E-Commerce-Unternehmen – an der Stanford Graduate School of Business ein, um einen MBA zu erwerben. 2012 gründete er gemeinsam mit einigen Kommilitonen von Stanford PaloAltoDelivery.com – das Unternehmen, aus dem später DoorDash werden sollte. Seine stille Entschlossenheit beeindruckte mich im Laufe unseres Mittagessens immer mehr. Was mir damals nicht klar war: So sehr Tony Xu wollte, dass ich an das Unternehmen glaubte, so sehr wollte er auch mein „Bar San Miguel" als Kunden für DoorDash gewinnen – mein kleines, unscheinbares Restaurant. Und wenig später bekam er es auch.

Das Unternehmen ging im Dezember 2020 an die Börse – in einer Phase, in der der ohnehin schon überhitzte Markt in blanke Manie umschlug. Nach einem Emissionspreis von 102 Dollar schloss die Aktie am ersten Handelstag bei 189 Dollar. Kurz darauf notierte sie deutlich über 200 Dollar. Ich wollte diese Aktie zunächst überhaupt nicht anfassen. Das Unternehmen schrieb immer noch hohe Verluste, und die Bewertung ließ sich beim besten Willen nicht rechtfertigen. Als der Markt Ende 2021 seinen Höhepunkt erreichte und 2022 in die Korrektur überging, wurde die Aktie regelrecht zerlegt und war von ihrem Hoch bis zum Tief im Oktober 2022 um mehr als 80 Prozent gefallen. Während der Kurs in diesen ersten Jahren massive Ausschläge zeigte, konsolidierten Xu und sein Team jedoch still und leise die Branche. Essen zu bestellen wurde zu einer festen Konsumgewohnheit – und diese hielt weit über das Ende der Pandemie hinaus an. DoorDash ging aus dieser Phase als dominanter Lieferdienst in den USA und als einer der führenden Anbieter weltweit hervor.

Ich höre oft, ein Lieferdienst könne sich gar nicht wirklich von der Konkurrenz abheben. Aber mit mehr als 40 Millionen monatlich aktiven Nutzern Ende 2024 und einer geschickt abgestimmten Expansion ins Ausland werden Tony Xu und seine Millionen „Dashers" – so nennt DoorDash seine Fahrer – auf Jahre hinaus eine führende Rolle in dieser zersplitterten Branche einnehmen.

Dutch Bros

Ich habe meinen ersten Kaffee von Dutch Bros vor mehr als zehn Jahren getrunken, als meine älteste Tochter Cece in Ashland im US-Bundesstaat Oregon lebte. Sie wusste, dass ich ein absoluter Kaffee-Freak bin – und in Ashland gibt es einige der besten Cafés im ganzen Land. Cece führte mich zu einem winzigen Kaffeestand, im Grunde nur ein kleines Häuschen mit Ausgabefenster: Drinnen war gerade Platz für eine Handvoll Leute, draußen wartete eine lange Schlange von Autos am Drive-in-Schalter. „Stell dich an, Paps", sagte sie. „Du wirst jetzt den Kaffee deines Lebens trinken."

Ich habe diesen riesigen Becher Kaffee, den sie dort „Annihilator" nennen – Espresso, halb Milch, halb Sahne und Schoko-Macadamianuss-Sirup –, nie vergessen, weil dieses Zeug so wach macht, als würde man sich einen Eimer Eiswasser über den Kopf kippen. Der Geschmack, der Kick, der Service. Ich war sofort angefixt.

Jedes Mal, wenn ich Cece besuchte, legten wir ganz bewusst einen Stopp dort ein. Ein paar Mal trug mich dieser Kaffee durch lange Nächte, in denen wir Karten spielten und zu Pearl Jam mitsangen. Es war großartig.

Ich habe Dutch Bros immer nur für eine kleine, lokale Kette gehalten. Ich lag falsch. Schon vor langer Zeit lernte ich: Wenn ein Restaurant- oder Fast-Food-Konzept so gut ist, dass es an einem Ort den Markt dominiert, kann es womöglich überall Fuß fassen. Dutch Bros muss das ebenfalls gewusst haben, denn das Unternehmen ging sieben Jahre, nachdem ich es zum ersten Mal kennengelernt hatte, an die Börse.

Doch leider war das Unternehmen für diesen Schritt noch nicht bereit. Wie so oft, wenn aus einer regionalen eine landesweite Kette werden soll: Die Leute vor Ort zahlen verrückte Preise für die Aktie, aber der Rest des Landes weiß nicht so recht, was er damit anfangen soll. Der Emissionspreis lag am 15. September 2021 bei 23 Dollar – genau zu dem Zeitpunkt, als der Börsengang-Boom des Jahres 2021 verebbte. Am ersten Handelstag stieg die Aktie auf etwa 37 Dollar und erreichte bis zum 1. November desselben Jahres ein Hoch von 81 Dollar – bevor sie bis Mitte Dezember auf 43 Dollar abstürzte und anschließend die meiste Zeit der folgenden zwei Jahre nur noch im Bereich von 20 bis 30 Dollar notierte. Das Management beschloss, über den Westen hinaus in den Rest der USA zu expandieren. Sie hatten versucht, viel zu schnell zu wachsen und während der Hochphase der Coronapandemie in zu vielen Bundesstaaten gleichzeitig neue Standorte zu eröffnen. Der Aktienkurs bekam das deutlich zu spüren, besonders als sie zusätzliches Kapital aufnehmen mussten – im Mai 2022 fiel die Aktie bis auf 20 Dollar.

Jetzt, ein paar Jahre später, haben sie ihre Bilanz gestärkt und wachsen deutlich maßvoller, mit weniger Fluktuation im Management – und der Aktienkurs liegt zum Zeitpunkt, an dem ich dies schreibe, bei gut 70 Dollar. Im Mai 2025 verfügten sie bereits über mehr als 1.000 Filialen und sind damit die Nummer 3 hinter Starbucks und Dunkin'.[31] Sie haben sich das Ziel gesetzt, bis 2029 auf 2.029 Standorte zu kommen. Anders als Dunkin' und viele andere Quick-Service-Ketten betreibt Dutch Bros seine Standorte in Eigenregie und bestimmt das Management der Filialen selbst. Das gefällt mir. Mir gefällt auch das Umsatzwachstum: plus 52 Prozent im Jahr 2021, 48 Prozent im Jahr 2022, 31 Prozent im Jahr 2023 und eine erneute Beschleunigung auf 33 Prozent im Jahr 2024. Und das bei einem durchschnittlichen Umsatz je Standort von etwas über zwei Millionen Dollar. Ziemlich beeindruckend für so ein kleines Format.

Am Ende kommt es für mich immer wieder auf den Kaffee an – vor allem auf die zeitlich befristeten Aktionsgetränke. Kreationen wie der „Chocolate Crunch Cold Brew Freeze", saisonale Sorten wie „Caramel Pumpkin Brûlée" und „Sweater Weather Chai" sowie mein alter Favorit, der „Annihilator", bestärken mich in dem Gefühl, dass wir es hier mit einem langfristigen Gewinner zu tun haben – zumal die Kette an der Spitze mit der Branchenkennerin Christine Barone, früher bei Starbucks, in ausgezeichneten Händen ist. Wenn sie ihren Wachstumskurs fortsetzen kann, könnte diese Aktie noch viele Jahre lang eine großartige Anlage sein.

Uber Technologies

Manchmal kann sich ein übertrieben gefeierter Börsengang mit der Zeit in eine fantastische Wachstumsaktie verwandeln – wenn man dem Unternehmen genug Raum gibt, zu reifen und sich zu verbessern. Genau so sehe ich Uber Technologies: Als das Unternehmen im Frühjahr 2019 an die Börse ging, wirkte die Aktie zunächst wie ein Reinfall. Im Herbst davor gab es Berichte, Uber könne beim Börsengang mit bis zu 120 Milliarden Dollar bewertet werden – eine bemerkenswerte Bewertung angesichts des vergleichsweise jungen Alters des Unternehmens, der Turbulenzen der vorherigen Jahre (Gründer Travis Kalanick wurde 2017 zum Rückzug gezwungen und als CEO durch den Branchenveteranen Dara Khosrowshahi aus der Tech-Industrie ersetzt) und der Tatsache, dass Uber damals noch keine Gewinne erzielte.

Als Uber Technologies schließlich im Mai 2019 an die Börse ging, waren die hochfliegenden Erwartungen bereits deutlich gedämpft. Im Vorfeld warnte ich die Zuschauer von „Mad Money" ausdrücklich vor dieser Aktie. Und obwohl der Ausgabepreis mit 45 Dollar am unteren

Ende der Preisspanne lag, kam es zunächst knüppeldick: Am ersten Handelstag fiel die Aktie um fast acht Prozent, und der Verlust summierte sich auf 655 Millionen Dollar – damit stellte Uber einen Rekord für den höchsten Verlust am ersten Handelstag eines US-Börsengangs auf. Am zweiten Handelstag brach sie noch einmal um zehn Prozent ein.

Die Uber-Aktie stabilisierte sich anschließend und kletterte im Sommer sogar kurzzeitig wieder über den Ausgabepreis des Börsengangs. Dennoch blieb sie während des größten Teils ihres ersten Börsenjahres extrem volatil – insbesondere, als die Coronapandemie ausbrach und die Uber-Aktie im März 2020 auf ein Tief von 14 Dollar abstürzte. Zum Glück hatte Uber mit seinem Börsengang genug Kapital eingesammelt – er war immer noch der zehntgrößte in der US-Geschichte und brachte über acht Milliarden Dollar ein –, um die Zeit der Coronapandemie zu überstehen. Trotzdem war es unmittelbar nach der Pandemie schwer, sich hinter Uber zu stellen, weil das Unternehmen in den ersten Jahren als börsennotierte Gesellschaft weiterhin tief in den roten Zahlen steckte. Die Verluste waren enorm. Selbst nach der wohlwollenderen Kennzahl des bereinigten EBITDA – also dem Ergebnis vor Zinsen, Steuern und Abschreibungen – verbuchte Uber 2019 ein Minus von 2,7 Milliarden Dollar, 2020 ein Minus von 2,5 Milliarden Dollar und 2021 einen Verlust von 774 Millionen Dollar.

Anfang 2022 begann sich unsere Einschätzung des Unternehmens deutlich zum Positiven zu verändern – zunächst, weil klar wurde, dass Uber zu den großen Profiteuren des Wiederauflebens nach den Lockdowns gehören würde, als die Menschen wieder in nennenswertem Umfang zu reisen begannen und die Angestellten nach und nach in ihre Büros zurückkehrten. So richtig begeistert von Uber waren wir aber, als Dara Khosrowshahi am 8. Mai 2022 einen Brief an alle Mitarbeitenden schrieb, der an die Presse durchsickerte. Der Markt befand sich damals mitten in einer heftigen Korrektur, die noch etwa ein halbes Jahr anhalten sollte. In diesem Schreiben sprach Khosrowshahi von einem „tektonischen Wandel" bei dem, was Investoren von Tech-Unternehmen erwarteten, und machte klar, dass Uber künftig Profitabilität und Cashflows in den Vordergrund stellen müsse. Damit war er einer der ersten Tech-CEOs, die offen einräumten, dass die Ära des „Wachstums um jeden Preis" vorbei war.

Ab diesem Zeitpunkt war ich bei Uber voll dabei. Das Management meldete in diesem Jahr einen Gewinn auf bereinigter EBITDA-Basis von 1,7 Milliarden Dollar; 2023 stieg dieser Wert auf über vier Milliarden und 2024 auf fast 6,5 Milliarden Dollar. Gleichzeitig setzte sich das Unternehmen immer deutlicher von seinem kleineren Konkurrenten Lyft ab und wurde zum De-facto-Sieger im Wettbewerb der Fahrdienstvermittler. Die Aktie zog im Sommer 2022 richtig an und kennt seitdem nur eine Richtung: nach oben – von rund 20 Dollar im Juni 2022 auf etwa 85 Dollar, während ich dies schreibe.

Uber hat sich inzwischen zu einer Plattform entwickelt, die weit über die reine Fahrdienstvermittlung hinausgeht – mit einem Lieferdienst (Uber Eats), einem eigenen Frachtgeschäft (Uber Freight) und sogar einem Werbegeschäft (Uber Advertising). Das Unternehmen ist heute in 70 Ländern und mehr als 15.000 Städten aktiv, mit weltweit 8,5 Millionen Fahrern und Kurieren, die zusammengerechnet im Schnitt 34 Millionen Fahrten pro Tag durchführen. Uber ist extrem schwer zu bewerten. Angesichts des nach wie vor dynamischen Wachstums und der enormen Reichweite gesteht der Markt der Aktie ein sehr hohes Bewertungsmultiple zu. Könnte Uber ein Billionen-Unternehmen werden? Von allen hier vorgestellten Firmen ist es dafür der aussichtsreichste Kandidat. Als Uber Technologies an den Start ging, hatte ich noch Sorge, dass die Fahrer einen zu großen Teil der Erlöse für sich beanspruchen und Uber die Verluste nur dann verkraften könnte, wenn selbstfahrende Autos irgendwann zum Standard würden. Doch je mehr Menschen begannen, sich mit Uber ein zusätzliches Einkommen zu sichern, und je mehr das Unternehmen dank seiner fast monopolartigen Stellung die Preise anheben konnte, erreichte Uber das vielleicht deutlichste Erfolgszeichen: Der Unternehmensname wurde zum Verb – in den USA heißt es „to uber". Anfangs hat es eine Weile gedauert, aber ich sehe für dieses Unternehmen weiterhin ein enormes Wachstumspotenzial.

Vertiv

Manchmal hat man einfach Glück, wenn man auf der Suche nach einer Aktie ist, die man sich auf die Watchlist setzen will. Über Vertiv wusste ich bis 2021 – also ein Jahr nach dem Börsengang – kaum etwas, bis ich Dave Cote bei ihm zu Hause besuchte, den früheren CEO von Honeywell und meinen früheren Nachbarn in Summit im US-Bundesstaat New Jersey.

Ich verbrachte ein Wochenende mit Dave Cote auf seinem großartigen Anwesen im Norden des Bundesstaates New York – ein Young-Leadership-Wochenende, eine Auszeit für Leute in ihren Zwanzigern und Dreißigern. Dave entdeckt gern junge Führungskräfte und bringt sie dazu, untereinander Ideen auszutauschen (und dabei zuzuhören, wie ältere Semester wie ich ihnen Tipps für ihren weiteren Weg geben). Er erklärte mir, wie er Vorsitzender einer sogenannten Special Purpose Acquisition Company geworden war – kurz SPAC. Das ist eine Börsenmantelgesellschaft, die zunächst Geld von Anlegern einsammelt und sich erst danach auf die Suche nach einem Unternehmen macht, das sie übernehmen will. Die meisten dieser SPACs sind von Gier getrieben und haben kein tragfähiges Geschäftsmodell – im Grunde sind es nur einige ohnehin wohlhabende Leute, die andere ihre Träume finanzieren lassen. Mittels genau solch einer Mantelgesellschaft wurde Vertiv an die Börse gebracht. Und anders als bei den meisten SPAC-Deals jener Zeit stand hier am Ende ein solides, operativ starkes Unternehmen: Vertiv – eine der ersten wirklich nennenswerten Ausnahmen, lange bevor sich viele andere SPACs als Desaster für Anleger entpuppten.

Vertiv ist ein Kühltechnologie-Unternehmen, das seine Technik dort einsetzt, wo sie am dringendsten gebraucht wird: in Rechenzentren. Im Kern geht es darum, Supercomputer zu kühlen, die beschädigt werden, sobald die Temperatur zu stark ansteigt. Vertiv kann auf eine lange Geschichte von Kühllösungen zurückblicken, die ohne zusätzliche Umweltbelastung auskommen. Mit dieser Technologie schützt das Unternehmen Investitionen in Billionenhöhe – und wird das auch weiterhin tun, solange sie zuverlässig funktioniert. Zu den Kunden von Vertiv zählen praktisch alle großen Unternehmen, die man sich vorstellen kann, und Vertiv hat in diesem Bereich nahezu ein Monopol. Wäre die Aktie 2023 Mitglied des S&P 500 gewesen, wäre sie der Spitzenwert des Jahres gewesen – sogar noch vor Nvidia. Dass Vertiv längst nicht so bekannt ist, wie es sein sollte, liegt daran, dass das Unternehmen eine ganze Reihe von Problemen überwinden musste, bevor das Geschäft wirklich ins Rollen kam: von Schwierigkeiten in der Lieferkette bis hin dazu, dass es seine eigenen Produkte zu günstig angeboten hat. Vertiv hat seinen eigenen Wert erst vor Kurzem richtig erkannt.

Als unsichtbarer Spezialist im Hintergrund der Rechenzentren ist Vertiv für mich ein verstecktes Juwel, das nur darauf wartet, von noch mehr Anlegern entdeckt zu werden.

Nach der Flut von Börsengängen, die wir 2020 und 2021 erlebten, ging die Zahl der Neuemissionen im Jahr 2022 drastisch zurück – der Markt drehte nach unten, und der Risikoappetit der Anleger verschwand. Seitdem arbeiten wir uns langsam wieder nach oben, auch wenn wir noch längst nicht wieder das Niveau dieser beiden Jahre erreicht haben. Doch Gewinner können sich immer durchsetzen. Kaufen sollten Sie nur keine Unternehmen, die keine Gewinne erzielen – egal wie risikofreudig Sie sich selbst einschätzen. Vom spekulativen Hochrisiko-Investment mit großem Gewinnpotenzial hin zu verlässlichen Ertragsbringern, die sich ideal für die Zeit kurz vor dem Ruhestand eignen – genau dorthin führt uns das nächste Kapitel, mit Empfehlungen, die Wachstum und laufende Erträge perfekt miteinander verbinden.

KAPITEL 18

Acht wachstumsstarke Dividendenwerte

In diese Aktien sollten Sie mit zunehmendem Alter umschichten

Wenn Sie in jedem Marktumfeld richtig viel Geld verdienen wollen, dürfen Sie sich nicht nur auf Mega-Cap-Gewinner wie Apple oder Meta verlassen. Sie brauchen eine Mischung aus Risiko und Rendite – das ist der klügste Weg. Ich investiere gern in junge Unternehmen wie die aus dem vorigen Kapitel. Für Sie persönlich gilt jedoch: Mit zunehmendem Lebensalter brauchen Sie mehr Sicherheit – vergessen Sie also das Gleichgewicht nicht. Manche Aktien mit einer langen Erfolgsgeschichte haben nach wie vor einen Vorsprung und sind immer noch ein Investment wert. Bei den Aktien in diesem Kapitel kann ich mich auf meine persönliche Erfahrung und mein Vertrauen in die jeweiligen Unternehmensführungen stützen. Außerdem habe ich mich bewusst auf krisenerprobte Unternehmen aus ganz unterschiedlichen Branchen konzentriert. Diese Unternehmen sind alle unbeschadet aus wirtschaftlichen Katastrophen hervorgegangen.

Als ich mich daranmachte, ein Buch zu schreiben, mit dem Sie unabhängig vom Aktienmarkt eine sichere Rendite erzielen können, war mir klar, dass dieses Kapitel das Fundament bilden würde. Aus rund 1.000

Aktien habe ich diese Liste zusammengestellt. Sie haben das Beste verdient, was ich aus 20 Jahren „Mad Money“ und der Anlagearbeit für einen gemeinnützigen Trust sowie aus weiteren 20 Jahren erfolgreicher Geldanlage davor gelernt habe.

Was mir Sorgen macht: Viele Anleger schichten mit zunehmendem Alter fast vollständig in Anleihen um – und nehmen sich damit jede Chance auf Wachstum. Mir geht es darum, dass Sie einen sinnvollen Kompromiss aus Wachstum und laufenden Erträgen finden, damit Sie nicht befürchten müssen, am Ende zu wenig zurückgelegt zu haben. Ihr Depot soll solide und sicher sein, aber die Erträge sollen zugleich ausreichen, damit Sie in Ruhe in Rente gehen, reisen und noch etwas an die nächste Generation weitergeben können.

Ich habe mein Möglichstes getan, diese Auswahl breit zu streuen. Ich gebe zu, dass ich mich bei einem Teil der hier vorgestellten Titel auf Unternehmen stütze, die Energie erzeugen und transportieren. Aber hier geht es nicht um Exploration und Förderung von Öl und Gas – deshalb habe ich ein exzellentes Unternehmen wie Chevron nicht aufgenommen, obwohl es in der Öl- und Gasbranche zu den verlässlichsten Dividendenzahlern gehört. Hätte ich es aufnehmen können? Natürlich. Glaube ich, dass es seine Aktionäre weiter mit hohen Renditen belohnen wird? Auf jeden Fall – solange Mike Wirth an der Spitze steht. Aber in dieser Auswahl geht es um speziellere, weniger offensichtliche Titel aus interessanteren Branchen, die Sie vielleicht erst noch entdecken werden.

Auch wenn ich mir wirklich wünschen würde, weniger Aktien mit Bezug zu Öl und Gas in dieser Auswahl zu haben, bin ich bei jeder dividendenstarken Aktie, die ich mir genauer angesehen habe, unweigerlich auf einen potenziell fatalen Schwachpunkt gestoßen, den ich nicht ignorieren konnte. Die Unternehmen in dieser Liste haben meinen persönlichen Stresstest bestanden. Es gibt schlicht nicht viele Unternehmen, die verlässlich sowohl Wachstum als auch laufende Erträge liefern. Hier sind die besten davon.

Enbridge

Gute Dividenden, die Jahr für Jahr steigen, sind alles andere als selbstverständlich. Genau deswegen finde ich Enbridge, den größten unabhängigen Pipelinebetreiber der Welt, so attraktiv. Das in Kanada ansässige Unternehmen transportiert den Löwenanteil der täglich in Kanada geförderten vier Millionen Barrel Öl auf ihrem Weg in die Vereinigten Staaten, wo das Öl überwiegend zu Benzin verarbeitet wird. Viele Menschen sind überzeugt, dass die USA ihren Ölbedarf vollständig aus eigenen Quellen decken können. Zwar stimmt es, dass unsere Ölkonzerne in den USA sehr erfolgreich sind – dank revolutionärer Bohrtechnik, mit der wir Bohrungen zunächst senkrecht und dann waagerecht durch ölhaltige Gesteinsschichten führen und so Millionen Barrel aus Lagerstätten holen können, die längst als ausgebeutet galten. Tatsächlich aber sind wir nur deshalb weitgehend unabhängig von Übersee, weil wir uns im nordamerikanischen Verbund – vor allem mit Öl aus Kanada – selbst versorgen können. Ohne Enbridge müssten wir noch immer Millionen Barrel Öl aus Übersee importieren.

Im Erdgasgeschäft hat das Unternehmen in den vergangenen Jahren mehrere Versorgungsunternehmen übernommen und so nach Absatzvolumen den größten Erdgasversorger Nordamerikas aufgebaut. Enbridge versucht, so viele Rechenzentrumsbetreiber und -bauer wie möglich als Kunden zu gewinnen – Rechenzentren haben einen enormen Strombedarf und sind für die Stromerzeugung stark auf Erdgas angewiesen – und unterhält zudem eine hervorragende Partnerschaft mit Amazon im Bereich der erneuerbaren Energien.

Enbridge gilt in der Branche als eine Art „Mautstraße“: Das Unternehmen verlangt von Öl- und Gaskonzernen Gebühren für die Nutzung seiner Pipelines – ein ideales Geschäftsmodell in einer Zeit, in der kanadische Waren mit hohen Zöllen belegt werden. Ich habe die Zollfrage direkt mit CEO Greg Ebel angesprochen, als er kürzlich bei „Mad Money“ zu Gast war. Er erklärte, dass das Unternehmen für das Produkt keinerlei

Verantwortung trägt, außer es in den richtigen Markt zu bringen – kein Zollrisiko und nur eine geringe Konjunkturabhängigkeit. Die Preise für Öl und Gas schwanken ständig, aber diese Rohstoffe müssen immer vom Bohrloch bis in die Endmärkte transportiert werden. Enbridge transportiert 30 Prozent des Öl- und Gasaufkommens unseres Kontinents. Und es ist außerdem im Bereich der erneuerbaren Energien präsent: Laut dem jüngsten Quartalsbericht betreibt das Unternehmen 23 Windparks und 13 Solarprojekte.[32]

Am besten gefällt mir an Enbridge die sehr sichere Dividende. Das Unternehmen hat seine jährliche Ausschüttung in den vergangenen 30 Jahren Jahr für Jahr erhöht und ist damit ein echter Dividendenaristokrat. Die jüngste Quartalsdividende lag umgerechnet bei rund 0,67 Dollar je Aktie. Pipelinebetreiber gelten generell als stabile Unternehmen, aber es gibt Risiken, wenn sie sich in Regionen ausweiten, in denen keine neuen Leitungen gebraucht werden. Enbridge gehört zu den konservativsten Unternehmen der gesamten Branche. Ich gehe davon aus, dass es seine Stabilität und sein Wachstum noch viele Jahre wird halten können. Der Ölpreis mag fallen, aber für Enbridge spielt das kaum eine Rolle – es ist schließlich ein Transportunternehmen, kein Förderer und kein Raffineriebetrieb. Eine sichere Dividenden- und Wachstumsaktie für jedes Depot.

Enterprise Products Partners

Ein weiteres Unternehmen aus einer ähnlichen Ecke, das nur so vor Barmitteln sprudelt und gleichzeitig wächst, ist Enterprise Products Partners – eine Limited Partnership, also eine US-Personengesellschaft, bei der die Erträge weitgehend direkt an die Teilhaber durchgereicht werden. Dieses Unternehmen zählt im Öl-, Gas- und Kunststoffgeschäft zu den großen Unbekannten, bietet aber eine der höchsten Ausschüttungsrenditen und eines der verlässlichsten Wachstumsprofile der Branche.

Enterprise Products Partners ist seit einem Vierteljahrhundert börsennotiert und war in dieser Zeit stets führend beim Ausbau von Verarbeitungs- und Transportanlagen für Öl, Gas und petrochemische Produkte. Viele institutionelle Anleger scheuen sich, Enterprise und ähnliche Unternehmen ins Portfolio zu nehmen, weil sie glauben, es sei nur eine Frage der Zeit, bis fossile Brennstoffe verschwinden. Aber überlegen Sie einmal, wofür dieses Unternehmen die Grundlage liefert: Elektronik wie Halbleiter, Monitore, Mobiltelefone und Computer; Asphalt, der Grundstoff für unsere Straßen; Materialien für erneuerbare Energien wie Batterien, Solarmodule, Windturbinen und Elektrofahrzeuge; Arzneimittel – unglaubliche 99 Prozent aller pharmazeutischen Bestandteile stammen aus petrochemischen Vorprodukten – und natürlich Kunststoffe, die für alles unverzichtbar sind – von Kleidung und Schuhen über Textilien, Teppiche, Möbel und Sportausrüstung bis hin zu Innenverkleidungen von Autos, Farben, Beschichtungen und Dämmstoffen. Reinigungsmittel lassen sich ohne Petrochemie ebenso wenig herstellen wie Kosmetik. Ja, die Einsatzbereiche sind tatsächlich so vielfältig.

Dieses kaum bekannte Unternehmen verfügt über 43 Erdgasaufbereitungsanlagen, 26 Fraktionierungsanlagen – in denen Flüssiggase in verschiedene Fraktionen getrennt werden, die in all den eben genannten Produkten zum Einsatz kommen – und 20 Umschlagplätze für den internationalen Import und Export von Waren.[33] Es ist für die Energieunabhängigkeit Nordamerikas von zentraler Bedeutung und erweitert sein Netz jedes Jahr um zusätzliche Kapazitäten. Daher lag die Rendite auf das eingesetzte Kapital in den vergangenen 20 Jahren im Schnitt bei rund zwölf Prozent pro Jahr.

Seit seinem Börsengang hat dieses Unternehmen über 56 Milliarden Dollar in Form von Barausschüttungen und Rückkäufen an seine Anteilseigner zurückgegeben und die jährliche Ausschüttung von 1,80 Dollar je Anteil im Jahr 1999 auf 2,14 Dollar im Jahr 2025 gesteigert. Wer „Mad Money“ regelmäßig verfolgt, weiß, dass ich nur sehr wenige Gäste einlade, die keine CEOs sind – gerade einmal eine Handvoll in 20 Jahren.

Eine der wenigen Ausnahmen ist Rusty Braziel, der – wie bereits zuvor in diesem Buch erwähnt – der Kopf hinter RBN Energy und wohl der weltweit beste Kenner dieser Unternehmen ist. Er war es, der mich auf die Qualitäten von Enterprise Products Partners aufmerksam gemacht hat. Wenn es um eine sichere Rendite geht – unabhängig davon, wie turbulent die Wirtschaftslage im Land ist –, bietet Enterprise das Beste aus allen Welten und wird in dem, was es tut, jedes Jahr noch besser. Deshalb gehört dieses Unternehmen in jedes Depot, das laufende Erträge mit Wachstum verbinden soll.

Federal Realty Investment Trust

Federal Realty Investment Trust ist die erste von mehreren Immobilienaktien in dieser Auswahl. Don Wood, der CEO des Unternehmens, gilt als Pionier gemischt genutzter Immobilien: Hochwertige Einkaufszentren im Freien kombiniert er mit Büro- und Wohnimmobilien. Diese Mischung sorgt in guten wie in schlechten Zeiten für verlässliche Erträge, weil Wood ausschließlich erstklassige Objekte auswählt und weiß, dass die Lage nun einmal der entscheidende Faktor für den Wert einer Immobilie ist.

Auf dem Höhepunkt der Pandemie, als viele auf den Einzelhandel spezialisierte börsennotierte Immobiliengesellschaften (Real Estate Investment Trusts, kurz REITs) ihre Dividenden kürzten, schlug Wood den entgegengesetzten Weg ein: Er erhöhte die Ausschüttung, um die Serie von 53 aufeinanderfolgenden Jahren mit steigenden Dividenden auf die Stammaktien aufrechtzuerhalten – ein Rekord unter den Immobiliengesellschaften mit REIT-Struktur. (Bis 2024 hat das Unternehmen diese Serie auf 57 Jahre in Folge ausgebaut.) Federal Realty ging aus der Pandemie stärker denn je hervor, indem Wood eine Notlösung aus dieser Zeit weiterentwickelte: Er ließ Parkplätze unmittelbar vor den Geschäften in seinen Einkaufszentren ausweisen, auf denen sich Kunden ihre Einkäufe direkt an den Wagen bringen lassen konnten, ohne aussteigen zu müssen.

Wood erklärte mir, dass Menschen soziale Wesen sind, die gern ausgehen, selbst wenn Amazon in ihrer Region Bestellungen noch am selben Tag zustellt. Sein Ansatz unterscheidet sich jedoch von Unternehmen wie Simon Properties und Tanger, auf die ich später in diesem Kapitel noch eingehe: „Die Leute bevorzugen offene Flächen gegenüber klassischen Einkaufszentren“, erklärt er.

Eines von Woods Erfolgsgeheimnissen besteht darin, dass so gut wie keine neuen Einkaufszentren im Freien entstehen – die Nachfrage ist deutlich größer als das Angebot. Wenn also eine Kette wie Bed Bath & Beyond untergeht, wird der Standort fast umgehend von einem anderen Mieter übernommen – und zwar zu deutlich höheren Konditionen. Der Trend zum Arbeiten im Homeoffice spielt dem Unternehmen zusätzlich in die Karten, weil die Menschen seltener in die Innenstädte pendeln und stattdessen in der Nähe seiner gemischt genutzten Objekte bleiben.

Ich bin in der Nähe von Bala Cynwyd in Philadelphia aufgewachsen; früher wimmelte es dort nur so von lebendigem Einzelhandel. Doch im Laufe der Jahre hat dieser Ort seinen Glanz verloren und wirkte zunehmend heruntergekommen, ja fast schon verfallen. Wood hat vor Kurzem 170 Millionen Dollar investiert, um 217 Wohneinheiten und rund 1.500 Quadratmeter erstklassige Fläche in einem atemberaubend gut gelegenen, wunderschönen Objekt zu schaffen.[34] „Großartige Immobilien sind ein Geschenk, das immer wieder Erträge abwirft“, sagt Wood. Und angesichts der Dividenden seines Unternehmens hat er damit recht.

MPLX

MPLX ist der eher unspektakuläre Name einer Limited Partnership, die vom Öl-Riesen Marathon Petroleum gegründet wurde. MPLX besitzt und betreibt Transport- und Speicherinfrastruktur für Öl und Gas und bietet darüber hinaus Dienstleistungen im Bereich der Kraftstoffdistribution an. Das Unternehmen verfügt über eines der besten Leitungsnetze für Rohöl, ein Binnenschifffahrtsgeschäft, unterirdische Kavernen zur Lagerung von Rohöl, Kapazitäten zur Erdgasaufbereitung und vieles mehr.

Lange Zeit waren börsennotierte Master Limited Partnerships wie diese, die flüssige fossile Brennstoffe von einer Region in die andere transportieren, bei Anlegern nicht gefragt. Die Branche hatte zu viel Kapazität aufgebaut, und die Unternehmen, die diese Brennstoffe transportierten, erzielten keine attraktiven Renditen mehr. Doch die Revolution im Öl- und Gassektor hat Pipelines wieder einen hohen Stellenwert beschert – und dieser Trend dürfte noch eine Weile anhalten, weil die USA immer neue Öl- und Gasvorkommen erschließen und inzwischen verflüssigtes Erdgas in großen Mengen exportieren. Wie wir bereits am Beispiel Enbridge gesehen haben, ist MPLX ein weiteres Unternehmen in diesem Bereich.

MPLX gilt bei manchen als ziemlich langweiliger Wert, aber ein Unternehmen, das seine Dividende zwei Jahre in Folge um jeweils zehn Prozent erhöht, ist für mich alles andere als langweilig. Das Management rechnet mit einer anhaltend hohen Nachfrage nach den Kohlenwasserstoffen, die durch das MPLX-Netz transportiert und verarbeitet werden, und ich gehe davon aus, dass die Dividende weiter steigen wird. Selbst bei niedrigen Erdgaspreisen erwartet MPLX weiterhin Wachstum. Wenn man – wie dieses Unternehmen – Öl über Pipelines aus dem Permischen Becken, einem der wichtigsten Öl- und Gasfördergebiete in den USA, abtransportiert, erhält man nicht nur Rohöl, sondern auch Flüssiggase (Natural Gas Liquids, NGL), die MPLX optimal als Ausgangsstoff für Kunststoffe vermarkten kann. Die Nachfrage nach der Verarbeitung von Erdgas und Flüssiggas ist so groß, dass das Unternehmen fortlaufend neue Anlagen baut.

Marathon Petroleum hat den Wert von MPLX bislang ausschließlich gesteigert – der Mutterkonzern bringt immer wieder attraktive Assets ein und stützt die Ausschüttungspolitik –, und ich sehe keinen Grund, warum sich das in absehbarer Zeit ändern sollte.

ONEOK

Ich rede am liebsten mit Leuten direkt vor Ort, wenn ich nach Anlagechancen suche. Also bin ich vor mehr als zehn Jahren nach North Dakota ins Williston-Becken gereist – ein riesiges Sedimentbecken, das zu den wichtigsten Öl- und Gasregionen Nordamerikas zählt. Dort liegt die Bakken-Formation, eine große Schieferöl-Lagerstätte, die zwar seit Jahrzehnten bekannt war, aber lange Zeit als schwer erschließbar galt und nur geringe Fördermengen lieferte. Ich wollte wissen: Kommt diese Region noch einmal auf die Beine? Was ich dort gesehen habe, war alles andere als eine sterbende Ölgegend: Es herrschte ein Betrieb, den man kaum für möglich gehalten hätte. Die großen Ölkonzerne suchten händeringend nach Arbeitskräften, um die Förderstellen wieder in Gang zu bringen. Wohin ich auch blickte, spürte man Aufbruchstimmung und die Überzeugung, dass wir gerade die Wiedergeburt einer einst bedeutenden Energieförderregion erlebten.

Es gab nur ein Problem: das Nebenprodukt. Beim Bohren fällt Erdgas an. Und wenn mehr Gas anfällt, als genutzt oder abtransportiert werden kann, wird der Überschuss einfach abgefackelt. Das ist eine der schlimmsten Umweltsünden überhaupt – so gravierend, dass selbst die beteiligten Ölkonzerne sich dafür schämen.

Und genau an dieser Stelle kommt ONEOK ins Spiel – eines meiner Lieblingsunternehmen im Öl- und Erdgas-Pipeline-Geschäft. ONEOK hat sich entschieden, eine Erdgas-Pipeline aus der Bakken-Region zu bauen, damit das bei der Ölförderung anfallende Nebenprodukt sinnvoll genutzt werden kann: um Wohnungen zu heizen, neue Kraftstoffe zu erzeugen und Kunststoffe herzustellen, die die Abhängigkeit von billigen Produkten aus Asien verringern. Durch ONEOK ist das Abfackeln von Gas drastisch zurückgegangen und liegt mittlerweile deutlich unter dem Niveau, welches ich bei meinem Besuch erlebt habe. Gleichzeitig ist es dem Unternehmen gelungen, für die Abnahme des Erdgases Spitzenpreise durchzusetzen.

ONEOK hat vor Kurzem rund 18 Milliarden Dollar für die Übernahme eines meiner anderen Lieblings-Pipelineunternehmen ausgegeben: Magellan Midstream Partners, das gewaltige Mengen raffinierter Produkte transportiert.[35] Durch diese Übernahme ist ONEOK als gebührenbasiertes Pipelinegeschäft für mich das Musterbeispiel einer idealen Einkommensaktie im Energiesektor. Das Unternehmen verfügt über das längste Netz für raffinierte Produkte in den USA, betreibt 54 Terminals und hat Lagerkapazitäten von 105 Millionen Barrel. Die Kraftstoffversorgung in den USA hängt in hohem Maße von ONEOK ab: Über seine Leitungen werden täglich 861.000 Barrel Benzin, 586.000 Barrel Destillate wie Alkohol, Paraffin, Kerosin und Heizöl sowie 100.000 Barrel Flugkraftstoff transportiert. Diese Größenordnung macht ONEOK zur bevorzugten Pipeline-Aktie für breit diversifizierte Fonds, die ein Engagement im Öl- und Gassektor suchen, ohne der typischen Boom-und-Bust-Dynamik – also den heftigen Auf- und Abschwüngen der Rohstoffpreise – selbst ausgesetzt zu sein.

ONEOK steht seit 25 Jahren für stabile Dividenden und steigert seine Ausschüttungen jährlich um drei bis vier Prozent. Wenn Sie diese Dividenden konsequent wieder anlegen, kommen Sie am Ende auf eine ausgesprochen attraktive Dividendenrendite. Und anders als fast alle anderen Pipelineunternehmen erzielt ONEOK so umfangreiche gebührenbasierte Einnahmen, dass es kontinuierlich eigene Aktien zurückkaufen kann. Eine Gewinneraktie, die sich praktisch in jedem Marktumfeld bewährt.

Realty Income

Realty Income ist nicht nur ein Dividendenaristokrat – sein Status geht sogar noch darüber hinaus. Das Unternehmen zahlt seine Dividende nicht vierteljährlich, sondern monatlich: bislang 659 Ausschüttungen in ununterbrochener Folge in den 56 Jahren, in denen Realty Income ein breit gestreutes Portfolio unterschiedlichster Immobilien aufgebaut hat.

Das Unternehmen investiert in Gewerbeimmobilien in den Vereinigten Staaten, im Vereinigten Königreich sowie in sechs weiteren europäischen Ländern, darunter Deutschland. Mir gefällt die Verlässlichkeit dieses Modells, das auf einem breit gestreuten Bestand über viele Branchen hinweg basiert. Keine Handelskette dominiert das Portfolio; fällt eine aus, ist das Unternehmen gut abgesichert. Zu den wichtigsten Mietern zählen Wynn Resorts, Walmart, Dollar General, CVS und 7-Eleven. Mehr als 90 Prozent der Einzelhandelsmieten stammen von Kunden, deren Geschäftsmodell überwiegend aus nicht-zyklischen, preisgünstigen und/oder dienstleistungsorientierten Angeboten besteht – also nicht von stark schwankungsanfälligen Einzelhändlern.

Kürzlich sprach ich Sumit Roy, den CEO von Realty Income, gezielt auf die Abhängigkeit des Unternehmens von zwei schwächelnden Ketten im Mietermix von Realty Income an: Red Lobster, eine angeschlagene Seafood-Restaurantkette, und Rite Aid, eine insolvente Drogeriekette. Roy sagte mir, dass sich viele Unternehmen um diese Flächen reißen. „Selbst wenn sie sich entscheiden, eine bestimmte Filiale zu schließen, ist die Liste potenzieller Nachmieter lang", erklärte er.

Das Unternehmen hat in den vergangenen fünf Jahren seine internationale Expansion mit Bedacht vorangetrieben – jedes Jahr kam ein weiteres Land hinzu – und ist heute geografisch breit aufgestellt.[36] Außerdem ist es vor Kurzem in das Geschäft mit Rechenzentren eingestiegen – ein schnell wachsender Bereich der Branche, wie es im Geschäftsbericht heißt.

Doch letztlich dreht sich alles um die monatliche Dividende. Es gibt nur sehr wenige Unternehmen, die so etwas bieten, und den meisten von ihnen bringe ich bei Weitem nicht das Vertrauen entgegen, das ich in Realty Income setze.

Simon Properties

Halten Sie Shoppingmalls für tot? Dann denken Sie noch einmal darüber nach – denn es kommt entscheidend auf die Art der Mall an. Die Center, die sich an eine besonders einkommensstarke Kundschaft richten, schneiden hervorragend ab und können die Mieten pro Quadratmeter sogar weiter steigern – weil die Flächen bei den Händlern so begehrt sind. Einer der besten ertragsorientierten Anlagen, die ich kenne, ist Simon Property Group, der weltweit führende Betreiber hochwertiger Shoppingmalls. Dieses Unternehmen, geführt von David Simon, feierte im Dezember 2023 sein 30. Börsenjubiläum. David Simon sagte mir bei „Mad Money": „In diesem Zeitraum von 30 Jahren sind wir stolz darauf, für unsere Aktionäre eine Gesamtrendite von 3.100 Prozent erzielt zu haben." Diese Rendite schließt sage und schreibe 42 Milliarden Dollar ein, die das Unternehmen in Form von Dividenden und Aktienrückkäufen an die Aktionäre zurückgegeben hat – eine astronomische Summe.

In den vergangenen zwei Jahrzehnten habe ich unzählige Malls und Einkaufszentren verschwinden sehen – auf der einen Seite zerstört durch die Konkurrenz von Amazon, auf der anderen Seite durch den Niedergang großer US-Einzelhandelsketten wie Sears, Montgomery Ward und K-Mart in den Abgrund gerissen. Überall hört man von Einkaufszentren, die in einer Welt des Remote-Arbeitens, in einem Umfeld höherer Zinsen oder schlicht in einer Situation, in der es die großen Ankermieter nicht mehr gibt, nicht mehr überleben können.

Und dann ist da David Simon. Er ist wie ein großartiger Cheftrainer eines NFL-Teams: Er rüstet seine Center ständig auf, beobachtet, welche Einzelhändler weltweit besonders erfolgreich sind, holt sie in die US-Malls – und „verpflichtet" für neu gebaute Center immer wieder die spannendsten Nachwuchskonzepte. „Die guten Objekte haben sich wirklich prächtig entwickelt", sagte er mir. Er hat es geschafft, seine Malls durchgängig komplett zu vermieten und die Mieten anzuheben, sobald neue Flächen hinzukommen oder frei werden. Während andere Betreiber vom Markt verschwinden und die Konkurrenz abnimmt, dominiert er in einem Markt, in dem das Angebot an Verkaufsflächen schrumpft.

Simons Erfolgsrezept ist Kreativität. Er besitzt einige der besten Einzelhandelsstandorte in den USA und kann damit die attraktivsten Mieter anziehen. Er weiß, dass Leerstand ein Einkaufszentrum in eine Geisterstadt verwandeln kann, und hat deshalb mit manchen Betreibern Übergangsvereinbarungen getroffen: Filialen bleiben vorerst geöffnet – oft zu angepassten Konditionen –, bis neue, starke Mieter gefunden sind. Über den Onlinehandel macht er sich längst nicht so viele Sorgen, wie man erwarten würde. Er hat mir erklärt, wie wichtig klassische Ladengeschäfte für den Erfolg von Onlineanbietern sind: „Für die Marke ist es ein klarer Gewinn, wenn sie ein Geschäft eröffnet – und tatsächlich steigen dann sogar ihre Onlineumsätze."

Kunden holen ihre Bestellungen gern im Einkaufszentrum ab – und sie wollen einen festen Ort haben, an dem sie die Ware auch zurückgeben können. Viele Marken sind zunächst als reine Online-Direktanbieter gestartet, die ihre Produkte nur über den eigenen Webshop verkauft haben. Inzwischen setzen viele von ihnen zusätzlich auf den stationären Handel, weil solche Läden ein wichtiger Motor für ihr Wachstum sind. Simon ist überzeugt, dass seine Aktie angesichts der Kennzahlen – starker Cashflow und eine kerngesunde Bilanz – deutlich höher bewertet sein müsste. Die meisten Anleger erkennen gar nicht, welch herausragende Gelegenheit sie hier vor sich haben. Aber Sie wissen es jetzt.

Tanger

Zum Schluss noch Tanger, jene börsennotierte Immobiliengesellschaft (REIT), die riesige Outletcenter unter freiem Himmel baut – voller Topmarken und bevorzugt in Wachstumsregionen, die zugleich Touristenmagnete sind. Das ist eine brillante Strategie: Touristen kommen in diese

Städte und suchen neben der Hauptattraktion nach einer weiteren Beschäftigungsmöglichkeit. Besonders wenn es regnet, werden die Tanger-Center schnell zum natürlichen Anlaufpunkt für alle.

Den Zuschauern von „Mad Money“ ist Tanger längst vertraut. CEO Steve Yalof war kürzlich in der Sendung, um über die neuesten Standorte zu sprechen: Nashville, Asheville und Huntsville. „Wir suchen nach Märkten, die nicht nur eine große und wachsende Bevölkerung haben“, sagte mir Yalof. „Wir suchen gezielt Orte mit starkem Tourismus.“ In Asheville etwa zieht die Hauptattraktion der Stadt, das Biltmore Estate, jedes Jahr mehr als eine Million Besucher an.

Die Läden in den Tanger-Centern unterscheiden sich deutlich von den Outlet-Malls alter Prägung, in denen nicht mehr aktuelle Kollektionen, sondern Überproduktionen oder Restbestände namhafter Marken verramscht wurden. Zu den Highlights bei Tanger zählen heute Marken wie Crate & Barrel, Coach, RH, West Elm, Nike, Banana Republic, Under Armour, Sportsman's Warehouse und Vineyard Vines – ein ausgesprochen starker Markenmix. „Die Marken werden immer besser und stärker“, betont Yalof.

Schon seit Langem konzentriert sich Tanger bei neuen Projekten auf Küsten- und Ferienorte – aus einem einfachen Grund: Wenn es regnet, strömen die Leute in die Läden. Auch beim Mietermix geht das Unternehmen sehr strategisch vor. Tanger könnte jede freie Fläche problemlos dauerhaft vermieten, hält aber bewusst einige Ladenlokale für Pop-up-Stores zurück – um in den Centern neue Konzepte zu testen und herauszufinden, welche neuen Mieter sich am besten bewähren. „Die Leerstände sind entscheidend“, betont Yalof. „Wenn ein Mieter nur vorübergehend drin ist, behalten wir die Kontrolle und haben die Möglichkeit, uns die Fläche wieder zurückzuholen.“

Mir gefällt, dass Tanger der Nachschub an attraktiven Standorten offenbar nie ausgeht. Und auch die Mieteinnahmen steigen von Jahr zu Jahr erfreulich an. Angesichts des beträchtlichen Wachstumspotenzials – bislang gibt es erst 41 Tanger-Center – rechne ich für viele Jahre mit solidem Wachstum und hervorragenden laufenden Erträgen.

In den vergangenen drei Kapiteln habe ich Ihnen eine ganze Reihe von Unternehmen vorgestellt, die Sie sich genauer anschauen können. Vielleicht haben Sie darüber die „Glorreichen Sieben" schon fast vergessen. Okay – vielleicht auch nicht. Im nächsten Kapitel möchte ich mit Ihnen einen frischen Blick auf die „Glorreichen Sieben" werfen und erklären, wie ich heute jedes dieser Unternehmen als mögliche Anlagechance einschätze. Ja, sie waren in der Vergangenheit außergewöhnlich erfolgreich. Aber verdienen sie auch weiterhin Ihr neu angelegtes Kapital? Schauen wir sie uns an.

KAPITEL 19

Die Zukunft der „Glorreichen Sieben“

Sind sie zu nah an der Sonne geflogen?

Die lange Erfolgsserie der Technologie-Giganten – von FANG über FAANG bis hin zu den „Glorreichen Sieben“ – schien im Jahr 2025 vorbei zu sein, als uns klar wurde, dass diese Aktien womöglich nicht nur bis in den Himmel gewachsen, sondern auch gefährlich nah an die Sonne geraten waren. Eine nach der anderen geriet unter Druck. Und als Präsident Donald Trump hart gegen unsere Handelspartner vorging, erkannten wir, dass diese Unternehmen weitaus anfälliger waren, als wir es wahrhaben wollten. Sind sie jetzt am Ende? Nein, in ihnen steckt immer noch eine Menge Leben. Wir können einige von ihnen nach wie vor im Depot halten – vielleicht nur nicht mehr alle.

In diesem Buch ging es bisher darum, die nächsten FAANGs aufzuspüren, statt auf die Erfolge der Vergangenheit zu setzen. Aber ist es nicht verfrüht, die außergewöhnlichen Renditen der „Glorreichen Sieben“ schon abzuschreiben? Können sie nach ihren jüngsten Kursrückgängen ein Comeback schaffen?

Nach einem kumulierten Anstieg von 693 Prozent vom Ende des Jahres 2015 bis Dezember 2024 – gegenüber einem Plus von 188 Prozent beim

S&P 500 Index im selben Zeitraum – verlor jede Aktie der „Glorreichen Sieben“ in den ersten drei Monaten des Jahres 2025 einen erheblichen Teil ihrer Marktkapitalisierung.

Allerdings gab es natürlich auch reichlich Marktkapitalisierung, die überhaupt verloren gehen konnte. Zeitweise gehörte jedes dieser Unternehmen zum Billionen-Dollar-Klub: Microsoft, Nvidia und Apple übertrafen jeweils drei Billionen Dollar an Börsenwert, Amazon und Alphabet lagen bei mehr als 2,5 Billionen Dollar, Meta erreichte 1,8 Billionen und Tesla 1,5 Billionen Dollar.

Viele Kommentatoren machten eine „Überbewertung“ für ihren Absturz verantwortlich. Doch die Gewinne dieser sieben Unternehmen gingen in den zehn Jahren bis Dezember 2024 regelrecht durch die Decke. Die Marktteilnehmer waren bereit, ein höheres Multiple zu zahlen, weil diese Konzerne die von den Analysten gesetzten Erwartungen immer wieder übertrafen und anschließend ihre Prognosen für Umsatz und Ergebnis nach oben schraubten.

Im Jahr 2025 liefen zwei Dinge schief. Erstens nahm in fast allen Fällen das Ausmaß dieser positiven Überraschungen und Prognoseanhebungen ab. Wenn das passiert – wenn sich das Wachstumstempo verlangsamt –, sind Anleger nur noch bereit, ein niedrigeres Multiple auf die Gewinne zu zahlen. Die Zahlen von Microsoft, Apple und Alphabet konnten die Wall Street nicht mehr beeindrucken. Am schlimmsten stand Tesla da – das Unternehmen verfehlte die Erwartungen deutlich. Bei Meta fürchteten Analysten, dass ein Unternehmen mit einer so starken Abhängigkeit von Werbeeinnahmen zu konjunktursensibel sein könnte. Die Aktie von Nvidia geriet unter Druck, weil der Eindruck entstand, seine Chips seien überbewertet – es werde zu viel Rechenleistung eingesetzt, ohne dass jede neue Generation von Chips entsprechend mehr wirtschaftlichen Nutzen bringe.

Dann kam im Fall von Apple noch etwas Besonderes hinzu: Der neue Präsident trat mit dem erklärten Ziel an, die Fertigung aus dem Ausland zurück in die Vereinigten Staaten zu holen. Er belegte alle Regionen, in denen Apple seine Produkte herstellt – nicht nur China, sondern auch

Indien und Vietnam – mit Strafzöllen in gigantischer Höhe. Diese Abgaben sollten den Preis des iPhone und anderer Geräte so stark in die Höhe treiben, dass Apple gezwungen wäre, die komplette Produktion in die USA zu verlagern. Eine komplette Lieferkette lässt sich jedoch nicht so schnell verlagern – in der Zwischenzeit belasteten die hohen Strafzölle die Gewinne massiv.

Schließlich kamen am Ende des ersten Quartals 2025 zum ersten Mal seit drei Jahren wieder Rezessionsängste auf. In einer Rezession ist es äußerst schwierig, das Multiple auszuweiten oder die Gewinne weiter wachsen zu lassen – dementsprechend gerieten diese großartigen Aktien ins Straucheln.

Diese Unternehmen waren nie „zu teuer“. Wenn genug Geld in den Aktienmarkt fließt und Umsatz und Gewinn dieser Konzerne in demselben erstaunlich guten Tempo weiterwachsen, warum sollten ihre Kurse dann nicht immer weiter steigen? Wer will ausschließen, dass es künftig Aktien mit einer Marktkapitalisierung von fünf oder sogar zehn Billionen Dollar geben kann?

Aber es ist nun einmal vieles schiefgelaufen – und zwar fast alles, einschließlich der Wahl eines Präsidenten, der sich nicht darum schert, das Vermögen der Anleger zu schützen, wenn die Unternehmen, an denen sie beteiligt sind, ihre Gewinne mit Produktion im Ausland erzielen. Das Multiple musste in einem solchen Umfeld zwangsläufig wieder schrumpfen. Erschwerend kam hinzu, dass auf dem Höhepunkt des Booms mehrere Indexfonds aufgelegt wurden, die die „Glorreichen Sieben“ nachbilden sollten – darunter auch solche mit Hebelwirkung, mit denen sich jede Kursbewegung dieser Aktiengruppe für Anleger ungefähr verdoppelte: Stiegen die „Glorreichen Sieben“ um ein Prozent, gewann das Produkt etwa zwei Prozent – und umgekehrt.

Dabei reicht es vollkommen aus, die Aktien direkt zu besitzen. Sie müssen kein zusätzlich geliehenes Geld einsetzen, nur um die Rendite noch weiter nach oben zu treiben. Doch manche können der Versuchung des Hebels einfach nicht widerstehen. Vor allem Hedgefonds liehen sich große Summen, um jede dieser Aktien in noch größerem Umfang zu halten. Die Manager sahen die Outperformance und wollten ihren Anlegern beweisen, dass sie die besten Titel erkannt hatten. Für diese undisziplinierten Manager bedeutete das, noch mehr Kredite aufzunehmen, um die Gewinne zu hebeln – vorausgesetzt, die Kurse stiegen weiter.

Wir wissen nicht genau, wie viel Geld sich Anleger am Höhepunkt der Kurse insgesamt geliehen haben, nur um diese sieben Aktien zu halten – doch gemessen an dem anschließenden „unwind“ (echter Wall-Street-Jargon für das hastige Auflösen großer Positionen) muss es eine beträchtliche Summe gewesen sein, die den Kursverfall dieser sieben Aktien spürbar beschleunigte.

Als ihre Kurse erst einmal ins Rutschen geraten waren, verloren diese Aktien nicht nur ihren Zauber, sondern wurden regelrecht toxisch. Sie zu besitzen wurde zu einem Makel – als hätten Sie nicht gemerkt, dass diese Aktien ihr Haltbarkeitsdatum längst überschritten hatten.

Obwohl sie zwischendurch immer wieder deutliche Erholungstendenzen zeigen, schnitten diese Aktien im bisherigen Verlauf des Jahres 2025 schlechter ab als der Durchschnitt und konnten ihre Kursgewinne zu dem Zeitpunkt, an dem ich dies schreibe, auf Dauer nicht behaupten.

Ich bin jedoch überzeugt, dass man sie unmöglich alle abschreiben kann. Die Unternehmen dahinter sind einfach zu stark – mit hervorragenden Führungsteams, exzellenten Produkten und beeindruckenden Bilanzen, von denen wir wissen, dass sie selbst die schlimmsten Rezessionen verkraften können, weil sie das bereits getan haben. Natürlich sind sie nicht unverwundbar. Selbstverständlich können sie in diesem neuen Umfeld ins Straucheln geraten, in dem ein Präsident zusammen mit seinen Getreuen darüber räsoniert, was diese Aktien wert sein sollten, und kleinere, heimische US-Unternehmen bevorzugt.

Die „Glorreichen Sieben“ sind kein monolithischer Block. Jetzt, da diese Gruppe auseinandergefallen ist, können wir wieder dazu übergehen, jeden Wert für sich zu betrachten und zu entscheiden, ob er ein Comeback schaffen kann. Mit fast all diesen Unternehmen habe ich jede Menge persönliche Erfahrungen gesammelt – mit Ausnahme von Tesla. Diese Konzerne haben immer wieder gezeigt, dass sie sich neu erfinden und sich an neue Rahmenbedingungen anpassen können. Aber reicht das, um ein Comeback hinzulegen? Ich glaube, der Blick darauf, wie diese Unternehmen an die Spitze gekommen sind, ist eine wichtige Entscheidungshilfe: Schauen Sie genau hin, wodurch sie so groß geworden sind, und prüfen Sie, ob diese Erfolgsfaktoren heute noch intakt sind – danach können Sie entscheiden, ob diese Papiere auch künftig einen Platz in Ihrem Depot haben sollten.

Warum kann der Blick zurück so lehrreich sein? Ganz einfach: In diesem Buch geht es darum, dass Sie Ihre Finanzen selbst in die Hand nehmen – indem Sie Ihre Beobachtungsgabe und Ihre Neugier nutzen, um sich Ihr eigenes 5-Aktien-Depot zusammenzustellen. Die „Glorreichen Sieben" gehören zu den mächtigsten und einflussreichsten Unternehmen, die es je auf diesem Planeten je gegeben hat, und Sie kennen sie alle. Wenn Sie sich deren Aktien heute anschauen, denken Sie vielleicht: „Na toll, Cramer – vielen Dank auch." Im besten Fall erliegen Sie dabei dem Fehler, die Dinge in der Rückschau verzerrt wahrzunehmen – im Nachhinein wirkt schließlich immer alles offensichtlich; im schlimmsten Fall sorge ich bloß dafür, dass Sie sich elend fühlen, weil Sie diese schwer zu erwischenden Gewinner verpasst haben.

Doch genau das Gegenteil ist der Fall. Ich zeige Ihnen jeden einzelnen Einstiegspunkt, den Sie hätten erwischen können, jeden Moment, in dem Sie hätten einsteigen können – wenn Sie nur die Augen offengehalten und offen für das geblieben wären, was überall um Sie herum passiert ist. Was ich weglasse, ist Folgendes: Es gab immer Leute, die Ihnen von diesen Aktien abrieten oder Sie so verunsicherten, dass Sie gar nicht erst ein- oder wieder ausgestiegen sind. Es gab stets Stimmen, die behaupteten, Sie seien viel zu spät dran – obwohl noch Hunderte von Prozentpunkten und Dollar an Gewinn vor Ihnen gelegen hätten. An jeder der hier beschriebenen Weggabelungen hätten Sie handeln können, aber Sie hatten Angst oder handelten gegen Ihr besseres Urteil, weil irgendjemand im Fernsehen sagte, diese Aktie sei viel zu gefährlich. Die Vertreter der „Milliardärista"-Klasse – jene lautstarken Milliardär-Gurus, wie ich sie in Kapitel 1 dieses Buches beschrieben habe – haben Sie aus diesen Titeln herausgejagt und Sie sind nie wieder eingestiegen.

Ich kann Ihnen gar nicht sagen, wie oft ich nach dem Tod von Steve Jobs gehört habe, die besten Zeiten von Apple seien vorbei. Und doch waren die Kursgewinne unter CEO Tim Cook deutlich höher als zu Jobs' Zeiten. Wir alle verehren Warren Buffett. Als wir am 16. Mai 2016 erfuhren, dass er Apple-Aktien im Wert von einer Milliarde Dollar gekauft hatte, notierte die Aktie bei splitbereinigten 23 Dollar. Ich erinnere mich noch gut daran, wie Händler spöttelten, dieser alte Kauz habe die große Bewegung verpasst, verstoße jetzt gegen seine eigene Anlagedisziplin und solle lieber die Finger von Tech-Aktien lassen. Und trotzdem war es ein idealer Einstiegszeitpunkt. Wie hätte es anders sein können? Wann hat sich Buffett im vergangenen Jahrzehnt geirrt? Oder im Jahrzehnt davor? Mir fällt kein Beispiel ein. Er hat sein Gespür ja nicht plötzlich verloren.

Es gab so viele geradezu perfekte Momente, um jede einzelne der „Glorreichen Sieben" zu kaufen – Momente, die Ihnen allen offenstanden –, dass Sie das hier als eine kleine Übung in Selbstkritik verstehen sollten. Dieses Kapitel soll Sie daran erinnern, dass Sie solche Momente selbst erkennen und nutzen können. Sie wissen, wie das geht. Jede dieser Aktien wäre eine ideale Ergänzung zu einem Indexfonds gewesen. Oder, um es ganz offen zu sagen: Wenn Sie meiner Methode gefolgt wären und einfach eine dieser Aktien ausgewählt und konsequent sowie diszipliniert investiert hätten, wären Sie heute reich. Dem ist im Grunde nichts hinzuzufügen. Schauen wir uns aber nun an, wie einfach es in Wahrheit gewesen wäre und – ich verspreche es Ihnen – wieder sein wird.

Alphabet

Wenn Sie sich damals auch nur ein bisschen für die Börse interessiert haben, waren Sie im Grunde bereit, Google-Aktien zu kaufen, als das Unternehmen am 19. August 2004 an die Börse ging.

Ich war bereit, weil ich – genau wie Sie – die Macht von Google erlebt hatte: was Google für mich leisten konnte und, noch wichtiger, für die Werbekunden. Sie gaben einen Suchbegriff für etwas ein, das Sie vielleicht kaufen wollten – und genau in dem Moment, in dem Ihnen die Suchergebnisse aufgelistet wurden, erschien auf der Seite eine Anzeige eines Werbekunden für genau dieses Produkt. Diese Art der Platzierung verschaffte Google einen uneinholbaren Vorsprung gegenüber der Konkurrenz – mit Ausnahme von Amazon. Diese Macht erlebte ich aus erster Hand, denn Google wurde schlagartig zur Lebensader für neue Leads bei TheStreet.com. Wer etwas wissen wollte, fing bei Google an. Und wenn jemand etwas über eine Aktie wissen wollte, konnte ich diese Suchanfrage zu TheStreet.com lenken. So verdankten wir Google den größten Teil unserer Leserschaft. Aber das Ganze war auch intransparent. Schon eine kleine Änderung ihres Algorithmus konnte unseren kleinen Laden völlig auf den Kopf stellen. Aus Gewinnen wurden dann sofort Verluste. Die Macht von Google lag für mich also klar auf der Hand. Und als das Unternehmen 2004 an die Börse ging, nahm ich an, dass inzwischen jedem klar war, welche Machtposition Google hatte. Wer einen Computer hatte, kannte Google.

Die Wahrheit ist: Google hatte für das übliche Börsengang-Theater wenig übrig und entschied sich für einen ungewöhnlichen Weg an die Börse. Das verärgerte die Traditionalisten an der Wall Street, war für Privatanleger aber ein Glücksfall. Die Aktien wurden nicht nur an milliardenschwere Hedgefonds und große Fonds vergeben – diesmal konnte im Prinzip jeder mitmachen. Die Erstnotiz lag bei ungefähr 100 Dollar, und der Kurs fiel dann rasch auf 85 Dollar zurück, also genau auf den Ausgabepreis. In meiner *CNBC*-Sendung sagte ich damals, die Aktie gehöre eigentlich bei 200 Dollar gehandelt. Der einzige Grund, warum ich nicht 300 Dollar nannte – ein Niveau, das ich für durchaus erreichbar hielt –, war die noch frische Erinnerung an den Crash der Tech-Werte in den Jahren 2000/2001. Mein überschwängliches Lob für Google stieß auf mehr als nur Skepsis. Für viele Zuschauer klang ich vermutlich wie einer dieser Typen, die sie vier Jahre zuvor schon so viel Geld gekostet hatten. Am Ende stellte sich heraus: Selbst 300 Dollar wären viel zu vorsichtig gewesen. Hätten Sie beim Börsengang für 1.000 Dollar Google-Aktien zum Ausgabepreis gekauft, wären daraus bis Ende 2024 90.000 Dollar geworden.

Damals konnte jeder erkennen, wie vital und unverzichtbar Google geworden war – und wie kerngesund seine Bilanz aussah. Hätten Sie damals auf Grundlage dieser Beobachtung bei einem splitbereinigten Kurs von rund 2,50 Dollar je Aktie zugegriffen, hätten Sie ein Vermögen gemacht. Natürlich hätten Microsofts Versuche, Bing genauso erfolgreich zu machen wie Google, Sie von dieser Spur abbringen können. Microsoft verfügte über eine riesige Kriegskasse, und seine tiefe Verankerung im Markt war nicht zu unterschätzen. Aber vieles wirkt im Nachhinein klarer, als es damals tatsächlich war. Mal ehrlich: Kennen Sie auch nur einen einzigen Menschen, der jemals Bing benutzt hat?

Google war irgendwann nicht einmal mehr darauf angewiesen, den Großteil seiner Einnahmen mit der Suche zu erzielen. 2006 zahlte das Unternehmen 1,65 Milliarden Dollar für eine damals eher obskure Website, auf der man Videos hochladen konnte. Ich weiß noch, was ich am Tag der Bekanntgabe dieses Deals dachte: Niemand wird sich die Mühe machen, seine selbst gedrehten Videos ins Netz zu stellen. Und überhaupt: Wer sollte sich das anschauen? Heute können wir uns ein Leben ohne YouTube kaum noch vorstellen – die Plattform erwirtschaftete 2024 rund 36 Milliarden Dollar Umsatz und weist immer noch zweistellige Wachstumsraten auf. Wer hätte gedacht, dass mehr als 120 Millionen Menschen jeden Tag YouTube schauen und über neun Millionen Menschen YouTube TV abonnieren würden, nur um ihr gewohntes Fernsehprogramm leicht zeitversetzt zu sehen? YouTube hat den einst mächtigen Kabelgesellschaften inzwischen einen Großteil ihres Wachstum und ihrer Gewinne abgenommen.

Im September 2008 brachte Google den Browser Chrome auf den Markt, der anfangs wie eine weit abgeschlagene Nummer 2 neben Apples Safari wirkte. Doch wenn es um Benutzerfreundlichkeit geht, ist Google der ungekrönte König, und Chrome übernahm schon bald die Führung: 2012 überholte Googles Browser Microsofts Internet Explorer. Chrome bringt Google zwar nicht direkt Geld ein, dient aber als eine Art strategischer Burggraben: Er schützt die Werbeeinnahmen der Suchmaschine und hält die Nutzer im Google-Ökosystem. Damit ist er ein entscheidender Bestandteil von Alphabets Marktmacht und einer der Hauptgründe, warum das US-Justizministerium den Konzern als Monopolisten einstuft. Die US-Regierung will als Gegenmaßnahme, dass Alphabet Chrome abspaltet – ein so drastisches „Heilmittel" gegen dieses Monopol, dass ich es für wenig wahrscheinlich halte, das aber dennoch beunruhigend ist, wenn die US-Bundesbehörden fest entschlossen sind, das Unternehmen zu bestrafen. Sowohl Demokraten als auch Republikaner geben sich dem Unternehmen gegenüber derzeit feindselig. Die Abneigung gegen Google ist vielleicht das Einzige, worin sich beide Seiten noch einig sind.

Im selben Jahr, 2008, übernahm Google ein Unternehmen namens DoubleClick – eine Online-Werbefirma, die für normale Nutzer praktisch unsichtbar blieb, später jedoch umso deutlicher in Googles Gewinn-und-Verlust-Rechnung ins Gewicht fiel. DoubleClick hatte ein Produkt namens DART entwickelt, kurz für „Dynamic Advertising, Reporting and Targeting" – ein Begriff, der für so ziemlich alle nach purem Kauderwelsch klang, außer für Unternehmen, die ihre Anzeigen im Netz so platzieren wollten, dass sie auch wirklich gesehen wurden.

Mir wurde die Bedeutung dieser Entwicklung erst richtig klar, als TheStreet.com von einem soliden Gewinn im Jahr 2008 zu einem riesigen Verlust 2009 abrutschte, weil die Werbeeinnahmen drastisch einbrachen. Unser Leiter des Anzeigenverkaufs sagte, DART habe praktisch jede Werbebeziehung gesprengt, die ich in den vorangegangenen zwölf Jahren aufgebaut hatte. Statt von lukrativen Direktverträgen mit großen Unternehmen profitieren zu können, die gezielt aktive Trader erreichen wollten, floss nur noch ein Bruchteil dieses Budgets an uns – der Großteil ging an Google. Dort wurden die Anzeigen automatisch überall im Netz ausgespielt, wo der Algorithmus die größte Wirkung erwartete. Früher landeten die Werbedollar bei uns; plötzlich bekamen wir nur noch Cent, während Google reichlich abkassierte.

Wir waren nicht die Einzigen. Bei praktisch allen Websites brachen die Einnahmen drastisch ein. Keine Website hat sich von Googles DoubleClick-Übernahme je wieder erholt – es sei denn, sie verfügte über ein dominierendes Abogeschäft. Von außen hätten Sie diese Umwälzung einer ganzen Branche mit Werbeumsätzen in dreistelliger Milliardenhöhe kaum erkannt; dafür mussten Sie mitten im Getümmel sein. Was Sie aber sehr wohl hätten beobachten können, war die Allgegenwart von Google – und Sie hätten in Versuchung kommen müssen, die Aktie eines Unternehmens zu kaufen, dessen wichtigstes Produkt zum Verb geworden ist: einfach googeln.

2015 benannte sich Google in Alphabet um, um zu zeigen, dass hinter dem Konzern weit mehr steckt als nur die Suchmaschine. Dazu gehören Chrome und YouTube, Waymo – das Unternehmen für selbstfahrende Autos, das in den USA allen anderen, auch Tesla, voraus ist – sowie Google Cloud, ein erfolgreicher, wenn auch kleinerer Wettbewerber von Amazon Web Services und Microsofts Azure. Und als die Künstliche Intelligenz ihren großen Auftritt hatte, brachte Google Gemini auf den Markt.

Kann Alphabet Ihnen weiterhin Geld einbringen? Bis zum großen Durchbruch der Künstlichen Intelligenz hätte ich diese Frage mit Ja beantwortet – schon allein, weil YouTube die Nummer 1 unter den Videoplattformen weltweit ist. Inzwischen halte ich Gemini jedoch für zweitrangig, ja sogar für einen der schwächsten unter den großen Chatbots. Und aktuellen Analystenberichten zufolge kannibalisiert dieses System sein lukratives Schwesterprodukt, die Google-Suche, die für mehr als 200 Milliarden Dollar Umsatz steht.[37] Das Unternehmen beharrt darauf, dass die Erlöse am Ende sogar steigen und beide Systeme gemeinsam kräftig wachsen werden, aber das bleibt abzuwarten. Dieses Risiko – zusammen mit der Gefahr, als Monopolist ins Visier der US-Kartellbehörden zu geraten – ist der Grund, warum ich Alphabet nur die Note C gebe, die schlechteste Bewertung in diesem Kapitel; und selbst das ist vielleicht noch großzügig, wenn man bedenkt, wie verwundbar das Suchgeschäft als Cashcow des Konzerns ist. Kurz gesagt: Für mich ist diese Aktie derzeit kein Kauf.

Es gibt allerdings ein Szenario, in dem Alphabet sehr wohl deutlich mehr wert sein könnte, als es der aktuelle Börsenkurs vermuten lässt: nämlich dann, wenn das US-Justizministerium tatsächlich auf Zerschlagung klagt – als Reaktion auf den Vorwurf, seine Marktmacht missbraucht und ein Monopol aufgebaut zu haben. Das Unternehmen möchte damit natürlich nichts zu tun haben, aber seine einzelnen Geschäftsbereiche wären an der Börse vermutlich deutlich mehr wert als das Ganze – selbst wenn der Gesamtkonzern derzeit mit zwei Billionen Dollar bewertet ist. Mit einem solchen Justiz-Bonus wäre Alphabet für mich ein glattes A.

Amazon

Wie ich bereits erwähnt habe, bin ich Amazon zum ersten Mal begegnet, als ich im Jahr 2002 an „Confessions of a Street Addict" (dt. „Bekenntnisse eines Wall-Street-Süchtigen") schrieb. Jemand im Unternehmen mochte das Buch – ich habe nie erfahren, wer –, und Amazon bat mich, einen Werbespot dafür für die eigene Website zu drehen. Ich fühlte mich geehrt, denn ich hatte gerade erst angefangen, dort Bücher zu kaufen. Der Werbespot machte das Buch zum Bestseller.

Nicht lange danach hatte ich das Privileg, mit dem Management von Borders zusammenzusitzen – einer einst sehr beliebten Buchhandelskette, landesweit die Nummer 2 hinter Barnes & Noble –, und zwar an ihrem Hauptsitz in Ann Arbor, Michigan. Sie erklärten mir, worin ihr vermeintlicher Trumpf lag: Sie könnten ein enzyklopädisches Wissen über großartige Bücher vorweisen. Ich bin ein leidenschaftlicher Leser. Aber ich hatte Mitleid mit ihnen, denn Amazon verfügte über eine Technologie, mit der sich aus echten Kaufdaten ableiten ließ, welche Bücher die Kunden wahrscheinlich mögen würden. Die Leute bei Borders lasen einfach nur Bücher, von denen sie hofften, dass sie ihren Kunden gefallen würden. Amazon konnte diese Bücher vorhersagen.

Diese fast hellseherische Treffsicherheit von Amazon beschränkte sich nicht auf Bücher, sondern erstreckte sich auf eine ganze Reihe anderer Produkte. Die Preise waren niedrig und die Bequemlichkeit beim Einkaufen lag auf der Hand. Das Unternehmen nutzte dieselbe Datenbank, die schon bei Büchern so gut funktionierte, um Ihnen andere Produkte vorzuschlagen, von denen Sie nicht einmal wussten, dass Sie sie überhaupt haben wollten. Damals hätten Sie die Aktie für etwas mehr als einen Dollar kaufen können. Und Sie hätten es tun sollen!

Im Februar 2005 führte Amazon den Dienst Amazon Prime ein – ein Angebot, mit dem Sie auf nahezu alles Rabatt bekamen, wenn Sie die Jahresgebühr zahlten und dem Klub beitraten. Die Abogebühren entwickelten sich im Laufe der Zeit zu einem wichtigen Bestandteil der Erträge des Unternehmens. Mittlerweile gibt es, wie bereits erwähnt, mehr als 200 Millionen Abonnenten.

Die Aktie von Amazon lag splitbereinigt bei zwei Dollar, als das Unternehmen seine Prime-Mitgliedschaft einführte. Ein erfolgreiches Abomodell ist oft ein starkes Signal. Costco, Spotify, Netflix – alles fantastische Investments. Sobald eines dieser Unternehmen die Marke von 50 Millionen Mitgliedern überschreitet – das ist meine persönliche Erfolgsschwelle –, bin ich bereit, die Aktie zu kaufen und so lange zu halten, wie das Unternehmen Gewinne erwirtschaftet.

Im Jahr 2006 startete Amazon den Dienst Amazon Web Services (AWS), mit dem andere Unternehmen auf seine hauseigenen Technologien zugreifen konnten. Wie wegweisend dieser Schritt für das Firmenkundengeschäft war – damals ein Angebot ohne Vorbild –, wurde in dem sehr lesenswerten jährlichen Brief des Gründers und damaligen CEO Jeff Bezos an die Aktionäre deutlich. Die Aktie lag splitbereinigt bei 2,50 Dollar.

Im Jahr 2009 führte Amazon für ein begrenztes Sortiment an Produkten die Lieferung am selben Tag ein. Die Aktie lag splitbereinigt bei 2,60 Dollar.

Borders meldete im Februar 2011 Insolvenz an.

Wenn Sie all diese großartigen Einstiegschancen verpasst haben, bot sich Ihnen noch eine auf der Hand liegende Chance, in die Aktie einzusteigen. Das war der Moment, in dem Amazon damit begann, Anzeigenplätze auf seiner Plattform zu verkaufen und sein virtuelles Einkaufszentrum zusätzlich als Werbeplattform zu öffnen. Von da an war Amazon der De-facto-Laden für so gut wie alles, was man irgendwo kaufen konnte. Warum also nicht Ihre Anzeige direkt neben Ihrem Produkt platzieren? Sie erhielten sämtliche Daten, die Sie brauchten, um zu erkennen, welche Werbemotive am besten funktionierten. Werbeanzeigen auf Amazon zu schalten war deutlich günstiger als klassisches lineares Fernsehen und zugleich wesentlich lukrativer. Ab diesem Zeitpunkt begann die gewaltige Umlenkung der Werbebudgets weg vom linearen Fernsehen hin zu digitalen Plattformen wie Amazon.

Die Aktie lag splitbereinigt bei acht Dollar.

Amazon wurde zum Supermarkt, zum Bekleidungsgeschäft, zum Laden für einfach alles. Ich muss Ihnen nicht ausrechnen, wie viel Sie verdient hätten, wenn Sie damals einfach ein paar Aktien gekauft hätten. Eines kann ich Ihnen aber sagen: Hätten Sie diese Aktien besessen, hätte man sie Ihnen vermutlich mehr als einmal ausgeredet – vorausgesetzt, Sie hätten auf all die Leute gehört, die Sie zum Verkauf drängen wollten.

Vielleicht denken Sie, Sie hätten den Zeitpunkt verpasst, um auf den Amazon-Zug aufzuspringen. Zugegeben: Sie sind nicht besonders früh dran. Aber zu jeder Zeit und bei fast jedem Kursniveau gab es Menschen, die glaubten, Amazon habe seinen Zenit erreicht. Das Großartige an Amazon ist, dass das Unternehmen nie aufhört, sich neu zu erfinden. Nach Jahren, in denen eine riesige Belegschaft Waren be- und entladen hat, spart Amazon heute Zeit und Kosten mit hochfunktionalen Lagerrobotern, die eigenständig auf ihre Umgebung reagieren und den Job mindestens so gut erledigen wie Menschen – wenn nicht besser. Sie werden nicht müde. Sie erleiden keine Arbeitsunfälle. Sie fallen nicht krankheitsbedingt aus und verursachen keine ärztlichen Behandlungskosten. Sie können niemanden verklagen. Amazon nutzt sein Wissen über Sie, um Produkte zu bündeln und sie Ihnen statt in lauter Einzellieferungen in möglichst wenigen Sendungen zuzustellen. Gleichzeitig erleben wir das langsame Verschwinden der großen landesweiten Drogerie- und Apothekenketten, einst stärkere Konkurrenten als Borders es je war. Können Sie sich vorstellen, wie gut Amazons Geschäft mit taggleicher Lieferung von Rezeptmedikamenten laufen wird? All das spricht dafür, dass diese Aktie nach wie vor ein gutes Investment ist.

Mit seiner beträchtlichen Kriegskasse ist Amazon ins eigene Film- und Seriengeschäft sowie in Sportübertragungen eingestiegen. Das Unternehmen kann es sich leisten, sich so gut wie alle Sportrechte zu sichern. Es kann jeden beliebigen Film oder jede Serie produzieren. Sein einziger echter Reinfall scheint Alexa zu sein – jener smarte Lautsprecher, über den Sie per Sprachbefehl mit Amazon und seinen Diensten interagieren. Aber schon bald kommt eine neue Version auf den Markt, die ich im Betatest ausprobieren werde. Dann wird dieser 8-Milliarden-Dollar-Klotz am Bein von Chips angetrieben, die Alexa in einen intelligenten Sprachassistenten verwandeln, der Ihren Tag plant, Ihre Vorlieben kennt und Ihre Wünsche weit besser versteht als die derzeitige Version. Es heißt Alexa+. Sie werden es haben wollen. Alle werden es haben wollen.

Waren Sie bei Kursen von einem, zwei oder acht Dollar zu spät dran? Sicher – aber Sie hätten es nicht sein müssen. Es war eine Investition, die sich geradezu aufdrängte, und doch haben nur wenige diese Aktie gekauft, weil sie Angst hatten. Kann die Amazon-Aktie weiterhin die Performance liefern, die wir von ihr gewohnt sind? Ja. Ich gebe ihr für ihr künftiges Kurspotenzial die Note A. Sie ist die größte Position in meinem gemeinnützigen Treuhandfonds – und das zu Recht. Dieses Unternehmen ist weltweit ein Objekt des Neids, und seine Aktie kann man nach wie vor ohne Zögern kaufen.

Apple

Was ist die große Geschichte hinter Apple? Es ist die Geschichte, die ich früher in diesem Buch schon erzählt habe: Meine Tochter wollte einen zweiten iPod. Nein, sie brauchte ihn. Bis dahin hatte ich mir über Apple nie viele Gedanken gemacht. In jedem Unternehmen, in dem ich je gearbeitet habe, bekam ich entweder einen Dell- oder einen Hewlett-Packard-Rechner gestellt – nicht, dass ich einen von beiden wirklich wollte. Ich war scharf auf einen Apple-Rechner wegen seines eleganten Designs. Aber in den Firmen bekam man keine Apple-Rechner. Der Unternehmensmarkt wurde – und wird bis heute – von Computern dominiert, die mit Prozessoren von Intel oder zunehmend AMD laufen, mit Microsoft-Software arbeiten und in Gehäusen von Dell oder HP stecken. Im Vergleich zu einem Michelin-3-Sterne-Menü sind sie Hamburger und Hotdogs.

Aber Ihre Kinder wünschen sich keine Rechner von Dell. Sie wollen weder Rechner von HP oder Lenovo noch irgendeinen anderen Computer von Herstellern, die das Junkfood der Tech-Welt produzieren. Sie wollen das Beste – und das Beste heißt Apple. Als meine Tochter ihren zweiten iPod bekam, lag die Apple-Aktie splitbereinigt bei 42 US-Cent.

Darum habe ich dieser Aktie nie den Rücken gekehrt. Für mich war Apple von da an ganz klar eines: ein Titel, den man einfach besitzen muss – kein Papier, mit dem man ständig hin- und hertradet. Stutzig wäre ich nur geworden, wenn meine Kinder sich irgendwann in eines meiner Klapphandys von Motorola verliebt hätten. Haben sie aber nicht. Seit das iPhone 2007 auf den Markt kam, wollten sie nur noch iPhones. Mundpropaganda war stärker als alle IT-Abteilungen dieser Welt zusammen.

Als das iPhone im Juni 2007 auf den Markt kam, lag die Apple-Aktie splitbereinigt bei 4,30 Dollar.

Früher oder später stellen Sie fest, dass auf Ihren Konto- oder Kreditkartenabrechnungen Käufe auftauchen – für Dinge, die Ihre Kinder über ihre iPhones bestellt haben. Die gesamte Kaufabwicklung läuft unsichtbar im Hintergrund. Für die Kinder wirkt das einfach nur wie ein Spiel – und wenn Sie selbst diese Spiele nicht spielen, wie wollen Sie dann einschätzen, wie gut das Geschäftsmodell dahinter funktioniert?

Als der App Store im Juli 2008 an den Start ging, lag die Apple-Aktie splitbereinigt bei 6,20 Dollar.

Apple brach immer wieder mit den Konventionen. Das Unternehmen stellte vieles von dem auf den Kopf, was man an der Wall Street zu wissen glaubte. Als Anleger wussten Sie damals nicht, wie groß die Fangemeinde des iPhones inzwischen war. Sie sahen nur, dass die Aktie im Vergleich zu fast allen anderen Titeln teuer war. Innerhalb von zwei Jahren schoss der Kurs splitbereinigt auf neun Dollar. Doch wie entscheiden Sie, wann Sie in diese Aktie einsteigen?

Das ist die falsche Frage. Weil die Apple-Aktie ein solcher Gewinner war – obwohl an der Wall Street „die Fundamentaldaten nie so recht überzeugten" –, stand eine Phalanx von Shortsellern bereit, die nur darauf wartete, sich auf den Titel zu stürzen. Dazu kamen Analysten, die regelrecht auf eine Gelegenheit zur Herabstufung lauerten. Diese Gelegenheit bot sich, als Apple das iPhone 4 mit einem Antennenproblem auf den Markt brachte: Hielt man es „falsch", kam es zu Empfangsstörungen. Die Aktie brach ein – und zunächst half es auch nicht, dass Steve Jobs uns riet, das Gerät „einfach nicht so zu halten".

In „Mad Money" habe ich versucht, der negativen Stimmung entgegenzutreten. Ich habe die Leute eindringlich aufgefordert, die Aktie nicht zu verkaufen. Und ich hatte recht: Sie hatten die Chance, bei einem splitbereinigten Kurs von 9,70 Dollar einzusteigen – ausgelöst durch eine Panne, die trotz endloser Berichte in der Fachpresse und in der Hedgefonds-Echokammer schnell wieder in Vergessenheit geriet.

Am 5. Oktober 2011 starb Steve Jobs, nachdem er seinen Kampf gegen den Bauchspeicheldrüsenkrebs verloren hatte. Er war erst 56 Jahre alt. Tim Cook, an der Wall Street bis dahin weitgehend unbekannt, war bereit, die Führung zu übernehmen.

Sie hätten die Aktie zu einem splitbereinigten Kurs von 15 Dollar kaufen können.

In den folgenden fünf Jahren legte die Apple-Aktie eine außergewöhnliche Rally hin – der Übergang zu Tim Cook erwies sich als völlig reibungslos. Aber nicht alle Anleger blieben an Bord. Carl Icahn, eigentlich nicht als Tech-Investor bekannt, verkaufte alle seine Apple-Aktien, nachdem er zu der Einschätzung gekommen war, dass Apples gewaltiges China-Geschäft – dort war das iPhone enorm populär – durch ein hartes Durchgreifen der dortigen Regulierungsbehörden gefährdet werden würde. Als Icahn ausstieg, lag der Kurs splitbereinigt bei 24 Dollar. Danach legte das China-Geschäft allerdings weiter zu. An die Stelle von Icahn ist als bedeutender Aktionär trat Warren Buffetts Beteiligungsgesellschaft Berkshire Hathaway. Buffett hatte seine gesamte Karriere hindurch davon abgeraten, Technologiewerte zu halten, weil er das Gefühl hatte, sie nicht zuverlässig bewerten zu können. Bekannt wurde dann seine Schilderung, wie er in einer Filiale von Dairy Queen – die gehört ihm ebenfalls – Kinder beobachtete, die ständig mit ihren iPhones beschäftigt waren und wie sehr es ihn regelrecht umhaute, zu sehen, wie sie an diesem Gerät hingen und wie viel es ihnen offenbar bedeutete. Buffett war nicht von der Technologie fasziniert, sondern von der geradezu enthusiastischen Hingabe der Kundschaft.[38]

Seit gut einem Jahrzehnt baut Apple seine Präsenz auf nahezu allen Kontinenten aus. Das Unternehmen hat zahlreiche iPhone-Generationen auf den Markt gebracht, jede spürbar besser als die vorherige – auch wenn unzählige Kritiker Ihnen etwas anderes erzählen würden. Dazu kommen AirPods für die Ohren und die Apple Watch fürs Handgelenk – Zubehör rund ums iPhone-Ökosystem, das inzwischen weltweit bekannt und äußerst populär ist. Am wichtigsten ist jedoch, was Apple im Servicebereich aufgebaut hat: ein Servicegeschäft mit laufenden Einnahmen, bei dem das Unternehmen an so gut wie jedem Kauf im System mitverdient. Und im App Store bekommen Sie inzwischen praktisch alles – von Anwendungen aller Art bis hin zu zusätzlichem iCloud-Speicher.

Apple-Nutzer lieben ihre Geräte – das zeigen die Zufriedenheitswerte deutlich. Es gibt mehr als zwei Milliarden aktiv genutzte Apple-Geräte und rund 1,3 Milliarden iPhone-Nutzer. Diese gewaltige Basis verschafft

Apple Zugang zu einer ganzen Reihe von Diensten zu sehr günstigen Konditionen – darunter Google Search: Allein im Jahr 2022 zahlte Google 20 Milliarden Dollar Apple dafür, als Standard-Suchmaschine voreingestellt zu sein. (Die neueste Zahl wird nicht mehr veröffentlicht; sie spielt eine Rolle in einem Verfahren des US-Justizministeriums wegen des Vorwurfs monopolistischer Praktiken gegen Google.) Zuletzt hat Apple zudem ein Abkommen geschlossen, das seinen Nutzern Zugang zu OpenAI für Generative KI verschafft. Anstatt selbst zig Milliarden Dollar in die Entwicklung und das Training eigener Modelle zu investieren, kann Apple sich praktisch kostenlos dranhängen: Dank der schieren Zahl an Nutzern, die es jedem der großen Hyperscaler – selbst wenn es sich um Wettbewerber handelt – liefern kann, erhält das Unternehmen Zugang zu deren Technologie. Das ist ein beeindruckendes Geschäftsmodell, das vollständig auf der Zufriedenheit seiner Kunden beruht.

Kann Apples Ruf den Aktienkurs weiter nach oben treiben? Ich glaube, dass Apples M – also das Bewertungsmultiple – inzwischen zu stark aufgebläht ist, wenn man die Hürden berücksichtigt, vor denen das Unternehmen steht: hohe Zölle auf Importe aus den Ländern, in denen Apple fertigen lässt, und Präsident Trumps Wunsch, dass das Unternehmen seine iPhones in den USA und nicht im Ausland baut. Schon vor Trumps zweiter Amtszeit gerieten die Verkäufe in China ins Stocken – Apples zweitgrößtem Markt und dem Zentrum der iPhone-Produktion. Als Trump ins Amt zurückkehrte, belegte er Importe aus China mit hohen Zöllen; damit war es wirtschaftlich kaum noch sinnvoll, iPhones für den US-Markt dort zu fertigen. Apple verlegte deshalb die Produktion der für die USA bestimmten iPhones zügig nach Indien. Das war eine elegante Lösung, aber Trump ärgerte sich darüber, dass die iPhones immer noch nicht in den USA gebaut wurden, und belegte auch Importe aus Indien mit hohen Zöllen. An diesem Punkt, so vermute ich, ist es für Apple am sinnvollsten, diese Zölle einfach zu zahlen und zu hoffen, die Lage aussitzen zu können, bis Trump nicht mehr Präsident ist. Es ist schlicht sehr schwierig, die gesamte Infrastruktur für die iPhone-Produktion zu verlagern.

Unter Tim Cook hat Apple zahlreiche Gadgets rund um das iPhone geschaffen – etwa die Apple Watch und die AirPods. Diese Geräte werden immer besser, und das Markenzeichen von Cooks Ära ist eine außergewöhnlich hohe Kundenzufriedenheit. Solange diese Produkte mit so viel Leidenschaft und Hingabe genutzt werden, wird die Apple-Aktie ein gutes Investment bleiben. Manche beklagen allerdings, dass bislang keine wirklich neuen, durchschlagenden Innovationen hinzugekommen seien. Das Urteil über die Apple Vision Pro steht zwar noch aus, doch die Verkaufszahlen sind bislang eher enttäuschend. Diese Kritiker verweisen auf das Fehlen spektakulärer Technologiesprünge wie zu Zeiten des Firmengründers Steve Jobs; gleichzeitig hat die hohe Kundenzufriedenheit ein ständig wachsendes App-Universum hervorgebracht, das wiederum dauerhaft enorme Einnahmen generiert. Vergessen Sie dabei nie: Apple wird nicht nur wegen seiner Hardware sehr geschätzt, sondern auch wegen seiner Zuverlässigkeit und des starken Datenschutzes.

Sie fragen sich vielleicht, warum ich hier nicht ausführlicher über die großartigen Macs spreche, die Apple im Laufe der Jahre gebaut hat. Die Antwort: Selbst wenn das Unternehmen Computer-Hardware im Wert von mehreren Milliarden Dollar verkauft, macht das im Vergleich zum iPhone und den dazugehörigen Serviceumsätzen kaum einen Unterschied. Daran sieht man, wie schwer es ist, Apple als mehr als ein reines Smartphone-Unternehmen wahrzunehmen. Ich bleibe trotzdem dabei: Diese Aktie kauft man, um sie zu halten – nicht, um ständig mit ihr zu handeln. Dennoch kann ich mir beim besten Willen nicht vorstellen, dass die Apple-Aktie ihre früheren Höchststände wieder erreicht, zumindest nicht, solange Trump noch Präsident ist. Tatsächlich glaube ich, dass Präsident Trump keine Ruhe geben wird, bis Apple seine iPhones in den Vereinigten Staaten fertigt, obwohl die fehlende Infrastruktur in der Lieferkette und die höheren Lohnkosten den Preis eines iPhones deutlich in die Höhe treiben würden.[39] Deshalb kann ich die Aktie nicht besser als mit der Note B bewerten. Ein starkes B, aber eben nur ein B.

Meta

Meine Kinder haben mir auch hier wieder weitergeholfen. Meine jüngste Tochter Emma war eine frühe Facebook-Nutzerin und hat mich überhaupt erst auf die Plattform gebracht. Die schiere Allgegenwart dieses Netzwerks ließ mich erkennen, dass hier ein sehr erfolgreiches Unternehmen heranwuchs. Von Mark Zuckerberg wusste ich durch meinen Neffen Cliff Mason, dem Chefautor (und einzigen Autor) von „Mad Money", dass er ein brillanter, aber launischer Typ ist. Cliff war mit Zuckerberg in Harvard in derselben Klasse und sagte mir, dieser Junge könne die Welt erobern – eine sehr treffende Einschätzung, zumal sie von jemandem kam, der ansonsten nicht gerade zu Übertreibungen neigte.

Als Emma mir Facebook erklärte, war mir sofort klar, wie schnell hier Werbegelder fließen könnten. Anfangs nahmen Erwachsene die Plattform kaum wahr und erkannten auch nicht das Potenzial von Instagram – einem genialen Zukauf, der damals wie eine völlig überzogene Zahlung von einer Milliarde Dollar wirkte. Im Rückblick hat sich Zuckerberg dieses Unternehmen praktisch zu einem Schnäppchenpreis gesichert.

Den frühen Hype um die Facebook-Aktie machte ich trotzdem nicht mit. Beim Börsenstart im Mai 2012 eröffnete sie bei 42 Dollar, und ich riet den Leuten, zu verkaufen, falls der Kurs zu stark nach oben schießen würde. Warum? Meine Kinder nutzten Facebook immer weniger am Desktop und immer häufiger auf ihren Handys; Facebook hatte damals keine überzeugende Mobile-Strategie. Als die Quartalszahlen enttäuschend ausfielen und das Unternehmen auf die Verlagerung der Nutzung vom Desktop aufs Handy zunächst keine Antwort hatte, stürzte die Aktie ab und markierte im September desselben Jahres bei 17,73 Dollar ihren Tiefpunkt – weniger als die Hälfte des anfänglichen Kurses. Anfang 2013 hatte ich das Glück, für meinen gemeinnützigen Treuhandfonds bei 29 Dollar einzusteigen, nachdem ich erfahren hatte, dass Zuckerberg endlich den Code für die mobile Monetarisierung geknackt hatte.

Dieser Durchbruch war allerdings alles andere als offensichtlich; man musste Vertrauen in jemanden haben, der einem gerade einen Börsengang beschert hatte, mit dem man zunächst kräftig Geld verloren hatte. Anders als bei den anderen Aktien in diesem Kapitel konnten Sie diese geradezu traumhafte Kaufgelegenheit am Tief durchaus verpasst haben. Die Aktie schoss anschließend auf 33 Dollar; spätestens da konnte man erkennen, dass die Handyversion von Facebook der Desktop-Variante mindestens ebenbürtig, wenn nicht sogar überlegen war. Im Februar 2014 kaufte Zuckerberg WhatsApp für 19 Milliarden Dollar – eine Kommunikationsplattform, über die man Nachrichten verschicken und telefonieren kann, solange man eine Internetverbindung hat. Bislang wird WhatsApp noch nicht monetarisiert, aber der Dienst hat drei Milliarden Nutzer. Es ist nur eine Frage der Zeit, bis Meta die Nutzung in irgendeiner Form kostenpflichtig macht. Offiziell gibt es dafür derzeit zwar keine Pläne – aber das Gewinnwachstumspotenzial ist unübersehbar.

Die Meta-Aktie hat eine enorme Rally hinter sich – und das, obwohl selbst der Cambridge-Analytica-Skandal dem Kurs langfristig kaum zugesetzt hat. Heute erscheint die Affäre fast wie eine Randnotiz; im März 2018 jedoch beherrschte sie tagelang die Titelseiten der *New York Times*. Daten aus Facebook-Profilen waren von einer obskuren politischen Organisation genutzt worden, um Wähler während der Präsidentschaftswahl 2016 gezielt anzusprechen. Als das öffentlich wurde, brach ein Sturm der Entrüstung über Facebook herein. Die Aktie fiel von 185 auf unter 150 Dollar. Danach setzte sie ihren Aufwärtstrend jedoch fort, bis es im Juli 2018 zu einem der größten Tagesverluste der Börsengeschichte kam: Die Aktie brach um gewaltige 19 Prozent ein, 120 Milliarden Dollar an Börsenwert wurden vernichtet – ausgelöst durch einen Rückgang beim Werbeumsatz, der weithin als Spätfolge der Affäre um Cambridge Analytica gewertet wurde. Bereits im Jahr darauf zog das Werbegeschäft des Unternehmens jedoch wieder an.

Während all dieser Turbulenzen habe ich darauf vertraut, dass Zuckerberg das Ruder wieder herumreißen würde. Er war einfach zu verlässlich, um ihn abzuschreiben. Der Kursrückgang im Zuge der Cambridge-Analytica-Affäre ist genau die Art Einbruch, bei der Sie bereit sein müssen, zuzuschlagen – vorausgesetzt, Sie sind überzeugt, dass Sie das Produkt selbst weiterhin nutzen werden. Merken Sie sich für Ihre Aktienauswahl: Fragen Sie sich immer, ob etwas, das ein Unternehmen getan hat, Ihr eigenes Verhalten diesem Unternehmen gegenüber tatsächlich verändern würde. Die Werbekunden hielten sich ein Quartal lang zurück, kehrten danach aber rasch wieder zurück, als klar wurde, dass das Nutzerwachstum ungebrochen war.

Die Aktie erlitt während der Coronazeit einen schweren Rückschlag: Von 382 Dollar im September 2021 rutschte sie bis November 2022 auf 88 Dollar. Ein Einbruch im Werbemarkt ließ die Umsätze stagnieren, und zu hohe, wenig sinnvolle Ausgaben drückten den Gewinn. Außerdem benannte sich das Unternehmen in Meta Platforms um – ein für viele irritierender Schritt, der aber zeigen sollte, wie stark sich der Konzern der Künstlichen Intelligenz verschreibt und ein Metaverse aufbauen will, in dem Menschen mithilfe von KI und Virtual Reality in einer virtuellen Welt Zeit verbringen. 2021 führte Zuckerberg auf Facebook Reels ein, um TikTok Konkurrenz zu machen. 2023 rief er dann ein „Jahr der Effizienz" aus – mit massiven Entlassungen und deutlich geringeren Ausgaben für wenig erfolgreiche Projekte, was der Markt mit Beifall quittierte. Von da an erholte sich die Aktie nachhaltig und legte vom Tief bis Ende 2024 um 500 Prozent zu. Zuckerberg arbeitet daran, Facebook mit Meta AI zur führenden KI-Plattform zu machen. Trotz seines späten Starts würde ich nicht gegen ihn wetten; ich gehe vielmehr davon aus, dass ihm genug Daten zur Verfügung stehen werden, um seinen Chatbot zum besten von allen zu machen, wenn es um Popkultur geht – ein enorm attraktives Marktsegment.

Meine Begegnungen mit Zuckerberg waren durchweg positiv, und er ist heute genauso entschlossen und wettbewerbsorientiert wie damals, als er mit dem Börsengang zu kämpfen hatte. Ein Gespräch unter vier Augen mit ihm, kurz bevor die Coronapandemie ausbrach, hat mich darin bestärkt, ihn in der anschließenden Schwächephase nicht abzuschreiben, weil er deutlich machte, dass er bereit war, zu einer noch stärkeren positiven Kraft in der Gesellschaft zu werden. In unserem Gespräch sagte er zu, sehr viel mehr für kleine Unternehmen zu tun – und stellte anschließend mehrere Initiativen vor, mit denen er kleinen Unternehmen helfen wollte. Für mich war und ist er aufrichtig, auch wenn manche seine politischen Neigungen nicht mögen. Bedenken Sie jedoch: An der Börse geht es um das Produkt, das Nutzungserlebnis, die Größe des Geschäfts, seine Allgegenwart, sein Wachstum und seine Gewinne. Und all das ist bei Meta über jeden Zweifel erhaben.

Unter allen Topmanagern ist Zuckerberg derjenige, der am zielsichersten versteht, wie sich KI und Werbung verbinden lassen. Die überlegenen Werbetools des Unternehmens und seine Möglichkeiten im Bereich Generative KI machen Meta für Werbekunden – von globalen Konsumgüterkonzernen bis hin zu kleinen und mittleren Unternehmen – zu einer praktisch unverzichtbaren Werbeplattform. Diese Technologie ist so mächtig, dass Zuckerberg das gesamte Werbegeschäft durcheinanderwirbelt: Im Grunde sagt er seinen Kunden nur noch: Geben Sie uns einfach Ihr Werbebudget – wir finden für Sie die besten Anzeigenmotive und platzieren sie dauerhaft an den wirkungsvollsten Stellen.

Meta Platforms gehört unter den „Glorreichen Sieben" zu den günstigsten Werten, wenn man das Kurs-Gewinn-Verhältnis heranzieht. Das ist schlichtweg absurd. Mit rund drei Milliarden monatlich aktiven Nutzern auf Facebook und zwei Milliarden auf Instagram ist die Reichweite gewaltig – und die Beliebtheit seiner Produkte wird höchstens von einer Handvoll anderer Unternehmen auch nur annähernd erreicht.

Für mich ist das ein glattes A – und diese Aktie dürfte noch viele Jahre lang ein klarer Kauf sein.

Microsoft

Ich habe immer an Microsoft geglaubt, weil einer der maßgeblichen Gründer ein alter Bekannter von mir aus der Zeit bei *The Harvard Crimson* war. Steve Ballmer war für den kaufmännischen Bereich der College-Zeitung mitverantwortlich, während ich ihr Präsident war. Wir waren beide im Abschlussjahrgang 1977. Ich werde mich immer an ihn als „Schuhkarton-Ballmer“ erinnern, weil er bei jeder unserer Kartenrunden mit einem Schuhkarton voller Kleingeld auftauchte. Er war laut und herzlich, einfach liebenswert. Mit ihm gab es keinen einzigen schlechten Tag. Ich arbeitete unglaublich gern mit ihm zusammen, und gemeinsam machten wir eine Studentenzeitung, die eigentlich gar keinen Gewinn erzielen sollte, zu einem enorm erfolgreichen kleinen Unternehmen, das sehr gut verdiente und die Überschüsse an alle Beteiligten ausschüttete. Diesen Erfolg führe ich zu einem großen Teil auf die Zusammenarbeit mit Ballmer zurück. In ihm habe ich jemanden gesehen, auf den man einfach setzen musste.

Heute wirkt das alles wie uralte Geschichte – genauso wie das Jahr 1985, als ich Steve Ballmer zu Goldman Sachs holte und mit dafür sorgte, dass Goldman Sachs den Börsengang von Microsoft betreute.

Als ich versuchte, Ballmer dazu zu bewegen, seine Aktienposition breiter zu streuen, wollte er beim Börsengang 1986 noch mehr Microsoft-Aktien kaufen – obwohl er bereits Millionen von Aktien hielt! Das war für mich das eindeutige Signal, dass ich hier als Anleger unbedingt dabei sein musste – auch wenn die Aktie damals schon teuer war und bis heute nie wirklich günstig geworden ist. Um zu verstehen, warum diese Aktie trotz ihrer hohen Bewertung ein Muss war, musste man nur beobachten, wie stark Microsoft im Unternehmensalltag verankert war. Denken Sie daran: Ich betone immer wieder, wie wichtig Ihre Beobachtungsgabe ist – und Ihre Fähigkeit, aus solchen Beobachtungen gute Aktienideen abzuleiten. Ich habe noch nie ein einziges Produkt gesehen, das im Unternehmensbereich so universell eingeführt wurde. Wenn Sie einfach die Augen offengehalten hätten, hätten Sie mit dieser Aktie einen Volltreffer gelandet.

Es gab allerdings zwei Entwicklungen, die Ihnen einen deutlichen Hinweis darauf hätten geben können, wie robust dieses Unternehmen aufgestellt ist. Das erste spielte sich um die Jahrtausendwende ab: Das US-Justizministerium versuchte – und scheiterte –, Microsoft zu zerschlagen, nachdem der Konzern als Monopolist eingestuft worden war. Als das Ministerium 1998 Klage einreichte, notierte die Aktie bei einem splitbereinigten Kurs von 22 Dollar. In erster Instanz bekam die Behörde recht, doch der Beschluss, das Unternehmen in zwei Teile aufzuspalten, wurde in der Berufung aufgehoben. Am Ende einigten sich das Ministerium und Microsoft auf einen Vergleich – eine Lösung, die sich im Rückblick als weitgehend folgenlos erwies. Die Aktie stand danach bei einem splitbereinigten Kurs von 30 Dollar; unterm Strich war das Ganze nicht mehr als ein kleiner Stolperstein. Microsoft war mächtiger als die US-Regierung. Bemerkenswert an diesem Prozess war, dass er genau zu der Zeit stattfand, als der Nasdaq in sich zusammenbrach. Dass die Microsoft-Aktie in dieser Phase bemerkenswert robust blieb, zeigte, wie unangefochten der Konzern damals war und wie fest er große Teile des Computergeschäfts in den USA im Griff hatte.

Mein Freund „Schuhkarton-Ballmer" wurde im Jahr 2000 CEO von Microsoft. Auch wenn ihm einige sichtbare Fehler unterliefen – darunter, dass er die Mobilfunkrevolution verpasste –, steigerte er den Umsatz des Konzerns enorm: von 25 Milliarden auf fast 80 Milliarden Dollar. 2014 zog er sich zurück und machte Satya Nadella Platz.

Damit kommen wir zur zweiten dieser Entwicklungen: Satya Nadella versprach mir und anderen, dass Azure eines Tages im unglaublich lukrativen Cloud-Geschäft ein ernst zu nehmender Konkurrent für Amazon Web Services sein werde. Das war im Jahr 2015. Ich erinnere mich gut daran, wie Satya mir sagte, Microsofts Cloud-Geschäft könne schon bald einen Umsatz von 18 Milliarden Dollar erzielen. Das klang damals wie eine maßlose Prahlerei. Im Jahr 2022 setzte Microsoft mit seinem Cloud-Geschäft bereits 34 Milliarden Dollar um. Ich war schwer beeindruckt. Das war keine Hybris, sondern brillanter Geschäftssinn.

Seit Ewigkeiten glaube ich an dieses Unternehmen und seine Aktie – aber das liegt nicht nur an Nadella. Mein tieferes Verständnis von Microsoft verdanke ich auch einem Kontakt, der für andere von außen nicht erkennbar war: Amy Hood, die spätere Finanzchefin (CFO), hatte mir schon Ende der 1990er-Jahre bei Goldman Sachs geholfen, zu begreifen, wie Software als Geschäftsmodell funktioniert. Sie war brillant, witzig und ausgesprochen tough. 2002 wechselte sie zu Microsoft, und wir blieben in Kontakt. 2013 übernahm sie den CFO-Posten und hat ihn bis heute inne. Solange Hood bei Microsoft arbeitet, bekommen Sie von diesem Unternehmen den direktesten und verlässlichsten Blick hinter die Zahlen, den es gibt.

Für mich zählt vor allem, wie sehr sich dieses Unternehmen im Laufe der Jahre verändert hat, um seinen Wert immer weiter zu steigern. So zahlte Microsoft im Jahr 2016 26,2 Milliarden Dollar für die Übernahme von LinkedIn und integrierte das Netzwerk eng in seine Office- und Cloud-Produkte rund um Microsoft 365.[40] Einige Jahre später gab das Unternehmen 68,7 Milliarden Dollar für Activision Blizzard aus – den drittgrößten Spielekonzern nach Tencent und Sony – und holte sich damit Spiele wie Warcraft, Call of Duty und Candy Crush sowie einen riesigen Pool an Entwicklern ins Haus.[41] Außerdem investierte Microsoft fast 14 Milliarden Dollar in das revolutionäre Unternehmen OpenAI, den Entwickler von ChatGPT.[42] Vor einem solchen Unternehmen kann man nur den Hut ziehen: Microsoft dominiert Business-Software, Cloud, Gaming und Karrierenetzwerke. Mit jedem weiteren Schritt wurde diese Erfolgsstory nur noch besser.

Vor Kurzem hat Microsoft 365 Copilot eingeführt – einen KI-Dienst, der als Zusatzmodul zur Windows-365-Suite angeboten wird und es dem Unternehmen ermöglicht hat, die Preise für seine Abonnements anzuheben. Nur wenige Unternehmen können einfach ein neues Produkt in ihr bestehendes System einspeisen und dann die Preise erhöhen, ohne nennenswerten Widerstand bei ihren Kunden auszulösen. Das ist echte Preissetzungsmacht.

Unter den „Glorreichen Sieben“ ist Microsoft wohl das am schwersten zu fassende Unternehmen: Es agiert größtenteils im Hintergrund, ist an vielen Stellen im Alltag der Verbraucher präsent, wird aber vor allem als Anbieter von Unternehmenssoftware wahrgenommen – und allein dieser Bereich ist gewaltig. So groß Microsoft auch ist, ein Großteil dieser Marktmacht bleibt für viele Anleger unsichtbar, weil sie gar nicht realisieren, dass der klassische Büroarbeitsplatz sein wichtigster Markt ist.

Im Moment bekommt Microsoft von mir nur die Note B. Die jüngsten Vorstöße des Konzerns im Bereich Künstliche Intelligenz wirken weniger überzeugend, als mir lieb wäre; nach Medienberichten liegt Microsoft zudem mit seinem einstigen Partner OpenAI im Clinch. Außerdem scheint das Unternehmen nicht mehr in der Lage zu sein, die Erwartungen bei Umsatz und Gewinn verlässlich zu übertreffen und seine Prognosen anzuheben – genau das, was bei einem hohen Kurs-Gewinn-Verhältnis nötig ist, wie ich bereits erklärt habe.[43] Positiv ist, dass das Cloud-Geschäft im Jahr 2025, gemessen am jüngsten Quartal, wieder an Fahrt aufgenommen hat. Doch Microsoft muss diesen Kurs halten, um das Vertrauen der Anleger zurückzugewinnen. Und der Konzern wird auch weiterhin zig Milliarden Dollar investieren müssen, um mit seinen Wettbewerbern Schritt halten zu können.

Nvidia

Sie wissen inzwischen, wie sehr ich Nvidia mag – deshalb mache ich es kurz. Ich weiß, dass dem Bewertungspotenzial hier Grenzen gesetzt sind: Nvidia gilt nun einmal als Halbleiterunternehmen in einer Zeit, in der alle nur noch auf Software setzen. Am liebsten würde ich dem Konzern die Note A geben, aber es gibt so viele Kräfte, die dagegenwirken: die US-Regierung (aus Gründen der nationalen Sicherheit), die chinesische Regierung (als Reaktion auf die US-Beschränkungen) und Kunden, die sagen, die Chips seien zu teuer. Also begnüge ich mich damit, dieser Aktie zum Zeitpunkt des Schreibens dieses Buches ein A minus zu geben – es sei denn, sie fällt noch einmal in den Bereich von 110 bis 120 Dollar zurück, was einen sehr deutlichen Rückgang gegenüber dem damaligen Kursniveau bedeuten würde. Jensen Huang ist ein absoluter Ausnahmeunternehmer, und er steht an vorderster Front beim Thema KI. Eine Zeit lang hat Präsident Trump Huangs Versuch ausgebremst, in den weltweit zweitgrößten Markt, China, zu verkaufen – obwohl es aus meiner Sicht sinnvoll gewesen wäre, ein amerikanisches Unternehmen wie Nvidia die chinesische Halbleiterbranche dominieren zu lassen, wozu der Konzern ganz sicher in der Lage wäre. Als dieses Buch in den Druck ging, änderte Trump jedoch seinen Kurs und versicherte Huang, dass die US-Regierung Nvidia die nötigen Lizenzen für den Verkauf China-spezifischer Chips erteilen würde – darunter einen Chip für allgemeine KI-Anwendungen und einen weiteren, den Nvidia speziell für Fabrikautomatisierung und Logistik entwickelt hatte: weniger leistungsfähig als die US-Chips, aber immer noch von großer Bedeutung.

Belassen wir es dabei: Solange Jensen an der Spitze steht, hat Nvidia es verdient, zu den größten Unternehmen der Welt zu gehören. Der Konzern setzt den Maßstab für technische Spitzenleistung. Für mich ist es das beste Unternehmen, das die USA derzeit zu bieten haben – auch wenn Nvidia wegen des politischen Umfelds im Moment nicht die beste Aktie ist, die der Markt zu bieten hat. Nvidia ist der Grund, warum Generative Künstliche Intelligenz überhaupt funktioniert; es ist der Inbegriff des beschleunigten Rechnens, und während ich diese Zeilen schreibe, gibt es kein anderes Unternehmen, das auch nur annähernd an Nvidia herankommt. Kein Wunder also, dass Nvidia als erstes Unternehmen der Welt einen Börsenwert von vier Billionen Dollar erreicht hat. Nvidia hat es sich verdient.

Tesla

Zum Schluss muss ich zugeben: Bei Tesla lag ich daneben. Ich wusste, dass dieses Unternehmen großartig werden würde, aber ich selbst hatte nie Tesla-Aktien im Depot. Ich war zu vorsichtig. Zwar habe ich mich schließlich durchgerungen und meinen Zuschauern Tesla bereits vor vielen Jahren als Kauf empfohlen, aber unter den „Glorreichen Sieben" ist es die einzige Aktie, die ich nie wirklich verstanden habe. Im Unterschied zu den anderen habe ich hier nie mit Nachdruck zum Kauf aufgerufen. Bei keiner anderen Aktie fiel es mir so schwer, eine Empfehlung auszusprechen: Tesla erschien mir am wenigsten berechenbar, hatte über lange Zeit die am stärksten strapazierte Bilanz und mit Elon Musk den erratischsten Chef, den man sich nur vorstellen kann. Natürlich hat sich die Bilanz im Laufe der Jahre – wie von Musk vorhergesagt – vom hässlichen Entlein zum stolzen Schwan entwickelt. Ich ließ mich von seiner Arroganz und seiner Besessenheit von der eigenen Großartigkeit blenden – zum Schaden meines Depots.

Teslas Aktie ist zur Lieblingsaktie der Privatanleger geworden und tatsächlich ein Paradebeispiel dafür, wie nützlich mein doppelter Exzellenztest ist: Er setzt darauf, dass man ein Produkt im Alltag sehen und erleben kann – und neugierig genug ist, sich näher damit zu befassen. Die technologische und ästhetische Überlegenheit des Produkts springt einem sofort ins Auge. Viele haben die Aktie gekauft, nachdem sie den Wagen einfach nur auf der Straße gesehen hatten. Vor mehr als 15 Jahren war ich Miteigentümer eines kleinen Hotels namens The DeBary in Summit, New Jersey. Anfangs hatten wir Mühe, Gäste zu gewinnen. Dann konnten wir einen Stammgast gewinnen – nur unter der Bedingung, dass wir eine Tesla-Ladestation installierten. Das schien zunächst eine ziemlich aufwendige Sache zu sein, erwies sich dann aber als weit einfacher als gedacht. Ich habe in „Mad Money" stolz darüber berichtet, und das Management schickte mir einen Wagen zum Probefahren.

Den Tesla habe ich 2013 auf dem New Jersey Turnpike, einer der großen gebührenpflichtigen Autobahnen des Bundesstaates, ausprobiert. Unterwegs musste ich an einer Mautstation halten. Als ich dann wieder aufs „Gas" trat, achtete ich überhaupt nicht auf die Geschwindigkeit – bis ich merkte, dass ich innerhalb weniger Sekunden nach dem Halt an der Schranke mit 85 Meilen pro Stunde unterwegs war. Das Erstaunliche: Man hört praktisch nichts und spürt die Beschleunigung kaum. Genau so muss sich jeder Testfahrer beim ersten Mal gefühlt haben: diese Begeisterung, dieses Staunen – und dazu ein Preis, der niedriger war als erwartet. Wenn es einen Autohersteller gab, der es nach langer Zeit wieder in die erste Liga schaffen konnte, dann war mir in diesem Moment klar, dass es Tesla sein würde.

Irgendwann habe ich aufgehört, mich dagegen zu sträuben, und mich den Legionen von Bewunderern dieses Autos angeschlossen – aber mit der Tesla-Aktie konnte ich mich nicht anfreunden. Für meinen gemeinnützigen Treuhandfonds habe ich sie nie ins Depot genommen, weil die Bilanz für mich einfach nicht stimmte. Das Unternehmen war damals rund 11,5 Milliarden Dollar wert, machte aber im Jahr 2012 einen Verlust von 396 Millionen Dollar – bei gerade einmal 200 Millionen Dollar an Cash. Mit solch einer Aktie wollte ich nichts zu tun haben. Diese erste Einschätzung, damals durchaus nachvollziehbar, brachte mir von all denen heftigen Spott ein, die sich in das Auto verliebt hatten und denen die Verluste egal waren. Manchmal wünschte ich, ich wäre genauso unbekümmert gewesen.

Für mich wurde es in Sachen Tesla jedoch nur noch schlimmer. Einige Jahre nach meiner Probefahrt hatte ich das Privileg, Elon Musk persönlich zu treffen. Wir waren bei einer Dinnerparty, die mein guter Freund Marc Benioff, Gründer und CEO von Salesforce, in seinem Haus in San Francisco gab. Das, was wir am Tisch besprachen, war eigentlich nicht für die breite Öffentlichkeit bestimmt, aber ich denke, ein paar Details darf ich erzählen. Reihum sollte jeder am Tisch eine Einsicht beisteuern, die es wert war, geteilt zu werden – etwas, das den anderen am Tisch einen neuen Gedanken mit auf den Weg geben sollte. Musk hatte sich da längst eine Anhängerschaft aufgebaut: durch sein spektakuläres Auto, seine frühen PayPal-Jahre und seine schillernde Art. Man kam gar nicht umhin, Ehrfurcht vor ihm zu haben.

Und genau deshalb war ich von seinem Beitrag enttäuscht. Musk hat sich schon immer stark für Solarenergie eingesetzt – so sehr, dass er sogar ein Solarunternehmen von zwei Cousins für 2,6 Milliarden Dollar mit

Tesla-Aktien bezahlt hat. Bei unserem Dinner sagte Musk im Grunde nur das, was ich weiter vorn in diesem Buch im Kapitel über die Branchen schon erläutert habe: nämlich, dass Solarenergie in ein paar Jahren so allgegenwärtig sein und so reibungslos funktionieren werde, dass wir in den USA unseren gesamten Energiebedarf aus einem einzigen gigantischen Feld im Nordwesten Colorados decken könnten.

Ich wusste, dass das absurd war. Selbst wenn es technisch möglich wäre, würden die in diesem Land bestehende Strominfrastruktur und ihre Betreiber ein solches Projekt vermutlich schnell ausbremsen. Konzerne wie American Electric Power und Duke Energy, mächtige Versorger, die das Netz dominieren, würden Musk so etwas niemals durchgehen lassen. Als ich meine Zweifel äußerte, forderte Musk mich heraus. Er sagte nur, ich sei völlig auf dem Holzweg, und fügte hinzu, es gebe eine Wahrscheinlichkeit von 50 Prozent, dass ich „ein Hologramm, wenn nicht sogar bloß eine Projektion meiner [Elon Musks] Vorstellungskraft“ sei – ein intellektueller Dolchstoß, mit dem ich bei einer ansonsten so geselligen Dinnerparty nicht gerechnet hatte. Ich war völlig perplex und hatte keine Ahnung, was ich darauf antworten sollte.

Nur der trockene Kommentar eines früheren Intel-CEOs rettete mich: Als Mathematiker könne er uns versichern, die Wahrscheinlichkeit, dass ich ein Hologramm sei, liege bei gerade einmal 27 Prozent. Das bewahrte mich davor, mich zu 100 Prozent erbärmlich zu fühlen.

Ich ließ nicht zu, dass mich diese Kränkung für das Potenzial von Tesla blind machte. Weder übersah ich die finanzielle Metamorphose noch die Expansion nach China – dem Kernmarkt für Elektrofahrzeuge – oder die erstklassige Ingenieurskunst in Deutschland. Mit der Zeit wurde ich durchaus enthusiastisch, als sich die Verluste verringerten, und geradezu euphorisch, als das Unternehmen 2019 kurz vor der Profitabilität stand. Und die Bilanz? Darüber machte ich mir irgendwann keine Sorgen mehr, als mir klar wurde, dass dieses Unternehmen so geliebt wurde, dass es im Bedarfsfall problemlos zwei Milliarden Dollar würde aufbringen können.

Weil ich zu sehr in der klassischen Börsenlogik feststeckte, brachte ich es nicht fertig, die Aktie tatsächlich zu kaufen. Ich war überzeugt, dass Ford, GM, BMW, Mercedes-Benz oder Toyota sich als ernst zu nehmende Wettbewerber etablieren würden. Ich konnte mir schlicht nicht vorstellen, dass ausgerechnet dieses eine Unternehmen aus dem Nichts kommen und zu einem Autohersteller mit einer Börsenbewertung von einer Billion Dollar werden könnte.

Damit lag ich völlig daneben.

Da ich in meinem eigenen konventionellen Denken gefangen war und mir selbst nicht zutraute, an diesen Ausreißer zu glauben, nahm ich die Aktie nie ins Depot. Im Rückblick ist mir das schlicht peinlich – erst recht, wenn ich mir manche meiner wirklich haarsträubenden Empfehlungen der vergangenen Jahre in Erinnerung rufe.

Tesla hat sich inzwischen zu einem technologischen Vorreiter entwickelt. Unter anderem deshalb, weil der Wagen gewissermaßen ein Gehirn besitzt, das mit einem Supercomputer verbunden ist, ist er allen anderen selbstfahrenden Fahrzeugen überlegen. Während Waymo, ein zu Alphabet gehörendes Unternehmen, mit frühen Genehmigungen für den Einsatz seiner Robotaxis in mehreren Städten einen Vorsprung hatte, arbeitet Tesla jetzt daran, diesen Rückstand aufzuholen – mit dem ultimativen Ziel, in den USA eine landesweite Flotte fahrerloser Taxis aufzubauen.

Vielleicht bekommt Musk am Ende – gewissermaßen als Dank für all die Arbeit, die er für Präsident Trump geleistet hat – die Erlaubnis, selbstfahrende Autos auf den Interstate-Highways einzusetzen. Damit wäre der Weg frei, seine Robotaxis in den gesamten USA fahren zu lassen. Wenn er den Präsidenten jedoch weiter herausfordert und dessen Initiativen kritisiert – etwa das Haushaltsgesetz für 2025, das Trump so gut gefallen hat –, könnten seine Pläne unter dieser Regierung auch schnell ausgebremst werden.

Ich glaube fest an selbstfahrende Autos. Hätte es diese Technologie schon gegeben, als das Auto erfunden wurde, hätten wir es wahrscheinlich für Wahnsinn gehalten, einen Menschen ans Steuer zu setzen. Wir haben einfach zu viele Schwächen: Wir trinken, wir fahren übermüdet, wir halten uns nicht ans Tempolimit. Tesla ist dabei der aussichtsreichste Kandidat für den Durchbruch. Eines ist sicher: Musk ist ganz bestimmt kein Hologramm.

Ich weiß, dass wir Tesla heute in erster Linie als globalen Autohersteller wahrnehmen. Aber ich bin überzeugt, dass wir im Jahr 2030 vor allem in Tesla einen globalen Robotik- und Autokonzern sehen werden. Die Robotersparte Optimus ist in meinen Augen die größte Chance der USA, die Zukunft der Robotik zu prägen. Musk zeichnet das Bild einer Welt, in der Roboter nicht mehr nur für schmutzige, stupide und gefährliche Arbeiten eingesetzt werden, sondern zu Begleitern in unserem Alltag werden. Wenn das irgendjemand Wirklichkeit werden lassen kann, dann ist es Musk.

Unterm Strich ist Tesla für mich ein äußerst heikler Fall: Es gibt zu viele Fragezeichen rund um Musks Zeitbudget und seine Beteiligung an all den anderen Unternehmen wie SpaceX, xAI – das X Corp., früher Twitter, übernommen hat – und Neuralink. An seiner Brillanz habe ich keinen Zweifel. Aber was die Tesla-Aktie angeht? Dafür vergebe ich nur die Note B minus, mehr ist nicht drin. Mag das auch willkürlich oder sogar launisch wirken – bei finanziellen Entscheidungen arbeite ich nach einem klar definierten Prozess. Nach allem, was ich in diesem kindischen Schlagabtausch zwischen Musk und Präsident Trump gesehen habe, kann ich ihm unmöglich eine bessere Note geben. Für erratisches Verhalten zahlt man einen Preis. Ich wäre ein Narr, würde ich ihn höher einstufen. Mit dem mächtigsten und nachtragendsten Mann der Welt Streit anzufangen, heißt, sich Ärger im großen Stil einzuhandeln. Ich will an seinen Rachefeldzügen – und dem dauernden Hin und Her mit dem Weißen Haus, das sie zwangsläufig nach sich ziehen – nicht beteiligt sein. Genau das aber würde ich tun, wenn ich in Tesla investieren würde. Es gibt einen gewissen Punkt, ab dem ich lieber auf Gewinn verzichte, und bei der Tesla-Aktie ist dieser Punkt erreicht.

Alles in allem wirken die einstigen „Glorreichen Sieben" heute eher wie eine Gruppe von Börsenschwergewichten: Unternehmen mit hervorragenden Produkten und prall gefüllten Kassen. Aufgrund ihrer schieren Größe können sie Ihnen nicht mehr das Wachstum liefern, das sie früher einmal geboten haben. Aber solange Sie nicht glauben, dass nur neue Aktien gute Aktien sind, bleiben diese Unternehmen solide Investments – dank der enormen Ertragskraft ihrer bestehenden Produkte, ihrer gut gefüllten Kriegskassen, ihrer außerordentlich soliden Bilanzen und ihrer Fähigkeit, sich immer wieder neu zu erfinden. Ihre Kurs-Gewinn-Verhältnisse sind deshalb zu Recht so hoch: Diese Unternehmen sind deutlich mehr wert als die Durchschnittsaktie im S&P 500. Sie sind schlicht zu gut, um sie zu ignorieren. Und wenn Sie mir eines Tages an der Wall Street über den Weg laufen und mir erzählen, dass bis zu drei Positionen in Ihrem Depot mit Aktien aus dieser Gruppe besetzt sind, würde ich sagen: Respekt – gut gemacht.

Wie geht es jetzt weiter? Sie wissen nun, warum es sich lohnt, an der Börse zu investieren, warum einzelne Aktien weit mehr sind als nur eine Beigabe zu einem Indexfonds und wie Sie Aktien analysieren, Gewinn-und-Verlust-Rechnungen lesen und Analystenkonferenzen auswerten. Außerdem haben Sie einige Ideen, auf welche Branchen Sie setzen können, welche Aktien Sie sich genauer vornehmen sollten und wo es sich lohnt, tiefer zu graben und Ihr eigenes Wissen und Urteilsvermögen einzubringen.

Was kann da schon schiefgehen?

Zum Abschluss dieses Buches möchte ich Ihnen noch einige Lektionen und Warnhinweise mitgeben, wenn Sie beginnen, Ihr eigenes „Geld machen in jedem Marktumfeld"-Depot aufzubauen. Es sind Gedanken, die Sie auf Ihrer finanziellen Reise begleiten sollen – hin zu mehr Sicherheit und Wohlstand, als Sie es sich heute vielleicht vorstellen können.

KAPITEL 20

Fehler? Ich habe ein paar gemacht

Wenn es doch so einfach scheint, großartige Unternehmen zu entdecken, sie zu analysieren und dann ihre Aktien zu kaufen – warum gelingt es dann nicht allen, damit an der Börse Geld zu verdienen? Warum werden nicht alle mit ihren Aktien wohlhabend? Warum lassen sich so viele entmutigen? Nach all den beeindruckenden Renditechancen, die ich Ihnen aufgezeigt habe – warum sind so viele Pessimisten überzeugt, dass Aktien einfach zu riskant oder zu kompliziert sind?

Aufgrund von Fehlern. Genau deshalb. Wir sind Menschen. Wir machen Fehler und stecken Niederlagen ein. Und oft sind wir es selbst, die uns zu Fall bringen. Auch ich mache Fehler – nicht ständig, aber oft genug, dass ich selbst entmutigt bin. Ich zweifle an meinen Fähigkeiten – auf Sendung und hinter den Kulissen. Aber jedes Mal, wenn Sie einen Fehler machen, lernen Sie etwas dazu. Gerade die richtig dummen Patzer sind es, durch die Sie besser werden.

Ganz am Anfang meiner Zeit als Hedgefonds-Manager hatten wir für jeden Trade einen Zettel – nichts war automatisiert. Diese Orderzettel, für Käufe wie für Verkäufe, mussten wir aufheben. Der Zettel jedes erfolgreichen Trades landete in irgendeiner Schublade im Büro. Und die verlustreichen

Trades? Deren Zettel kamen in einen Schuhkarton in meinem Schrank. Einmal im Monat ging ich diese Verluste akribisch durch.

Um die nächsten Nvidias, Apples und Microsofts zu finden, müssen Sie aus dem lernen, was bisher nicht funktioniert hat. Genau diese Fehlschläge halten so viele davon ab, die gewinnbringenden Superstar-Aktien zu entdecken, auf die ich so fixiert bin. Solche Aktien fliegen Ihnen nicht einfach zu. Man findet sie durch Übung: indem Sie sich ansehen, was Sie falsch gemacht haben, und daraus lernen.

Zum Abschluss möchte ich ein paar meiner kapitalen Irrtümer mit Ihnen teilen – spektakuläre Fehlgriffe eines alten Hasen, entstanden aus Selbstüberschätzung, Überheblichkeit im Urteil und der allzu großen Zuversicht, dass das, was früher so gut funktioniert hat, auch beim nächsten Mal klappen muss. Nehmen Sie sich diese Lektionen zu Herzen, übertragen Sie sie auf Ihr Leben und Ihre Anlageentscheidungen – und vermeiden Sie die Fehlgriffe, die ich bis heute bereue.

Lektion 1: Stürzen Sie sich nicht gleich auf die Quartalszahlen, sondern prüfen Sie zuerst die Details

Viel zu oft liegen Medienberichte über Quartalszahlen – vor allem die Schlagzeilen – mit ihren Schlussfolgerungen daneben. Wie kann das sein? Zwischen den Nachrichtenredaktionen herrscht ein regelrechter Wettlauf, die Meldung als Erste zu bringen. Die Redaktionen arbeiten mit festen Erwartungen für Umsatz, Gewinn und Bruttomarge des Quartals sowie für die alles entscheidende Prognose. Oft beziehen diese Prognosen Faktoren ein, die weit über die reinen Schlagzeilenzahlen hinausgehen. Sie beruhen auf Zwischentönen, die den Reportern entgehen – zumindest solange sie nicht vorher die Analystenkonferenz gehört haben. Im Eifer, die Story als Erste zu veröffentlichen – zumal in einem Umfeld, in dem Redaktionen immer stärker auf Künstliche Intelligenz setzen –, haben die Reporter keine Zeit, wirklich zu verstehen, was passiert ist. Sie schreiben zuerst und stellen die Fragen später. Und Sie? Sie wundern sich nur, warum eine Aktie fällt, von der Sie dachten, sie würde steigen – und geben entnervt auf.

Anrufer in meiner Sendung „Mad Money" beklagen sich ständig darüber, wie hilflos sie sich fühlen, wenn das, was sie lesen, so gar nicht zu dem passt, was die Aktie dann tatsächlich macht. Das ist einer der Hauptgründe, warum viele einfach auf Indexfonds ausweichen oder gleich komplett mit dem Investieren aufhören.

Hier ein paar Beispiele. Die Aktie von Caterpillar eröffnet häufig mit starken Kursgewinnen oder -verlusten – allein auf Basis der Umsatz- und Gewinnzahlen, die in den Schlagzeilen genannt werden. Aber diese Zahlen zeigen nicht, was den Kurs am Ende wirklich nach oben oder nach unten treibt. Die Richtung der Caterpillar-Aktie hängt davon ab, wie hoch der Lagerbestand am Ende des Quartals ist – nicht von Umsatz oder Gewinn. Caterpillar kann ein herausragendes Quartal hinlegen – das kommt oft vor –, aber sobald die Analystenkonferenz beginnt, erfahren wir, dass das Unternehmen das Quartal mit viel zu hohen Lagerbeständen beendet hat, mit Lkws, die es nicht verkauft hat oder nicht verkaufen konnte. Die Aktie gibt daraufhin sämtliche Kursgewinne wieder ab – und fällt sogar noch weiter. Für viele Anleger ist diese Kursreaktion völlig rätselhaft. Es ist keine Seltenheit, dass die Aktie auf Basis der Schlagzeilen zu den Quartalszahlen mit sechs, sieben, ja sogar zehn Punkten im Plus in den Handel startet und anschließend abstürzt, sobald das Unternehmen erwähnt, dass sich noch zahlreiche unverkaufte Maschinen im Lager befinden. Das sorgt für einen ausgesprochen düsteren Ausblick – und davon erfahren Sie erst, wenn der Finanzvorstand das in der Analystenkonferenz anspricht.

Bei Boeing ist das Problem ganz ähnlich. Die großen Anteilseigner von Boeing achten zwar auf Umsatz und Gewinn, aber weil die Bilanzierung im Flugzeugbau ziemlich knifflig ist, muss man auf den freien Cashflow schauen – nicht auf die klassische Umsatz- oder Gewinnzeile –, wenn man einschätzen will, wohin sich die Aktie entwickelt. Das ist viel zu kompliziert, als dass irgendein Reporter das auf Anhieb richtig einordnen könnte. Deshalb treffen Anleger bei dieser Aktie ständig die falsche Entscheidung.

Schon viele Privatanleger waren fassungslos, weil sie dachten, Boeing habe ein gutes Quartal abgeliefert – und sich dieses Quartal dann als Albtraum entpuppte. Wenn Sie Boeing unbedingt im Depot haben wollen, warten Sie in der Analystenkonferenz auf den Moment, in dem das Management über den freien Cashflow spricht. Dann wissen Sie, ob Sie einsteigen oder lieber an der Seitenlinie bleiben sollten.

Noch ein Beispiel: Microsoft veröffentlicht häufig Zahlen zu Gewinn und Umsatz sowie eine Prognose – aber diese Prognose wird abgeschwächt oder nach oben geschraubt, sobald Amy Hood, die Finanzchefin, spricht. Damit können Sie die Schlagzeilen vergessen. Denken Sie nicht einmal daran, eine Entscheidung zu dieser Aktie zu treffen, bevor die Analystenkonferenz vorbei ist.

Ich habe in allen drei Fällen selbst danebengelegen – bei Caterpillar haben mich die Quartalsmitteilungen und die Medienberichterstattung dazu sogar gleich doppelt erwischt. Normalerweise handeln wir nicht auf Basis der Nachrichten eines einzelnen Tages. Wenn Sie aber doch irgendwann in Versuchung geraten – und in der nächsten Lektion werden Sie sehen, warum das passieren kann –, atmen Sie zuerst tief durch. Vergewissern Sie sich, dass Sie auf Grundlage der tatsächlichen Zahlen und Aussagen aus der Quartalsmitteilung und der Analystenkonferenz kaufen oder verkaufen – nicht wegen der voreiligen Schlussfolgerungen gehetzter Reporter, die ihre Meldung so schnell wie möglich draußen haben wollen, damit sie sich dem nächsten Quartalsbericht widmen können. Auf solche Medienberichte kann man sich oft nicht verlassen.

Lektion 2: Ihre Aktien sagen Ihnen, wann es Zeit zum Verkaufen ist

Was sollten Sie tun, wenn Sie eine echte Niete erwischt haben? Sie müssen nicht obsessiv auf das Auf und Ab Ihrer Aktien starren. Aber wenn die Quartalszahlen anstehen, dürfen Sie nicht nachlässig werden. Wenn nach den Zahlen eines Unternehmens etwas ganz offensichtlich nicht stimmt – und zwar nicht nur wegen einer irreführenden Schlagzeile –, dann müssen Sie handeln. Schmeißen Sie diese Aktie in diesem Moment aus Ihrem Depot. Keine Ausreden. Wenn eine Aktie regelrecht abstürzt und Sie nicht herausfinden können, warum, heißt das: Die großen Verkäufer wissen mehr als Sie, und Sie müssen den Verlust hinnehmen – egal wie stark der Kurs schon gefallen ist. Sie wollen nicht, dass Ihre Aktien bei null landen.

Ich habe einst Aktien von Bausch Health, einem Pharma- und Medizintechnikunternehmen, gekauft, nachdem der damalige CEO in „Mad Money" ein sehr rosiges Bild gezeichnet hatte. Wir kannten ihn gut und waren überzeugt, dass er die Dinge so darstellt, wie sie sind. Tat er aber nicht. Seine Story stand auf wackligen Beinen. Das Unternehmen verfehlte die Umsatz- und Gewinnerwartungen, und wir erfuhren, dass sein wichtigstes Medikament den Patentschutz deutlich früher verlieren könnte als gedacht. Bausch würde sich schwertun, genug Geld zu erwirtschaften, um seine beträchtlichen Schulden zurückzuzahlen.

Als das Unternehmen nach dem überaus optimistischen Auftritt des CEO seine Quartalszahlen vorlegte, brach die Aktie innerhalb weniger Minuten um fast 50 Prozent ein. Ich hielt das für eine klassische Überreaktion und blieb investiert. Ich lag falsch. Es waren keine Panikverkäufe – es waren kluge Verkäufe. Die größten Aktionäre wussten, dass das Unternehmen in ernsthaften Schwierigkeiten steckte – etwas, das für mich keineswegs so offensichtlich war.

Und tatsächlich: Die Aktie halbierte sich einige Monate später noch einmal – ein eindrucksvoller Beleg dafür, wie falsch es war, trotz der massiven Verkaufswelle untätig zu bleiben. Ich glaubte immer noch dem CEO, nicht den Fakten, und das führte zu meiner katastrophalen Fehleinschätzung. Meine Unfähigkeit, die eigentliche Geschichte zu erkennen, gepaart mit einer Bilanz zum Fürchten, kostete meinen gemeinnützigen Treuhandfonds ein kleines Vermögen. In diese Aktie hätte ich von Anfang an nicht investieren dürfen, aber ich hätte einen deutlich größeren Verlust verhindern können, wenn ich die Wucht des Kurssturzes ernst genommen hätte.

Wenn ein Ausverkauf wirklich außerordentliche Ausmaße annimmt und der Kurs schon zur Börseneröffnung massiv einbricht, müssen Sie raus. Wenn so viele Verkäufer gleichzeitig zur Tür drängen, ist die Botschaft klar. Verschwenden Sie keinen Ihrer fünf kostbaren Plätze für Einzeltitel an eine Aktie, die institutionelle Anleger nur noch aus ihren Depots kippen wollen. Streichen Sie die Aktie und machen Sie weiter.

Das Gleiche ist mir mit Foot Locker passiert. Die CEO zeichnete ein positives Bild, kaufte selbst Aktien ihres Unternehmens und versprach eine Wende zum Besseren. Aber so eine Wende ist schwer hinzubekommen. Diese große Einzelhandelskette hatte nicht die richtigen Produkte im Sortiment – Nike belieferte das Unternehmen nur noch mit weniger gefragten Modellen. Außerdem lagen die Filialen des Unternehmens meist in eher zweitklassigen Einkaufszentren – genau denen, die von Amazon am stärksten getroffen wurden. Foot Locker bediente zudem eine eher einkommensschwache Kundschaft, die in den USA von den höheren Zinsen besonders hart getroffen wurde. Die Aktie fiel kräftig von 40 auf 28 Dollar – schon im ersten Quartal, in dem ich sie im Depot hatte. Trotz der heftigen Buchverluste habe ich nicht verkauft. Ich war nicht bereit, den Verlust zu akzeptieren – als würde Ignorieren das Problem mit Foot Locker einfach verschwinden lassen.

Nach dem ersten Ausverkauf trat die Aktie von Foot Locker monatelang auf der Stelle. Das ist ein weiteres Warnsignal, denn gute Aktien erholen sich nach so einer Klatsche fast immer. Clevere Anleger wollen auf einem niedrigeren Kursniveau einsteigen, wenn sie noch Aufwärtspotenzial sehen. Und tatsächlich: Nach einem weiteren, erwartungsgemäß miserablen Quartalsbericht stürzte die Aktie auf 16 Dollar ab.

Beim nächsten Kurssprung habe ich einen großen Teil der Foot-Locker-Aktien verkauft – aber noch viel zu viele behalten. Jede Aktie ist eine Aktie zu viel, wenn Sie falschliegen und merken, dass Sie eine echte Niete im Depot haben.

Ich behielt einen kleinen Rest der Position in der Hoffnung, dass die Wende doch noch gelingen würde. Aber sie kam nie, und wie ein kompletter Trottel zog ich schließlich mit eingekniffenem Schwanz die Reißleine und stieg mit einem kräftigen Verlust aus der Aktie aus. Ich hatte mich lange vor dem Ausstieg gedrückt und gehofft, dass sich alles wieder zum Besseren wenden würde. Aber Sie müssen lernen, dass Hoffnung ins Baseballstadion gehört, nicht an die Börse. Am Ende fiel die Aktie bis auf zwölf Dollar – doch für diejenigen, die nahe dem Tiefpunkt einstiegen, nahm diese Geschichte noch ein gutes Ende: Die CEO verkaufte das Unternehmen für 24 Dollar je Aktie an Dick's Sporting Goods, also zum doppelten Preis des damaligen Kurses. Foot Locker war damit das Problem von jemand anderem.

Lektion 3: Suchen Sie keine Entschuldigungen für das Management

Mehrfach habe ich mich entschieden, holprige Phasen einfach auszusitzen – mit der Überzeugung, das Management sei zu gut, um das Unternehmen gegen die Wand fahren zu lassen. Estée Lauder war ein Kosmetikkonzern, der mich über viele Jahre nie enttäuscht hatte. Wenn es schwierig wurde, stellte sich das Management von Estée Lauder neu auf und ordnete sein Portfolio um, bis das Problem behoben war – worum auch immer es sich gerade handelte.

Aber dann kam es anders: Als die Coronapandemie China traf, wurde das Unternehmen regelrecht zerschlagen. Die Lockdowns trafen ausgerechnet seine besten Kundinnen – wohlhabende und aufstrebende Chinesinnen. Die Aktie stand vor der Pandemie bei 370 Dollar und fiel ziemlich schnell auf 255, als diese Kundschaft einfach aufhörte einzukaufen. Das Management brachte nichts Neues, um die Lage zu ändern – keine neuen Initiativen, keine Kurskorrektur. Es wirkte wie das sprichwörtliche Kaninchen vor der Schlange. Als wäre das nicht genug, nahm China später auch noch Luxusgüter verstärkt ins Visier – also genau die teuren Kosmetikprodukte, die Estée Lauder herstellt. Wieder gab es nur beschönigende Aussagen des

Managements. Ich hatte großen Respekt vor dieser Marke, aber das half gar nichts: Wenn die Zahl der Kunden immer weiter schrumpft, wem nützt dann noch, wie sehr Sie das Management schätzen?

Im Laufe eines Jahres kippte die Aktie aus dem mittleren 200er-Bereich bis auf 104 Dollar, weil das Unternehmen seine Umsatzziele in China immer wieder verfehlte und nichts unternahm, um den Rückgang abzufedern. Das Management war überzeugt, dass die Nachfrageschwäche in China nicht so lange anhalten könne. Der sympathische CEO von Estée Lauder glaubte, der Ruf des Unternehmens für hochwertige Produkte werde die Firma schon retten.

Ich weiß nicht, was mich da geritten hat. Ich blieb einfach stur. Nach einem weiteren Jahr mit einem Minus von 30 Prozent beschloss die Familie Lauder schließlich, das Management auszutauschen. Mehrfach hat mir diese Aktie mit ihren Kursrückgängen „signalisiert", was zu tun war, aber ich wollte einfach nicht darauf hören. Ein Management, das bis dahin unglaublich stark gewirkt hatte, wirkte plötzlich völlig ratlos. Ich habe schmerzlich gelernt, wie gefährlich es ist, sich vom unbeirrbaren Optimismus eines CEOs einlullen zu lassen. Am Ende habe ich die Aktie irgendwo im Bereich um 90 Dollar verkauft.

Egal wie ruhmreich und erfolgreich ein Unternehmen in der Vergangenheit gewesen ist: Wenn sich seine Kundschaft drastisch verändert – mit der Folge, dass die Aktie fällt – und das Unternehmen nichts unternimmt, um gegenzusteuern, sollten Sie mit dem Verkauf nicht zögern. Ein guter Ruf rettet keine Aktie.

Lektion 4: Machtkampf im Unternehmen? Verkaufen!

Machtkämpfe und andere Turbulenzen im Management sind oft ein klares Verkaufssignal – ganz gleich wie stark die Marke ist. Nehmen Sie den traurigen Fall der Walt Disney Company. Disney hat ein äußerst komplexes

Geschäftsmodell: Da gibt es die Freizeitparks, die enorme Summen in die Kassen spülen. Dazu kommt ein fantastisches Filmgeschäft mit einem Burggraben aus geistigem Eigentum, wie ihn kein anderes Unternehmen vorweisen kann. Gleichzeitig betreibt Disney noch lineares Fernsehen – in einer Zeit, in der Millionen Menschen dem Kabelfernsehen den Rücken kehren. Im Jahr 2020 löste Bob Chapek, zuvor Chef der Freizeitparksparte, den langjährigen CEO Bob Iger ab. Er erhielt den Auftrag, mithilfe der umfangreichen Disney-Bibliothek die Streamingplattform Disney+ aufzubauen und sie durch neue Produktionen zu ergänzen.

Chapek war dieser Aufgabe nicht gewachsen, und Disney+ verbrannte zu viel Geld. Er hatte außerdem keinerlei Gespür dafür, wie man die Erwartungen der Wall Street steuert – auch wenn man fairerweise sagen muss, dass er mitten in einer weltweiten Coronawelle die Verantwortung für einen Konzern trug, dem gleichzeitig die Besucher in den Freizeitparks wegblieben und die Einnahmen an den Kinokassen einbrachen. Schon früh bekam ich mit, dass viele der bisherigen Führungskräfte das Unternehmen verließen und die neuen Leute, die Chapek nachzog, im Konzern weitgehend unbeliebt waren.

Es schien kein Ende zu nehmen: Ein Abgang jagte den nächsten, und Gerüchte über Inkompetenz machten unablässig die Runde. Ich hielt die Aktie im Depot meines gemeinnützigen Treuhandfonds – schon seit der Zeit, als Bob Iger das Unternehmen führte – und beschloss, all diese Turbulenzen zu ignorieren, in der Annahme, dass Disneys Marke und Geschäftsmodell so stark seien, dass sie alles überstehen würden, was Chapek anrichtete. Ich traf diese Entscheidung auf der Grundlage des falschen Glaubens, Chapek werde sich schon einarbeiten und es mit der Zeit hinbekommen. Tat er aber nicht. Meine Starrköpfigkeit angesichts all der Gerüchte, Abgänge und verfehlten Kennzahlen war durch nichts zu rechtfertigen. Die Turbulenzen rissen nicht ab, und eines Tages meldete das Streaminggeschäft dann aus dem Nichts einen Verlust von fast 1,5 Milliarden Dollar in nur einem Quartal – rund 500 Millionen mehr als erwartet. Die Aktie wurde daraufhin regelrecht zerlegt, und Chapek wurde gefeuert. Meine Vogel-Strauß-Haltung gegenüber dem, was ich in der Presse las, war eine Mahnung: Selbst bei den stärksten Marken und Geschäftsmodellen müssen Sie den Kurs korrigieren, wenn die falsche Person an der Spitze sitzt.

Auch heute, ein paar Jahre später, versucht das Unternehmen immer noch, sich aus diesem Schlamassel herauszuarbeiten. In zwei Jahren und neun Monaten kann ein schlechter CEO erstaunlich viel Schaden anrichten.

Immer wenn Sie von ernsthaften internen Zerwürfnissen lesen – Geschichten, die an die Presse durchgestochen werden und bei denen massive Spannungen nach außen dringen –, sollten Sie mit dem Verkauf nicht zögern. Warum das alles passiert, erfahren Sie meist erst später, aber Sie müssen sofort raus. Die Disney-Aktie fiel Ende 2023 bis auf 79 Dollar, deutlich unter meinem durchschnittlichen Einstandskurs, und begann sich erst wieder zu erholen, nachdem Iger die Kosten aggressiv senkte, um das Unternehmen zu retten. Turbulenzen an der Spitze eines großartigen Unternehmens sind relativ selten; wenn Sie sie bemerken, nehmen Sie die Signale ernst und werfen Sie die Aktie aus dem Depot – selbst wenn Sie glauben, dass Marke und Geschäftsmodell unantastbar sind. Nicht einmal die Walt Disney Company war stark genug, um ein solches Desaster zu vermeiden.

Lektion 5: Klagewelle? Verkaufen!

Wall-Street-Analysten leisten im Allgemeinen ganz gute Arbeit, wenn es darum geht, gute von schlechter operativer Umsetzung zu unterscheiden. Sie wissen, was erforderlich ist, um erfolgreich zu sein. Aber wenn ein Unternehmen etwas tut, das für seine Kunden gefährlich sein könnte, und Klägeranwälte Wind davon bekommen und das Unternehmen mit Klagen überziehen, wissen Analysten oft nicht, wie sie das einordnen sollen. Niemand bringt ihnen bei, was passiert, wenn das Management im Zeugenstand sitzt. Sie wissen nicht, wie sich potenzielle Schadenersatzforderungen bemessen lassen: Lassen sie sich verkraften – oder bedrohen sie das Unternehmen in seiner Existenz? In solchen Fällen können Analysten Ihnen nicht helfen. Sie müssen selbst eine Entscheidung treffen.

Darum gilt für mich eine eiserne Regel: Wenn ein Unternehmen in eine ganze Reihe von Klagen wegen Schäden gerät, die durch seine Produkte verursacht wurden, ist mir völlig egal, wie ruhmreich und „sauber" dieses Unternehmen auch sein mag – ich bin raus. Wenn die Kläger erst ein paar Prozesse gewonnen haben, wird sich die Lage nicht von selbst bessern.

Ein Paradebeispiel dafür ist Johnson & Johnson – ein ikonischer Pharma- und Konsumgüterkonzern mit einer außergewöhnlich soliden Bilanz und einer langen Geschichte exzellenter Unternehmensführung. Vor rund 100 Jahren begann J&J mit der Herstellung eines Babypuders, der Talkum enthielt. Vor etlichen Jahrzehnten tauchten dann Berichte auf, wonach Talkum mit Asbest in Verbindung stehen könnte und bei intensiver Nutzung des Produkts tödlichen Eierstockkrebs auslösen könne. Die Klägeranwälte – mächtige Gegner jedes Unternehmens, dem eine Verbindung zu Krebs, insbesondere zu Asbest, nachgesagt werden kann – begannen, Frauen mit Eierstockkrebs zu rekrutieren, die angaben, dieses Babypuder verwendet zu haben. Das Management beteuerte, es gebe keinerlei Zusammenhang. Doch die Anwälte kamen vor Gericht zu Wort – und erstritten gegen dieses an sich großartige Unternehmen hohe Schadenersatzurteile.

Die Analysten verschlossen vor den zahlreichen Erfolgen der Kläger die Augen und zogen es vor, den beruhigenden Aussagen des Managements zu glauben. Doch bei solchen Verfahren ist es für die Beklagten nahezu unmöglich, zu gewinnen – schon weil die Kläger vor Geschworenen enorm viel Sympathie genießen. Mitten in dieser Klagewelle trat der damalige CEO Alex Gorsky in meiner Sendung „Mad Money" auf, erklärte, es gebe keinen nachgewiesenen Zusammenhang zwischen dem Produkt und Asbest, und bestritt jede Schuld des Unternehmens. Ich fand, er trug seine Argumente hervorragend vor – und ich glaubte ihm. Aber das spielte überhaupt keine Rolle. Die Geschworenen befanden J&J für schuldig. Entscheidend sind die Urteile, nicht die Beschwichtigungen. J&J

macht weiter (bislang), aber solange sich die Klagen hinziehen, kommt man nicht darum herum: Ich hätte die Aktie einfach verkaufen sollen. Wenn es um Klagen geht, sollten Sie weder auf das Management noch auf Analysten hören – sie sind keine Juristen und in solchen Situationen heillos überfordert. Und J&J ist kein Einzelfall. Schon vor Jahren – unter einem der Vorgänger des heutigen CEO – begann der Industriekonzern 3M in seinen Geschäftsberichten offenzulegen, dass einige seiner giftigen Chemikalien ins Grundwasser gelangt waren. In einer Fußnote stieß ich damals auf überraschend hohe Verlustangaben aus einer ganzen Reihe von Verfahren in verschiedenen Rechtsordnungen – es ging in diesem Fall um sogenannte Ewigkeitschemikalien. Das Management versicherte mir, ich müsse mir darüber keine Sorgen machen. Die Aktie verlor in der Folge die Hälfte ihres Werts, bevor das neue Management die Klagewelle überhaupt halbwegs in den Griff bekam und ein Paket von Vergleichen schnüren konnte. Glauben Sie juristischen Beschwichtigungen nicht. Verkaufen Sie.

Lektion 6: Wut ist keine Strategie – beruhigen Sie sich, bevor Sie handeln

Im Jahr 2023 beschloss ich gemeinsam mit meinem Team, eine Position beim Technologie-Riesen Oracle aufzubauen. Wir taten das, weil sich dieses Datenbankunternehmen stark auf Rechenzentren für Künstliche Intelligenz fokussiert hatte und seine künftigen Gewinne nicht mehr in erster Linie mit Unternehmenssoftware erzielen wollte. Trotz des spektakulären Ausbaus der Rechenzentren bekam das Unternehmen für seinen Weitblick an der Börse keinerlei Anerkennung, und sein M – das Bewertungsmultiple – rührte sich nicht. Also beschlossen wir, diese Situation auszunutzen. Die Aktie begann zu steigen, und wir stellten fest, dass das M bereits anzog, noch bevor sich der erwartete Gewinnsprung in den Zahlen zeigte. Und tatsächlich präsentierte das Unternehmen beim nächsten Quartalsbericht einige gute Nachrichten, unter anderem neue Kunden für das Rechenzentrumsgeschäft. Doch das reichte nicht aus, um die Schwäche in einem zugekauften Geschäftsbereich auszugleichen. Cerner – ein Anbieter elektronischer Patientenakten, für den Oracle 28 Milliarden Dollar bezahlt hatte – sorgte für eine böse Ergebnisenttäuschung. Wir blendeten das aus und konzentrierten uns ausschließlich auf das Rechenzentrumsgeschäft.

Die Aktie bekam daraufhin an der Börse Prügel: Sie fiel von 126 Dollar – elf Dollar über unserem Einstiegskurs – auf 100 Dollar, was einem Buchverlust von 15 Dollar je Aktie entsprach. Das entging mir nicht, aber ich entschied mich bewusst dafür, dem Management und seiner Rechenzentrumsstory zu glauben. Oracle setzte alles auf die Karte Künstliche Intelligenz, und ich war überzeugt, dass die Wall Street die geringe Bedeutung von Cerner schlicht falsch eingeschätzt hatte.

Dann legte das Unternehmen erneut Zahlen vor – und wieder war das Ergebnis dasselbe. Viel Hype in der Analystenkonferenz, große Versprechungen rund um KI – und dann nichts. Das kam bei den Analysten extrem schlecht an. Und weil ich das Depot meines gemeinnützigen Treuhandfonds mit offenen Karten führe, konnten alle sehen, wie sehr ich mich zum zweiten Mal geirrt hatte. Ich war wütend auf mich selbst. Also tat ich, wozu mich 40 Jahre Börsenerfahrung erzogen hatten: Ich zeigte Disziplin und verkaufte mit einem miserablen Verlust.

Und wie sollte es anders sein? Einige Wochen später stieg die Aktie wieder in den mittleren 110er-Bereich, als bekannt wurde, dass es große Aufträge und eine starke Nachfrage nach den KI-Rechenzentren des Unternehmens gab. Meine Quellen versicherten mir, dass diesmal wirklich Substanz dahinterstecke. Aber ich beschloss, das zu ignorieren, weil ich meine Entscheidung bereits getroffen hatte – in einem Anfall von Wut und auf dramatische Weise. Ich hätte sehen müssen, dass die Aktie zuvor schon einmal zurückgekommen war. Es hätte einen besseren Zeitpunkt für einen Verkauf gegeben, wenn ich nur etwas geduldiger gewesen wäre. Meine Emotionen waren mit mir durchgegangen.

Die Aktie stieg schließlich bis auf über 230 Dollar – rund 125 Dollar über dem Kurs, zu dem ich ausgestiegen war.

Ich hatte durchaus Grund, auf das Unternehmen sauer zu sein: Es hatte großspurige Versprechen abgegeben und dann nicht geliefert. Rückblickend hatte ich einfach zu früh darauf gesetzt, dass sich das Bewertungsmultiple ausweiten würde, und dabei die Wachstumsschmerzen eines massiven Strategiewechsels bei Oracle ignoriert. Das Management hatte gleich zwei Fehltritte hingelegt, und ich war entsprechend wütend und enttäuscht. Trotzdem verfügte das Unternehmen jenseits der Rechenzentren über ein solides Kerngeschäft und eine starke Bilanz. Ich hätte die Position nicht im Affekt komplett aus dem Depot werfen müssen. Ich hätte die nächste Erholung abwarten und sehen sollen, wie sich die Lage entwickelt. Bevor Sie bei einer Aktie, an die Sie eigentlich glauben, vorschnell die Reißleine ziehen, sollten Sie sich in einem ruhigen Moment – nicht vor dem Computerbildschirm – fragen, ob nicht doch noch eine Chance auf ein Comeback besteht. Ich hätte mein Geld beinahe verdoppeln können, wenn ich nicht so wütend auf das Unternehmen gewesen wäre.

Lektion 7: Diversifikation ist kein Ersatz für Qualität

Oft erlebe ich, dass sich eine Lage sichtbar verschlechtert und sich trotzdem niemand von seinen Aktien trennt. Wenn ich die Leute frage, warum sie dabeibleiben, antworten sie: „Diversifikation". Schön und gut – aber Diversifikation kann niemals eine Position rechtfertigen, die man eigentlich gar nicht besitzen sollte. Diversifikation ist kein Freifahrtschein, eine schlechte Aktie im Depot zu behalten.

Wenn sich eine Aktie über mehrere Quartale nicht so entwickelt, wie Sie es erwartet haben, geht Ihre ursprüngliche Investmentidee womöglich nicht mehr auf. Sie können einen Fehlgriff nicht einfach damit entschuldigen, dass er angeblich ein Gegengewicht zu zu vielen Halbleiterwerten oder zu vielen Unternehmenssoftware-Aktien in Ihrem Depot bildet. In den Indexfonds-Anteilen Ihres Portfolios haben Sie ohnehin mehr als genug Streuung – da müssen Sie nicht noch künstlich mehr herbeizaubern. Halten Sie lieber erstklassige Wachstumswerte, egal aus welchem Bereich, und reden Sie schlecht laufende Aktien nicht nur deshalb schön, weil Sie in einem Sektor ohnehin schon zu stark engagiert sind.

Im Laufe von Jahrzehnten als Anleger habe ich Aktien besessen, die tatsächlich bis auf null gefallen sind – Titel, von denen ich einmal dachte, sie hätten großartige Perspektiven. Warum ich sie behalten habe? Ich redete mir ein, dass ich mir in einem breit gestreuten Depot eine spekulative Aktie leisten könne. Aber das war nichts als eine faule Ausrede. Das waren keine Spekulationen. Es waren einfach Verlierer, und ich habe sie als „spekulativ" bezeichnet, um mir mit dem Zauberwort Diversifikation ein gutes Gewissen zu verschaffen … bis sie bei null landeten. Zum Glück ist bei Aktien spätestens bei null Schluss.

Lektion 8: Milliardäre werden Sie nicht retten – sie handeln in erster Linie in eigener Sache

Eine der abstoßendsten Eigenschaften unseres Wirtschaftsjournalismus ist unsere Fixierung auf Milliardäre und ihre scheinheilig-selbstgerechten Kommentare. Wenig steht Ihnen so sehr im Weg, wenn Sie an der Börse richtig Geld verdienen wollen, wie das Gedankengeschwätz eines Milliardärs, der einen Hedgefonds leitet, sein Vermögen längst gemacht hat und nicht möchte, dass Sie es ihm gleichtun. Diese Manager waren einmal Optimisten, die Aktien auswählten, Positionen aufbauten, nach den ganz großen Chancen gesucht haben. Heute sind sie nur noch Schwätzer, die Ihnen weismachen wollen, wie furchtbar angeblich alles ist.

Ich kann an den Fingern einer Hand abzählen, wie viele Milliardäre, die einen Hedgefonds leiten, tatsächlich versucht haben, das Kapital anderer Anleger zu vermehren. Umgekehrt hätte ich nicht genug Finger und Zehen, um zu zählen, wie viele von ihnen versucht haben, Ihnen Angst zu machen, Sie in Panik aus Ihren Aktien zu treiben und kopflos in Cash flüchten zu lassen. Und Milliardäre entschuldigen sich nie für ihren Pessimismus, sondern stellen sich immer als verantwortungsvolle Akteure dar – egal wie sehr sie danebenliegen.

Warum ist das ein Problem? Milliardäre treten nicht im Fernsehen auf, um Ihnen beim Geldverdienen zu helfen. Sie bekommen Fragen gestellt, weil wir denken: Wer Milliarden verdient hat, muss es ja wissen. Aber diese Leute haben ihr Geld bereits gemacht. Sie müssen keine Risiken mehr eingehen – es sei denn, das Risiko ist praktisch gleich null. Und genau deshalb werden Milliardäre so gut wie nie etwas Hilfreiches sagen, das Ihnen bei der Auswahl von Einzelaktien nützt – das wäre ihnen einfach zu riskant.

Vor vielen Jahren wurde ich einmal gebeten, einer Erbin zu helfen, die mehrere Milliarden Dollar geerbt hatte. Ich wollte ihr eigentlich ein paar Aktien empfehlen, weil sie an der Börse „mitspielen" wollte. Doch mein Chef erinnerte mich daran, dass man nur einmal reich werden muss. „Sag ihr, sie soll Kommunalanleihen kaufen", riet er mir. Und wie sollte es anders sein? Er behielt recht, und sie war dankbar, dass ich sie nach einer besonders schwierigen Phase am Markt von Aktien ferngehalten hatte – obwohl Aktien auf lange Sicht ziemlich gut gelaufen sind.

Milliardäre verwalten in der Regel so viel Kapital, dass eine einzelne Aktie an ihrer Gesamtperformance so gut wie nichts ändert. Selbst die wichtigsten Aktien ihrer Zeit sind im Verhältnis zu den Milliarden, die sie bewegen, so unbedeutend, dass ihr Kursverlauf das Gesamtergebnis ihres Fonds kaum beeinflusst – und deshalb sind sie für diese Leute kaum der Rede wert. Stattdessen äußern sie sich meist zum S&P 500 – und das überwiegend negativ, weil sie als Gruppe extrem risikoscheu sind. Sie befassen sich gar nicht richtig mit einzelnen Aktien, einfach weil sie es nicht müssen. Für viele von ihnen ist das irgendwie unter ihrer Würde. Manche verachten den gesamten Prozess der Aktiensuche regelrecht. Sie wollen sich nicht die Hände schmutzig machen und betrachten die aktive Suche nach guten Einzelaktien als reine Zeitverschwendung.

Ignorieren Sie diese milliardenschweren Unheilspropheten in den Medien. Diese Leute sind nicht da, um Ihnen zu helfen – und Sie sind auch nicht deren Zielgruppe.

Lektion 9: Machen Sie sich wegen Kleinigkeiten nicht verrückt

Der größte Fehler, den Anleger immer wieder machen, besteht darin, zu glauben, sie müssten ständig traden. Als jemand, der 14 Jahre lang erfolgreich vom Trading gelebt hat, kann ich Ihnen sagen: Es ist ein Beruf, der von hoher Geschwindigkeit geprägt ist – von ständigem Agieren und Reagieren auf jede Information und jede Kennzahl, die man auftreiben kann. Jedes Mal, wenn eine Institution – das Handels- oder Arbeitsministerium, das Finanzministerium oder die US-Notenbank – eine neue Kennzahl veröffentlichte, nahmen wir sie so schnell wie möglich auseinander, um zu prüfen, ob sich daraus ein Vorteil ziehen ließ. Wir waren Profis, das war unser Vollzeitjob. Wir waren vorbereitet, wir stürzten uns darauf – und meistens verdienten wir damit Geld.

Warum mussten wir das tun? Weil wir unter enormem Druck unserer Teilhaber standen, Tag für Tag Geld zu verdienen. Das war ein Muss. Meine Ergebnisse konnten sich sehen lassen – manche würden sogar sagen, ich hätte in den Jahren meiner Hedgefonds-Plackerei die beste Performance im ganzen Hedgefonds-Geschäft erzielt: 24 Prozent, wie bereits erwähnt, gegenüber den acht Prozent, die der S&P erzielte – und das nach Abzug der Gebühren. Mein Problem bestand darin, dass ich Tag für Tag mehr als 400.000 Dollar verdienen musste, um diese Serie der Überrendite aufrechtzuerhalten. Das wurde irgendwann so gut wie unmöglich.

Die einzige Möglichkeit, mit diesem Druck umzugehen, bestand darin, aus jeder einzelnen neuen Kennzahl, die über den Ticker lief, Geld zu machen. Und wenn sich dann meine Kunden meldeten, und das taten sie ständig, war ich bereit, mit ihnen meine neuesten Ergebnisse zu besprechen – Ergebnisse, die die hohen Gebühren rechtfertigten, die sie mir zahlten.

Am schlimmsten waren die Phasen, die mit echter Analyse einzelner Aktien am wenigsten zu tun hatten: das sogenannte FedWatch – das akribische Deuten von allem, was die US-Notenbank oder ihre Mitglieder sagten, seien es Gouverneure oder Präsidenten der Regionalbanken. Wir suchten fieberhaft nach Hinweisen auf den nächsten Schritt der Fed. Würde sie die Zinsen anheben, weil die Inflation zu hoch war? Würde sie die Zinsen senken, weil die Konjunktur zu schwach war? Hatte irgendjemand aus dem Umfeld der Fed eine spontane Bemerkung über Richtung oder Tempo der nächsten Schritte gemacht? Die Fed war leider undurchschaubar. Sie lieferte nie ein Signal, das sich wirklich zum Handeln eignete. Rückblickend war das alles Unsinn. Ablenkung. Pure Zeitverschwendung.

Ich hätte mich auf die sorgfältige Analyse einzelner Aktien konzentrieren sollen. Und genau das sollten Sie auch tun.

Lektion 10: Der Anleihemarkt liegt oft daneben

Mein ganzes Anlegerleben lang hat man mir eines über Anleihen eingebläut: Der Anleihemarkt irrt nie. Dieser riesige Baustein im Gesamtbild der Geldanlage wurde immer wie eine unumstößliche Wahrheit behandelt. Wenn die Zinsen von Anleihen mit längerer Laufzeit höher sind als die von kurzfristigen Papieren, gilt das als Zeichen für eine halbwegs normale Wirtschaft in einer Wachstumsphase. Das ist gut: Sie sollen für das Risiko entschädigt werden, Ihr Geld länger festzulegen.

Von Zeit zu Zeit sehen Sie am Markt jedoch etwas, das ziemlich beunruhigend ist: eine Rendite, die am sogenannten langen Ende – also bei Laufzeiten zwischen 10 und 30 Jahren – niedriger, vielleicht deutlich niedriger ist als bei kurzlaufenden Anleihen. Wir wissen: Eine solche Zinskurve ist nicht normal. Warum sollten Sie auf lange Sicht weniger

Zinsen bekommen als bei einer Anlage über nur zwei oder drei Jahre? Die Antwort: Viele Investoren wetten darauf, dass eine Rezession bevorsteht – ausgelöst durch die Maßnahmen der US-Notenbank, die Inflation aggressiv bekämpfen will. In solchen Phasen spricht man von einer „Flucht in sichere Häfen“: Anleger werden vorsichtig und schichten ihr Geld in Anleihen um, weil sie dort Schutz suchen und sich sicherer fühlen.

Es gibt nur ein Problem dabei: Die Marktteilnehmer haben sich mit ihren Annahmen häufig geirrt. Ich habe unzählige Male erlebt, wie der Anleihemarkt mit seinen Prognosen darüber, wie es weitergehen werde, danebenlag. Deshalb meine letzte Lektion: Hören Sie nicht auf Leute, die die Zinskurve des Anleihemarkts analysieren, darin ein Katastrophensignal für die Zukunft sehen und deshalb Alarm schlagen – bis hin zur Empfehlung, völlig solide Aktien zu verkaufen. Der Anleihemarkt, diese vermeintliche Vorhersagemaschine, ist in meinen Augen häufig nichts weiter als die Summe aller Ängste. Diese Ängste sind so oft fehlgeleitet, dass man sie schlicht ignorieren muss. Konzentrieren Sie sich auf die Fundamentaldaten Ihrer Aktien, nicht auf die Signale des Anleihemarkts, und ich verspreche Ihnen: So verdienen Sie am Ende deutlich mehr Geld als diejenigen, die glauben, allein durch den Blick auf künftige Anleiherenditen Bescheid zu wissen. Überlassen Sie die Angst vor der Zinskurve den anderen – und während die anderen sich sorgen, fahren Sie die Ernte ein.

FAZIT

Die Show ist vorbei – worauf warten Sie noch?

Manchmal, wenn die „Mad Money"-Sendung vorbei ist, sitze ich noch ein bisschen im Studio, lehne mich zurück und denke darüber nach, was gerade passiert ist. Habe ich meinen Job gut gemacht? Habe ich alles verständlich genug erklärt? Bin ich mir selbst treu geblieben? Lag ich richtig?

Jetzt sitze ich an meinem Küchentisch, lehne mich zurück und gehe dieselben Fragen noch einmal im Kopf durch. Ich habe viele Versionen dieses Buches geschrieben. Es war ein bisschen wie bei „Goldlöckchen und die drei Bären". War es zu anspruchsvoll? War es vielleicht zu einfach? Könnte es genau richtig für alle sein, die es lesen?

Leider lautet die Antwort: Nein. Vielleicht wäre Version 1, ganz ohne Finanzkennzahlen, in Ordnung gewesen. Aber was ist, wenn jemand wirklich verstehen möchte, wie eine Bilanz funktioniert? Warum sollte ich das meinen Lesern nicht beibringen dürfen? Und wie steht es mit Version 3, in der ich die schreckliche Bilanz von AMC, der Kinokette, vorgestellt habe, um sie Apples makellosen Zahlen gegenüberzustellen? Die war verdammt komplex. Version 4 hätte Sie einmal komplett durch die Analystenkonferenz von P&G geführt. Wäre das eine gute Idee gewesen?

Nein.

Das wäre falsch gewesen, denn genauso wie bei „Mad Money" ist es mein Ziel, Sie dazu zu bringen, richtig an der Börse zu investieren. „Geld machen in jedem Marktumfeld" durfte nicht viel komplizierter sein als „Mad Money", denn ich wusste, dass ich sonst scheitern würde. Aus dem Fernsehen weiß ich: Es ist eine Todsünde, das Publikum zu langweilen. Ich glaube, diesen Vorwurf habe ich mir erspart.

Manche von Ihnen erinnern sich vielleicht noch an die Zeit, als ich mit der Sendung angefangen habe. Damals war ich ein wütender Mann mittleren Alters, der kurz vor Beginn der Schnellfragerunde „Lightning Round" Stühle gegen die Wand warf. Diese Nummer war eine seltsame Mischung aus „Hey, schaut mich an!" und „Was zum Teufel mache ich hier eigentlich?". Die Stuhlwurf-Showeinlage zog sich über Jahre hin, bis mein Rücken das nicht mehr mitmachte. Von da an habe ich es nie wieder getan. Aber noch jahrelang hörte ich, wenn ich die Wall Street entlangging, Leute sagen: „Hey, das ist doch der Typ mit den Stühlen."

Ich habe es geschafft, in all dem Mediengetöse hervorzustechen. Was ich erreichen wollte, ist mir gelungen. 20 Jahre später muss ich zwar nicht mehr Stühle gegen eine Wand werfen, aber meine Maxime ist nach wie vor, Sie auf keinen Fall langweilen. Deshalb habe ich in Version 5, der Fassung, die Sie jetzt gleich zu Ende lesen, vieles gestrichen, was meine Mutter für völlig unverständlich gehalten hätte – im Vertrauen darauf, dass Sie es bis hierher schaffen würden, bis zum Fazit.

Ich freue mich wirklich riesig, dass Sie bis zum Schluss dabeigeblieben sind.

Wenn ich damit richtigliege, werden Sie schon morgen ein Wertpapierdepot eröffnen – in den USA wäre das idealerweise ein steuerbegünstigtes Altersvorsorgekonto, ein sogenanntes IRA-Konto – und damit beginnen, Ihren S&P-500- oder Nasdaq-Indexfonds mit fünf Aktien und einem Schuss Absicherung nach Ihrem Geschmack zu ergänzen. Ich habe Ihnen gesagt, dass Ihre erste Aktie ein Fehlgriff sein wird und Sie dabei Geld verlieren werden, also können Sie entweder meine Prophezeiung erfüllen oder es besser machen als ich damals. Sie wissen, dass Sie nichts kaufen sollten, bevor Sie es so gründlich recherchiert haben, wie Sie es für richtig halten. Auf Finanzanalysen in Marianengraben-Tiefe und auf Abgründe wie Everest-Gletscherspalten habe ich verzichtet – dieses Buch soll Sie nicht mit Zahlen erschlagen, sondern handlungsfähig machen. Aber Sie müssen sattelfest genug sein, dass Sie mir, wenn Sie mich auf der Straße träfen, drei Gründe nennen könnten, warum Sie bei einer bestimmten Aktie zugeschlagen haben. Wenn Sie mir dann erzählen, Sie hätten bloß einen Artikel darüber gelesen oder jemanden im Fernsehen darüber reden hören, werde ich Sie an meinen ersten Trade erinnern – den Kauf von American Agronomics – und Sie bitten, sich klarzumachen, was Sie tun werden, wenn ein plötzlicher Kälteeinbruch mit Frost die Märkte erwischt und Ihr Depot mit voller Wucht trifft. Und glauben Sie mir: Er wird kommen.

Investieren Sie nicht alles auf einmal. Es ist Ihr Geld. Niemand sitzt Ihnen im Nacken und schreibt Ihnen vor, dass Sie jetzt sofort investieren müssen – niemand wird Ihnen Ihr Geld wegnehmen, wenn Sie es nicht tun. Wenn Sie jung sind, gehen Sie Risiken ein. Denken Sie daran, dass Sie Ihr ganzes Leben noch vor sich haben. Je älter Sie werden, desto weniger Risiken sollten Sie eingehen – aber geben Sie niemals ganz auf, Chancen zu nutzen, sonst verringern Sie Ihre Chance, mit einem Ihrer fünf Plätze im Depot ein Vermögen zu machen. Investieren Sie regelmäßig. Verkaufen Sie nicht, es sei denn, Sie müssen. Sonst entgehen Ihnen die Früchte Ihrer Recherche.

Hoffentlich habe ich Sie davon überzeugt, dass Sie dem Markt vertrauen sollten. Ein Markt, der sich wie der Dow Jones Industrial Average in meiner Zeit als Anleger von 1.000 auf 45.000 Punkte vervielfacht hat, kann sich durchaus noch einmal verdoppeln. Vertrauen Sie ihm – und wenden Sie sich nicht von ihm ab. Und all diese Korrekturen? Das sind die Regenschauer, die verhindern, dass Ihre Aktien verwelken. Versuchen Sie nicht, ihnen auszuweichen, indem Sie ständig ein- und aussteigen. Sonst verpassen Sie einen dieser acht Tage im Jahr, an denen der Großteil der Gewinne gemacht wird.

Sie werden im Fernsehen kluge, reiche und einflussreiche Leute hören, die Ihnen weismachen wollen, Sie seien nicht intelligent genug, um das, was Sie gerade gelernt haben, selbst umzusetzen. Lassen Sie sich so etwas gar nicht erst einreden – sonst bleibt Ihnen am Ende nichts weiter als Ihr Gehalt und ein Indexfonds. Glauben Sie wirklich, dass diese Leute sich für Sie interessieren? Sie sind viel zu sehr damit beschäftigt, sich als „Masters of the Universe“ zu inszenieren, als dass sie Sie überhaupt wahrnehmen würden.

Bevor ich mich von Ihnen verabschiede, muss ich noch eines loswerden: Erinnern Sie sich an diejenigen Kapitel, in denen ich Ihnen ein paar gute Aktien zum Kauf vorgestellt habe? Ich habe es gehasst, sie zu schreiben. Warum? Weil genau diese Beispiele Sie davon abhalten könnten, selbst genau hinzuschauen. Sie könnten Ihre Neugier bremsen und Ihnen die Notwendigkeit nehmen, selbst zu lernen, wie man eine Aktie recherchiert. Damit würde vieles von dem zunichtegemacht, was ich Ihnen beigebracht habe. Ich habe diese Beispiele trotzdem aufgenommen, weil ich nicht will, dass ein Mangel an Ideen der Grund dafür ist, dass Sie Ihre fünf Plätze im Depot nicht füllen. Ich möchte, dass Sie reich werden – aber dafür müssen Sie selbst aktiv werden: Sie sollen eigenständig lernen und recherchieren und nicht blind jemandem folgen, der vielleicht nicht immer für Sie da sein wird. Sie werden doch meinem Rat folgen und regelmäßig Geld investieren, oder? Aber in welche Werte Sie dieses Geld stecken – in Ihre Merck, Ihre Nvidia oder Ihre … nun, das liegt ganz bei Ihnen.

Lassen Sie mich mit ein paar letzten eindringlichen Worten schließen. Dieses Abwarten und Zusehen von der Seitenlinie dulde ich nicht länger. Ich habe es satt, all den Unsinn darüber zu hören, warum Sie niemals genug Geld haben werden und bis ans Ende Ihres Lebens arbeiten müssen. Überall lese ich, diese Generation könne nicht sparen oder halte Sparen für sinnlos. Solche Artikel werden von zynischen Journalisten geschrieben und von Menschen gelesen, deren erster Impuls es ist, aufzugeben. Jeder

Rückschlag an der Börse liefert ihnen eine neue Ausrede dafür, nichts zur Seite zu legen.

Schluss mit den Ausreden.

Setzen Sie sich auf den Vordersitz meines Ford Fairmont, drehen Sie sich um und sehen Sie mich zusammengekauert auf der Rückbank liegen. Rechts meine Unterwäsche, links eine Cordjacke, zu einem Kissen zusammengerollt, auf dem ich für ein paar Stunden meinen Kopf ausruhen konnte. Meine Kleinkaliberpistole immer in Reichweite, genauso wie eine Flasche Jack Daniel's Black Label. Wenn es je eine erbärmliche Karikatur eines Lebens gab, dann war es diese. Und trotzdem musste ich sparen. Ich musste nur ein paar Dollar beiseitelegen – mal einen Fünfer, mal einen Zehner, manchmal auch einen Zwanziger.

Ich lese immer wieder, man brauche zwei Millionen Dollar, um sich seinen Ruhestand zu finanzieren, und denke mir dann nur: Wenn die Menschen, die das lesen, mir doch einfach zuhören würden – all die kleinen Beträge, die ich nach und nach beiseitegelegt habe, sind am Ende zu zwei Millionen Dollar und mehr geworden. Und Sie könnten auf deutlich mehr kommen, wenn Sie Ihre eigene Microsoft, Ihre eigene Amazon oder Ihre eigene Apple finden. Diese Aktien sind da draußen – und warten nur darauf, dass Sie sie auswählen.

Es gibt im Leben vieles, auf das man verzichten oder das man aufgeben kann, aber wenn Sie das Sparen aufgeben, geben Sie sich selbst auf. Wenn Sie gesund bleiben, für sich und Ihre Familie sorgen und Ihre Tage auf diesem Planeten genießen wollen, werden Sie Geld brauchen – eine Menge Geld. Wenn Sie meinem Plan folgen, haben Sie gute Chancen, dieses Ziel zu erreichen. Schauen Sie nicht weg. Bei mir hätte es in die eine oder andere Richtung gehen können. Meine vom Alkohol angeschlagene Leber hätte mich umbringen können, aber stattdessen habe ich mir eines gesagt:

„Mit dieser verdammten Armut ist jetzt Schluss." Und ich habe etwas dagegen getan.

Jetzt sind Sie dran.

Dafür wünsche ich Ihnen von Herzen alles Gute.

Danksagung

Sie haben soeben ein Buch zu Ende gelesen, an dem ich lange gearbeitet habe. Ich wollte etwas schreiben, das all denjenigen helfen soll, die an dem gewaltigen Vermögenstransfer von der Babyboomer-Generation hin zu den nachfolgenden Generationen teilhaben. Das betrifft sehr viele Menschen und Billionen von Dollar – eine Patentlösung gibt es dafür nicht.

Ich habe sehr viel Unterstützung bekommen, um den richtigen Ton zu treffen. Ben Stoto, Research Director der *CNBC*-Sendung „Mad Money", und Jeff Marks, mein Partner beim CNBC Investing Club, stärkten mir den Rücken und bestanden auf größtmögliche Genauigkeit, Faktentreue und historische Einordnung. Bessere Mitstreiter könnte man sich nicht wünschen. Sie gehören zu den besten Sparringspartnern der Branche – und ließen nicht locker, bis wirklich alles stimmte.

Und dann ist da noch Jeremy Blachman, ein hervorragender Autor und freier Lektor, der mir zu Hilfe kam, als mein 500-seitiger Wälzer mit einem dumpfen Schlag auf dem Schreibtisch im Lektorat landete und anschließend mit viel Fingerspitzengefühl, einem feinen Skalpell und manchmal sogar mit dem Fleischerbeil bearbeitet werden musste. Danke für deine Geduld mit meinen endlosen Fassungen.

Mein Dank gilt Stephanie Frerich, leitende Lektorin und Senior Vice President bei Simon & Schuster, die an meine Mission glaubt, Sie zu einem besseren Sparer und Anleger zu machen. Nichts könnte besser sein, als wieder mit Simon & Schuster zusammenzuarbeiten, und ich habe so vielen Menschen zu danken, unter anderem der Cheflektorin Priscilla Painton, dem Verlagsleiter Sean Manning, der stellvertretenden Verlagsleiterin Irene Kheradi, der Marketingmanagerin Tyanni Niles, der Produktionsleiterin Beth Maglione, der Pressereferentin Julia Prosser und der Lektoratsassistentin Tzipora Chein.

Das Cover? Was für eine großartige Arbeit von Adly Elewa. Es ist ein unglaublicher Hingucker. Ich liebe es!

Ein großes Dankeschön an die wunderbare, großartige Suzanne Gluck, Senior Partnerin bei WME, die eine wirklich unermüdliche Agentin und Fürsprecherin an meiner Seite ist. Danke, dass du auch dieses Buch wieder mit mir durchgezogen hast!

Regina Gilgan, verantwortliche Produzentin von „Mad Money", hat mir wie immer den Rücken freigehalten, während ich monatelang fast jede Nacht unermüdlich an diesem Buch geschrieben habe. Die Produzenten von „Mad Money", Heather Gaines und Dillon Rebock, halfen mir, die Nerven zu behalten, und retteten mich Dutzende Male davor, durchzudrehen, wenn mir die Arbeit über den Kopf zu wachsen drohte. Was für ein großartiges Team wir haben! Regina, dankbarer könnte ich dir nicht sein für alles, was du für mich, für unser großartiges Team und – vor allem – für die Zuschauer und jetzt auch Leser tust.

Besonderer Dank gilt David Faber und Carl Quintanilla, meinen Co-Moderatoren bei der Sendung „Squawk on the Street", sowie Todd Bonin, dem verantwortlichen Produzenten der Sendung.

Ich hätte in diesem Buch gern noch mehr Raum für die Technische Analyse gehabt, denn Carley Garner, Carolyn Boroden und Jessica Inskip waren unglaublich großzügig mit ihrer Zeit und ihrem Wissen. Sie sind auf ihrem Gebiet absolute Spitzenklasse.

Danny Peterson hat ein besonderes Lob für seine großartige Arbeit beim CNBC Investing Club verdient. Zev Fima, der das gesamte Zahlenwerk in diesem Buch souverän im Griff hatte, sei ebenfalls herzlich gedankt.

Und Eugene Bebout hat an den Teilen zur privaten Finanzplanung mitgewirkt – auf seine ganz eigene, unvergleichliche Art, wie er es auch in seinem Hauptberuf Tag für Tag tut.

Mein Dank gilt auch Jen Dauble und Tom Clendenin, zwei tragenden Säulen bei *CNBC*, für ihren unermüdlichen Einsatz an meiner Seite. Niemand bringt meine Botschaften so wirkungsvoll an die Öffentlichkeit wie die beiden. Und ich bin KC Sullivan, dem Präsidenten von *CNBC*, außerordentlich dankbar dafür, dass er all meine Arbeit für beide Sendungen, den Club und nun auch für „Geld machen in jedem Marktumfeld“ so engagiert unterstützt.

Zum Schluss ein besonderer Dank an meine Töchter Cece und Emma, an meine Frau Lisa und ihre Kinder Charlotte und Will – und natürlich an die Hunde. Ich weiß, dass ich euch allen mit dem Schreiben dieses Buches das Leben schwer gemacht habe. Es tut mir leid. Ihr müsst nie wieder den Satz hören: „Ich würde liebend gern, aber ich kann nicht. Ich muss am Buch arbeiten.“ Denn jetzt ist es endlich fertig.

Über den Autor

JIM CRAMER ist Bestsellerautor, Finanzexperte und Medienpersönlichkeit. Er moderiert die *CNBC*-Sendung „Mad Money“ und ist Co-Moderator von „Squawk on the Street“. Außerdem ist er der Gründer des CNBC Investing Club und von TheStreet. Zu seinen zahlreichen Büchern zählen „Confessions of a Street Addict“ (dt. „Bekenntnisse eines Wall-Street-Süchtigen“), „Jim Cramer's Getting Back to Even“, „Jim Cramer's Mad Money“, „Jim Cramer's Real Money“ (dt. „Real Money: So geht erfolgreiche Geldanlage an der Börse“), „Jim Cramer's Stay Mad for Life“ und „Jim Cramer's Get Rich Carefully“. Cramer ist ehemaliger Hedgefonds-Manager sowie Gründer, Inhaber und Senior Partner von Cramer Berkowitz; als er sich aus dem Hedgefondsgeschäft zurückzog, konnte er eine der besten Erfolgsbilanzen der Branche vorweisen. Er ist Absolvent der Harvard University und der Harvard Law School. Seine Karriere an der Wall Street begann bei Goldman Sachs.

Endnoten

1 „Distribution of Household Wealth in the US Since 1989“, www.federalreserve.gov, 21. März 2025, https://www.federalreserve.gov/releases/z1/dataviz/dfa/distribute/table/#quarter:119.

2 Hannah Miao, „As Generation X Aproaches Retirement, Reality Still Bites“, *Wall Street Journal*, 20. August 2024, https://www.wsj.com/personal-finance/retirement-gen-x-money-a42bad7b.

3 Ana Teresa Solá, „Gen Z, Millennials Want to Invest—but Many Aren't“, *CNBC*, 6. Februar 2024, https://www.cnbc.com/2024/02/06/gen-z-millennials-are-grappling-with-high-cost-of-living.html.

4 Cerulli Associates, „Cerulli | Cerulli Anticipates $124 Trillion in Wealth Will Transfer Through 2048“, Cerulli Associates, 5. Dezember 2024, https://www.cerulli.com/press-releases/cerulli-anticipates-124-trillion-in-wealth-will-transfer-through-2048.

5 Michael Inbar, „Jim Cramer: Time to Get Out of the Stock Market“, Today.com, 6. Oktober 2008, https://www.today.com/news/jim-cramer-time-get-out-stock-market-wbna27045699.

6 Matt Krantz, „More Than a Third of S&P 500 Stocks Get Kicked Out in Nine Years“, *Investor's Business Daily*, 6. September 2023, https://www.investors.com/etfs-and-funds/sectors/sp-500-stocks-more-than-a-third-get-kicked-out-in-nine-years/.

7 Hendrik (Hank) Bessembinder, „Which US Stocks Generated the Highest Long-Term Returns?“, 16. Juli 2024, aktualisiert am 22. Juli 2024, abrufbar unter SSRN: https://ssrn.com/abstract=4897069 or http://dx.doi.org/10.2139/ssrn.4897069.

8 Bessembinder, „Which US Stocks.“

9 Bessembinder, „Which US Stocks.“

10 Bessembinder, „Which US Stocks.“

11 Bessembinder, „Which US Stocks.“

12 Bessembinder, „Which US Stocks.“

13 Bessembinder, „Which US Stocks.“

14 Bessembinder, „Which US Stocks.“

15 Bessembinder, „Which US Stocks.“

16 Bessembinder, „Which US Stocks.“

17 Nathaniel Popper und Kellen Browning, „The 'Roaring Kitty' Rally: How a Reddit User and His Friends Roiled the Markets", *New York Times*, 9. Januar 2021, https://www.nytimes.com/2021/01/29/technology/roaring-kitty-reddit-gamestop-markets.html.

18 William Grimes, „Max Palevsky, a Pioneer in Computers, Is Dead at 85", *New York Times*, 7. Mai 2010, https://www.nytimes.com/2010/05/07/us/07palevsky.html.

19 Rupert Watts et al., „S&P 500 Dividend Aristocrats: The Importance of Stable Dividend Income", S&P Global, 19. März 2025, https://www.spglobal.com/spdji/en/documents/research/research-sp500-dividend-aristocrats.pdf.

20 Sindhya Valloppillil, „The GLP-1 Revolution—Everyone and Their Moms Are on GLP-1s", *Forbes*, 25. Februar 2025, https://www.forbes.com/sites/sindhyavalloppillil/2025/02/25/the-glp-1-revolution---everyone-and-their-moms-are-on-glp-1s/.

21 Apple, „Apple Will Spend More Than $500 Billion in the US Over the Next Four Years", Apple Newsroom, 24. Februar 2025, https://www.apple.com/newsroom/2025/02/apple-will-spend-more-than-500-billion-usd-in-the-us-over-the-next-four-years/.

22 „Tim Cook's Decade at Apple Makes Him the Most Successful 'Successor CEO' Ever", *The Economist*, 25. August 2021, https://www.economist.com/graphic-detail/2021/08/25/tim-cooks-decade-at-apple-makes-him-the-most-successful-successor-ceo-ever.

23 Lora Kolodny und Ari Levy, „Elon Musk Claims Optimus Robots Could Make Tesla a $25 Trillion Company—More Than Half the Value of the S&P 500 Today", *CNBC*, 14. Juni 2024, https://www.cnbc.com/2024/06/13/elon-musk-says-optimus-robots-could-make-tesla-25-trillion-company-.html.

24 Centers for Disease Control and Prevention, „CDC Reports Nearly 24% Decline in US Drug Overdose Deaths", CDC Newsroom, 25. Februar 2025, https://www.cdc.gov/media/releases/2025/2025-cdc-reports-decline-in-us-drug-overdose-deaths.html.

25 „Vertex Announces FDA Approval of JOURNAVX (Suzetrigine), a First-in-Class Treatment for Adults with Moderate-to-Severe Acute Pain", Vertex Pharmaceuticals Newsroom, 30. Januar 2025, https://news.vrtx.com/news-releases/news-release-details/vertex-announces-fda-approval-journavxtm-suzetrigine-first-class.

26 Albert Mosby, „Amazon Prime Statistics of 2025", Yaguara, 7. Mai 2025, https://www.yaguara.co/amazon-prime-statistics.

27 „Palantir Technologies: Making a Quantum Leap in the AI Market", Infonegocios.miami (InfoNegocios Miami, 6. Februar 2025), https://infonegocios.miami/only-in-english/palantir-technologies-making-a-quantum-leap-in-the-ai-market.

28 James Thomson, „Palantir May Be the Perfect Tech Stock to Play the Chaos of Donald Trump's White House", *Australian Financial Review*, 7. Februar 2025, https://www.afr.com/chanticleer/the-world-s-hottest-tech-stock-may-also-be-the-best-trump-trade-20250207-p5lab5.

29 Aaron Mehta, „Palantir Wins Contract for Army TITAN Next-Gen Targeting System", Breaking Defense, 6. März 2024, https://breakingdefense.com/2024/03/palantir-wins-contract-for-army-titan-next-gen-targeting-system/.

30 Tom Huddleston Jr., „DoorDash IPO Will Make Its CEO a Billionaire—Here's How His Immigrant Parents Inspired His Success", *CNBC*, 9. Dezember 2020, aktualisiert am 10. Dezember 2020, https://www.cnbc.com/2020/12/09/doordash-ipo-will-make-ceo-tony-xu-the-latest-tech-billionaire.html.

31 Danny Klein, „1,000 Locations Is Just the Start for Dutch Bros' Growth", *QSR*, 8. Mai 2025, https://www.qsrmagazine.com/story/1000-locations-is-just-the-start-for-dutch-bros-growth/.

32 Enbridge, „Renewable Energy", www.enbridge.com, o.D., https://www.enbridge.com/about-us/renewable-energy.

33 Enterprise May 2025 Investor Deck, https://ir.enterpriseproducts.com/static-files/f527c716-d8b1-4b97-83b7-44a56d5b8a65.

34 „Strategic Expansion on City Avenue: Federal Realty's Latest Investment—Federal Realty Investment Trust", Federal Realty Investment Trust, 24. Februar 2024, https://www.federalrealty.com/strategic-expansion-on-city-avenue-federal-realtys-latest-investment/.

35 ONEOK, „2024 Results and 2025 Guidance", Februar 2025, https://ir.oneok.com/~/media/Files/O/ONEOK-IR-V3/financial-reports/2024/q4-2024-earnings-presentation.pdf.

36 „Portfolio Diversification Overview", Realty Income, 31. März 2025, https://www.realtyincome.com/our-portfolio/portfolio-diversification-overview.

37 Alena Kuzub, „Google's AI Overview: 'They Might Be Cannibalizing Their Own Revenue Stream,' Expert Says", Techxplore.com (Tech Xplore, 29. Mai 2024), https://techxplore.com/news/2024-05-google-ai-overview-cannibalizing-revenue.html.

38 Yun Li, „Behind Warren Buffett's $100 Billion-plus Bet on Apple and the iPhone", *CNBC*, 17. September 2023, https://www.cnbc.com/2023/09/17/buffett-calls-iphone-a-singular-product-justifying-outsized-apple-bet-.html.

39 Kif Leswing, „Here's How Much a 'Made in the USA' iPhone Would Cost", *CNBC*, 11. April 2025, https://www.cnbc.com/2025/04/11/heres-how-much-a-made-in-the-usa-iphone-would-cost.html.

40 „Microsoft to Acquire Linked In", Microsoft Source, 13. Juni 2016, https://news.microsoft.com/source/2016/06/13/microsoft-to-acquire-linkedin/.

41 „Microsoft to Acquire Activision Blizzard to Bring the Joy and Community of Gaming to Everyone, Across Every Device", Microsoft Source, 18. Januar 2022, https://news.microsoft.com/source/2022/01/18/microsoft-to-acquire-activision-blizzard-to-bring-the-joy-and-community-of-gaming-to-everyone-across-every-device/.

42 „Microsoft CFO Says OpenAI Investment Will Cut into Profit This Quarter", *CNBC*, 30. Oktober 2024, https://www.cnbc.com/2024/10/30/microsoft-cfo-says-openai-investment-will-cut-into-profit-this-quarter.html.

43 Cade Metz, Mike Isaac, und Erin Griffith, „Microsoft and OpenAI's Close Partnership Shows Signs of Fraying", *New York Times*, 17. Oktober 2024, https://www.nytimes.com/2024/10/17/technology/microsoft-openai-partnership-deal.html